Język angielski
łatwo i przyjemnie

Język angielski łatwo i przyjemnie

Anthony Bulger
(wersja oryginalna)

Maria Gorzelak
(adaptacja polska)

J.L. Goussé
(Ilustracje)

B.P. 25
94431 Chennevières-sur-Marne Cedex
FRANCE

Nowela Sp. z o.o.
ul. Taczaka 12, 61-819 Poznań
tel.: ++48 (0-61) 853-74-46
fax.: ++48 (0-61) 853-76-91
www.nowela.pl

Do tej pory ukazały się:

Język angielski łatwo i przyjemnie
Język francuski łatwo i przyjemnie - **nowe wydanie**
Język hiszpański łatwo i przyjemnie
Język niemiecki łatwo i przyjemnie
Język włoski łatwo i przyjemnie - **nowe wydanie**

Metoda, która **12 milionom osób**
na całym świecie umożliwiła
opanowanie języka obcego

© NOWELA, Poznań 2007
ISBN 978-83-89876-15-7

Wszelkie prawa zastrzeżone. Każda reprodukcja lub adaptacja całości lub części niniejszej publikacji, niezależnie od zastosowanej techniki reprodukcji (drukarskie, fotograficznej, komputerowej i in.), wymaga pisemnej zgody Wydawcy.

***ASYMILACJA** to (...)*
„upodobnienie się, przyswojenie, wchłonięcie, przyswojenie kultury innego narodu";
„przyswojenie sobie nowych treści oraz włączenie ich do zdobytego wcześniej doświadczenia i wiedzy"

(Słownik języka polskiego PWN)

WSTĘP

Proponowana metoda polega na wykorzystaniu wrodzonej zdolności percepcji i asymilacji, którą każdy z nas posiada.

Nauczą się Państwo języka angielskiego w ten sam sposób, w jaki kiedyś nauczyli się Państwo języka ojczystego.

Poprzez słuchanie, powtarzanie i coraz lepsze rozumienie, dochodzi się do samodzielnego mówienia.

Nie ma tu żadnych czarów ani żadnych tajemnic.

Pierwsza część naszego kursu wymaga niewiele wysiłku. Trzeba słuchać, powtarzać i rozumieć. Jest to tzw. faza pasywna. W drugiej fazie będą Państwo stosować zdobytą w sposób pasywny wiedzę do samodzielnego układania zdań i rozwijania sprawności mówienia.
Zrelaksowane podejście do kursu i zainteresowanie nim, nieuleganie skłonności do perfekcji oraz

umiejętność czerpania przyjemności z nauki języka obcego bez „wkuwania" i bezmyślnej nauki „na pamięć", bez „siódmych potów", są gwarancją, że zaczną Państwo w stosunkowo krótkim czasie w naturalny sposób mówić po angielsku.

Jaki jest język angielski w tym podręczniku?

Niech nam niektórzy wybaczą! Napisaliśmy dialogi w języku potocznym i zaniedbaliśmy rozmyślnie język literacki.

Troszeczkę oszukujemy, wprowadzając osobliwości i trudności języka angielskiego stopniowo i konfrontując Państwa z nimi, jakby to miało miejsce, w rozmowie z Anglikami i jak to było wtedy, gdy Państwo jako dzieci uczyli się polskiego. Nie chcemy odwodzić uczącego się od naturalnej możliwości asymilacji, zamieszczając dużo objaśnień, które mogłyby prowadzić do powstania niepotrzebnych pytań i problemów.

Będą Państwo zatem napotykać często konstrukcje, formy, czasy, nie znajdując w momencie ich poznawania pełnego wyjaśnienia gramatycznego. Chcielibyśmy, aby najpierw przyswoili sobie Państwo te formy w ich naturalnym kontekście, zanim nauczą się Państwo na pamięć reguł, i stwierdzą ze zdziwieniem, że objaśnienia i reguły mogą okazać się zbędne, jeśli przyzwyczaili się Państwo do pewnych struktur, form, zwrotów poprzez słuchanie i powtarzanie.

Chcemy, aby Państwo mogli po kilku miesiącach rozumieć angielski w sytuacjach życia codziennego i mówić właśnie w takich sytuacjach.

Nie przedstawiamy całej gramatyki. Koncentrujemy się na tych elementach, które wydają się nam niezbędne. Z jednej strony dlatego, że nie chcemy, aby reguły gramatyczne przerastały możliwości uczącego się, odbierając ochotę do nauki i mówienia, z drugiej strony dlatego, że nie stawiamy wymagania, aby Państwo pod koniec tej książki doskonale mówili po angielsku, tylko chcemy dać do ręki właściwe narzędzie do poradzenia sobie w krajach angielskojęzycznych lub – jeśli Państwo mają ochotę – do dalszej nauki z drugim tomem naszego podręcznika.

Co powinni Państwo robić?

Wszystko, czego oczekujemy, to poświęcenia codziennie naszemu kursowi trochę czasu: 20–30 minut dziennie.

Tylko przez regularny kontakt z językiem możemy w pełni wykorzystać naszą wrodzoną zdolność do asymilacji przez percepcję.

Zarówno w pierwszej jak i w drugiej fazie nauki, zalecamy trzy rzeczy:

SYSTEMATYCZNOŚĆ
REGULARNOŚĆ
STAŁOŚĆ

Wszyscy doskonale wiemy, że zaprzyjaźniamy się z ludźmi poprzez częste kontakty. Dokładnie tak samo jest ze słowami. Im częściej obcujemy ze słowami, tym lepiej je rozumiemy, tym są nam bliższe, tym łatwiej będziemy je asymilować.
Zachęcamy więc do codziennego kontaktu z językiem angielskim – lepiej poświęcić codziennie 10 minut na naukę, niż raz w tygodniu 3 godziny.

Jak należy uczyć się z metodą *ASSiMiL?*

Jeżeli mają Państwo zestaw z nagraniami (kasety lub płyty CD), wysłuchają ich Państwo a następnie przeczytają głośno każde zdanie.

Mogą (i powinni) Państwo oczywiście porównywać tekst z tłumaczeniem i korzystać z uwag.

Tak samo postępują Państwo z ćwiczeniami. Ćwiczenia będą pomagać utrwalać wiedzę.

Kolejnym etapem są ćwiczenia „z luką". Proszę je zrobić, o ile to możliwe, pisemnie. Będzie to doskonały instrument do samokontroli.

Od lekcji 50-tej, zaczyna się druga faza nauki, która polega na powtarzaniu już przerobionych struktur, co pozwoli dokładnie i skutecznie opanować wszystkie przerobione struktury i zwroty, zaczną Państwo z każdą nową lekcją wracać do jednej z lekcji pierwszej fazy i tłumaczyć te lekcje z polskiego na angielski.

Tu rozpoczyna się aktywne stadium nauki

W co siódmej lekcji znajduje się bilans gramatyczny poprzednich sześciu lekcji.
Niech Państwo nigdy nie uczą się „na siłę" – nauka języka obcego jest przyjemnością, a przyjemności nigdy nie zdobywa się siłą. Nie muszą Państwo „wykuć się" lekcji na pamięć. Systematyczna nauka daje dużo lepsze wyniki, niż „kucie na blachę".

Proszę nie próbować robić za dużo na raz!
Proszę zaufać nam jako przewodnikom
i odprężyć się!

WYMOWA

Angielska wymowa wcale nie jest taka trudna. Znamy większość dźwięków występujących w języku angielskim, dobrze jest natomiast poznać znaki transkrypcji fonetycznej. Bez jej znajomości trudno jest korzystać ze słownika. Jest ona podana w nawiasach kwadratowych, ale będziemy je opuszczać podając wymowę do poszczególnych lekcji podręcznika.
Oto wykaz głosek angielskich w transkrypcji fonetycznej skontrastowany z najbardziej zbliżonymi głoskami polskimi.

Znak transkrypcji	Najbardziej zbliżona głoska polska	Wyrazy przykładowe
[i:]	i	see [si:]
[i]	i	sit [sit], city [siti]
[e]	e	let [let], bread [bred]
[æ]	a	man [mæn], bank [bæŋk]
[ɑ:]	a	car [kɑ:]
[o]	o	box [boks], doctor ['doktə]
[ɔ:]	o	floor [flɔ:], daughter ['dɔ:tə]
[u]	u	put [put], butcher ['butʃə]
[u:]	u	too [tu:], schoolboy ['sku:lboj]
[ʌ]	a	bus [bʌs], butter ['bʌtə]
[ɜ:]	e	fur [fɜ:]
[ə]	e	ago [əgəu], picture [piktʃə]

XI

[ei]	ej	name [neim], eight [eit]
[u]	ou	go [gəu], coat [kəut]
[ai]	aj	my [mai], pilot ['pailət]
[au]	au	now [nau], thousand ['θauzənd]
[oi]	oj	boy [boi], toy-shop ['toiʃop]
[iə]	ia	here [hiə], we're [wiə(r)]
[eə]	ee	where [weə], chair [tʃeə(r)]
[uə]	ue	tour [tuə], tourist ['tuərist]
[p]	p	pen [pen], stop [stop]
[b]	b	book [buk], hobby ['həbi]
[t]	t	take [teik], letter ['letə]
[d]	d	desk [desk], lady ['leidi]
[k]	k	car [ka:], look [luk]
[g]	g	give [giv], egg [eg]
[f]	f	fire [faiə], roof [ru:f]
[v]	w	view [vju:], live ['liv]
[s]	s	sea [si], dress [dres]
[z]	z	zoo [zu:], easy ['izi]
[m]	m	milk ['milk], room [rum]
[n]	n	now [nau], pen [pen]
[l]	l	look [luk], well [wel]
[r]	r	round [raund], very ['veri]
[h]	h	have ['hæv]
[w]	u	win [win]
[ŋ]	n przed g lub k	sign [siŋ], singer ['siŋə]
[θ]	–	thick [θik], path [pa:θ]
[ð]	–	this [ðis], weather ['weðə]
[ʃ]	sz	shut [ʃʌt], washer ['woʃə]
[ʒ]	ż	measure ['meʒə], pleasure ['pleʒə]
[ʒ]	j	young [jʌŋ]
[tʃ]	cz	church [tʃɜ:tʃ], teacher ['ti:tʃə]
[dʒ]	dż	judge [dʒʌdʒ], bridge [bridʒ]

Jak więc widzimy jedynie dźwięki [ð], [θ] nie mają odpowiedników w języku polskim. Wymawia się je wysuwając język pomiędzy zęby.

W transkrypcji fonetycznej zaznacza się również akcent (przycisk), który może padać na różne sylaby. Zaznacza się go pionową kreską u góry przed sylabą akcentowaną

teacher [**'ti:tʃə**]

Wyrazy wielosylabowe mają często dwa akcenty, albo oba o równej sile,

unhappy [**'ʌn'hæpi**]

albo jeden mocniejszy, a drugi słabszy zaznaczany kreską u dołu

understand [ˌʌndə'stænd]

W języku angielskim istnieją również tak zwane formy mocne i słabe. Niektóre wyrazy wymawia się inaczej, gdy są akcentowane – występują wówczas w formie mocnej, a inaczej, gdy są nieakcentowane – występują wówczas w formie słabej. Są to na ogół zaimki, przyimki, spójniki, a także czasowniki posiłkowe. W naszej wymowie, którą podajemy pod tekstami angielskimi tylko niektóre przyimki i spójniki zaznaczamy w formach słabych, wszystkie natomiast pozostałe wyrazy zaznaczamy w formach mocnych. Sądzimy bowiem, iż w ten sposób łatwiej będzie Państwu prawidłowo powtórzyć wyraz w formie mocnej, tak jak jest podany w naszej wymowie, a potem spróbujcie go skracać tak, by był podobny do dźwięku, który słyszycie na kasecie.

1 one

FIRST (1st) LESSON

Zaczynamy od wprowadzenia form skróconych. Popatrzcie Państwo, jakich skrótów używają Anglicy w języku mówionym.

1 — You're **(1)** an **ex**cellent **doc**tor. — Thank you, you're **ve**ry po**lite**.
2 — This is my **bro**ther John. — Hel**lo**, I'm **Da**vid.
3 — Oh **de**ar, we're late a**gain**.
4 — It **(2) is**n't my fault. There **is**n't **(3)** a clock in my house.
5 — This **is**n't very **di**fficult. — Not at all. **(4)** It's **ea**sy.
6 — She **is**n't very **pre**tty. — No, but she's kind.
7 — I'm sure this is our house. — No, it **is**n't!
8 I **(5)** am; I'm – you are; you're.
9 it is; it's – he is; he's – we are; we're.
10 **is**n't; he **is**n't late.
11 aren't; we arent't po**lite**.

PRONUNCIATION (prə'nʌnsi'eiʃn) – wymowa

1 juə(r) ən 'eksələnt 'doktə. – θæŋk ju: juə(r) veri pə'lait **2** ðis iz mai 'brʌðə(r) 'dʒon. – hə'ləu aim 'Deivid **3** əu 'diə(r) wiə(r) 'leit ə'gein **4** it 'iznt mai 'fo:lt ðeə(r) iznt ə klok in mai haus **5** ðis iznt veri difikəlt ,not ə'to:l. its 'i:zi **6** ʃi: iznt veri 'priti – nəu bət ʃi:z 'kaind **7** aim ʃuə ðis iz auə haus. – nəu it iznt **8** ai æm aim – ju: ɑ(r) juə(r) **9** it iz its – hi: iz hi:z – wi: ɑ:(r) wiə(r) **10** iznt hi: iznt leit **11** ɑ:nt wi: ɑ:nt pə'lait

UWAGI

(1) Zaimek *you* tłumaczymy na język polski jako ty, wy, ale również jako pan, pani, państwo. To zdanie można więc przetłumaczyć również jako „Jesteś doskonałym lekarzem. Jesteś doskonałą lekarką. Jest Pani doskonałą lekarką".
(2) Zaimek *it* oznacza ono, to; *he* on; *she* ona; a *we* my.
(3) Połączenie wyrazów *there is* tłumaczymy jako jest, znajduje się, a w formie przeczącej *there isn't* jako nie ma.

two 2

LEKCJA PIERWSZA

1 — Jest Pan doskonałym lekarzem. – Dziękuję, Pan jest bardzo uprzejmy.
2 — To mój brat, Janek. – Cześć. Jestem Dawid.
3 — Ojej, jesteśmy znowu spóźnieni. [dokładnie: jesteśmy spóźnieni znowu].
4 — To nie [jest] moja wina. – W naszym domu nie ma zegara.
5 — To nie jest bardzo trudne. – Wcale nie. [To] Jest łatwe.
6 — Ona nie jest bardzo ładna. – Nie, ale jest miła.
7 — Jestem pewna[y], że to jest nasz dom. – Nie, [to] nie jest nasz dom!
8   Ja jestem; ja jestem (forma skrócona) – ty jesteś [pan(i) jest], wy jesteście [państwo jesteście] (forma skrócona).
9   To [ono] jest; to [ono] jest (forma skrócona) – on jest; on jest (forma skrócona) – my jesteśmy; my jesteśmy (forma skrócona).
10   Nie jest; on nie jest spóźniony.
11   Nie są, nie jesteśmy; my nie jesteśmy uprzejmi.

UWAGI
(4) Zwrot *not at all* oznacza wcale nie, ani trochę, bynajmniej.
(5) Zaimek *I* jest zawsze pisany dużą literą.

1st Lesson

EXERCISES ('eksəsaiziz) – Ćwiczenia

Translate – Przetłumacz

1 He isn't very kind. – **2** It's my fault. – **3** He's an excellent doctor. – **4** I'm sure he's your brother. – **5** Oh dear, we're late again.

FILL IN THE MISSING WORDS (fil in ðə 'misiŋ 'wɜ:dz)

Wstaw brakujące wyrazy. * *Użyj form skróconych*

1 *Ona jest bardzo ładna.*   *Ona nie jest bardzo ładna.*

   She .. very pretty.   She .. ... very pretty.

   * She .. very ....   * She ..... very pretty.

2 *Jesteśmy uprzejmi.*   *Nie jesteśmy uprzejmi.*

   We ... polite.   We ... ... polite.

   * We ... polite.   * .. .. polite.

3 *Wcale nie. To jest łatwe.* *To wcale nie jest łatwe.*

   ... at all. It .. easy.   It .. not at all easy.

   * Not at .., ... easy.   * .... not .. all easy.

****

SECOND (2nd) LESSON

1 — Where are you?
2 — We are **he**re, in the **(1)** house.
3 — But where's **(2)** John?

PRONUNCIATION

1 weə(r) ɑ:(r) ju: **2** wiə(r) hiə(r) in ðə haus **3** bət weərz dʒon

UWAGI

(1) Wyrazu *the* [ðə], [ði] nie tłumaczy się na język polski. Poprzedza on rzeczowniki.

four 4

ĆWICZENIA

1 On nie jest [bardzo] zbyt uprzejmy. – **2** To [jest] moja wina. – **3** On jest doskonałym lekarzem. – **4** Jestem pewien [na], że on jest twoim bratem. – **5** Ojej, jesteśmy znowu spóźnieni.

4 *Cześć. Jestem Janek.*   *Cześć. Nie jestem Anią.*

Hello, . . . John.   Hello, I . . . . . Anne.

* Hello, . . . John.   * . . . . . , . . . not Anne.

5 *To nie jest trudne.*   *To moja wina.*

This . . . . . difficult.   It . . . . fault.

* . . . . difficult.   * . . . . my fault.

ODPOWIEDZI

1 is – is not/'s – pretty – isn't. – **2** are – are not/'re – We aren't. – **3** Not – all – it's – It's – at. – **4** I am – am not/I'm – Hello, I'm. – **5** is not – is my/This isn't – It's.

****

LEKCJA DRUGA

1 — Gdzie [wy] jesteście?
2 — [My] Jesteśmy tutaj, w domu.
3 — Ale gdzie jest Janek?

UWAGI

(2) *Where's* jest formą skróconą wyrazów *where is*. Formy skrócone używane są w mowie potocznej.

2nd Lesson

5 five

4 — He's there, **(3) ne**ar the trees.
5 — They're **(4)** in the house, but John **is**n't. He's **ne**ar the trees.
6 — Where are my ciga**ret**tes? Are they on the **ta**ble?
7 — Yes they are. – And my **pa**per **(5)**, where is it?
8 — It's there, on the chair.
9 — Where's my **pa**per? – Your **pa**per is there.
10 — It's **ne**ar the television. – **Thank (6)** you. You're **ve**ry kind.
11 — Where's John? Where are my ciga**ret**tes?
12 — **He**re; there; in; on.

PRONUNCIATION

4 hi:z 'ðeə(r) niə(r) ðə 'tri:z **5** ðeə(r) in ðə haus bət dʒon. hi:z niə(r) ðə tri:z **6** weə(r) ɑ:(r) mai ˌsigə'rets. ɑ:r ðei ən ðə teibl **7** jes ðei ɑ:(r) – ənd mai: peipə(r) weə(r) iz it **8** its 'ðeə(r) ən ðə tʃeə(r) **9** weərz mai peipə(r) – jɔ:(r) peipə(r) iz ðeə(r) **10** itz niə(r) ðə 'teliviʒn – θæŋk ju: – juə(r) veri kaind **11** weərz dʒon weə(r) ɑ:(r) mai ˌsigə'rets **12** hiər ðeə(r) in on

EXERCISES

1 He's near the house. – **2** Where are your papers? – **3** They're on the chair. – **4** Are they my cigarettes? – **5** Peter is in the house but John isn't.

FILL IN THE MISSING WORDS:

* *Zastosuj formy skrócone.*

1 *Oni są przed telewizorem.*   *One nie są przed telewizorem.*

  . . . . near the television.   They . . . . . . near the television.

  * . . . . near the tv.   * They . . . . . . near . . . television.

2 *Gdzie jest lekarz?*   *Gdzie są moje gazety?*

  Where . . the doctor?   Where . . . my papers?

  * . . . . the . . . . . . ?   Where are . . . . ?

4 — On jest tam, w pobliżu [blisko] drzew [przy drzewach].
5 — Oni [one] są w domu, ale Janka nie ma [w domu]. On jest przy drzewach.
6 — Gdzie są moje papierosy? Czy [one]są na stole?
7 — Tak, [one] są. – A [i] moja gazeta, gdzie ona jest?
8 — Jest tam, na krześle.
9 — Gdzie [jest] moja gazeta? – Twoja gazeta jest tam.
10 — Przy telewizorze – Dziękuję, jesteś bardzo miły [uprzejmy].
11 — Gdzie jest Janek? Gdzie są moje papierosy?
12 — Tutaj; tam; w; na.

UWAGI

(3) *There* jako osobny wyraz tłumaczymy *tam*; patrz lekcja 1, uwaga (3).
(4) Zaimek *they* oznacza *oni*, *one*.
(5) *Paper* – *gazeta* – jest skrótem od *newspaper* i w języku angielskim jest rodzajem nijakim, tzn. można go zastąpić zaimkiem *it*
(6) Zwróćmy uwagę na wymowę wyrazu *thank you* [θæŋk juː]. Przy dźwięku [θ] koniuszek języka dotyka górnych zębów.

ĆWICZENIA

1 On jest blisko domu. – **2** Gdzie są Twoje gazety? – **3** [One] Są na krześle. – **4** Czy to są moje papierosy? – **5** Piotr jest w domu, ale Janek nie [jest].

2nd Lesson

7 seven

3 On jest tutaj, blisko drzew.   Nie jesteśmy spóźnieni.

  . . . . here, near the trees.   We . . . . . . late.

  * He . . here, ... the . . . . .   * We . . . . . . late.

4 Dziękuję, jest Pan bardzo uprzejmy.   Ta gazeta nie jest bardzo dobra.

  Thank you, ... very kind.   This paper, it . . . . . very good.

  * Thank you, ... very . . . . .   * . . . . paper, it . . . . . very good.

****

THIRD (3rd) LESSON

1 — **He**re's **(1)** the **book**. **(2)** – Is it **in**teresting?
2 — Yes, it's **ve**ry **in**teresting.
3 — There are **(3)** the **pa**pers. – Where are they?
4 — There, on the **book**case. **(4)** – **Thank** you.
5 — **He**re's your tea, James. Sugar? – No, **thank** you.

PRONUNCIATION

1 hiərz ðə buk – iz it intrəstiŋ **2** jes itz veri intrəstiŋ **3** ðeə(r) a:r ðə peipərz – weə(r) a:r ðei **4** ðeə(r) ən ðə ˌbukˈkeis – θæŋk ju: **5** hiərz jɔ:(r) ti: dʒeimz ʃugə(r) – nəu θæŋk ju:

UWAGI

(1) Wyrażenie *here's (here is)* tłumaczymy zwykle jako *oto jest, tu jest;* sam wyraz *here* oznacza *tu, tutaj.*
(2) *Book* – książka, jest rodzaju nijakim. W języku angielskim wszystkie rzeczy martwe są rodzaju nijakiego, tzn. zastępuje się je zaimkiem *it*.
(3) Połączenie wyrazów *there are* tłumaczymy jako *są, znajdują się.* Patrz lekcja 1, uwaga (3). Sam wyraz *there* oznacza *tam*.
(4) W wyrazach złożonych, tzn. takich, które składają się z połączenia dwóch wyrazów np. *bookcase (book + case)*, akcent pada zwykle na pierwszy wyraz.

eight 8

5 *Moja gazeta jest na stole.*   *Mojej gazety nie ma na stole.*
　　　　　　　　　　　　　　　[Moja gazeta nie jest na stole].

.. paper .. on the table.　　* .. paper .. .. .. the table.

　　　　　　　　　　　　　* .. paper ..... on ... table.

ODPOWIEDZI:

1 They are – are not/They're – aren't – the. – **2** is – are/Where's – doctor – my papers. – **3** He is – are not/'s – near – trees – aren't. – **4** you are – is not/you're – kind – This – isn't. – **5** My – is – My – is not on / My – isn't – the.

Proszę zwracać uwagę na numerację stron. W ten sposób nauczycie się Państwo liczebników.

****

LEKCJA TRZECIA

1 — Oto [jest] książka. – Czy jest interesująca?
2 — Tak, [ona] jest bardzo interesująca.
3 — Są gazety. – Gdzie one są?
4 — Tam, na regale. – Dziękuję.
5 — Oto [jest] twoja herbata, Jakubie. Cukru? – Nie, dziękuję.

3rd Lesson

6 — Milk? – Yes please.
7 — Ow! It's **ve**ry hot. – I'm **so**rry.
8 — Where's the **ash**tray? – **He**re, with my ciga**ret**tes. **(5)**
9 — Where are the **mat**ches? **(6)** – There, **ne**ar your hand. – Thanks **(7) ve**ry much.
10 — **He**re's your tea. **He**re are my ciga**ret**tes.
11 — There's the **ra**dio. There are the **mat**ches.
12   It's hot. It isn't very **in**teresting.
13   Hand; **book**case; **mat**ches.
14   Yes please. No, **thank** you.

PRONUNCIATION

6 milk – jes pli:z **7** əu itz veri hot – aim sori **8** weərz əə æʃtrei – hiə(r) wið mai ˌsigə'rets **9** weə(r) ɑ:r ðə mætʃiz – ðeə(r) niə(r) jɔ:(r) hænd – θæŋks veri mʌtʃ **10** hiərz jɔ:(r) ti: hiə(r) ɑ:r mai ˌsigə'rets **11** ðeərz ðə reidiəu ðeə(r) ɑ:r ðə mʌtʃiz **12** itz hot it iznt veri intrəstiŋ **13** hænd 'bukˌkeis mʌtʃiz **14** jes pli:z nəu θæŋk ju:

EXERCISES

1 Milk in your tea? – **2** Yes please, it's very hot. – **3** The sugar is near your hand. – **4** Where? – Here it is. – **5** The matches are on the bookcase. – **6** There's the ashtray and here are the cigarettes.

FILL IN THE MISSING WORDS:

* *Zastosuj formy skrócone.*

1   *Oto [jest] książka.*   *Tu nie ma cukru.*

    . . . . . . the book.   The sugar . . . . . . here.

    * . . . . . . the book.   * The sugar . . . . . here.

2   *Ona jest z twoim bratem.*   *Jego tu nie ma.*

    She . . with . . . . brother.   He . . . . . . here.

    * . . . . . with your   * He . . . .

    . . . .

ten 10

6 — Mleka? – Tak, poproszę.
7 — Oj! Jest bardzo gorąca. – Przepraszam. [Przykro mi.]
8 — Gdzie jest popielniczka? – Tutaj, z moimi papierosami.
9 — Gdzie są zapałki? – Tam, koło [blisko] twojej ręki. – Dziękuję bardzo.
10 — Oto [jest] twoja herbata. – Oto [są] moje papierosy.
11 — Jest radio. Są zapałki.
12   Jest gorąco. To nie jest bardzo interesujące.
13   Ręka; regał; zapałki.
14   Tak, poproszę [proszę]. Nie, dziękuję.

UWAGI

(5) Formę liczby mnogiej rzeczownika tworzymy przez dodanie do formy liczby pojedynczej końcówki – s, np. paper – papers.
(6) Jeśli rzeczownik kończy się literami – s, – ss, – ch wówczas formę liczby mnogiej tworzymy za pomocą końcówki – es, którą wymawiamy [iz], np. match – matches.
(7) *Thanks* – dzięki, jest mniej formalne niż *thank you*.

ĆWICZENIA

1 Mleka do herbaty? – **2** Tak, poproszę, jest bardzo gorąca. – **3** Cukier jest przy twojej ręce. – **4** Gdzie? – Tu [jest]. – **5** Zapałki są na regale. – **6** Tam jest popielniczka, a tu są papierosy.

3 *Gdzie jest twój lekarz?*   *Gdzie są zapałki?*

Where . . your doctor?   Where . . . the matches?

* . . . . . . your . . . . . . ?   * . . . . . are the

. . . . ?

3rd Lesson

4 *Oj! Jest bardzo ciepło.*   *Ojej! To nie jest bardzo interesujące.*

Ow! .. .. very ....   Oh dear, ... very interesting.

* Ow! .... very hot.   * Oh ...., it ..... very ....

****

FOURTH (4th) LESSON

1 — This **(1)** is my **sis**ter. – How old is she? **(2)**
2 — She's thir**teen**.
3 — This is our **(3) gar**den. – Is it big? – Not really.
4 — These **(4)** are my **par**ents. – Are they old? – I'm not sure!
5 — This is our new car. It's a big red car. **(5)**
6 — That **(6)** is our **li**brary. It's a small **li**brary.
7 — Is this **Sta**tion Street? – No, you're in Bridge Street.

PRONUNCIATION

1 ðis iz mai sistə(r) – hau əuld iz ʃi: **2** ʃi:z ˌθɜːˈtiːn **3** ðis iz aur gɑːdn – iz it big – not ˈriəli **4** ðiːz ɑː mai ˈpeərənts – ɑː ðei əuld – aim not ʃuə(r) **5** ðis iz aur njuː kɑː itz ə big red kɑː **6** ðæt iz aur ˈlaibrəri itz ə smɔːl ˈlaibrəri **7** iz ðis steiʃn striːt – nəu juə(r) in bridʒ striːt

UWAGI

(1) Wyraz *this* jest wyrazem wskazującym, oznacza to, ten, ta. Używa się go do wskazywania jednej osoby czy też rzeczy, która znajduje się w pobliżu nas.
(2) Wyrażenie *how old is she?* oznacza ile ona ma lat. W języku polskim używamy w tym wyrażeniu czasownika mieć, w języku angielskim czasownika być.

5   *Mleka? Nie, dziękuję.*   Cukru? Tak, poproszę.

   Milk? . . . .   Sugar? . . . .

ODPOWIEDZI

1 Here is – is not/Here's – isn't. – **2** is – your – is not/She's – brother – isn't here. – **3** is – are/Where's – doctor – Where – matches. – **4** It is – hot – it is not/It's – dear – isn't – interesting. – **5** No, thank you – Yes please.

****

LEKCJA CZWARTA

1 — To jest moja siostra. – Ile [ona] ma lat?
2 — Ona ma trzynaście lat.
3 — To jest nasz ogród. – Czy jest duży? – Nie bardzo.
4 — To są moi rodzice. – Czy są starzy? – Nie jestem pewien/na!
5 — To jest nasz nowy samochód. To jest duży, czerwony samochód.
6 — To jest nasza biblioteka. To jest mała biblioteka.
7 — Czy to jest ulica Stacja – Nie, jest Pan na ulicy Mostowej.

UWAGI

(3) *Our* oznacza nasze, nasi i jest zaimkiem dzierżawczym. Do tej pory poznaliśmy już zaimki *my* – mój, moja, moje i *your* – twój, twoja, twoje.
(4) *These* – to, te, tamci, ci, tamte jest liczbą mnogą wyrazu wskazującego *this*. Używa się go do wskazywania kilku osób czy też rzeczy, które znajdują się w pobliżu nas.
(5) Zwróćmy uwagę na kolejność wyrazów określających rzeczownik. A *big red car* – przedimek, przymiotnik określający wielkość, kolor i rzeczownik.
(6) Wyraz *that* – to, tamto, tamten, tamta, podobnie jak *this*, jest wyrazem wskazującym. Używa się go do wskazywania jednej osoby czy też rzeczy, która jest od nas oddalona.

8 — **Sta**tion Street is over there. **(7)** – Where? – **Ne**ar those **(8)** shops.
9 An old car but a new bike.
10 Our **par**ents are in the car.
11 A small house with a big **ga**rden.
12 — Hello, John. Where are your **par**ents? – I'm not **re**ally sure.
13 — Per**haps** they are at the shops. Ah, **h**ere they are!

PRONUNCIATION

8 steiʃn striːt iz əuvə(r) ðeə(r) – weə(r) – niə(r) ðəuz ʃops **9** ən əuld kaː bət ə njuː baik **10** aur 'peərənts ɑː in ðə kaː **11** ə smɔːll haus wið ə big gaːdn **12** həˈləu dʒon weə(r) ɑː jɔː(r) 'peərənts – aim not 'riəli ʃuə(r) **13** pəˈhæps ðei ɑː in ðə ʃɔːps ɑː hiə(r) ðei ɑː

EXERCISES

1 How old are you? – **2** Where is your new car? – Over there. – **3** Is this your library? – **4** How old are they? – **5** I'm not sure. – **6** This is a big red car. – **7** Are these your parents?

FILL IN THE MISSING WORDS:

* *Użyj form skróconych.*

1 *To jest mój samochód.*   *To są nasze ogrody.*

   .... is .. car.   ..... are ... gardens.

2 *Co tam jest?*   *To są moje siostry.*

   .... is ....?   ..... are .. sisters.

3 *Może one są w sklepach.*   *Nie jestem całkiem pewna/ien.*

   * Perhaps .... at the ......   * ... not ...... sure.

4 *To są moje papierosy.*   *To są twoje zapałki.*

   ..... are .. cigarettes   ..... are ....

8 — Ulica Stacja jest tam. – Gdzie? – Koło tamtych sklepów.
9   Stary samochód, ale nowy rower.
10 Nasi rodzice są w samochodzie.
11 Mały dom z dużym ogrodem.
12 — Cześć Janku. Gdzie są twoi rodzice? – Nie jestem całkiem pewien. [Nie bardzo wiem]
13 — Może są w sklepach. O, są!

UWAGI

(7) Wyrażenie *over here* – tam, jest mocniejszym wyrażeniem znaczenia „tam" – *there*.
(8) *Those* – tamte, tamci jest liczbą mnogą wyrazu wskazującego *that*. Używa się go do wskazywania kilku osób czy też rzeczy, które są od nas oddalone.

ĆWICZENIA

1 Ile masz lat? – 2 Gdzie jest twój nowy samochód? – Tam – 3 Czy to jest twoja biblioteka? – 4 Ile oni mają lat? – 5 Nie jestem pewien/na – 6 To jest duży, czerwony samochód. – 7 Czy to są twoi rodzice?

5   *To jest mały dom z dużym ogrodem.*

    * ... a ..... house .... a ... garden.

ODPOWIEDZI

1 This – my – These – our. – 2 What – that? – Those – my. – 3 they're – shops – I m – really. – 4 These – my – Those – your matches. – 5 It's – small – with – big

4th Lesson

FIFTH (5th) LESSON

1 — There's a good **pro**gramme on the television. There are **al**ways good **pro**grammes on **Sa**turday. **(1)**

2 — There are **al**ways friends in the house.

3 — Is **Mi**chael in his **(2)** room? – **Pro**bably, the door of his room is **o**pen.

4 — **He**re is **Pe**ter and his friend Anne.

5 — This is her **(3) bro**ther Paul.

6 — Her **bro**ther is **ve**ry **cle**ver. He's an **ar**chitect. **(4)**

7 — Yes, but his clothes **(5)** are **te**rrible!

8 — Yes, his **tai**lor **pro**bably **is**n't rich!

9 — Where are Jim and Steve?

10 — They aren't **he**re yet. **(6)**

11 — Well, there's still time. They're **ve**ry rude, they're **al**ways late.

12   **cle**ver; **pro**bably; **o**pen.

PRONUNCIATION

1 ðeərz ə gud 'prəugræm ən ðə 'telivɪʒn ðeə(r) ɑ:r 'ɔ:lweiz gud prəugræmz ən 'sætədi 2 ðeə(r) ɑ:r 'ɔ:lweiz frendz in ðə haus 3 iz maikl in hiz ru:m – prɔbəbli ðə dɔ:(r) əv hiz ru:m iz 'əupən 4 hiə(r) iz pi:tə ənd hiz frend 'æn 5 ðiz iz hɜ: brʌðə(r) pɔ:l 6 hɜ: brʌðə(r) iz veri klevə(r) hi:z ən 'ɑ:kitekt 7 jes bət hiz kləuð ɑ: 'terəbl 8 jes hiz teilə(r) iznt ritʃ 9 weə(r) ɑ:r dʒim ənd sti:v 10 ðei ɑ:nt hiə(r) jet 11 wel ˌðeərz stil taim ðeə(r) veri ru:d ðeə(r) 'ɔ:lweiz leit 12 'klewə 'prɔbəbli 'əupən

UWAGI

(1) Z dniami tygodnia zawsze używa się przyimka *on* – na, tłumacząc go jako – w; *on Saturday* – w sobotę. Dni tygodnia piszemy zawsze z dużej litery.

(2) *His* – jego, to następny zaimek dzierżawczy. Patrz lekcja 4, objaśnienie (3).

(3) *Her* – jej, to również zaimek dzierżawczy, patrz objaśnienie (2).

sixteen 16

LEKCJA PIĄTA

1 — Jest dobry program w telewizji. Zawsze są dobre programy w sobotę.
2 — Zawsze są goście [przyjaciele] w [tym] domu.
3 — Czy Michał jest w swoim pokoju? – Chyba tak [prawdopodobnie tak], drzwi jego pokoju są otwarte.
4 — Oto Piotr i jego przyjaciółka Ania.
5 — To jest jej brat, Paweł.
6 — Jej brat jest bardzo mądry. [On] Jest architektem.
7 — Tak, ale jego ubranie jest okropne.
8 — Tak, jego krawiec pewnie nie jest bogaty!
9 — Gdzie są Zbyszek i Stefan?
10 — Nie ma ich tu jeszcze.
11 — No cóż, jest jeszcze trochę czasu. Oni są bardzo nieuprzejmi [niegrzeczni], zawsze się spóźniają.

12 mądry; prawdopodobnie; otwarte

UWAGI
(4) Wyrazu *an* nie tłumaczy się na język polski. Jest to przedimek nieokreślony używany przed rzeczownikami zaczynającymi się od samogłoski – *an architect*. Patrz lekcja 2, objaśnienie (1).
(5) Wyraz *clothes* – ubranie, ubrania, nie ma w języku angielskim liczby pojedynczej, w związku z tym mówimy *his clothes are*.
(6) Wyrazy *yet* i *still* znaczą jeszcze, ciągle. *Still* jest używany w zdaniach twierdzących, a *yet* w zdaniach przeczących. Zwróćmy uwagę że zdanie *they aren't here* w języku polskim tłumaczone jest jako „ich tutaj nie ma", a nie „oni nie są tutaj".

5th Lesson

EXERCISES

1 This is Anne. Her brother is a doctor. – **2** This is a terrible film. – **3** They're always late. It's very rude. – **4** Michael isn't in his room. – **5** There isn't a clock in my house.

FILL IN THE MISSING WORDS:

* *Stosuj formy skrócone.*

1 *Ona jest bogata.* *Jej brat jest biedny.*

   * . . . . . rich.   . . . brother . . poor.

2 *Nie ma ich tu jeszcze.* *Jeszcze jest czas.*

   * They . . . . . . here . . .   There's . . . . . time.

3 *Przyjaciele są zawsze w jego/jej pokoju.*

   . . . . always . . . . in his/her room.

****

SIXTH (6th) LESSON

1 — He**llo**, how are you? **(1)** – **Ve**ry well, thanks. And you?
2 — Oh, I'm all **right**. **(2)** – What's the **ma**tter? **(3)**
3 — It's **Mon**day, the first day of the week; I'm never well **(4)** on **Mon**day.

PRONUNCIATION

1 hələu hau ɑ: ju: – veri wel ðəŋks ənd ju: **2** əu aim ɔ:l rait – wots ðə 'mætə **3** itz 'mʌndi ðə fɜ:st dei əv ðə wi:k əim nevə wel ən 'mʌndi

UWAGI

(1) Wyrażenie *how are you?* tłumaczymy jako *jak się [pan/pani/państwo] czujesz [czuje, czujecie]?* Sam wyraz *how* znaczy *jak*.

ĆWICZENIA

1 To jest Ania. Jej brat jest lekarzem. – 2 To jest okropny film. – 3 Oni są zawsze spóźnieni [Oni zawsze się spóźniają]. To bardzo niegrzeczne. – 4 Michała nie ma [nie jest] w jego pokoju. – 5 Nie ma zegara w moim domu.

4   Oto Janek i jego przyjaciel.   Oni są bardzo mili.

    ...... John and ... friend.   .... very ..... .

5   On jest prawdopodobnie   On jest bardzo mądry.
    architektem.

    .... ar architect.   He's very ......

ODPOWIEDZI

1 She's – Her – is. – 2 aren't – yet – still. – 3 There are – friends – 4 Here's – his – They're – kind. – 5 He's probably – clever.

****

LEKCJA SZÓSTA

1 — Cześć, jak się czujesz? – Bardzo dobrze, dziękuję. A ty?
2 — Ja jestem w porządku [Czuję się dobrze]. – O co chodzi?
3 — Jest poniedziałek, pierwszy dzień tygodnia; Ja nigdy nie czuję się dobrze w poniedziałek.

UWAGI

(2) Odpowiedzią na powyższe pytanie może być zdanie *I'm well* – czuję się dobrze.
(3) Zwrot *what's the matter?* tłumaczymy jako o co chodzi? Sam wyraz *matter* oznacza sprawę, rzecz, przedmiot.
(4) Przeczenia w języku angielskim tworzy się, jak pewnie Państwo zauważyli, za pomocą wyrazów *no* i *not*. W tym zdaniu dochodzi następny wyraz przeczący *never* – nigdy, który automatycznie wyklucza dwa pozostałe.

4 — Where's High Street please? **(5)** – This is High Street. – Of course: **(6)** thanks **ve**ry much.

5 — Is that your car? – No, my boss is still ab**road**. It's his car.

6 — What's that? That is the ca**ssette pla**yer and this is the ciga**rette li**ghter.

7 — **Ve**ry nice. Is your boss **of**ten ab**road**?

8 — Not **of**ten e**nough**. **(7)**

9 — Is his **bro**ther in **(8)** yet? – No, not yet.

10 — I'm well, we're **ti**red, it's **Mon**day a**gain**.

11 — **Su**gar? – No **thank** you, this is e**nough**.

12 — How is your **sis**ter? – Not **ve**ry well.

PRONUNCIATION

4 weərz hai stri:t pli:z – əu kɔ:s ðæŋks veri mʌtʃ **5** iz ðæt jɔ:(r) ka: – nəu mai bos iz stil ə'brɔ:d itz hiz ka: **6** wots ðæt – ðæt iz ðə kə'set 'pleiə(r) ənd ðis iz ðəə,sigə'ret 'laitə(r) **7** veri nais iz jɔ:(r) bos ofn ə'brɔ:d **8** not ofn i'nʌf **9** iz hiz brʌðə(r) in jet – nəu not jet **10** aim wel wiə(r) 'taiəd itz 'mʌndi ə'gein **11** ʃugə(r) – nəu θæŋk ju: ðis iz i'nʌf **12** hau iz jɔ:(r) sistə(r) – not veri wel

UWAGI

(5) Wyraz *please* – proszę, już spotkaliśmy, np. lekcja 3, zadanie 6. Nie zawsze jednak tłumaczymy go na język polski. Jego celem jest nadanie zdaniu formy grzecznościowej. W zdaniu z tej lekcji możemy go przetłumaczyć jako „Przepraszam, gdzie jest...".

(6) Wyrażenie *of course* – oczywiście, rzeczywiście, jest znacznie częściej używane przez Polaków, niż przez Anglików. Nie używajmy go więc zbyt często.

(7) Wyraz *enough* oznacza dosyć, wystarczająco. W wyrażeniu *not often enough* – nie za często, nie wystarczająco często, podkreśla on, że coś mogłoby się zdarzać częściej.

EXERCISES

1 How are your parents? – Not very well. – **2** My friends aren't in. – **3** Is that your car? – **4** No, this is my car. – **5** What's that? – **6** That's my cigarette lighter. – **7** They're in the house.

4 — Gdzie jest ulica Wysoka? – To jest ulica Wysoka – Rzeczywiście, dziękuję bardzo.
5 — Czy to [jest] Pana samochód? – Nie, mój szef jest jeszcze za granicą. To [jest] jego samochód.
6 — Co to jest? – To jest radiomagnetofon, a to jest zapalniczka.
7 — Bardzo ładne. Czy Pana [twój] szef jest często za granicą?
8 — Nie za często.
9 — Czy jego brat jest już w domu? – Nie, jeszcze nie.
10 — Czuję się dobrze; jesteśmy zmęczeni; znowu jest poniedziałek.
11 — Cukru? – Nie dziękuję, jest dosyć [to wystarczy].
12 — Jak się czuje Twoja siostra? – Nie bardzo dobrze.

UWAGA

(8) W zdaniu *is he in?* wyraz *in*, który oznacza – w, sugeruje, że dana osoba jest wewnątrz jakiegoś pomieszczenia, a więc może być w domu – tak jak przetłumaczyliśmy – ale również w biurze, szkole itp.

ĆWICZENIA

1 Jak się czują Twoi rodzice? – Nie bardzo dobrze. – 2 Moich przyjaciół nie ma. – 3 Czy to jest twój samochód? – Nie, to jest mój samochód. – 5 Co to jest? – 6 To jest moja zapalniczka. – 7 Oni są w domu.

FILL IN THE MISSING WORDS:

1 *O co chodzi? – Ja nigdy nie czuję się dobrze w poniedziałek.*

   What's . . . . ? – . . . never well . . Monday.

2 *Czy jesteś zmęczona? – Nie, jeszcze nie.*

   . . . . . . tired? – No, ...

3 *Gdzie są moje kasety? – Tam, przy regale.*

   . . . . my cassettes? – . . . . there, ... the bookcase.

6th Lesson

4 *Czy twój szef jest często za granicą? – Nie za często.*

.. your boss ..... abroad? – ... often ....

5 *To jest ulica Stacja, a tamta jest ulicą Mostową.*

.... is .... Street and .... is ...... Street.

****

SEVENTH (7th) LESSON

Revisions and Notes

1 Przejrzyjcie Państwo jeszcze raz teksty i ich objaśnienia. Usystematyzujemy teraz to, co do tej pory poznaliśmy.

2 Poznaliśmy odmianę czasownika *to be* – być. W formach pełnych i skróconych w liczbie pojedynczej: *I m = I'm; you are = you're; he is = he's; she is = she's; it is = it's;* i w liczbie mnogiej *we are = we're; you are = you're; they are = they're.*

3 Poznaliśmy, choć do tej pory tego nie objaśnialiśmy, sposoby tworzenia zdań pytających z czasownikiem *to be*. Zasada jest prosta. Czasownik poprzedza zaimek lub rzeczownik, czyli podmiot. Nazywa się to inwersją, czyli przestawieniem czasownika przed podmiot: *Am I?; Are you?; Is he?; Is she?; Is it?; Are we?; Are you?; Are they?* Tłumaczymy jako: Czy ty jesteś? – *Are you?* Wyraz „czy" istnieje więc tylko w zdaniu polskim.

4 Poznaliśmy również inny sposób tworzenia pytań – za pomocą wyrazów pytających: *where* – gdzie, *what* – co, *how* – jak, które poprzedzają czasownik, np.: *Where are you?; What is it?; How are you?*

5 Poznaliśmy również sposoby tworzenia zdań przeczących z czasownikiem *to be.* Po czasowniku wstawia się wyraz *not*, który razem z tym czasownikiem może tworzyć formy skrócone: *I am not; you are not = you aren't; he is not = he isn't; she is not = she isn't; it is not = it isn't; we*

ODPOWIEDZI

1 – the matter – I`m – – on. – **2** Are you – not yet. – **3** Where are – Over – near.– **4** Is – often – Not – enough. – **5** This – Station – that – Bridge.

*********=**********************************

LEKCJA SIÓDMA

Powtórzenie i objaśnienia

are not = we aren't; you are not = you aren't; they are not = they aren't. Zdanie przeczące najczęściej poprzedza wyraz *no* – nie, np. *No, it isn't nice* = Nie, to nie jest ładne.

6 Inny sposób tworzenia zdań przeczących to za pomocą wyrazu przeczącego *never* – nigdy. Występuje on w zdaniach twierdzących, bo w języku angielskim nie mogą być użyte dwa przeczenia w jednym zdaniu, np.: albo *You are not well,* albo *You are never well.*

7 Poznaliśmy zaimk osobowe i ich zaimki dzierżawcze: *I – my; you – your; he – his; she – her; it – its; we – our; you – your; they – their.*

8 Warto, byście Państwo zwracali szczególną uwagę na wymowę. Radzimy powtarzać za lektorami w nieskończoność. Starajcie się naśladować ich wymowę i melodię zdania. Wracajcie do tych zdań jak najczęściej i powtarzajcie je również nie zaglądając do książki. Zaglądajcie tylko wtedy, gdy chcecie sprawdzić, czy dobrze rozumiecie dane zadanie.

9 Nie rezygnujcie z nauki. Tylko początki są trudne. Potem będzie znacznie łatwiej. Zobaczycie, że sukces przyjdzie całkiem niespodziewanie.

Być może jesteście Państwo już znudzeni powtarzaniem tekstów za lektorem. Jest to jednak najlepszy sposób na osłuchanie się z językiem, więc nie rezygnujcie z tego.

EIGHTH (8th) LESSON

1 — Can I help you? **(1)**
2 — Have you got any tea? **(2)**
3 — Of course. Do you want some? **(3)**
4 — Yes please. Give me two pounds. **(4)** And a **pa**cket of **bis**cuits.
5 — Do you want some beans?
6 — No thanks. We've got some at home. **(5)**
7 — Well, some bread?
8 — Yes please. Two loaves. Oh, and half a pound of **bu**tter. That's all.
9 — How much is that? **(6)**
10 — That's six pounds.
11 — Oh **de**ar, I've **on**ly got five pounds.
12 — You can pay the rest next time.
13 — Thanks **ve**ry much. Good-**bye**.
14 — Good-**bye ma**dam. **(7)**

PRONUNCIATION

1 kæn ai 'help ju: 2 hæw ju: got 'eni ti: 3 əu kɔ:s du: ju: wont sʌm. 4 jes pli:z giv mi: tu: paundz ənd ə 'pækit əu biskits 5 du: ju: wont sʌm bi:nz 6 nəu θæŋks wi:v got sʌm ət həum 7 wel sʌm bred 8 jes pli:z tu: ləuvz əu ənd hɑ:f ə paund əu bʌtə ðəts ɔ:l 9 hau mʌtʃ iz ðæt 10 ðæts siks paundz 11 əu diə(r) aiv got faiv paundz 12 ju: kæn pei ði 'rest 'nekst taim 13 ðæŋks veri mʌtʃ ˌgud'bai 14 ˌgud'bai 'mædəm

UWAGI

(1) Zwrot *Can I help you?* – Czy mogę Pani pomóc, w czym mogę pomóc, itp. jest używany przez sprzedawców i innych pracowników obsługujących klientów, ale można go również użyć proponując komuś jakąś pomoc.

(2) Angielskie rzeczowniki dzielą się na policzalne, czyli takie, które można policzyć, i niepoliczalne, czyli takie, których nie można policzyć, np. *sugar* – cukier, *tea* – herbata. Przed rzeczownikami niepoliczalnymi w zdaniach pytających i przeczących stawia się wyraz *any* – jakieś, trochę, żadne.

LEKCJA ÓSMA

1 — Czy mogę Pani pomóc?
2 — Czy jest herbata? [czy ma Pani jakąś herbatę?]
3 — Oczywiście. Podać? [Czy chce Pani trochę?]
4 — Tak, proszę. Niech mi Pani da [daj mi] dwa funty. I pudełko herbatników.
5 — Czy podać fasolkę?
6 — Nie, dziękuję. Mamy trochę w domu.
7 — A jakiś chleb?
8 — Tak, proszę. Dwa bochenki. A, i pół funta masła. To wszystko.
9 — Ile płacę? [Ile za to?]
10 — Sześć funtów.
11 — Ojej, ja mam tylko pięć funtów.
12 — Zapłaci Pani resztę następnym razem.
13 — Dziękuję bardzo. Do widzenia.
14 — Do widzenia Pani.

UWAGI

(3) *Some* – kilka, jakieś, trochę, stawia się również przed rzeczownikami niepoliczalnymi, w zdaniach twierdzących i coraz częściej w zdaniach pytających. Nigdy w przeczeniach.
(4) Wyraz *pound* – to znany nam funt szterling, ale i również jednostka wagi 0,453 kg. W skrócie oznacza się *lb*.
(5) *At home* – w domu zawsze występuje z przyimkiem *at*.
(6) Zwrot *how much* – Ile, tutaj odnosi się do pieniędzy (money).
(7) Wyrazy *madame* w odniesieniu do kobiet i *sir* w odniesieniu do mężczyzn są oznaką szacunku dla danej osoby, jak i są często stosowanymi formami grzecznościowymi.

EXERCISES

1 Can I help you? – **2** Have you got any butter? – **3** Do you want some bread? – **4** He can pay next time. – **5** Give me some money. – **6** She's only got two pounds.

FILL IN THE MISSING WORDS:

1   Have we got . . . sugar?

2   They haven't got . . . money.

3   We've got . . . . beans at home.

****

NINTH (9th) LESSON

1 — I've got **(1)** some; I don't want any. **(1)**
2 — Have you got any peas, please?
3 — Yes. I've got some big tins.
4 — Is **any**one **(2)** at home? I can **he**ar **(3)** **som**eone.
5 — Yes it's me. I'm in the **kit**chen.
6 — Do you want **(4)** a cup of tea? – Yes please.
7 — Come in then.

PRONUNCIATION

1 aiv got sʌm ai dəunt wont 'eni **2** hæw ju: got 'eni pi:z pli:z **3** jes aiv got sʌm big tinz **4** iz 'eniwʌn ət həum ai kən hiə(r) sʌmwʌn **5** jes itz mi: aim in ðə kitʃn **6** du: ju: wont ə kʌp əu ti: – jes pli:z **7** kʌm in ðen

UWAGI

(1) *I've got* znaczy ja mam. *I've* jest formą skróconą od *I have* – ja mam. Poznaliśmy również w poprzedniej lekcji *we've got* – my mamy. W zdaniu 2 występuje forma pytająca *have you got?* – czy ty masz?

ĆWICZENIA

1 Czy mogę Pani/u/ci pomóc? – 2 Czy ma Pan/i [jakieś] masło? – 3 Czy chce Pani trochę chleba? – 4 On może zapłacić następnym razem. – 5 Daj mi trochę pieniędzy. – 6 Ona ma tylko dwa funty.

4   I want . . . . sugar in my coffee.

5   Well, do you want . . . . cigars?

6   . . . I help you, madam?

ODPOWIEDZI

1 any. – 2 any. – 3 some. – 4 some. – 5 some. – 6 Can.

****

LEKCJA DZIEWIĄTA

1 — Mam trochę [jakieś]; Nie chcę żadnych/ej.
2 — Czy ma Pani [jakiś] groszek?
3 — Tak, mam trochę dużych puszek.
4 — Czy ktoś jest w domu? Słyszę kogoś.
5 — Tak, to ja. Jestem w kuchni.
6 — Czy chcesz filiżankę herbaty? – Tak, poproszę.
7 — Wejdź, więc

UWAGI

(2) *Someone* – ktoś jest używany w zdaniach twierdzących. W zdaniach pytających i przeczących używa się *anyone*.
(3) Zdanie *I can hear someone* tłumaczymy jako słyszę kogoś pomijając czasownik *can,* który znaczy mogę, potrafię i zwykle w czasie teraźniejszym poprzedza czasowniki *hear* – słyszeć i *see* – widzieć.
(4) *Do you ...?* – tak tworzymy pytania w czasie teraźniejszym z czasownikami innymi niż *to be* i *can.*

9th Lesson

8 — Have a cigarette. **(5)** – **Thank** you. I **ha**ven't got any.
9 — These are good! – Yes, they're **Tur**kish.
10 — I've got a pipe, but I pre**fer** cigarettes.
11 — A pipe **is**n't as **dan**gerous as **(6)** ciga**ret**tes.
12 — I know... but it **is**n't as good!
13 — Have you got a light? – Thanks.

PRONUNCIATION

8 hæv ə ˌsigə'ret – θæŋk ju: ai 'hævnt got 'eni **9** ðiːz ɑː gud – jes ðei ɑː 'tɜːkiʃ **10** aiv got ə paip bət ai pri'fɜː(r) ˌsigə'rets **11** ə paip iznt əz 'deindʒərəs əz ˌsigə'rets **12** ai nəu bət it iznt əz gud **13** hæ ju: got ə lait – θæŋks

EXERCISES

1 I don't want any, thank you. – **2** Someone is in the kitchen. – **3** Does anyone want a cigarette? – **4** We can see someone in the garden. – **5** Come in.

FILL IN THE MISSING WORDS:

1 *Słyszę kogoś w jadalni.*

I . . . hear . . . . in the . . . . . . room.

2 *Czy ktoś ma ogień?*

Has . . . . . . got a . . . . . ?

3 *Nie chcemy żadnych.*

We . . . . . want . . . .

4 *Ona woli tureckie papierosy.*

She . . . . cigarettes.

5 *Czy ktoś chce filiżankę herbaty?*

Does . . . . . . want a . . . of tea?

8 — Poczęstuj się papierosem. [Weź papierosa.] – Dziękuję, ja nie mam żadnych.
9 — Te są dobre! – Tak, one są tureckie.
10 — Mam fajkę, ale wolę papierosy.
11 — Fajka nie jest tak niebezpieczna jak papierosy.
12 — Wiem... ale nie jest taka dobra!
13 — Czy masz ogień? – Dziękuję.

UWAGI

(5) *Have a cigarette* – to zdanie w trybie rozkazującym, które nie tłumaczymy jednak jako weź papierosa, ale w formie grzecznościowej – poczęstuj się papierosem.
(6) Zwrot *as ... as* lub *so ... as* tłumaczymy jako tak ... jak

ĆWICZENIA

1 Nie chcę żadnych/ego/ej, dziękuję. – 2 Ktoś jest w kuchni. – 3 Czy ktoś chce papierosa? – 4 Widzimy kogoś w ogrodzie. – 5 Wejdź [wejdźcie].

ODPOWIEDZI

1 I can hear someone in the dining room. – 2 Has anyone got a light? – 3 We don't want any – 4 She prefers Turkish cigarettes. – 5 Does anyone want a cup of tea?

9th Lesson

TENTH (10th) LESSON

On the telephone

1 — Hello. Who **(1)** is this? Oh, good morning sir.
2 — No, he's not here. Have you got his **off**ice **num**ber?
3   Wait a minute **(2)**. Ah, it's for-two-six-eight. **(3)**
4   Ask for extension thirty-five. It's a **plea**sure **(4)**. Good-bye.
5 — Hello. Who? No, I'm sorry.
6   You've got the wrong **num**ber **(5)**. That's **alright**. Good-bye.

7 — Have you got a **min**ute? This **sen**tence is very strange:
8   "I'm fed up".
9 — It's an **id**iom **(6)**, it means "I'm bored".
10 — Thank you, that's very **kind** of you. **(7)**
11 — Don't **men**tion it.

PRONUNCIATION

1 hə'ləu hu: iz ðis əu gud 'mɔ:niŋ sɜ:(r) 2 nəu hi:z nət hiə(r) hæv ju: got hiz 'ofis 'nʌmbə(r) 3 weit ə 'minit əu itz fɔ:(r) tu: siks eit 4 ɑ:sk fə ik'stenʃn 'θɜ:ti faiv itz ə 'pleʒə ˌgud'bai 5 hə'ləu hu: nəu aim sori 6 juv got ðə roŋ 'nʌmbə ðəts ɔ:l rait ˌgud'bai 7 hæv ju: got ə 'minit ðis 'sentəns iz veri 'streindʒ 8 aim fed ʌp 9 itz ən idiəm it mi:nz aim bɔ:(r)d 10 θəŋk ju: ðæts veri kaind əv ju: 11 dəunt 'menʃn 'it

UWAGI

(1) *Who* – kto, jest następnym wyrazem pytającym podobnie jak poznane już *where, what, how* – patrz lekcja 7, uwaga (4).
(2) Zwrot *wait a minute* dosłownie znaczy poczekaj minutę, potocznie tłumaczymy jako poczekaj chwilę.
(3) Numery telefonów, tak jak i numery pokoi hotelowych podajemy cyfra po cyfrze.
(4) *It's a pleasure* jest zwrotem grzecznościowym. Można go przetłumaczyć jako to dla mnie przyjemność, cała przyjemność po mojej stronie.

thirty 30

LEKCJA DZIESIĄTA

Przy telefonie

1 — Halo? Kto to? A, dzień dobry Panu.
2 — Nie, nie ma go tutaj. Czy ma Pan jego numer [telefonu] do biura?
3   Proszę poczekać minutę [chwileczkę]. [To jest] Cztery – dwa – sześć – osiem.
4   Proszę poprosić o wewnętrzny trzydzieści pięć. Cała przyjemność po mojej stronie. Do widzenia.
5 — Halo? Kto? Nie, przykro mi.
6   Ma pan zły numer. W porządku. Do widzenia.

7 — Czy ma Pan chwilkę czasu [minutę]? To zdanie jest bardzo dziwne:
8   „Mam dosyć".
9 — To jest idiom, to znaczy „Jestem znudzony [znużony]".
10 — Dziękuję, to miło z Pana strony.
11 — Nie ma o czym mówić.

UWAGI

(5) Przeciwieństwem *wrong number* – zły numer, jest *right number* – dobry numer. Znamy już ten wyraz ze zwrotu *all right* – wszystko w porządku.
(6) Idiom to połączenie wyrazów, które występując samodzielnie mają inne znaczenie, niż gdy występują razem.
(7) *That's very kind of you* – to uprzejmie [miło] z twojej strony, to następny zwrot grzecznościowy. Odpowiedzią może być również forma grzecznościowa *don't mention it* – nie ma za co, nie ma o czym mówić, itp. Zwroty grzecznościowe są bardzo często używane, nawet w języku potocznym.

EXERCISES

1 Is anyone in the office? – 2 Who is on the phone? – 3 These sentences aren't very complicated. – 4 This is the wrong address. – 5 This word means "unhappy". – 6 What do you mean?

FILL IN THE MISSING WORDS:

1 *To bardzo miło z Pana strony! Nie ma o czym mówić.*

   That's very .... of you. – Don't .... it.

2 *Poproś [proszę poprosić] pana Smitha. Przykro mi. On rozmawia przez telefon.*

   Ask ... Mr. Smith. – I'm sorry. He's .. the phone.

3 *Ma Pan [masz] zły numer. Pan chce [chcesz] wewnętrzny 38.*

   You've got the .... You want .... thirty-eight.

****

ELEVENTH (11th) LESSON

1 I play; we play; he (or she) plays. **(1)**
2 I speak; we speak; you speak; she (or he) speaks.
3 We play tennis in the morning, and our neighbours play in the evening.
4 They have a tennis court in their garden.

PRONUNCIATION

1 ai plei wi: plei hi: ɔ:(r) ʃi: pleiz **2** ai: spi:k wi: spi:k ju: spi:kʃi: ɔ:(r) hi: spi:ks **3** wi: plei 'tenis in ðə 'mɔ:niŋ and aur 'neibə(r)z plei: in ðə 'i:vniŋ **4** ðei hæv ə 'tenis kɔ:t in ðeə(r) 'gɑ:dn

ĆWICZENIA

1 Czy ktoś jest w biurze? – **2** Kto jest przy telefonie? – **3** Te zdania nie są bardzo skomplikowane. – **4** To jest zły adres. – **5** To słowo [ten wyraz] znaczy „nieszczęśliwy". – **6** Co masz na myśli? [co znaczy?]

4 *Czy ma Pan minutkę [czasu]? Nie rozumiem tego wyrażenia.*

. . . . a minute? I . . . . this expression.

5 *Tak, ale co to znaczy?*

Yes, but what . . . . it . . . . ?

ODPOWIEDZI

1 That's very kind of you. Don't mention it. – **2** Ask for Mr. Smith. I'm sorry. He's on the phone. – **3** You've got the wrong number. You want extension 38. – **4** Have you got a minute? I don't understand this expression. – **5** Yes, but what does it mean?

****

LEKCJA JEDENASTA

1 Ja gram; my gramy; ty grasz/wy gracie; on (albo ona) gra.
2 Ja mówię; my mówimy; ty mówisz/wy mówicie; ona (albo on) mówi.
3 My gramy w tenisa rano, a nasi sąsiedzi grają wieczorem.
4 Oni mają kort tenisowy w swoim ogrodzie.

UWAGI

(1) Odmiana czasownika w czasie teraźniejszym jest bardzo prosta. Tylko do 3 osoby liczby pojedynczej (*he, she, it*) dodajemy końcówkę – s, – es.

11th Lesson

5 — Do you want to play? **(2)** – Yes, but I haven't got much **(3)** time.
6 — Here's a racket for you; there are **(4)** some balls in the garden.
7 — Are you ready? Service! Out!
8 — That's enough for today. I'm tired already.
9 — I know someone who plays as well as you.

10 — My girlfriend speaks Russian. Do you speak Russian?
11 — Unfortunately no. Does she speak Greek, too? **(5)**
12 — No, she doesn't **(6)**. Do you speak Greek?
13 — No. I don't, but I play tennis well.
14 — Yes, you do. Too well for me.

PRONUNCIATION

5 du: ju: wont tə plei – jes bət ai hævnt got mʌtʃ taim 6 hiərz ə 'rækit fə(r) ju: ðeə(r) ɑ: sʌm bɔ:lz in ðə 'gɑ:dn 7 ɑ:(r) ju: 'redi 'sɜ:vis aut 8 ðæts i'nʌf fə(r) tə'dei aim 'taiəd ɔ:l'redi 9 ai nəu sʌmwʌn hu: pleiz əz wel əz ju: 10 mai ˌgɜ:l'frend spi:ks rʌʃn du: ju: spi:k rʌʃn 11 ʌn'fɔ:tunətlj nəu dʌz ʃi: spi:k gri:k tu: 12 nəu ʃi: dʌznt du: ju: spi:k gri:k 13 nəu ai dəunt bət ai plei tenis wel 14 jes ju: du: tu: wel fə(r) mi:

UWAGI

(2) Pytania tworzymy za pomocą wyrazu *do*, a w 3 osobie liczby pojedynczej za pomocą wyrazu *does*. Przeczenia za pomocą *do not*, które skraca się do *don't* i *does not* w formie skróconej *doesn't*, np: *Do you play tennis. No, I don't play tennis. Does she play tennis? No, she does not play tennis.* Zwróćmy uwagę, że w zdaniach pytających i przeczących końcówka –

EXERCISES

1 Where are your neighbours? – They aren't here. – **2** Do you play as well as me? – No, I don't. – **3** She speaks three languages well. – **4** Does he play football? – No, he doesn't. – **5** Are the balls in the garden? – Yes, they are. – **6** Is he tired? – Yes he is.

5 — Czy chcesz zagrać? – Tak, ale nie mam dużo czasu.
6 — Oto rakieta dla ciebie; w ogrodzie są jakieś piłki.
7 — Jesteś gotowy? [Gotów?] Serw. Aut.
8 — Wystarczy na dzisiaj. Jestem już zmęczony/a.
9 — Znam kogoś, kto gra tak dobrze jak ty.
10 — Moja dziewczyna mówi po rosyjsku. Czy mówisz po rosyjsku?
11 — Niestety nie. Czy ona mówi także po grecku?
12 — Nie, ona nie [mówi]. Czy ty mówisz po grecku?
13 — Nie, ja nie, ale ja dobrze gram w tenisa.
14 — Tak. Za dobrze dla mnie.

UWAGI

es z 3 osoby liczby pojedynczej, znajduje się przy *do*, a nie przy czasowniku głównym. Pamiętajmy, że czasowniki *to be* i *to have* (również *can*, ale o tym później) tworzą pytania i przeczenia nieco inaczej (patrz lekcja 7). Jedynie czasownik *to have* może również tworzyć pytania i przeczenia przez *do, does*.
(3) Wyraz *much* znaczy dużo, wiele i używa się go w połączeniu z rzeczownikami niepoliczalnymi.
(4) Patrz lekcja 3, (3).
(5) Wyraz *too*, jeśli występuje na końcu zdania oznacza także, również, jeśli na początku lub w środku znaczy za, zbyt.
(6) W mowie potocznej odpowiada się na pytania krótko, powtarzając tylko zaimek i słówko *do* lub *does*, np: *Yes, I do. No, she doesn't.* Tłumaczymy to na język polski jako tak i jako nie.

ĆWICZENIA

1 Gdzie są twoi sąsiedzi? – Nie ma ich tutaj. – 2 Czy grasz tak dobrze, jak ja? Nie [ja nie gram]. – 3 Ona mówi dobrze trzema językami. – 4 Czy on gra w piłkę nożną? – Nie [on nie gra]. – 5 Czy piłki są w ogrodzie? – Tak, są. – 6 Czy on jest zmęczony? – Tak, [on jest zmęczony].

FILL IN THE MISSING WORDS:

1 Do they play tennis? – No, ...

2 Does he know your brother? – No, unfortunately .. ..

11th Lesson

3 Is he a businessman? – ..., he is.

4 Do we pay now? – Yes, ...

5 Is it their racket? No, it ....

6 Do you speak English well? – ..., ...

ODPOWIEDZI

1 No, they don't. – **2** No, unfortunately he doesn't. – **3** Yes, he is. – **4** Yes, we do. – **5** No, it isn't. – **6** Yes, I do.

****

TWELFTH (12th) LESSON

1 Do I play? do we play? do you play? Do they play? does he (or does she) play?

2 I don't (do not) play; we don't play; you don't play; they don't play;

3 he (or she) doesn't (does not) play. **(1)**

4 I like cars but I don't like motor-bikes.

5 — Do you like sugar in your coffee? – Yes please, and a little milk. **(2)**

6 — She plays the piano but not very well.

7 — Fortunately **(3)**, she doesn't play the violin!

8 — Do you play rugby? – Oh no, I'm too old.

9 — Can I help you? **(4)** – Do you sell socks?

PRONUNCIATION

1 du: ai plei du: wi: plei du: ju: plei: du: ðei plei dʌz hi: ɔ:(r) dʌz ʃi: plei **2** ai dəunt du: not plei wi: dəunt plei ju: dəunt plei ðei dəunt plei **3** hi: ɔ:(r) ʃi: dʌznt dʌz not plei **4** ai laik kɑ:z bət ai dəunt laik 'məutə(r) baiks **5** du: ju: laik 'ʃugə(r) in jɔ:(r) 'kofi – jes pli:z ənd ə litl milk **6** ʃi: pleiz ðə pi'ænəu bət not veri wel **7** 'fɔ:tunətli ʃi: dʌznt plei ðə ˌvaiə'lin **8** du: ju: plei 'rʌgbi – əu nəu aim tu: əuld **9** kæn ai help ju: – du: ju: sel soks

****

LEKCJA DWUNASTA

1. Czy ja gram? czy my gramy? czy ty grasz/wy gracie? czy oni grają? czy on (albo ona) gra?
2. Ja nie gram; my nie gramy; ty nie grasz/wy nie gracie; oni nie grają.
3. On (albo ona) nie gra.
4. Ja lubię samochody, ale nie lubię motorowerów.
5. — Czy lubisz słodzoną kawę? [dosłownie: cukier w swojej kawie] – Tak, poproszę i trochę mleka.
6. — Ona gra na pianinie, ale nie bardzo dobrze.
7. — Na szczęście, ona nie gra na skrzypcach.
8. — Czy grasz w rugby? – O nie, jestem za stary [na to].
9. — Czy mogę Panu pomóc? – Czy sprzedajecie skarpetki?

UWAGI

(1) Przeczytajmy jeszcze raz objaśnienia (1), (2) i (4) z lekcji 11. Powinniśmy dobrze zrozumieć i zapamiętać zasady tworzenia zdań twierdzących, pytających i przeczących w czasie teraźniejszym.

(2) Wyrażenie *a little* oznacza trochę i używa się je w połączeniu z rzeczownikami niepoliczalnymi.

(3) *Fortunately* znaczy na szczęście. Przeciwieństwem jest znane nam z poprzedniej lekcji *unfortunately* – niestety, na nieszczęście.

(4) Przypominamy, że *can* nie tworzy pytań za pomocą *do/does*.

10 Do you want anything **(5)** from the shop?
11 I have something important to tell you.
12 — Do you play bridge? – No, I don't.
13 — Well, something else perhaps? Poker?
14 — Yes, but I don't play **(6)** for money.
15 We play bridge. She doesn't play the violin.

PRONUNCIATION

10 du: ju: wont ˌeniθiŋ frəm ðə ʃop **11** ai hæv ˌsʌm'θiŋ im'pɔ:tnt tə tel ju: **12** du: ju: plei bridʒ – nəu ai dəunt **13** wel ˌsʌm'θiŋ els pə 'hæps pəukə(r) **14** jes bət ai dəunt plei fə(r) 'mʌni **15** wi: plei 'bridʒ ʃi: dʌznt plei ðə ˌvaiə'lin

EXERCISES

1 Do you play bridge? – Yes, I do but not very well. – **2** She doesn't like milk in coffee. – **3** We haven't got enough time to play with you. – **4** They don't like shopping on Saturdays. – **5** Here is something for you. – **6** Have you got anything to sell?

PUT INTO THE NEGATIVE: [put intə ðə negətiv]:

Zamień na zdania przeczące:

1 They play tennis very well.

2 We like him very much.

3 He has something to tell you.

4 I've got something to sell.

5 He is very happy.

6 She plays the violin.

10 Czy chcesz coś ze sklepu?
11 Mam ci coś ważnego do powiedzenia.
12 — Czy grasz w brydża? – Nie [ja nie].
13 — Może w coś innego? W pokera?
14 — Tak [gram]. Ale nie gram na pieniądze.
15 My Gramy w brydża. Ona nie gra na skrzypcach.

UWAGI

(5) Te same reguły, które obowiązują przy użyciu wyrazów *some* i *any*, obowiązują przy użyciu *something* – coś i *anything* – coś, nic. Patrz lekcja 8, (2) i (3).

(6) Zwróćmy uwagę na czasownik *to play* – grać. W języku polskim mówi się grać w tenisa, w piłkę, na skrzypcach. W języku angielskim, po czasowniku stawiamy bezpośrednio nazwę gry, np.: *play tennis, play football*. Ale jeśli występuje po nim nazwa instrumentu muzycznego, poprzedzamy ją przedimkiem *the* np.: *play the wiolin, play the piano*.

ĆWICZEN A

1 Czy grasz w brydża? – Tak, [gram] ale nie bardzo dobrze. – **2** Ona nie lubi kawy z mlekiem [dosłownie mleka w kawie]. – **3** Nie mamy dosyć czasu, by zagrać z tobą. – **4** One/i nie lubią zakupów w sobotę. – **5** Oto [tutaj jest] coś dla ciebie. – **6** Czy masz coś do sprzedania.

ODPOWIEDZI

1 They don't play tennis very well. – **2** We don't like him very much. – **3** He doesn't have anything to tell you. – **4** I haven't got anything to sell. – **5** He isn't very happy. – **6** She doesn't play the violin.

12th Lesson

THIRTEENTH (13th) LESSON

1 — Where do you live? **(1)** – I live in London.
2 — Do you like it? – Yes, I like big cities **(2)**. Do you?
3 — Not really **(3)**. I prefer the country.
4 — How do you spend **(4)** your evenings in the country?
5 — I read, I work in the garden. My wife paints.
6 — Does she paint portraits?
7 — No, she paints the bathroom and the hall.
8 — Does your wife like the country too?
9 — No, she prefers hotels in London.
10   To read is the infinitive **(5)** of the verb.
11   She likes to read novels.
12   I prefer to live in the country.
13   She doesn't like to live in the country.
14   There is a lot of work. **(6)**

PRONUNCIATION

1 weə(r) du: ju: 'liv – ai: 'liv in 'lʌndn 2 du: ju: laik it – jes ai laik big sitiz du: ju: 3 not riəli ai pri'fɜ:(r) ðə 'kʌntri 4 hau du: ju: spend jɔ:(r) 'i:vniŋs in ðə 'kʌntri 5 ai ri:d ai wɜ:k in ðə gɑ:dn mai waif peints 6 dʌz ʃi: peint 'pɔ:trits 7 nəu ʃi: peints ðə bɑ:θru:m ənd ðə hɔ:l 8 dʌz jɔ:(r) waif laik ðə 'kʌntri tu: 9 nəu ʃi: pri'fɜ:(r) həu'telz in 'lʌndn 10 tu: ri:d iz ðə in'finitiv əv ðə vɜ:b 11 ʃi: laiks tə ri:d noviz 12 ai pri'fɜ:(r) tə liv in ðə 'kʌntri 13 ʃi: dʌznt laik tə liv in ðə 'kʌntri 14 ðeə(r) iz ə lot əv wɜ:k

UWAGI

(1) Proszę sobie przypomnieć jak tworzymy czas teraźniejszy, a następnie przeczytać jeszcze raz objaśnienia (1), (2) i (4) z lekcji 11. Teraz dodamy do nich pytania zaczynające się od wyrazów pytających *where* – gdzie i *how* – jak. Poprzedzają one *do* i *does*, np.: *Where do you live? Where does she live? How do you like it? How does she like it?*

(2) *Cities* to liczba mnoga od *city* – miasto, metropolia. Jeśli rzeczownik kończy się literą *y*, którą poprzedza litera spółgłoskowa, to wówczas dodając końcówkę – s liczby mnogiej zmieniamy *y* na *ie*.

forty 40

LEKCJA TRZYNASTA

1 — Gdzie mieszkasz? – Ja mieszkam w Londynie.
2 — Czy lubisz to? – Tak, lubię duże miasta. A ty?
3 — Nie całkiem [nie zupełnie]. Wolę wieś.
4 — Jak spędzasz swoje wieczory na wsi?
5 — Czytam, pracuję w ogrodzie. Moja żona maluje.
6 — Czy ona maluje portrety?
7 — Nie, ona maluje łazienkę i przedpokój.
8 — Czy twoja żona również lubi wieś?
9 — Nie, ona woli hotele w Londynie.
10   Czytać jest bezokolicznikiem czasownika.
11   Ona lubi czytać powieści.
12   Ja wolę mieszkać na wsi.
13   Ona nie lubi mieszkać na wsi.
14   Jest dużo pracy.

UWAGI

(3) *Really* – znaczy naprawdę, rzeczywiście, faktycznie; *not really* tłumaczymy jako nie całkiem, niezupełnie.
(4) Czasownik *to spend* – spędzać, często występuje w następujących wyrażeniach: *to spend the time* – spędzać czas, *to spend holidays* – spędzać wakacje i *to spend money* – wydawać pieniądze.
(5) Jednym ze sposobów wyrażenia bezokolicznika jest forma podstawowa czasownika – *play, live,* poprzedzona słówkiem *to*, np: *to play, to live.*
(6) Znamy już *much* – patrz lekcja 11, (3), *a little* – patrz lekcja 12, (2) – tu poznajemy *a lot of* – dużo, wiele, które używamy w połączeniu z rzeczownikami policzalnymi i niepoliczalnymi.

13th Lesson

EXERCISES

1 How do you say "portrait" in Hungarian? – **2** Where does your brother live? – **3** Do you like modern novels? – Not really. – **4** How are you and how is your wife? – **5** Where is your girlfriend? – In a hotel in London.

FILL IN THE MISSING WORDS:

1 *Czy wolisz mieszkać w mieście czy na wsi?*

Do you prefer .. .. the town or .. the country?

2 *Przepraszam, ile to kosztuje?*

How .... is that, ...?

3 *On lubi czytać gazetę i obserwować jak jego żona pracuje.*

He likes .. .... his paper and watch ... wife work.

****

FOURTEENTH (14th) LESSON

Revisions and Notes

1 Ponownie usystematyzujmy sobie to, co do tej pory poznaliśmy. Wróćmy na moment do lekcji 7. Przeczytajcie ją Państwo jeszcze raz. Jeśli jest coś niejasnego wróćcie do tych lekcji, w których wprowadziliśmy daną strukturę lub wyraz. Wykaz ich występowania podany jest na końcu książki.

2 Nasza wiedza powiększyła się o bezokolicznik. Poznaliśmy sposób jego wyrażania: słówko *to* z formą podstawową czasownika; *to paint, to prefer.*

ĆWICZENIA

1 Jak powiesz „portret" po węgiersku? – 2 Gdzie mieszka twój brat? – 3 Czy lubisz współczesne powieści? – Niezupełnie. – 4 Jak ty się czujesz i jak się czuje twoja żona? – 5 Gdzie jest twoja dziewczyna? – W hotelu w Londynie.

4 *Czy twoja żona również lubi wieś?*

   . . . . your wife like the country . . . ?

5 *Ona nie lubi mieszkać w Londynie*

   She . . . . like to . . . . in London.

ODPOWIEDZI

1 Do you prefer to live in the town or in the country? – 2 How much is that, please? – 3 He likes to read his paper and watch his wife work. – 4 Does your wife like the country, too? – 5 She doesn't like to live in London.

****

LEKCJA CZTERNASTA

Powtórzenie i objaśnienia

3 Poznaliśmy czas teraźniejszy, który w języku angielskim nazywa się *The Present Simple Tense.* Przeczytajmy jeszcze raz objaśnienia: lekcja 11 (1), (2), (4); 13 (1). Pamiętajmy, iż jeśli w pytaniu lub przeczeniu występuje *does, doesn't,* to czasownik główny nie ma już końcówki – *s, – es.*

4 Poznaliśmy również tryb rozkazujący: *give me, wait, don't mention, come in.* Poszukajcie Państwo tych zadań w lekcjach 8–13. Przypatrzmy się im jeszcze raz. Tryb rozkazujący w 2 osobie liczby pojedynczej i mnogiej wyraża się za pomocą formy podstawowej czasownika: *to* *wait* – (po)czekać bezokolicznik. *Wait* – (po)czekaj, (po)czekajcie – tryb rozkazujący. Gdy chcemy być uprzejmi dodajemy słówko *please: wait, please* – (po)czekaj, (po)czekajcie proszę. Gdy chcemy wyrazić zakaz dodajemy zwrot *don't* – *don't wait (please)* – nie czekaj, nie czekajcie (proszę).

5 W wielu zdaniach występowały również takie wyrazy, jak *a, an, the*, które poprzedzały rzeczownik. Są to przedimki – *the articles* i wyrażają one w języku angielskim określoność lub nie. Najogólniej możemy powiedzieć, że przedimka *the* używamy wtedy, gdy nasz rozmówca wie, którą rzecz (osobę) o tej nazwie mamy na myśli. Przedimka *a/an* (ten ostatni, jeśli rzeczownik zaczyna się od samogłoski) wtedy, gdy informujemy po raz pierwszy o jaką (jakiego rodzaju) rzecz lub osobę nam chodzi.

6 Poznaliśmy również wyrazy *some* i *any* – kilka, jakieś, trochę i niektóre złożenia z nimi *something, anything; someone, anyone*. *Some* występuje w zdaniach twierdzących, czasem pytających. *Any* w zdaniach pytających i przeczących. W tych ostatnich oznacza żaden, żadne. W ten sam sposób używa się złożeń z *some* i *any*.

7 Cały czas poznajemy liczebniki. Przeczytajcie Państwo jeszcze raz numery wszystkich lekcji. Liczebniki podsumujemy w lekcji 21.

8 Możecie Państwo mieć kłopoty z właściwym użyciem poszczególnych struktur. Przetłumaczcie te zdania:

1 Jest [Oto jest] trochę herbaty, ale nie ma mleka.

2 Czy ona ma jakieś pieniądze? – Ma jakieś, ale niedużo.

3 Ona nie mówi tak dobrze, jak jej brat.

4 Nie ma ich tu jeszcze. Jeszcze jest czas.

5 Czy masz ogień? Nie mam żadnych zapałek.

6 Jak się czujesz? – Nie bardzo dobrze. W poniedziałek nigdy nie czuję się dobrze.

7 Ania ma dwadzieścia lat, ale ile lat ma jej siostra? Nie jestem pewna/wien.

8 Czy ty grasz w tenisa? Nie, ale gram na pianinie.

Skonfrontujcie je z podanym kluczem. Jeśli zrobiliście błędy wróćcie do tych lekcji, w których występowały te wyrazy lub struktury. Miejmy nadzieję, że będziecie je sobie sami mogli wyjaśnić. Jeśli nie, nie martwcie się. Będziemy stale wracać do różnych zagadnień, na nowo je wyjaśniać i rozszerzać. W końcu je zrozumiecie. Notujcie sobie tylko te zdania, w których coś jest dla Was niejasne. Analizujcie je, jeśli podobne wyrazy lub struktury pojawią się w następnych lekcjach. Szybciej znajdziecie Państwo wtedy odpowiedź na Wasze wątpliwości.

ODPOWIEDZI

1 Here's some tea, but there's no milk. **2** Has she got any money? – She has got some but not much (a lot). **3** She doesn't speak as (so) well as her brother. **4** They aren't here yet. – There's still time. **5** Have you got a light? I haven't got any matches. **6** How are you? – Not very well. On Monday I'm never well. **7** Anne is twenty, but how old is her sister? I'm not sure. **8** Do you play tennis? – No, but I play the piano.

14th Lesson

FIFTEENTH (15th) LESSON

Let's meet David

1 Hello, **(1)** I'm David Wilson. I live in a suburb of London. **(2)**
2 It's called Harrow. There's a famous school here. **(3)**
3 I work in London. I'm a journalist on the "Daily Wail". **(4)**
4 I travel **(5)** to work by tube.
5 I go from the station to the office on foot. **(6)**

6 — What is his name? He's David Wilson.
7 — Where does he live? – He lives in Harrow.
8 — Does he travel to work by car?
9 — No, he takes **(7)** the tube, he doesn't take his car.

10 Hello. I'm David Wilson. I'm a journalist.
11 My wife's a secretary.
12 We both work in London.

PRONUNCIATION

1 həˈləu aim deivid wilsn ai liv in ə ˈsʌbɜ:b əv lʌndn **2** its kɔ:ld haːəu ðeərz ə feiməs sku:ł hiə(r) **3** ai wɜ:k in lʌndn aim ə ˈdʒɜ:nilist ən ðə deili weil **4** ai ˈtrævl tə wɜ:k bai tju:b **5** ai gəu frəm ðə steiʃn tə ðə ofis ən fut **6** wot iz jɔ:(r) neim – hi:z deivid wilsn **7** weə(r) dʌz hi:liv – hi:livz in ha:əu **8** dʌz hi: ˈtrævəl tə wɜ:k bai ka:r **9** nəu hi: teiks ðə tju:b hi: dʌznt teik hiz ka:(r) **10** həˈləu aim deivid wilsn aim ə ˈdʒɜ:nilist **11** mai waif iz ə ˈsekrətri **12** wi: bəuθ wɜ:k in ˈlʌndn

UWAGI

(1) *Hello* jest potocznym powitaniem. Używa się również *good morning* – dzień dobry – rano; *good afternoon* – po południu; *good evening* – dobry wieczór, – wieczorem; i *good night* – dobranoc – późnym wieczorem.

LEKCJA PIĘTNASTA

Spotkajmy się z Dawidem

1 Cześć, jestem Dawid Wilson. Mieszkam na przedmieściach Londynu.
2 W Harrow [te przedmieścia nazywają się Harrow]. Jest tu znana szkoła.
3 Pracuję w Londynie. Jestem dziennikarzem w „Daily Wail" [„Codzienne lamenty"].
4 Jeżdżę do pracy metrem.
5 Od stacji do biura chodzę pieszo.

6 — Jak on się nazywa [jakie jest jego imię]? — On nazywa się [jest] Dawid Wilson.
7 — Gdzie on mieszka? — Mieszka w Harrow.
8 — Czy jeździ do pracy samochodem?
9 — Nie, jeździ metrem, nie jeździ samochodem.

10 Cześć. Jestem Dawid Wilson. Jestem dziennikarzem.
11 Moja żona jest sekretarką.
12 My obydwoje pracujemy w Londynie.

UWAGI

(2) *A suburb of London* – przedmieścia kogo? czego? – Londynu. Jest to więc przypadek dopełniacza, który wyraża się za pomocą przyimka *of*. W poprzednich lekcjach już były takie zdania. Poszukajcie ich Państwo.
(3) *It's called* tłumaczymy dosłownie to jest nazywane/zwane.
(4) *Daily* – codziennie, codzienny/a, pochodzi od słowa *day* – dzień które poznaliśmy już w złożeniach *Monday, Saturday, today*. W tytułach wielu angielskich gazet jest wyraz *daily* np.: *Daily Telegraph, Daily Express, Daily Mirror,* itp.
(5) *To travel* – podróżować, używane jest zamiennie z *to go* – iść, jechać.
(6) *On foot* oznacza pieszo, na pieszo, ale zawsze używamy przyimka *by* mówiąc *by car* – samochodem; *by tube* – metrem; *by bus* – autobusem; *by bike* – na rowerze.
(7) Czasownik *to take* oznacza brać, zabierać. W języku angielskim mówi się więc „brać samochód" – *take the car*, co w języku polskim oznacza jechać samochodem. Analogicznie *take the bus, take a taxi, take the tube*.

EXERCISES

1 This is Mr Smith. He's a doctor. – **2** There are five people on the tube this morning. – **3** Where do you live? – **4** I always travel by car. – **5** His wife's a secretary and she lives in Harrow. – **6** He both work very hard.

FILL IN THE MISSING WORDS:

1 *My obydwoje [obydwaj] pracujemy w ważnej gazecie [redakcji ważnej gazety]*

We .... work .. an important ....

2 *Coś bardzo dziwnego jest w kuchni.*

There is .... very .... in the kitchen.

3 *Moja żona zawsze jeździ metrem.*

.. wife always travels .. tube.

4 *Kto [kim] ty jesteś? Ja jestem Dawid i jestem dziennikarzem.*

... are you? – ... David and ... . journalist.

****

SIXTEENTH (16th) LESSON

1 — Where do you live? – I live in a suburb called Harrow.
2 — How do you go to work? – I take the tube every morning.
3 — Why **(1)** do you take the train? You've **(2)** got a car.

PRONUNCIATION

1 weə(r) du: ju: liv – ai liv in ðə 'sʌbɜ:b kɔ:ld hɑ:rəu **2** hau du: ju: gəu tə wɜ:k – ai teik ðə tju:b evri mɔ:niŋ **3** wai du: ju: teik ðə trein juʌ got ə kɑ:(r)

ĆWICZENIA

1 To jest pan Smith. On jest lekarzem. – **2** Jest pięć osób w metrze dziś rano. – **3** Gdzie ty mieszkasz? – **4** Zawsze jeżdżę samochodem. – **5** Jego żona jest (wife's) sekretarką i ona mieszka w Harrow. – **6** My obydwcje pracujemy bardzo ciężko.

5 *Oni mieszkają na przedmieściach Londynu, które nazywają się Harrow.*

They live in a . . . . . . of London . . . . . . Harrow.

ODPOWIEDZI

1 We both work on an important (news) paper. – **2** There is something very strange in the kitchen. – **3** My wife always travels by tube. – **4** Who are you? I'm David and I'm a journalist. – **5** They live in a suburb of London called Harrow.

****

LEKCJA SZESNASTA

1 — Gdzie ty mieszkasz? – Ja mieszkam na przedmieściu zwanym Harrow.

2 — Jak jeździsz do pracy? – Jeżdżę metrem każdego ranka.

3 — Dlaczego jeździsz metrem? Masz samochód.

UWAGI

(1) *Why* – dlaczego, to następny wyraz pytający. Znamy więc już *where who, what, how,* i *why.*

(2) *You've* jest formą skróconą od *you have* – ty masz/wy macie.

16th Lesson

4 — There is too much traffic and there are too many **(3)** people. **(4)**
5 And petrol is too expensive.
6 — When do you use your car? – At weekends.
7 We go to the country. We go to Windsor quite often.
8 — I don't know Windsor.
9 — I'm going there on Saturday. Do you want to come?
10 — Yes, please.
11 Too much traffic; too many cars. **(5)**
12 Too much noise; too many people.

PRONUNCIATION

4 θeə(r) iz tu: mʌtʃ 'træfik ənd ðeə(r) ɑ:(r) tu: meni pi:pl. **5** ənd petrəl iz tu: ik'spensiv **6** wen du: ju: ju:z jɔ:(r) – ət ˌwi:k'endz **7** wi: gəu tə ðə 'kʌntri wi: gəu tə winsə kwait ofn **8** ai dəunt nəw winsə **9** aim gəuiŋ ðeə(r) ən sʌtədi du: ju: wont tə kʌm **10** jes pli:z **11** tu: mʌtʃ 'træfik tu: meni kɑ:(r)z **12** tu: mʌtʃ nɔ:iz tu: meni pi:pl

EXERCISES

1 There are many cars in London and they make much noise. – **2** This bike is too expensive. Take something else. – **3** I'm going to Paris next week. – **4** How many cigarettes are in the packet? – **5** How much is this car? No, it's too expensive.

FILL IN THE MISSING WORDS:

1 Too . . . . cigarettes are bad for you.

2 She drinks too . . . . coffee.

3 . . . . people like London very . . . .

4 There are too . . . . people in my car.

5 That's kind of you. Thanks very . . . .

4 — Jest za duży ruch i jest za dużo ludzi.
5   I benzyna jest za droga.
6 — Kiedy używasz swój samochód? – W weekendy.
7   Jeździmy na wieś. Jeździmy do Windsoru bardzo często.
8 — Nie znam Windsoru.
9 — Jadę tam w sobotę. Chcesz pojechać?
10 — Tak [proszę]
11   Za duży ruch; za dużo samochodów
12   Za duży hałas, za dużo ludzi.

UWAGI

(3) Znamy już *much* (lekcja 11, (3), *a little* (lekcja 12, (2) i *a lot of* (lekcja 13, (6). Teraz dochodzi *many* – dużo, wiele, występujące głównie w zdaniach pytających i przeczących, choć nie jest błędem użycie *many* w zdaniach twierdzących.

(4) Wyraz *people* – ludzie, osoby, używany jest najczęściej w liczbie mnogiej. W liczbie pojedynczej używa się *person* – osoba.

(5) *Too many, too much* – za dużo, zbyt dużo, patrz lekcja 12, (4).

ĆWICZENIA

1 Jest dużo samochodów w Londynie i one robią dużo hałasu. – 2 Ten rower jest za drogi. Weź coś innego. – 3 Jadę do Paryża w przyszłym tygodniu. – 4 Ile papierosów jest w paczce? – 5 Ile kosztuje ten samochód? Nie, jest za drogi.

ODPOWIEDZI

1 Too many cigarettes are bad for you. – 2 She drinks too much coffee. – 3 Many people like London very much. – 4 There are too many people in my car. – 5 That's kind of you. Thanks very much.

16th Lesson

SEVENTEENTH (17th) LESSON

1 — What time **(1)** is your train? – At eight thirty. **(2)**
2 — Well hurry up! **(3)** It's eight fifteen already.
3 — Alright! Keep calm. **(4)**
4 — But David, you're late.
5 — Don't shout. I can hear you. **(5)**
6 — Where are my shoes? – Here, with your brief-case.
7 — Okay. I'm ready. – At last! **(6)**
8 — What time is it now? – It's twenty past eight.
9 — Right. I'm off **(7)**. Bye-bye **(8)** love. – Goodbye!

10 It's now twenty five past eight. David is at the station.
11 He has **(9)** his paper under his arm.
12 His brief-case is on the platform and he is waiting **(10)** for the eight-thirty train.

PRONUNCIATION

1 wot taim iz jɔ:(r) trein – ət eit 'θɜ:ti 2 wel hʌri up its eit ˌfif'ti:n ɔ:l'redi 3 ɔ:l'rait ki:p kɑ:m. 4 bət deivid juə(r) leit 5 dəunt ʃaut ai kæn hiə(r) ju: 6 weə(r) ɑ:(r) mai ʃu:z – hiə(r) wið jɔ: 'bri:fˌkeis 7 əukei aim redi – æt lɑ:st 8 wot taim iz it nəu – its twenti pɑ:st eit 9 rait aim ɔʌ bai bai lʌv – gud bai 10 its nəu twenti faiv pɑ:st eit deivid iz ət ðə steiʃn 11 hi: hæz his peipə ʌndə his ɑ:(r)m. 12 his 'bri:fˌkeis iz ən ðə 'plætfɔ:m əed hi: iz weitiŋ fə(r) eit θɜ:ti trein

UWAGI

(1) *What time* – tłumaczymy jako która godzina?, o której godzinie?
(2) *Eight-thirty* – ósma trzydzieści. Dokładne wyjaśnienie formułowania godzin podane jest w lekcji 21.
(3) Cały zwrot *hurry up* tłumaczymy jako pospiesz się, pospieszcie się (forma trybu rozkazującego).
(4) *Keep calm* znaczy uspokój się. Czasownik *to keep* – trzymać, podkreśla w tym zwrocie, że dany stan powinien się utrzymać przez dłuższy czas.

LEKCJA SIEDEMNASTA

1 — O której godzinie jest twój pociąg? – O ósmej trzydziestej.
2 — Więc się pośpiesz! Jest już ósma piętnaście.
3 — Dobrze! Uspokój się!
4 — Ale Dawidzie, jesteś spóźniony.
5 — Nie krzycz. Słyszę cię.
6 — Gdzie są moje buty? Tu, z twoją teczką.
7 — Okay. Jestem gotowy. – W końcu.
8 — Ktora jest godzina teraz? – Dwadzieścia po ósmej.
9 — W porządku. Wychodzę. Do widzenia, kochanie.

10 Jest teraz dwadzieścia pięć po ósmej. Dawid jest na stacji.
11 Ma swoją gazetę pod [swoją] pachą.
12 Jego teczka jest na peronie i on czeka na pociąg o ósmej trzydziestej.

UWAGI

(5) Patrz lekcja 9 objaśnienie (2).
(6) *Al last* znaczy w końcu *The last train* to ostatni pociąg. *To last* oznacza trwać, np.: *The lesson lasts ten minutes*. Lekcja trwa dziesięć minut.
(7) Znamy już zwrot *to be in* – być wewnątrz jakiegoś pomieszczenia, lekcja 6, (8). *To be out* – być na zewnątrz, jest jego przeciwieństwem. *To be off* – znaczy wyjść.
(8) *Bye, bye* jest popularnie stosowanym skrótem od *good bye* – do widzenia.
(9) *He has* – on ma. Znamy więc już pełną odmianę czasownika *to have* – mieć w formach pełnych i skróconych: *I have = I've, you have = you've, she has = she's (tak samo jak she is = she's), he has = he's, it has = it's, we have = we've, you have = you've, they have = they've.*
(10) *He is waiting* – on czeka, teraz, w danej chwili. Jeśli jakaś czynność właśnie się odbywa używamy czasu teraźniejszego ciągłego, który tworzymy za pomocą czasownika *to be* i czasownika głównego z końcówką – *ing*, np: *I am waiting*.

13 "It's never on time" **(11)**, he says impatiently.
14 What time is it? Hurry up. – I'm off.

PRONUNCIATION

13 itz newə ən taim hi: sez im'peiʃntli 14 wot taim iz it hʌri ʌp – aim əv

UWAGI

(11) Zwrot *to be on time* oznacza punktualnie, o czasie.

EXERCISES

1 David, please hurry up. You're late. – **2** That man Wilson is never on time. – **3** I'm ready to go. Right, I'm off. – **4** We are on a platform in a station in London. – **5** He arrives at the station at twenty past nine. – **6** Your paper is under the chair.

Translate whit the help of the diagram in lesson 21:

Przetłumacz korzystając z diagramu z lekcji 21:

1 *Jest dwadzieścia pięć po dziewiątej.*
2 *Która jest godzina? – Jest za dziesięć druga.*
3 *Jestem spóźniona. Jest już pół do ósmej.*
4 *On [pociąg] zawsze przyjeżdża punktualnie, o ósmej godzinie.*
5 *Jest teraz za kwadrans jedenasta.*

****

EIGHTEENTH (18th) LESSON

Husband and wife

1 On the train, David reads his paper.
2 He stands because the train is full.
3 People that travel to work every day are called "commuters". **(1)**

PRONUNCIATION

1 ən ðə trein deivid ri:dz his peipə 2 hi: stændz bi'koz ðə trein iz ful 3 pi:pl ðət trævl tə wɜ:k evri dei ɑ:(r) kɔ:ld kə'mju:təz

13 „On [pociąg] nigdy nie jest o czasie": on mówi z niecierpliwością.
14 Która jest godzina? Pospiesz/cie się. – Wychodzę.

ĆWICZENIA

1 Dawid, proszę pospiesz się. Jesteś spóźniony. – **2** Ten człowiek Wilson nigdy nie jest punktualnie [o czasie]. – **3** Jestem gotów do wyjścia. W porządku, wychodzę. – **4** Jesteśmy na peronie na stacji w Londynie. – **5** On przyjeżdża na stację dwadzieścia po dziewiątej. – **6** Twoja gazeta jest pod krzesłem.

ODPOWIEDZI

1 It is twenty-five past nine. – **2** What time is it? – It is ten to two. – **3** I'm late. It's already half past seven. – **4** It/he always arrives on time, at eight o'clock. – **5** It is now a quarter to eleven.

****

LEKCJA OSIEMNASTA

Mąż i żona

1 W pociągu, Dawid czyta swoją gazetę.
2 On stoi ponieważ pociąg jest pełen [pasażerów].
3 Ludzi, którzy dojeżdżają do pracy każdego dnia nazywa się „commuters".

UWAGI

(1) Nie ma właściwie odpowiednika słowa „*commuter*" w języku polskim. Jest to osoba dojeżdżająca do pracy.

4 The journey takes twenty minutes and he has ten minutes to walk to the office.
5 He hasn't much time, so he walks quickly.
6 He crosses the city and arrives at his office.
7 He takes the lift to the fourth floor.
8 He goes to his desk and sits down. He is on time.

9 His wife Joan washes the dishes **(2)** and leaves the house at ten to nine.
10 Her office is quite near, so she always walks.
11 It takes her eight minutes to arrive at her office. **(3)**
12 She is a secretary in an accountants firm.
13 At nine o'clock, both the Wilsons are working. **(4)**

PRONUNCIATION

4 ðə 'dʒɜːni teiks twenti minits ənd hiː hæz ten minits tə wɔːk tə ðə ofis **5** hiː hæznt mʌtʃ taim səu hiː wɔːks kwikli **6** hiː krosiz ðə siti ənd ə'raivz ət his ofis **7** hiː teiks ə lift tə ðə fɔːθ flɔː(r) **8** hiː gəuz tə his desk ənd sits daun hiː iz ən taim **9** his waif dʒəun woʃiz ðə diʃiz ənd liːvz ðə haus ət ten tə nain **10** hɜː(r) ofis iz kwait niə(r) səu ʃiː 'ɔːlweiz wɔːks **11** it teiks hɜː(r) eit minits tə ə'raiv ət hɜː(r) ofis **12** ʃiː iz ə 'sekrətri in ən ə'kauntənts fɜːm **13** ət nain ə'klok bəuθ ðə wilsnz ɑː(r) wɜːkiŋ

UWAGI

(2) *To wash the dishes* – zmywać naczynia; *dish* – półmisek, potrawa, danie; *dishwasher* – zmywarka do naczyń.

EXERCISES

1 There are too many people on the train, so she stands. – **2** They cross the hall and take the lift to the first floor. – **3** This exercise is quite interesting. – **4** The journey to my office takes ten minutes. – **5** I always travel by plane. – **6** Please wash the dishes and hurry up. We're late.

4 Podróż trwa [zabiera] dwadzieścia minut i on ma dziesięć minut [drogi] do przejścia do biura.
5 On nie ma dużo czasu, więc idzie szybko.
6 Przechodzi przez City (część Londynu) i przychodzi do swojego biura.
7 Jedzie windą na czwarte piętro.
8 Podchodzi do swojego biurka i siada. Jest punktualny.
9 Jego żona Joanna zmywa naczynia i wychodzi z domu za dziesięć dziewiąta.
10 Jej biuro jest całkiem blisko, więc ona zawsze idzie spacerkiem.
11 Dojście do biura zajmuje jej osiem minut.
12 Ona jest sekretarką w firmie księgowej.
13 O dziewiątej godzinie [obydwoje] państwo Wilsonowie pracują.

UWAGI

(3) Dosłownie tłumaczenie tego zdania brzmi: To zabiera jej osiem minut żeby przyjść do biura. Popatrzcie Państwo na poprawne tłumaczenie i nauczcie się zdania angielskiego na pamięć.
(4) Patrz lekcja 17 objaśnienie (10).

ĆWICZENIA

1 Jest zbyt dużo ludzi w pociągu, więc ona stoi. – **2** Przechodzą przez hol i jadą windą na pierwsze piętro. – **3** To ćwiczenie jest całkiem interesujące. – **4** Podróż do mojego biura trwa [zabiera mi] dziesięć minut. – **5** Zawsze podróżuję samolotem. – **6** Proszę, pozmywaj naczynia i pospiesz się. Jesteśmy spóźnieni.

18th Lesson

57 fifty-seven

FILL IN THE MISSING WORDS:

1 *On przyjeżdża do biura i jedzie windą na czwarte piętro.*

   He arrives .. the office and ..... the lift .. the fourth ....

2 *On stoi w pociągu, ale jego teczka jest pod siedzeniem.*

   He ..... in the train but ... brief-case is ..... a seat.

3 *Moje biuro jest całkiem blisko mojego domu.*

   My office is ..... near my ....

****

NINETEENTH (19th) LESSON

1 Answer these questions about lesson eighteen. **(1)**
2 What does David do on the train? **(2)**
3 Does he sit down?
4 What are commuters?
5 How long does the journey take?
6 Does he walk quickly? Why?
7 On what floor **(3)** is his office?
8 Does he arrive on time?
9 What does his wife do with the dishes?

PRONUNCIATION

1 ɑːnsə(r) ðiːz kwestʃənz əˈbəut lesn eitiːn 2 wot dʌz deivid duː ən ðə trein 3 dʌz hiː sit daun 4 wot ɑː kəˈmjuːtəz 5 həu loŋ dʌz ðə ˈdʒɜːni teik 6 dʌz hiː wɔːk kwikli wai 7 ən wot Flɔː(r) iz hiz ofis 8 dʌz hiː əˈraiv ən taim 9 wot dʌz hiz waif duː wið ðə diʃiz

4 *„Commuters" są ludźmi, którzy dojeżdżają pociągiem każdego dnia.*

Commuters . . . people . . . . take the train . . . . . day.

5 *Podróż trwa tylko dwadzieścia minut.*

The . . . . only . . . . . twenty minutes.

ODPOWIEDZI

1 He arrives at the office and takes the lift to the fourth floor. – **2** He stands in the train but his brief-case is under a seat. **3** My office is quite near my house. – **4** Commuters are people that take the train every day. – **5** The journey only takes twenty minutes.

****

LEKCJA DZIEWIĘTNASTA

1. Odpowiedz na pytania o [tekście z] lekcji osiemnastej.
2. Co robi Dawid w pociągu?
3. Czy on siedzi?
4. Kim są „*commuters*"?
5. Jak długo trwa podróż?
6. Czy on idzie szybko? Dlaczego?
7. Na którym piętrze jest jego biuro?
8. Czy on przychodzi punktualnie?
9. Co jego żona robi z naczyniami?

UWAGI

(1) *About* znaczy *o* i *około*: *This book is about Sheakspeare* „ta książka jest o Szekspirze" *What is it about?* „O czym ona jest?"; *It was about seven thirty.* „To było około siódmej trzydziestej".

(2) Poznaliśmy dwa typy pytań. Pierwszy zaczynający się od inwersji czasownika lub od wyrazów posiłkowych *do, does*, i drugi zaczynający się od wyrazów pytających *who, what, where* itp. Patrz lekcja 7 (3), (4), lekcja 11 (2), lekcja 13 (1).

(3) *On what floor* – tłumaczymy na którym piętrze. *Floor* znaczy podłoga, piętro.

19th Lesson

10 What time does she leave the house?
11 Is her office near or far?
12 Her office is near the house; it is close.
13 The shop closes at six o'clock. **(4)**
14 Please sit down. – No, I prefer to stand.

PRONUNCIATION

10 wot taim dʌz ʃi: li:v ðə haus **11** iz hɜ:(r) ofis niə(r) ɔ:(r) fɑ:(r) **12** hɜ:(r) ofis iz niə(r) ðə haus it iz kləuz **13** ðə ʃop kləuziz ət siks ə'klok **14** pli:z sit daun – nəu ai prifə(r) tə stænd

EXERCISES

1 Please answer the telephone. – **2** The church is close to the shops. You can walk there. – **3** Hurry up, the shops close very early. – **4** It is too far to walk. Take a taxi. –**5** How far from here is your office?

FILL IN THE MISSING WORDS:

1 *Sklepy są za daleko od kościoła.*

The . . . . . are too . . . from the church.

2 *To nie jest daleko. Można [możesz] tam pójść pieszo.*

It's not . . . . You . . . go there . . . .

3 *Ale pospiesz się. Sklepy zamykają o godzinie piątej.*

But . . . . The shops . . . . . at five . . . .

4 *Możesz tam pojechać taksówką, autobusem, albo pójść pieszo.*

You can go . . . . taxi, . . bus or   foot.

sixty 60

10 O której godzinie ona wychodzi z domu?
11 Czy jej biuro jest blisko czy daleko.
12 Jej biuro jest blisko domu; ono jest blisko.
13 Sklep zamyka się o godzinie szóstej.
14 Proszę usiądź – Nie, ja wolę stać.

UWAGI

(4) Wyraz *close* znaczy blisko, bliski/a, bliskie, a jako czasownik znaczy zamykać, zamknąć.

ĆWICZENIA

1 Proszę odbierz (odpowiedz na) telefon. – **2** Kościół jest blisko sklepów. Możesz (lub „można") tam pójść pieszo. – **3** Pospiesz się, sklepy zamykają bardzo wcześnie. – **4** To jest za daleko, by iść pieszo. Weź taksówkę. – **5** Jak daleko stąd jest twoje biuro?

5 *Ona wychodzi z domu za dziesięć dziewiąta.*

She . . . . . . the house at . . . .

ODPOWIEDZI

1 The shops are too far from the church. – **2** It's not far. You can go there on foot. – **3** But hurry up. The shops close at five o'clock. – **4** You can go there by taxi, by bus or on foot. – **5** She leaves the house at ten to nine.

19th Lesson

TWENTIETH (20th) LESSON

1 — Have you got any cigarettes?
2 — Yes, what kind **(1)** do you want?
3 — Oh, Turkish ones **(2)** please. – Here you are, sir.
4 — Thank you. How much is that? – Fifty pence, **(3)** please.

5 Mother. – My son's a doctor of philosophy.
6 Neighbour. – Oh good. What kind of illness is "philosophy"?

A bargain

7 — Do you want a carpet, sir? Here are some beautiful carpets.
8 — How much is that little one?
9 — It is a real Oriental carpet sir. It is magnificent. It costs fifty pounds.
10 — Ridiculous! That's much too dear. **(4)**
11 — Well, make me an offer.

PRONUNCIATION

1 hæv ju: got əni sigərets 2 jes wot kaind du: ju: wont 3 əu tɜkiʃ wʌnz pli:z – hiə(r) ju: a:(r) sɜ:(r) 4 θəŋk ju: hau mʌtʃ iz ðæt – fifti pens pli:z 5 mʌðə – mai sɔ:nz ə doktə(r) əv fi'losəfi 6 neibə(r) – əu gud wot kaind əv ilnis iz fi'losəfi ə 'ba:gin 7 du: ju: wont ə ka:pit sɜ:(r) hiə(r) a:(r) sɔ:m 'bju:tifl ka:pits 8 hau matʃ iz ðæt litl wʌn 9 it iz ə riəl ,ɔ:ri'entl ka:pit sɜ:(r) it iz mæg'nifisnt it kosts fifti paundz 10 ri'dikjuləs ðætz mʌtʃ tu: diə(r) 11 wel meik mi ən ofə(r)

UWAGI

(1) *Kind* oznacza miły, uprzejmy i również rodzaj, typ, gatunek. *He's a kind man* [On jest uprzejmym człowiekiem.]. *What kind of* – jaki rodzaj, typ, gatunek.
(2) Żeby uniknąć powtarzania, zastępujemy rzeczownik w liczbie pojedynczej wyrazem *one*, a rzeczownik w liczbie mnogiej wyrazem *ones*.

sixty-two 62

LEKCJA DWUDZIESTA

1 — Czy ma Pani jakieś papierosy?
2 — Tak, jaki rodzaj Pan chce?
3 — A, tureckie [papierosy] proszę. – Oto one, proszę Pana.
4 — Dziękuję. Ile to jest? – Pięćdziesiąt pensów, proszę.

5 Matka. – Mój syn jest doktorem filozofii.
6 Sąsiad/ka. – [to] Dobrze. Jakim rodzajem choroby jest „filozof a"?

Okazja

7 — Czy Pan chce dywan? Tu jest kilka pięknych dywanów.
8 — Ile kosztuje ten mały [dywan]?
9 — To jest prawdziwy, orientalny dywan, proszę Pana. On jest wspaniały. Kosztuje pięćdziesiąt funtów.
10 — Śmieszne! To jest zdecydowanie [dosłownie: dużo za] zbyt drogo.
11 — Więc, ile Pan proponuje [dosłownie: niech mi Pan złoży ofertę].

UWAGI
(3) Funt ma 100 pensów *pence*. Liczba pojedyncza to *penny* – pens. Patrz lekcja 8 objaśnienie (4).
(4) *Much too dear* tłumaczymy jako zdecydowanie za drogo/i/a.

20th Lesson

12 — Fifty pence; and not one penny more.
13 — What? Fifty pence for this real Turkish carpet? Well, take it sir, it's yours.

PRONUNCIATION

12 fifti pens ənd not wʌn peni mɔː(r) **13** wot fifti pens fə(r) ðis riəl tɜːkiʃ kɑːpit wel teik it sɜː(r) its jɔːz

EXERCISES

1 I want a new car and a good one. – **2** What kind of car do you want? – **3** One of these, perhaps? – **4** Oh no, they are much too dear. – **5** I like this one – and it's not too expensive.

FILL IN THE MISSING WORDS:

1 *Podoba mi się to. Chcę jedno z tych.*

   I . . . . it: I . . . . one of those . . . . .

2 *Jaki rodzaj dywanu Pan chce?*

   What . . . . of carpet . . you . . . . sir?

3 *Czy ma [miał] Pan jakieś nowe samochody w tym tygodniu.*

   . . . . you got . . . new cars . . . . week?

****

TWENTY-FIRST (21st) LESSON

Revisions and Notes

1 Zaczynamy od liczebników. Już je Państwo znacie z numeracji stron. Liczebniki porządkowe poznajemy przy numeracji lekcji *first* (1*st*) – pierwszy/a/e; *second* (2*nd*) – drugi/a/ie; *third* (3*rd*) – trzeci/a/ie; *fourth* (4*th*) – czwarty/a/e; do pozostałych dodaje się końcówkę – *th*.

sixty-four 64

12 — Pięćdziesiąt pensów; i ani jednego pensa więcej.
13 — Co? Pięćdziesiąt pensów za ten prawdziwy turecki dywan? Cóż niech Pan go bierze, jest Pana.

ĆWICZENIA

1 Chcę nowy samochód – i dobry [samochód]. – **2** Jaki chcesz typ [rodzaj] samochodu. – **3** Jeden z tych, może? – **4** O nie, one są zdecydowanie za drog e. – **5** Podoba mi się ten [samochód] – i on nie jest za drog .

4 *Tak, mamy [jakieś], ale one są zdecydowanie za drogie dla Pana.*

Yes, we've got . . , but they . . . much too . . . . for you.

5 *Ile kosztuje? On kosztuje trzydzieści dwa funty i dwadzieścia trzy pensy.*

. . . . is that, please? It . . . . -. . . pounds and . . . . . . -. . . . . pence.

ODPOWIEDZI

1 I like it: I want one of those ones. – **2** What kind of carpet do you want, sir? – **3** Have you got any new cars this week? – **4** Yes, we've got some, but they're much too dear (expensive) for you. – **5** How much is that, please? It costs, thirty-two pounds and twenty-three pence.

********************=*********************************

LEKCJA DWUDZIESTA PIERWSZA

Powtórzenie i objaśnienia

2 Godziny

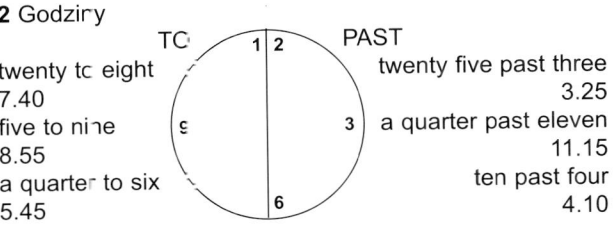

TO　　　　　　　　　　　PAST
twenty to eight　　　　　twenty five past three
7.40　　　　　　　　　　3.25
five to nine　　　　　　　a quarter past eleven
8.55　　　　　　　　　　11.15
a quarter to six　　　　　ten past four
5.45　　　　　　　　　　4.10

21st Lesson

Przy pełnych godzinach używa się wyrazu *o'clock* – *12 o'clock* – godzina dwunasta. Wyraz *past* oznacza po, np.: *five past two* – pięć po drugiej, ale można również powiedzieć *two five*. Przy pół godzinach używa się *half past* – połowa po, np.: *half past two* pół do trzeciej, albo *two thirty*. Wyraz *to* oznacza za, *five to two* – za pięć druga. W tekście piszemy łacińskie skróty *a.m. (ante meridiem)* – przed południem lub *p.m. (post meridiem)* po południu, żeby zaznaczyć, o jaką porę dnia nam chodzi.

3 Czas teraźniejszy prosty (*The Present Simple Tense*) i czas teraźniejszy ciągły (*The Present Continuous Tense*). Przeczytajmy jeszcze raz objaśnienia do lekcji 11 (2), 12 (1); 13 (1); 14 (3), 17 (10). Czas teraźniejszy prosty używa się w celu wyrażenia czynności występującej stale, zwyczajowej, czy też powtarzającej się, np.:*I work in an office* Pracuję w biurze

Czas teraźniejszy ciągły używa się dla wyrażenia czynności właśnie odbywającej się, np.: *I am working very hard now* „Pracuję teraz bardzo ciężko".

Porównajmy:

What does she do? – co ona robi? tzn., jaki jest jej zawód, jakie wykonuje obowiązki.

What is she doing? – co ona robi? tzn., co robi w tej chwili, czym się teraz zajmuje.

4 Przetłumaczcie na język angielski:

1. On jeździ do Londynu metrem, ale idzie do swojego biura pieszo.
2. Jest za dużo samochodów i jest za duży ruch.
3. Która jest godzina? Jest dwadzieścia po ósmej (ósma dwadzieścia). Już! Wychodzę!
4. Ona ma swoją teczkę w ręku.
5. Co oni robią? Oni czekają na pociąg.
6. Czy sklepy są blisko? Tak, ale pospiesz się. Zamykają się pół do szóstej.
7. Jaki chcesz samochód [rodzaj samochodu]? Szybki.

5 Tłumaczenie

1. *He travels to London by tube but he goes to his office on foot.*
2. *There are too many cars and too much traffic.*
3. *What time is it? It's twenty past eight! (eight twenty). Already? I'm off.*
4. *He has (he's got) his brief-case in his hand.*
5. *What are they doing? They're waiting for the train.*
6. *Are the shops near (close)? Yes, but hurry up. They close at half past five.*
7. *What kind of car do you want? A fast one.*

21st Lesson

TWENTY-SECOND (22nd) LESSON

At the weekend

1 At the weekend, people usually do not work.
2 On Sunday, everything is closed except the cinemas and a few **(1)** shops.
3 Few **(2)** people leave London, but many go to the parks.
4 There are many parks in London and there is much grass. **(3)**
5 In the parks, you can walk anyhere **(4)** (except on the lakes).
6 At the weekend, there is always too little time and too much to do.
7 Football is very popular and many people go and watch **(5)** matches on Saturday.

PRONUNCIATION

1 ət ðə wiːkˈend piːpl juːʒəli du not wɜːk 2 ən sʌndi evriθiŋ iz kləuzd ikˈsept ðə sinəməz ənd ə fjuː ʃopz 3 fjuː piːpl liːv lʌndn bət meni gəu tə ðə paːks 4 ðeə ɑː(r) meni paːks in lʌndn ənd ðeə iz matʃ grɑːs 5 in ðə paːks juː kæn wɔːk eniweə(r) ikˈsept ən ðə leiks 6 ət ðə wiːkˈend ðeə(r) iz ˈɔːlweiz tuː litl taim ənd tuː mʌtʃ tə duː 7 futbɔːl iz veri popjulə(r) ənd meni piːpl gəu ənd wotʃ mætʃiz ən sʌtədi

UWAGI

(1) *A few* oznacza kilka.
(2) *Few* oznacza niewielu/e, mało i jest przeciwieństwem *many*. Używa się go więc z rzeczownikami policzalnymi.
(3) Przypomnijmy sobie użycie *much* i *many* – patrz lekcja 16 objaśnienie (3). Przeciwieństwem *much* jest *little* – mało, również używane z rzeczownikami niepoliczalnymi. *A little*, jak pamiętamy, oznacza trochę.

LEKCJA DWUDZIESTA DRUGA

Podczas [w czasie] weekendu

1. W czasie weekendu ludzie zwykle nie pracują.
2. W niedzielę, wszystko jest zamknięte z wyjątkiem kin i kilku sklepów.
3. Niewiele osób wyjeżdża z Londynu, ale wiele chodzi do parku.
4. Jest wiele parków w Londynie i jest dużo trawy [zieleni].
5. W parkach można spacerować wszędzie (z wyjątkiem jezior).
6. W czasie weekendu jest zwykle zbyt mało czasu i zbyt dużo do zrobienia.
7. Piłka nożna jest bardzo popularna i wiele osób chodzi i ogląda mecze w sobotę.

UWAGI

(4) *Anywhere* – gdziekolwiek, tu dokładnie nie jest sprecyzowane gdzie, więc mimo, iż jest to zdanie twierdzące używa się *anywhere* a nie *somewhere*. *Any* jest elementem neutralnym.

(5) *To watch* znaczy oglądać, obserwować, śledzić. Mówimy więc *to watch TV, to watch a film, to watch a match* – oglądać telewizję, film, mecz. *To look at* znaczy patrzeć, spojrzeć.

8 You can also go to the cinema or the theatre;
9 or simply walk through the streets;
10 but on Monday, you go back to work.
11 Sunday; Monday; Tuesday; Wednesday; Thursday; Friday; Saturday. **(6)**
12 On Saturday; at the weekend; in October.

PRONUNCIATION

8 ju: kæn ɔ:lsəu gəu tə ðə sinəmə ɔ:(r) ðə θiətə(r) **9** ɔ:(r) simpli wɔ:k ðə stri:tz **10** bət ən mʌndi ju: gəu bæk tə wɜ:k **11** sʌndi mʌndi tju:zdi 'wenzdi 'θɜ:zdi fraidi sætədi **12** ən sætədi ət ðə wi:k'end in ok'təubə(r)

UWAGI

(6) Patrz lekcja 5 objaśnienie (1).

EXERCISES

1 There are very few people at the match. – **2** That is why there is little noise. – **3** I can see him throught the window. – **4** Everyone here is a doctor, except Peter who is a journalist. – **5** In England, many shops close on Wednesday afternoon.

FILL IN THE MISSING WORDS:

1 *W poniedziałek, niewiele osób chodzi do sklepów, ponieważ [oni] pracują.*

.. Monday ... people go .. the shops .... they're ....

2 *Mamy bardzo mało czasu: koncert zaczyna się dokładnie o 8.*

We've ... very ...... time: the concert begins .. 8 ....

8 Można również iść do kina albo do teatru.
9 albo po prostu pospacerować po ulicach,
10 ale w poniedziałek, wraca się do pracy.
11 Niedziela, poniedziałek, wtorek, środa, czwartek, piątek, sobota.
12 W sobotę; w czasie [podczas] weekendu; w październiku.

ĆWICZENIA

1 Jest bardzo mało ludzi na meczu. – **2** Dlatego jest mało hałasu. – **3** Widzę go przez okno. – **4** Wszyscy tutaj są lekarzami, z wyjątkiem Piotra, który jest dziennikarzem. – **5** W Anglii, wiele sklepów jest zamkniętych w środę po południu.

3 *Jest zbyt mało ciastek; jest nas ośmiu przy stole [dokładnie my jesteśmy ...]*

There are . . . . . cakes, we . . . eight . . table.

4 *Moje urodziny są dwudziestego ósmego października, w czwartek.*

My birthday is the . . . . . . - . . . . . . of October, .

a . . . .

5 *Jest mały ruch i kilku przechodniów.*

There is . . . . . . traffic and . . . pedestrians.

ODPOWIEDZI

1 On Monday, few people go to the shops because they are working. – **2** We've got very little time: the concert begins at 8 exactly. – **3** There are too few cakes: we are eight at table. – **4** My birthday is the twenty-eighth of October, on a Thursday. – **5** There is little traffic and few pedestrians.

22nd Lesson

TWENTY-THIRD (23rd) LESSON

Can I help you?

1 — Mummy, can I have some sweets? **(1)**
2 — You can, but you may not. **(2)**
3 — Oh! Mummy, may I have some sweets?
4 — Of course, dear, help yourself. **(3)**

5 — Can I help you?
6 — Yes please. I want a map of London.
7 — Do you like this one? It's very detailed.
8 — Yes, that's fine **(4)**. How much is it?
9 — Well, it costs twenty pence, but you can have it for fifteen pence.

10 — Where can I find a telephone?
11 — You can find one **(5)** at the end of the street.
12 — May I ask you something? **(6)** – Of course.
13 — Can you tell me the time? My watch doesn't work. **(7)**
14 — Certainly, it's exactly two o'clock.

PRONUNCIATION

1 mʌmi kæn ai hæv sʌm swi:ts 2 ju: kæn bət ju: mei not 3 əu mʌmi mei ai hæv sʌm swi:ts 4 əv kɔ:s diə(r) help jɔ:'self 5 kæn ai help ju: 6 jes pli:z ai wont ə mæp əv lʌndn 7 du: ju: laik θiz wʌn its veri di'teild 8 jes ðæts fain hau mʌtʃ iz it 9 wel it kosts twenti pens bət ju: kæn hæv it fɔ: fifti:n oens 10 weə(r) kæn ai faind ə 'telifəun 11 ju: kæn faind wʌn ət ðə end əv ðə stri:t 12 mei ai a:sk ju: 'sʌm,θiŋ – əv kɔ:s 13 kæn ju: tel mi: ðə taim mai wotʃ dʌznt wɜ:k 14 sɜ:tnli its ig'zæktli tu: ə'klok

UWAGI

(1) *Sweets* – tłumaczymy jako słodycze, cukierki. *Sweet* to również przymiotnik słodki, – a *sweet wine* – słodkie wino.
(2) *Can* – móc, potrafić, *may* – móc. To czasowniki, które jak czasownik *to be* tworzą pytania przez inwersję (patrz lekcja 8 objaśnienia (3), (4) i tworzą samodzielnie przeczenia. *May* wyraża przyzwolenie, możliwość, *can* zdolność, możliwość i przyzwolenie. W mowie potocznej częściej używane jest *can*.

LEKCJA DWUDZIESTA TRZECIA

Czy mogę ci pomóc?

1 — Mamusiu, czy potrafię [mogę] wziąć trochę cukierków [słodyczy].
2 — Potrafisz, ale nie możesz.
3 — Oj, mamo, czy mogę wziąć trochę cukierków.
4 — Oczywiście kochanie, poczęstuj się.

5 — Czy mogę Pani/u pomóc?
6 — Tak proszę. Chcę mapę Londynu.
7 — Czy podoba się Pani ta? Jest bardzo szczegółowa.
8 — Tak, świetnie. Ile ona kosztuje?
9 — Ona kosztuje dwadzieścia pensów, ale może ją Pani dostać za piętnaście [pensów].

10 — Gdzie mogę znaleźć telefon?
11 — Może Pani znaleźć telefon na końcu ulicy.

12 — Czy mogę o coś spytać? Oczywiście.
13 — Czy może mi Pani powiedzieć godzinę? Mój zegarek nie chodzi [nie pracuje].
14 — Oczywiście, jest dokładnie druga.

UWAGI

(3) *Yourself* ma dwie funkcje: jako zaimek zwrotny – *się*, np.: *help yourself* – poczęstuj się, i jako zaimek emfatyczny, tzn. podkreślający – *yourself* – ty sam. *He does it himself* – on to sam robi. Formy z pozostałymi osobami to *I – myself, she – herself, he – himself, we – ourself, you – yourself, they – themselves*.
(4) *That's fine* tłumaczymy jako świetnie, wspaniale.
(5) *You can find one* – zaimek *you* można tłumaczyć również bezosobowo, czyli to zdanie można również przetłumaczyć można znaleźć, lub jest telefon na końcu ulicy.
(6) Mimo, że jest to pytanie używamy *something* a nie *anything*, bo rozmówca pyta się o coś konkretnego, a jak pamiętamy *any* ma znaczenie neutralne.
(7) *My watch doesn't work* – w tego typu zdaniach czasownik *to work* – pracować tłumaczy się jako chodzić, działać.

EXERCISES

1 May I take a cake? – Of course. Help yourself. – **2** I'm sorry, I can't help you. – **3** He goes home at the end of the day. – **4** This radio doesn't work. – **5** May we leave at seven o'clock? – **6** No, you may not. You can leave at nine o'clock like everyone.

TRANSLATE THESE EXPRESSIONS:

Przetłumacz te wyrażenia:

1 *Poczęstuj się.*

   . . . .

2 *Tak, to dobrze [w porządku].*

   . . . , ...

3 *Mój zegarek nie chodzi.*

   My watch . . . .

****

TWENTY-FOURTH (24th) LESSON

An unwelcome conversation (1)

1 — Excuse me **(2)**, may I sit down?
2 — Please do. – Thanks very much.
3   Ah that's better! My name's Brian Sellers. – Oh, very interesting.

PRONUNCIATION

1 ik'skju:z mi: mei ai sit daun **2** pli:z du: – θænks veri mʌtʃ **3** əu θæts betə mai neimz braiən selərz – əu veri intərəstiŋ

UWAGI

(1) *Welcome* tłumaczymy jako mile widziany, pożądany; *unwelcome* jest przeciwieństwem. Wyrażenie *you're welcome*

ĆWICZENIA

1 Czy mogę wziąć ciastko? – Oczywiście, poczęstuj się. – **2** Przykro mi, nie mogę ci pomóc. – **3** On idzie do domu pod koniec dnia. – **4** To radio nie działa. – **5** Czy możemy wyjść o siódmej godzinie? – **6** Nie, nie możecie. Możecie wyjść o godzinie dziewiątej jak wszyscy.

4 *Czy mogę się spytać?*

. . . . . . you?

5 *Oczywiście. Ósma godzina dokładnie.*

Of . . . . . . ! Eight o'clock . . . .

6 *Wychodzę.*

I'm . . . .

ODPOWIEDZI

1 Help yourself. – **2** Yes, that's fine. – **3** doesn't work. – **4** May I ask. – **5** course .. exactly. – **6** I'm off.

****

LEKCJA DWUDZIESTA CZWARTA

Niepożądana konwersacja

1 — Przepraszam, czy mogę usiąść?
2 — Proszę usiądź – Dziękuję bardzo.
3   O, już lepiej. Nazywam się Brian Sellers – bardzo interesujące.

UWAGI

(**cd**) jest zwrotem grzecznościowym w odpowiedzi np.: na podziękowanie. Możemy wówczas przetłumaczyć jako proszę bardzo, bardzo mi było przyjemnie, nie ma za co, itp.

(2) *Excuse me*, to również zwrot grzecznościowy, przepraszam, proszę mi wybaczyć – używany, gdy chcemy kogoś o coś spytać.

24th Lesson

4 — Yes, I work in London. Do you work in London too?
5 — Yes, I do. – Have a cigarette.
6 — No, thank you. This is a non-smoking compartment.
7 — Oh, do you mind **(3)** if I smoke? – Yes, I do!
8 — I'm cold **(4)**. Are you cold too? – No, I'm not.
9 — Oh, you have a paper. I don't like reading. I prefer talking. **(5)**
10 — Yes, I see. – No, you hear. Ha! ha! ha!
11 — Good-bye sir. – Oh! good-bye.

12 Do you mind if I smoke? Mind your head.
13 He's cold; he's hot; he's unlucky.

PRONUNCIATION

4 jes ai wɜ:k in lʌndn du: ju: wɜ:k in lʌndn tu: **5** jes ai du: – hæv ə ˌsigəˈret **6** nəu θəŋk ju: ðis iz ə nənsməukiŋ kəmˈpɑ:tmənt **7** əu du: ju: maind if ai sməuk – jes ai du: **8** aim kəuld ɑ:(r) ju: kəuld tu: nəu aim not **9** əu ju: hæv ə peipə(r) ai dəunt laik ri:diŋ ai prifə(r) tɔ:kiŋ **10** jes ai si: – nəu ju: hiə(r) hɑ: hɑ: hɑ: **11** gud bai sɜ: – əu gud bai **12** du: ju: maind if ai sməuk maind jɔ:(r) hed **13** hi:z kəuld hi:z hot hi:z ˌʌnˈlʌki

UWAGI

(3) Wyraz *mind* ma wiele znaczeń. Jednym z jego użyć jest zwrot grzecznościowy – pytanie o pozwolenie na coś – *do you mind ....?* – czy pozwoli/sz Pan/i ...?, czy sprawi Panu/i/ci różnicę gdy, itp. Innym z użyć jest ostrzeżenie, zwrócenie uwagi na coś jak, np.: w zdaniu 12 *Mind your head* – uważaj na głowę.

EXERCISES

1 Excuse me, I'm cold. May I close the window? – **2** Have a beer. – No thanks. I don't drink. – **3** Do you mind if I take your wife to the concert? – **4** No, please do. I don't want to go. – **5** Come in. You are most welcome.

4 — Tak, pracuję w Londynie. Czy Pan również pracuje w Londynie?
5 — Tak, pracuję. – Proszę się poczęstować papierosem.
6 — Nie, dziękuję. To jest przedział dla niepalących.
7 — O, czy sprawi Panu różnicę, jeśli ja zapalę? – Tak, sprawi.
8 — Jest mi zimno. Czy Panu jest również zimno? – Nie, nie jest.
9 — O, Pan ma gazetę. Ja nie lubię czytać. Wolę rozmawiać.
10 — Tak, widzę – Nie, Pan słyszy, ha, ha, ha!
11 — Do widzenia Panu. – Och, do widzenia.

12 Czy pozwoli Pan, że zapalę? Uważaj na głowę.
13 Jest mu zimno; jest mu gorąco; on jest nieszczęśliwy.

UWAGI

(4) *To be cold/hot* – to następne idiomy, które poznajemy. Tłumaczy się je jako jest mi zimno/gorąco. Patrz lekcja 10 objaśnienie (6).
(5) Po czasowniku *to like* częściej używa się czasownika z końcówką – *ing* niż w formie bezokolicznika. Na język polski tłumaczymy jako bezokolicznik. – *I like reading* – lubię czytać. Po czasowniku *to prefer* używa się natomiast czasownika z końcówką – *ing*, również tłumacząc go w formie bezokolicznika.

ĆWICZENIA

1 Przepraszam, jest mi zimno. Czy mogę zamknąć okno? – 2 Poczęstuj się piwem Nie dziękuję, nie piję. – 3 Czy pozwolisz, że wezmę twoją żonę na koncert. 4 Nie, proszę weź [zaproś]. Ja nie chcę iść. – 5 Wejdź. Jesteś (najbardziej) mile widziany.

FILL IN THE MISSING WORDS:

1 *Czy pozwoli Pan, że zapalę?*

   . . You . . . . if I smoke?

24th Lesson

77 seventy-seven

2 *Czy mogę zamknąć okno? Mojej żonie jest zimno.*

... I close the window? . . wife . . cold.

3 *Wejdź. Weź coś do picia. Jesteś mile widziany.*

Come ... . something . . drink. You are ....

4 *Ona nie lubi czytać, ona woli rozmawiać.*

She .... like .... she prefers ....

5 *Jesteś szczęściarzem. Ja nie mogę iść tego wieczoru.*

You`re .... I ..... go this ....

****

TWENTY-FIFTH (25th) LESSON

A polite convesation

1 David and his wife are at a party. David is talking to a tall **(1)**, good-looking **(2)** woman.
2 — Hello, my name's David Wilson. – I'm Susan Price.
3 What do you do **(3)**, David? – I'm a journalist.
4 — Oh, how interesting. Do you write for the "Times"?
5 — No. I work on the "Daily Wail", but I hope to change soon.

PRONUNCIATION

ə pə'lait ˌkɔnvəˈseiʃn **1** deivid ənd hiz waif ɑ:(r) ət ðə pɑ:rti deivid is tɑ:kiŋ tə ə tɑ:l gud lukiŋ wumən **2** həˈləu mai neimz deivid wilsn aim su:zn prais **3** wot du: ju: du: deivid – aim ə 'dʒɜ:nlist **4** əu hau intrəstiŋ du: ju: rait fə(r) ðə taimz **5** nəu ai wɜ:k ən ðə deili weil bət ai həup tə tʃeindʒ su:n

UWAGI

(1) *Tall* to wysoki, wysoka, wysokiego wzrostu. Mówimy *He's five feet tall* – On ma pięć stóp wzrostu (stopa = 0,30 metra). *He is very tall* – On jest bardzo [niebywale] wysoki.

ODPOWIEDZI

1 Do – mind. – 2 May – My – is. – 3 in. – Have – to – welcome. – 4 doesn't – reading – talking. – 5 lucky – can't – evening.

****

LEKCJA DWUDZIESTA PIĄTA

Kulturalna rozmowa

1 Dawid i jego żona są na przyjęciu. Dawid rozmawia z wysoką, przystojną kobietą.
2 — Dzień dobry, nazywam się Dawid Wilson. – Jestem Zuzanna Price.
3 Co ty robisz Dawidzie? [Czym się zajmujesz?] – Jestem dziennikarzem.
4 — O, jakie [to] ciekawe. Czy piszesz dla „Timesa"?
5 — Nie, ja pracuję w „Daily Wail", ale mam nadzieję zmienić wkrótce [pracę].

UWAGI

(2) *Good – looking* w dokładnym tłumaczeniu to dobrze wyglądający. Poprawne tłumaczenie to przystojny, przystojna.
(3) Te dwa zdania: *What do you do?*, *What are you doing?* tłumaczymy tak samo: co ty robisz? Różnice w użyciu czasu wskazują, że pierwsze zdanie – w czasie teraźniejszym prostym – jest pytaniem o to, co on w ogóle robi, tzn. czym się zajmuje, natomiast drugie zdanie – w czasie teraźniejszym ciągłym – jest pytaniem co on robi teraz, w danej chwili. Patrz zdanie 13 i 14.

6 And what about you? – Oh, I'm an author.
7 I'm writing a book about British painters.
8 — Have we got any? – Don't be silly **(4)**. Of course we have.
9 People like Constable. Turner and so on. **(5)**
10 But it's taking a long time because the information is **(6)** difficult to find.
11 — May I read it when it's finished? – With pleasure.
12 — Oh dear **(7)**, my wife's looking at me. I had better go.

13 — What do you do? – I'm an author.
14 — What are you doing? – I'm learning English.

PRONUNCIATION

6 ənd wot ə'baut ju: – əu aim ən 'ɔ:θə(r) **7** aim raitŋ ə buk ə'baut britiʃ peintə(r)s **8** hæv wi: got eni – dəunt bi sili əv kɔ:s wi: hæv **9** pi:pl laik kʌnstəbl tɜ:nə ənd səu ən **10** bət its teikiŋ ə loŋ taim bi'koz ðə ˌinfə'meiʃn iz difikəlt tə faind **11** mei ai ri:d it wen its finiʃd – wið pleʒə(r) **12** əu diə(r) mai waif iz lukiŋ ət mi: ai həd betə gəu **13** wot du: ju: du: – aim ən 'ɔ:θə(r) **14** wot ɑ:(r) ju: duiŋ – aim lɜ:niŋ iŋgliʃ

EXERCISES

1 Are you writing a book? – Yes I am. – **2** You had better ask my wife. – **3** He is driving his car and singing. – **4** What are you doing? – I'm doing an exercises. – **5** When he comes, tell him I want to see him.

FILL IN THE MISSING WORDS:

1 *Czy ty palisz? – Tak . . . . . .*

Do you smoke? – Yes, ...

2 *Czy ty [teraz] palisz? Nie, ...*

Are you smoking? – No, ...

6 A co z Tobą? – O, ja jestem pisarką.
7 Piszę książkę o brytyjskich malarzach.
8 — Czy my mamy jakichś? – Nie bądź nie mądry. Oczywiście, że mamy.
9 Ludzie lubią Constabla. Turnera i tak dalej.
10 Ale zabiera to dużo czasu, ponieważ informacje są trudne do znalezienia.
11 — Czy będę mógł przeczytać, gdy będzie skończona? – Z przyjemnością.
12 — Ojej, moja żona patrzy na mnie. Lepiej odejdę.

13 — Co ty robisz [w ogóle]? [Czym się zajmujesz?] – Jestem pisarką.
14 — Co ty robisz [teraz]? – Uczę się angielskiego.

UWAGI

(4) *Silly* – głupi, niemądry, nie ma w angielskim tak pejoratywnego znaczenia jak w języku polskim.
(5) *John Constable* (1776–1837), *Joseph Turner* (1775–1851) to znani malarze angielscy. Wyrażenie *and so on* oznacza i tak dalej.
(6) *Information* – informacja, informacja występuje zawsze w liczbie pojedynczej.
(7) *Oh dear*, – zwróćmy uwagę, jak często używa się takich nic nie znaczących wykrzykników, *oh, ah* itp.

ĆWICZENIA

1 Czy ty piszesz książkę? – Tak, [piszę]. – **2** Lepiej spytaj moją żonę. – **3** On jedzie swoim samochodem i śpiewa. – **4** Co ty robisz? – Robię ćwiczenia. – **5** Kiedy on przyjdzie, powiedz mu, że chcę go zobaczyć.

25th Lesson

3 *Czy ona jest przystojna? Tak, ...*

Is she good-looking? Yes, ...

4 *Czy lubisz Constabla? Nie, ...*

Do you like Constable? – No, ...

5 *Czy ona teraz czyta gazetę? Tak, ...*

Is she reading the paper? – Yes, ...

****

TWENTY-SIXTH (26th) LESSON

1 — Can you lend me five pounds?
2 — But I don't know you!
3 — That's exactly why **(1)** I'm asking you.

4 Teacher. – Jane, why do you always come to school with dirty hands?
5 — Jane. – Well, miss, I haven't got any others.

At the concert

6 — This piece is a symphony by Mozart. I suppose it is something new.
7 — What! Don't you know that Mozart is dead?
8 — Excuse me, I never read the papers. **(2)**

9 — He never talks to me. – Don't ever say that!
10   Say: he always talks to other people.

PRONUNCIATION

1 kæn ju: lend mi: faiv paundz 2 bət ai dəunt nəu ju: 3 ðæts ig'zæktli wai aim ɑ:skiŋ ju: 4 ti:tʃə – dʒein wai du: ju: ɔ:lweiz kʌm tə sku:l wið də:ti hændz 5 dʒein – wel mis ai hævnt got eni ʌðərz / ət ðə kən'sɜ:t / 6 ðis pi:s iz ə 'simfəni bai mocɑ:t ai sa'pəuz it iz sʌmθiŋ nju: 7 wot dəunt ju: nəu ðæt mocɑ:t iz ded 8 ik'sju:z mi: ai nevə ri:d ðə peipə(r)z 9 hi: nevə tɑ:ks tə mi: – dəunt evə(r) sei ðət 10 sei hi: ɔ:lweiz tɑ:ks tə ʌðər pi:pl. / ə'nɜ:vəs 'pæsindʒə /

ODPOWIEDZI

1 I do. – **2** I am not. – **3** she is. – **4** I do not. – **5** she is.

W metodzie, według której uczymy, pozostawiamy wiele nowych struktur nie wyjaśnionych. Nie chcemy, byście Państwo mieli zbyt dużo informacji gramatycznych, które mogą tylko skomplikować samodzielną naukę. Notujcie sobie wątpliwości, jeśli uważacie, że Wam to pomoże, a w następnych lekcjach na pewno znajdziecie ich wyjaśnienia.

****

LEKCJA DWUDZIESTA SZÓSTA

1 — Czy możesz mi pożyczyć pięć funtów?
2 — Ale ja cię nie znam!
3 — [To] Właśnie dlatego cię proszę.

4   Nauczycielka. – Janko, dlaczego zawsze przychodzisz do szkoły z brudnymi rękoma?
5   Janka. – Bo, proszę Pani, ja nie mam żadnych innych.

Na koncercie

6 — Ten kawałek jest symfonią [napisaną przez] Mozarta. Przypuszczam, że to jest coś nowego [najnowszego].
7 — Co! Czy nie wiesz, że Mozart nie żyje?
8 — Proszę mi wybaczyć, ja nigdy nie czytam gazet.

9 — On nigdy nie rozmawia ze mną. – Nigdy tego więcej nie mów!
10   Powiedz: on zawsze rozmawia z innymi ludźmi.

UWAGI

(1) Zwrot *that's why* tłumaczymy jako dlatego.
(2) Przyjrzyjcie się Państwo tłumaczeniu tego zdania *I never read the papers*. W języku polskim występują dwa przeczenia w angielskim zawsze jedno.

26th Lesson

A nervous passenger

11 — I'm scared of the water. – Don't be silly,
12 people never drown in these waters.
13 — Are you sure, young man? – Of course I am.
14 the sharks never let anybody **(3)** drown.

PRONUNCIATION

11 aim skeə(r)d əv ðə wɔ:tə(r) – dəunt bi:sili **12** pi:pl nevə(r) drɔŁn in ði:z wɔ:tə(r)z **13** ɑ:(r) ju: ʃuə(r) jʌŋ mæn – əv kɔ:s ai æm **14** ðə ʃɑ:ks nevə let enibodi drɔ:n

EXERCISES

1 My son never says thank you. – **2** I'm not scared of sharks, but I never want to meet one. – **3** My father lets me use his car at the weekend. – **4** Let me help you, madam. – **5** Lend me your handkerchief, this film is very sad.

FILL IN THE MISSING WORDS:

1 *Oni nigdy nie przyjeżdżają punktualnie.*

They . . . . . arrive . . . .

2 *Nigdy nie mów tego przy twojej matce!*

Don't . . . . say . . . . in front of . . . . mother!

3 *Przykro mi, ale ja nigdy nie czytam gazet.*

I'm . . . . . but I . . . . the papers.

4 *Czy możesz mi pożyczyć pięć funtów? Nie mam żadnych pieniędzy.*

. . . you . . . . me five . . . . . . ? I haven't got . . . .

Nerwowy pasażer

11 — Boję się wody. – Nie bądź niemądry,
12 ludzie nigdy nie toną w tych wodach.
13 — Czy jesteś pewien, młody człowieku? – Oczywiście, że jestem,
14 rekiny nigdy nie pozwolą nikomu utonąć.

UWAGI

(3) Wyrazy *somebody*, *someone* znaczą ktoś. *Body* – to ciało. Mówiąc *somebody* mamy na myśli bliżej określoną osobę. Przypomnijcie sobie Państwo zasady użycia *some* i *any* i złożeń z nimi – patrz lekcja 8 objaśnienie (3), 9 (2), 12 (5), 14 (6), 17 (5), 22 (4).

ĆWICZENIA

1 Mój syn nigdy nie mówi dziękuję. – 2 Ja nie boję się rekinów, ale nigdy nie chcę spotkać [rekina]. – 3 Mój ojciec pozwala mi używać swój samochód podczas weekendu. – 4 Proszę pozwolić sobie pomóc, proszę Pani. – 5 Pożycz mi swoją chusteczkę, ten film jest bardzo smutny.

5 *Nie mogę ci pozwolić skorzystać z samochodu w sobotę.*

I can't . . you use the car . . . .

ODPOWIEDZI

1 never – or – time. – 2 ever – that – your. – 3 sorry – never read. – 4 Can – lend – pounds – any money. – 5 let – on Saturday.

26th Lesson

TWENTY-SEVENTH (27th) LESSON

Some idioms

1 Here are some idioms. We already know some of them.
2 Please close the window, my wife is cold.
3 You are very lucky **(1)** to have a charming wife.
4 I don't want to swim. I'm scared of fish **(2)**, especially sharks.
5 You are right, it's very hot outside but I'm. not hot.
6 I'm going to bed **(3)**. I'm very sleepy and it's late.
7 You're wrong, today is the twenty-fifth and not the twenty-sixth.
8 Come close to the fire, you're very cold.
9 You're right, I'm freezing **(4)**. I haven't got a coat and it's snowing.
10 She's scared of ghosts and I'm afraid of **(5)** the dark.

PRONUNCIATION

sʌm 'idiəmz **1** hiə(r) ɑ: sʌm 'idiəmz wi: ɔl'redi nəu sʌm əv ðem **2** pli:z kləuz ðə windəu mai waif iz kəuld **3** ju: ɑ: veri lʌki tə hæv ə tʃɑ:miŋ waif **4** ai dəunt wont tə swim aim skeə(r)d əv fi i'speʃli ʃɑ:ks **5** ju: ɑ:(r) rait its veri hot ,aut'said bət aim not hot **6** aim gəuiŋ tə bed aim veri sli:pi ənd its leit **7** juə(r) roŋ tə'dei iz ðə twenti fifθ not ðə twenti siksθ **8** kʌm kləuz tə ðə faiə(r) juə(r) veri kəuld **9** juə(r) rait aim fri:ziŋ ai hævnt got ə kəut ənd its snəuiŋ **10** ʃi:z skeə(r)d əv gəusts ənd aim ə'freid əv ðə dɑ:k

UWAGI

(1) *Lucky* to szczęśliwy w znaczeniu ma szczęście, *happy* to po prostu szczęśliwy. *To be lucky* tłumaczymy jako mieć szczęście.

LEKCJA DWUDZIESTA SIÓDMA

Kilka idiomów

1 Oto kilka idiomów. Już znamy niektóre z nich.
2 Proszę zamknij okno, mojej żonie jest zimno.
3 Masz wielkie szczęście, że masz czarującą żonę.
4 Nie chcę pływać, boję się ryb, zwłaszcza rekinów.
5 Masz rację, jest bardzo gorąco na zewnątrz, ale mnie nie jest gorąco.
6 Idę spać [do łóżka]. Jestem bardzo śpiący i jest późno.
7 Nie masz racji, dzisiaj jest dwudziesty piąty, a nie dwudziesty szósty.
8 Podejdź bliżej do ognia. Jest ci bardzo zimno.
9 Masz rację. Jest mi zimno. Nie mam palta, a pada śnieg.
10 Ona boi się duchów, a ja boję się ciemności.

UWAGI

(2) Rzeczownik *fish* – ryba, ryby; występuje w liczbie mnogiej wtedy, gdy wymieniamy konkretne gatunki ryb.
(3) *I'm going to bed* – można przetłumaczyć jako idę spać lub idę do łóżka. Obie wersje są poprawne.
(4) *To freeze* znaczy marznąć. Wyrażenie *I'm freezing* jest podobne do *I'm cold* – zimno mi. *Freezer* to zamrażarka.
(5) Wyrażenie *to be afraid (of)* znaczy obawiać się, bać się, lękać. Znamy już *to be scared* – bać się.

27th Lesson

11 I'm afraid I can't come, I have an important appointment.
12 Never mind **(6)**. You can come on Friday instead.
13 The months of the year are: January; February; March; April; May; June;
14 July; August; September; October; November; December. **(7)**

PRONUNCIATION

11 aim əˈfreid ai kɑːntkʌm ai hæv ən imˈpɔːtnt əˈpointmənt **12** nevə(r) maind juː kæn kʌm ən fraidi inˈsted **13** ðə mʌnθs əv ðə jɜːr ɑː(r) dʒænjuəri februəri mɑːtʃ epril mei ʒuːn **14** dʒuːlai ɔːgʌst səptembə(r) okˈtəubə(r) nəuˈvembə(r) diˈsembə(r)

EXERCISES

1 I'm not too hot, thank you. – **2** Go to bed, you're very sleepy. – No, I'm not. – **3** In December, the weather is often freezing. – **4** I can't hear you. – Never mind, it's not important. – **5** The shop is close to the farm, but it closes at five o'clock exactly.

TRANSLATE:

1 *Ty wciąż nie masz racji.*

You . . . always . . . .

2 *Dziecko nie jest śpiące.*

The child . . . .

3 *Obawiam się, że nie mogę przyjść [nie przyjdę].*

I'm . . . . I . . . .

11 Obawiam się, że nie mogę przyjść, mam ważne spotkanie.
12 Nie szkodzi. Możesz natomiast przyjść w piątek.
13 Miesiącami roku są: styczeń; luty; marzec; kwiecień; maj; czerwiec;
14 lipiec; sierpień; wrzesień; październik; listopad; grudzień.

UWAGI

(6) Następne znaczenie wyrazu *mind: never mind* – nie szkodzi. Patrz lekcja 24 objaśnienie (3).

(7) Nazwy miesięcy, podobnie jak dni tygodnia i zaimek *I* piszemy zawsze dużą literą

ĆWICZENIA

1 Nie jest mi za gorąco, dziękuję. – **2** Idź do łóżka [spać], jesteś bardzo śpiący. – Nie, nie jestem. – **3** W grudniu, pogoda jest często mroźna. – **4** Nie słyszę cię. – Nie szkodzi, to nie jest ważne. – **5** Sklep jest w pobliżu farmy, ale zamyka się dokładnie o godzinie piątej.

4 *My boimy się ciemności.*

We . . . . of the . . . . .

5 *Nie szkodzi. Przyjdź jutro.*

. . . . Come tomorrow.

6 *Wiesz, że on ma rację.*

You know, ...

ODPOWIEDZI

1 are – wrong. – **2** is not sleepy. – **3** afraid but – I can't come. – **4** are scared (or afraid) – dark. – **5** Never mind. – **6** he is right.

27th Lesson

TWENTY-EIGHTH (28th) LESSON

Revisions and Notes

1 Przeczytajcie Państwo jeszcze raz objaśnienie z lekcji 22–27. Jeśli czegoś nie pamiętacie, wróćcie ponownie do danej lekcji.

2 Poznaliśmy już czasowniki *can* – móc, potrafić i *may* – móc, Lekcja 23 (2). Są to czasowniki, które tworzą pytania i przeczenia samodzielnie. *Can* ma dwie formy przeczeń *can't* lub *cannot*. We wszystkich osobach mają takie same formy, czyli w trzeciej osobie liczby pojedynczej czasu teraźniejszego prostego nie mają końcówki – *s*, – *es*. Po nich następuje bezokolicznik bez *to,* np.: *He can go, Can she go?, She can't (cannot) go. You may talk. May I talk? You may not.*

3 Popatrzmy, ile już poznaliśmy zwrotów z czasownikiem *to be: to be ... yers old, to be well/not well/all right, to be in/off, to be right/wrong, to be cold/hot, to be afraid, to be scared, to be sleepy, to be hungry* – być głodnym, *to be thirsty* – być spragnionym czegoś do picia.

4 Powtórzmy użycie przedimków: *at* – na, przy, w, u – używamy przy określaniu godzin – *at nine* lub położenia w jakimś miejscu – *at the post – office, at school, at home; from* – znaczy z – *from London,* ale i od – *from Monday* lub od .... do w połączeniu z *to* – *from nine to eight; to* – do, w stronę, na sugeruje jakiś ruch – *to the post – office* – na pocztę (idę na pocztę); *on* – na – *on the bed,* ale i w połączeniu z dniami tygodnia – *on Monday; in* – w – *in the office, in July,* ale i do, do środka – *come in.*

LEKCJA DWUDZIESTA ÓSMA

Powtórzenie i objaśnienia

5 Powtórzmy jeszcze raz użycie *much* i *many* – dużo, wiele. *Much* i jego przeciwieństwo *little* używa się z rzeczownikami niepoliczalnymi. *Many* i jego przeciwieństwo *few* używa się z rzeczownikami policzalnymi. *Many* i *much* najczęściej używa się w zdaniach pytających i przeczących. W zdaniach twierdzących używa się *a lot of* dla rzeczowników policzalnych i niepoliczalnych. *A little* znaczy trochę, *a few* znaczy kilka.

6 Przedimka *the* [patrz lekcja 14 (5)] używamy wtedy, gdy nasz rozmówca wie, którą rzecz (osobę) o tej nazwie mamy na myśli, np.: *I like wine but not the wine he gives me.* – Lubię wino, ale nie wino, które on mi daje.

7 Zapamiętajmy te zdania i wyrażenia: *never mind* – nie szkodzi. *I'm freezing* – jest mi zimno,; *I'm afraid I'm late* – obawiam się, że się spóźniłem; *you're right* – masz rację; do *you mind if I smoke?* – czy pozwolisz, że zapalę; *I haven't got a coat* – nie mam palta.

28th Lesson

TWENTY-NINTH (29th) LESSON

1 Let's **(1)** meet our friends the Wilsons **(2)** again.
2 At the office, David has a lot of work.
3 He receives calls **(3)** from people who phone to offer him information.
4 If he can, he goes out to see them,
5 but if he is too busy **(4)**, he sends a colleague.
6 Because his **(5)** is a daily paper, the amount **(6)** of work is huge.
7 At her office, Joan types her boss's letters **(7)** and answers the phone.
8 She only works part-time **(8)**, so she goes home at half past twelve.
9 Then she does the housework, because they cannot afford **(9)** a "help".
10 When she finishes, she makes a cup of tea and reads a magazine.

PRONUNCIATION

1 lets mi:t aur frends ðə wilsnz ə'gein 2 ət ðə ofis deivid hæz ə lot əv wɜ:k 3 hi: ri'si:vz kɔ:lz frəm pi:pl hu: fəun tə ofə(r) him ,infəmeiʃn 4 if hi: kæn hi gəuz aut tə si: ðem 5 bət if hi: iz tu: bizi hi: sendz ə koli:g 6 bi'koz his iz ə deili peipə ðə ə'maunt əv wɜ:k iz hju:dʒ 7 ət hɜ: ofis dʒəun taipz hɜ: bosiz letərz ənd 'ɑ:nsərz ðə fəun 8 ʃi: onli wɜ:ks pɑ:t taim səu ʃi: gəuz həum ət hɑ:f pɑ:st twelv 9 ðen ʃi: dʌz ðə ,hauz'wɜ:k bi'koz ðei kænət ə'fɔ:d ə help 10 wen ʃi: finiʃiz ʃi: meiks ə kʌp əv ti: ənd ri:dz ə mægəzi:n

UWAGI

(1) Tryb rozkazujący dla pierwszej osoby liczby mnogiej tworzymy za pomocą wyrażenia *let us,* w formie skróconej *let's,* które oznacza dosłownie pozwólmy sobie [nam], i po którym występuje czasownik bez *to,* np. *let's go* – chodźmy.
(2) *The Wilsons* jak pamiętamy to państwo Wilsonowie. Przed nazwiskiem stawiamy *the,* a do nazwiska dodajemy końcówkę – *s.*

LEKCJA DWUDZIESTA DZIEWIĄTA

1. Spotkajmy się ponownie z naszymi przyjaciółmi państwem Wilson.
2. W biurze, Dawid ma dużo pracy.
3. Odbiera telefony od ludzi, którzy dzwonią, żeby zaoferować mu informacje.
4. Jeśli może, wychodzi, by spotkać się z nimi,
5. ale jeśli jest zbyt zajęty, wysyła kolegę.
6. Ponieważ jego pismo jest codzienną gazetą, ilość pracy jest ogromna.
7. W swoim biurze, Joanna przepisuje listy swojego szefa i odbiera telefony.
8. Ona tylko pracuje na kawałek etatu, więc idzie do domu o pół do pierwszej.
9. Potem ona wykonuje prace domowe, bo nie stać ich na pomoc [domową].
10. Kiedy skończy, robi sobie filiżankę herbaty i czyta magazyny.

UWAGI

(3) *Call* to skrót od *telephone call* – rozmowa telefoniczna, ale równie często jest używane w znaczeniu wizyta, odwiedziny. *To pay a visit* – odwiedzać.

(4) *Busy* – zajęty/a/e, *business* – biznes, interes, *businessman* – biznesman, człowiek interesu.

(5) *His* w tym zdaniu zastępuje *his paper*.

(6) *Amout* – kwota, ilość, liczba, suma.

(7) Poznaliśmy już sposób wyrażania dopełniacza rzeczowników martwych za pomocą *of* – patrz lekcja 15 objaśnienie (2). Inny sposób stosowany do imion lub nazw osób i innych stworzeń żywych to dodanie tzw. apostrofu ' i litery *s* – *'s* do rzeczownika w liczbie pojedynczej: *her boss's letters* – listy jej szefa, *David's dinner* – obiad Dawida.

(8) *Part* to część, kawałek; *time* to czas. Zdanie *she works part – time* oznacza, że ona pracuje na kawałek etatu.

(9) *To afford* – stać kogoś na coś. *We can't afford a new car* – nie stać nas na nowy samochód.

29th Lesson

11 Then she starts preparing Davis's dinner.
12 David usually arrives home about half-past six,
13 but sometimes he works late and does not arrive home until nine o'clock.

PRONUNCIATION

11 ðen ʃi: sta:tz pri'peə(r)iŋ deividz dinə(r) **12** deivid ju:ʒəli ə'raivz həum ə'baut ha:f pa:st siks **13** bət sʌm'taimz hi: wɜ:ks leit ənd dʌz not ə'raiv həum ˌʌn'til nain ə'klok

EXERCISES

1 Our neighbours have a huge dog. – **2** If you are too busy, I can come back tomorrow. – **3** David's wife, Joan, is a secretary. – **4** We can't afford a new car this year. – **5** She finishes her work, and starts reading a magazin.

FILL IN THE MISSING WORDS:

1 *Matka Dawida nazywa się także Pani Wilson.*

.... mother is ...... Mrs Wilson ....

2 *Biorę dzisiaj samochód przyjaciela; mój nie jeździ.*

I'm taking a .... car today: mine ....

3 *On pracuje aż do godziny dziewiątej w piątek.*

He works ..... nine o'clock .. ..

4 *Praca Joanny nie jest bardzo interesująca.*

.... job .. ..

11 Następnie zaczyna przygotowywać obiad dla Dawida [Dawida obiad].
12 Dawid zwykle przyjeżdża do domu około pół do siódmej.
13 ale czasami on pracuje do późna i nie przychodzi do domu przed godziną dziewiątą.

ĆWICZENIA

1 Nasi sąsiedzi mają ogromnego psa. – **2** Jeśli jesteś zbyt zajęty, mogę wrócić [wrócę] jutro rano. – **3** Żona Dawida, Joanna, jest sekretarką. – **4** Nie stać nas na nowy samochód w tym roku. – **5** Ona kończy pracę i zaczyna czytać magazyn.

5 Oni nie mogą sobie pozwolić na pomoc [domową].

They . . . . a "help".

ODPOWIEDZI

1 David's – called – too. – **2** friend's – does not work. – **3** until – on Friday. – **4** Joan's – is not very interesting. – **5** cannot afford.

29th Lesson

THIRTIETH (30th) LESSON

1 — Hello, Joan, is David in?
2 — No I'm afraid not. He isn't home yet.
3 — Is he still working?
4 — Yes; Sometimes he works until nine.
5 — Oh well, I can't wait.
6   Tell him there's a darts match **(1)** at the pub tonight.
7 — What time? – About half-past eight.
8 — If he's back in time **(2)**, I'll tell him. **(3)**
9 — Thanks. Bye Joan. – Good-bye Pete.

10   Hurry up! I`m not ready yet.
11   Are you still waiting to marry a millionaire?
12   He always asks for money and I never have any.
13   I can still remember **(4)** a few words of German.
14   Tell him about the match when **(5)** he comes in.

PRONUNCIATION

1 hə'ləu dʒəun iz deivid in 2 nəu aim ə'freid not hi: iznt həum jet 3 iz hi: stil wɜ:kiŋ 4 jes sʌmtaimz hi: wɜ:kz ʌntil nain 5 əu wel ai kænt weit 6 tel him ðeə(r)z ə dɑ:ts mætʃ ət pʌb tə'nait 7 wot taim – ə'baut hɑ:f pɑ:st eit 8 if hi:z bæk in taim ai tel him 9 θəŋks bai dʒəun – gud bai petə 10 hʌri ʌp aim not redi jet 11 ɑ:(r) ju: stil weitiŋ tə mæri ə ˌmiliə'neə(r) 12 hi: ɔ:lweiz aɛsks fə(r) mʌni ənd ai nevə hæv eni 13 ai kæn stil ri'membə ə fju: wɔ:dz əv dʒemən 14 tel him ə'baut ðə mætʃ wen hi: kʌmz in

EXERCISES

1 Is your husband in, Mrs Wilson? – 2 She is still waiting for you at the station. – 3 He is always back at nine o'clock. – 4 When he comes in he is often tired. – 5 Walk to the end of the road and turn left.

LEKCJA TRZYDZIESTA

1 — Dzień dobry Joasiu, czy Dawid jest w domu?
2 — Nie, obawiam się, że nie. Jeszcze go nie ma w domu?
3 — Czy wciąż pracuje?
4 — Tak. Czasami pracuje aż do dziewiątej.
5 — No cóż. Nie mogę czekać.
6   Powiedz mu, że jest mecz w strzałki w pubie dziś wieczorem.
7 — O której? – Około pół do dziewiątej.
8 — Jeśli wróci na czas, powiem mu.
9 — Dziękuję. Do widzenia Joasiu. – Do widzenia Pete.

10   Pospiesz się! Ja nie jestem jeszcze gotowa.
11   Czy wciąż czekasz na poślubienie milionera?
12   On zawsze prosi o pieniądze, a ja nigdy nie mam żadnych.
13   Ciągle jeszcze pamiętam kilka słów po niemiecku.
14   Powiedz mu o meczu, kiedy on przyjdzie.

UWAGI

(1) *A darts match* – mecz w strzałki, to mało u nas popularne rzucanie strzałkami do tarczy.
(2) *In time* – na czas; *on time* – punktualnie.
(3) *I'll tell him* to zdanie w czasie przyszłym – powiem mu. *I'll* jest skrótem od *will*, po którym następuje czasownik bez *to*. *Will* występuje we wszystkich osobach i nie przybiera żadnych końcówek.
(4) *To remember* – znaczy pamiętać, *to remind* – przypomnieć sobie.
(5) Po *when* nie ma czasu przyszłego, ale w języku polskim tłumaczymy to zdanie w czasie przyszłym, *when he comes* – kiedy on przyjdzie.

ĆWICZENIA

1 Czy Pani mąż jest w domu, Pani Wilson? – 2 Ona wciąż czeka na ciebie na stacji. – 3 On zawsze wraca o godzinie dziewiątej. – 4 Kiedy on wraca, jest często zmęczony. – 5 Idź do końca ulicy i skręć w lewo.

30th Lesson

FILL IN THE MISSING WORDS:

1 *On jest zawsze bardzo zajęty i nigdy nie ma żadnego wolnego czasu.*

   He is ...... very .... and ..... has ... free time.

2 *Nie może Pan wejść, on jeszcze rozmawia przez telefon.*

   You can't . . . . sir, he is .... the phone.

3 *Ona jeszcze nie wróciła.*

   She isn't ....

4 *Kiedy on wróci, spytam go.*

   When he .... I will ask him.

****

THIRTY-FIRST (31st) LESSON

Eating

1 Sometimes David and Joan go out to eat.
2 There are very few **(1)** English restaurants where they live.
3 Most **(2)** of them are either Indian or **(3)** Chinese, with a few Italian ones.
4 They like Indian **(4)** food, though Joan finds **(5)** it very hot. **(6)**

PRONUNCIATION

i:tiŋ 1 ,sʌm'taimz deivid ənd dʒəun gəu aut tə i:t 2 ðeə(r) ɑ:(r) veri fju: iŋgliʃ restronts weə(r) ðei liv 3 məust əv ðem ɑ: aiðə indiən ər ,tʃai'ni:z wið ə fju itælian wʌnz 4 ðei laik indiən fu:d ðəu dʒəun faindz it veri hot

UWAGI

(1) *Few* – patrz lekcja 22 objaśnienie (2).
(2) *Most* – większość, *most of them* – większość z nich
(3) *Either .... or* tłumaczymy jako albo .... albo.

ninety-eight 98

5 *Pani nie jest jeszcze gotowa. Może Pan/i poczekać na nią tutaj.*

Madam is not .. .. You can .... her here.

ODPOWIEDZI

1 always – busy – never – any. – **2** go in – still on. – **3** back yet. – **4** comes back (in). – **5** ready yet – wait for.

****

LEKCJA TRZYDZIESTA PIERWSZA

Jedzenie

1 Czasami Dawid i Joanna wychodzą, żeby coś zjeść.
2 Jest bardzo mało angielskich restauracji tam, gdzie oni mieszkają.
3 Większość z nich to indyjskie, chińskie i jest kilka włoskich.
4 Oni lubią indyjskie jedzenie, chociaż dla Joanny jest bardzo pikantne.

UWAGI

(4) *English, German, Indian, Chinese* – nazwy narodowości, jak również pochodzące od nich przymiotniki piszemy zawsze z dużej litery.

(5) *To find* znaczy znaleźć/znajdować, odnaleźć. W tym zdaniu tłumaczymy go jednak opisowo, a w zdaniu 7 *you can find* – tłumaczymy jako można/możesz dostać.

(6) *Hot* – gorąco/y/e to również ostre, pikantne, z dużą ilością przypraw.

31st Lesson

5 The meals are quite **(7)** cheap and there is a lot to eat.
6 They eat curry and rice and fruit **(8)** – and Joan drinks a lot of water.
7 You can find English food in pubs, as well as beer, but they shut quite early.

8 — Hello darling. – Hello love. **(9)**
9 Do you want to go out to a restaurant tonight?
10 No. I've cooked a roast. We're going to eat **(10)** in.
11 Okay, I'll go and buy some wine at the off-licence. **(11)**
12 — Yes, but don't stop to play darts.
13 — No. The darts match was last night.

PRONUNCIATION

5 ðə mi:lz ɑ:(r) kwait ʃi:p ənd ðeə(r) iz ə lot tə i:t **6** ðei i:t kʌri ənd rais ənd frut – ənd dʒəun driŋks ə lot əv wotə **7** ju: kæn faind iŋgliʃ fu:d in pʌbz æz wel əz biə(r) bət ðei ʃʌt kwait ʒ:li **8** hə'ləu dɑ:liŋ – hə'ləu lʌv **9** du: ju: wont tə gəu aut tə ə restront tə'nait **10** nəu aiv kukt ə rəust wiə gəuiŋ tə i:t in **11** əukei ail gəu ənd bai sʌm wain ət ðə ovlaisəns **12** jes bət dəunt stop tə plei dɑ:ts **13** nəu ðə dɑ:ts mætʃ woz lɑ:st nait

UWAGI

(7) Wyraz *quite* – zupełnie, całkowicie, całkiem, w zupełności, stawiany przed przymiotnikiem ma na celu jego podkreślenie: *quite cheap* – całkiem tani.
(8) *Fruit* podobnie jak *information* występuje w liczbie pojedynczej, chociaż coraz częściej spotyka się *fruits* w liczbie mnogiej.

EXERCISES

1 You can take either the steak or the fish. – **2** There are many tourists in London. Most of them are German. – **3** I like him, though he makes a lot of noise. – **4** Yesterday was Wednesday. – **5** I'll go and buy some chocolate.

5 Dania są całkiem tanie i obfite [jest w nich dużo do zjedzenia].
6 Oni jedzą curry z ryżem i owocami – i Joanna pije dużo wody.
7 Można dostać [znaleźć] angielskie dania w pubach, tak samo jak piwo, ale puby są wcześnie zamykane.

8 — Dzień dobry kochanie, – Dzień dobry kochanie.
9 Czy chcesz wyjść do restauracji dziś wieczorem?
10 Nie. Zrobiłam [ugotowałam] pieczeń. Będziemy jeść w domu.
11 Okay. Pójdę i kupię trochę wina w sklepie [pubie].
12 — Dobrze, ale nie zatrzymuj się, by pograć w strzałki.
13 — Nie. Mecz w strzałki był wczoraj wieczorem.

UWAGI

(9) Anglicy bardzo lubią używać wyrazów: *darling, love, baby, honey,* które można przetłumaczyć jako kochanie.
(10) Wyrażenie *to be going to* oznacza mieć zamiar coś zrobić, a więc wyraża czynności przyszłe: *We're going to eat in* – będziemy jeść [mamy zamiar jeść] w domu.
(11) *Licence* – to pozwolenie, licencja. *Driving licence* to prawo jazdy, a *off – licence* oznacza część sklepu lub pubu, w której można sprzedawać alkohole.

ĆWICZENIA

1 Możesz wziąć albo stek albo rybę. – **2** Jest wielu turystów w Londynie. Większość z nich to Niemcy. – **3** Lubię go, chociaż on robi dużo hałasu. – **4** Wczoraj była środa. – **5** Pójdę i kupię trochę czekolady.

FILL IN THE MISSING WORDS:

1 *Chociaż jest późno, ja chcę wyjść.*

. . . . . . it is late, I . . . . to go out.

2 *Jest bardzo mało chińskich restauracji w moim mieście.*

There . . . very . . . Chinese restaurants in my . . . . . .

31st Lesson

3 *Można tam dostać [znaleźć] jedzenie jak również drinki.*

... can find food .. .. drinks.

4 *Mój mąż pije dużo piwa, może za dużo.*

My .... drinks a ... .. beer, perhaps ... .

5 *Jest dużo restauracji, ale większość z nich to chińskie.*

There are .... restaurants and .... are ....

ODPOWIEDZI

1 Though – want. – **2** are – few – town. – **3** You – as well as. – **4** husband – lot of – too much. – **5** many – most of them – Chinese.

****

THIRTY-SECOND (32nd) LESSON

1. Here are some sentences with the verbs of the last few lessons:
2. Joan types **(1)** letters all morning.
3. David receives a call from a friend.
4. Joan cooks **(2)** at home if she is not too tired.
5. — Is your husband still working?
6. — Yes, he is not home yet.
7. Wait for him, he's extremely **(3)** busy.
8. The phone **(4)** is ringing. Answer it, please.
9. His wife works full-time, **(5)**
10. but he only works part-time.

PRONUNCIATION

1 'sentənsiz ... lɑ:st 4 kuks ... 'taiəd 7 ik'stri:mli 8 riŋiŋ 9 ful 'taim

UWAGI

(1) *To type* – pisać na maszynie; *a typewriter* – maszyna do pisania; *a typist* – maszynistka.
(2) *To cook* – gotować; *a cook* – kucharz, kucharka; *a cooker* – kuchenka, piecyk kuchenny.

LEKCJA TRZYDZIESTA DRUGA

1 Oto kilka zdań z czasownikami z ostatnich kilku lekcji:
2 Joanna pisze listy na maszynie cały ranek.
3 Dawid odbiera telefon od przyjaciela.
4 Joanna gotuje w domu, jeśli nie jest zbyt zmęczona.
5 — Czy twój mąż jeszcze pracuje?
6 — Tak, nie ma go jeszcze w domu.
7 Poczekaj na niego, on jest ogromnie zajęty.
8 Telefon dzwoni. Odbierz proszę.
9 Jego żona pracuje na cały etat,
10 ale on pracuje tylko na kawałku etatu.

UWAGI

(3) *Extremely* oznacza niezwykle, nadzwyczajnie, niezmiernie, szalenie, ogromnie. Jest silniejsze od *very* – bardzo.
(4) *Phone* jest skrótem od *telephone* – telefon. Analogicznie *to phone* – dzwonić i *to telephone*.
(5) *Full – time* – praca na pełen etat, w pełnym wymiarze czasu – jest przeciwieństwem *part – time*. Patrz lekcja 29 objaśnienie (8).

32nd Lesson

11 I can't afford a new car. They're too expensive.
12 — Let's go out to a restaurant tonight.
13 — No thanks, I'm not hungry,
14 but I am thirsty: let's go to the pub.

PRONUNCIATION

11 ik'spensiv **12** 'restront **14** θɜːsti

EXERCISES

1 They never eat in a restaurant. – **2** His wife's cooking is excellent. – **3** He is still waiting for a call from his boss. – **4** We had better buy a new car, the old one doesn't work. – **5** Learning English is only a part-time job.

FILL IN THE MISSING WORDS:

1 *Jej mąż jest zawsze głodny i on zawsze jada w restauracji.*

. . . husband . . always . . . . . . and he . . . . . . eats in a restaurant.

2 *Mam zamiar wypić piwo, chociaż nie chce mi się pić [nie jestem spragniony].*

I'm . . . . . to drink a beer . . . . . . I'm . . . .

3 *Chodźmy i zobaczymy się z Dawidem, jeśli on jest [w domu, w pracy].*

. . . . . go . . . see David, if he's . . . .

4 *On zawsze ma dużo do zrobienia w lutym.*

He . . . . . . has a . . . . do . . . .

5 *W 1987; w kwietniu; spotkanie dwudziestego dziewiątego.*

. . nineteen . . . . - . . . . . ; . . April; a meeting . .

the . . . .

one hundred and four 104

11 Nie stać mnie na nowy samochód. One [samochody] są za drogie.
12 — Wyjdźmy do restauracji dziś wieczorem.
13 — Nie, dziękuję. Nie jestem głodny,
14 ale chce mi się pić: chodźmy do pubu.

ĆWICZENIA

1 Oni nigdy nie jedzą w restauracji. – **2** Gotowanie jego żony jest doskonałe. – **3** On jeszcze czeka na telefon od swojego szefa. – **4** Lepiej byśmy kupili nowy samochód, stary nie jeździ. – **5** Uczenie się angielskiego jest tylko częściowym zajęciem.

ODPOWIEDZI

1 Her – is – hungry – always. – **2** going – though – not thirsty. – **3** Let's – and – in. – **4** always – lot to – in February. – **5** In – ninety-seven – in – on – twenty-nine.

Potraktujcie Państwo tę lekcję jako przypomnienie poznanego dotychczas słownictwa. Jeśli dużo nie rozumiecie, wróćcie do poprzednich lekcji.

Zwróćcie Państwo również uwagę, że już nie podajemy wymowy całych zdań. Podajemy tylko wymowę nowych słówek lub przypominamy wymowę tych wyrazów, które mogą być trudne do zapamiętania.

32nd Lesson

THIRTY-THIRD (33rd) LESSON

1. Mr. Marsden is David's boss. He is the editor **(1)** of the newspaper for which David works.
2. There are many responsibilities **(2)** in his job, but he enjoys **(3)** it very much.
3. In his wife's opinion, there are too many responsibilities; she never sees him!
4. She prefers her son's job. He is a bank clerk and is home every day at six.
5. His job is not as well paid as **(4)** his father's, **(5)** but he works less,
6. and his holidays are better.
7. In England, twice **(6)** a year, there is a day's **(7)** holiday called a "Bank Holiday".
8. — I'll be home late tonight, dear. — Why?
9. — I've got a new article about taxation to prepare.
10. — But you always go to the office early and come home late!
11. — I can't help it. An editor's life, you know...
12. — And his wife's life...!
13. — I'll see you tonight, love, good-bye.

PRONUNCIATION

1 ma:zdn 2 ris,ponsə'bilitiz ... in'dʒoiz 4 bæŋk kla:k 5 peid ... les ... holədeiz 9 tæk'seiʃn ... pri'peə(r) 10 'ɜ:li

UWAGI

(1) *Editor* – redaktor; *editor – in – chief* – redaktor naczelny; *publisher* – wydawca.
(2) *Responsibility* – odpowiedzialność. Dokładne tłumaczenie tego zdania brzmi – jest wiele odpowiedzialności w jego pracy. Nie jest to jednak poprawne polskie zdanie.
(3) *To enjoy* – cieszyć się, znajdować przyjemność w czymś, lubić. *He enjoys his work* – on lubi swoją pracę, wykonuje ją z przyjemnością.
(4) Przypomnijmy: *as well .... as* – tak dobrze .... jak.
(5) *His father's* jest skrótem od *his father's job*.
(6) *Once* – raz; *twice* – dwa razy; *three times* – trzy razy.

LEKCJA TRZYDZIESTA TRZECIA

1 Pan Marsden jest szefem Dawida. On jest redaktorem gazety, dla której pracuje Dawid.
2 Jego praca jest bardzo odpowiedzialna, ale on ją wykonuje z przyjemnością.
3 W opinii jego żony; jest za bardzo odpowiedzialna; ona nigdy go nie widzi!
4 Ona woli pracę swojego syna. On jest urzędnikiem w banku i jest w domu każdego dnia o szóstej.
5 Jego praca nie jest tak dobrze płatna jak praca jego ojca, ale on pracuje mniej,
6 i jego wakacje są lepsze.
7 W Anglii, dwa razy w roku, są jednodniowe wakacje nazywane „Bank Holiday".
8 — Będę w domu później dziś wieczorem, kochanie. — Dlaczego?
9 — Mam nowy artykuł o podatkach do przygotowania.
10 — Ale ty zawsze chodzisz do biura wcześnie i wracasz późno!
11 — Nic na to nie poradzę. Życie redaktora, wiesz ....
12 — I życie jego żony ....!
13 — Zobaczę cię wieczorem, kochanie, do widzenia.

UWAGI

(7) *A day's holiday* – jednodniowe wakacje; *a year's work* – roczna praca; *a five hour's walk* – pięciogodzinny spacer. Formy dzierżawczej rzeczownika [odpowiednik polskiego dopełniacza; patrz lekcja 29, objaśnienie (7)] używa się w różnych zwrotach w odniesieniu do pojęć czasu i miary.

33rd Lesson

EXERCISES

1 He works less than his father but is paid more. – **2** Her job is better than mine. – **3** Read the exercises twice and say it aloud. – **4** The paper for wich he works is called the "Star". – **5** His wife's opinion of him is not very good.

FILL IN THE MISSING WORDS:

1 *Życie tego człowieka jest fascynujące. On jest badaczem.*

That . . . . . life is fascinating. He's . . explorer.

2 *Dwa razy w roku, jeździmy do Londynu zobaczyć się z moją matką.*

. . . . . . year, we go . . London . . . . mother.

3 *Firma, dla której on pracuje jest usytuowana w Dower.*

The company . . . . he works is based . . Dover . B

****

THIRTY-FOURTH (34th) LESSON

1. We'll see you tomorrow night at half-past seven.
2. I've got nothing to do – and it makes **(1)** me tired.
3. Her husband drinks too much – or that is her opinion.
4. His wife's spending worries him.
5. You'll meet his son next week. He's coming **(2)** to visit us.
6. His son's record-player is much too noisy.

PRONUNCIATION

3 əˈpiniən 4 spendiŋ wʌriz 6 ˈrekɔːd pleiə ... nəizi

UWAGI

(1) Czasownik *to make* oznacza robić, wykonywać. W tym zdaniu tłumaczymy go jako sprawia, powoduje.

ĆWICZENIA

1 On pracuje mniej niż jego ojciec, ale więcej zarabia. – **2** Jej praca jest lepsza od mojej. – **3** Przeczytaj te ćwiczenia dwa razy i powiedz je głośno. – **4** Gazeta, dla której on pracuje, nazywa się „Gwiazda". – **5** Opinia jego żony o nim nie jest bardzo dobra.

4 *Jego praca nie jest tak dobrze płatna jak moja.*

His . . . is . . . . paid as . . . . .

5 *Wrócę późno dziś wieczorem.*

. . . . be back . . . . this evening.

ODPOWIEDZI

1 man's – en. – **2** Twice a – to – to see my. – **3** for which – in. – **4** job – not as well – mine. – **5** I'll – late.

****

LEKCJA TRZYDZIESTA CZWARTA

1. Zobaczymy się z tobą jutro wieczorem o pół do ósmej.
2. Nie mam nic do roboty – i to sprawia, że jestem zmęczony.
3. Jej mąż pije za dużo – albo taka jest jej opinia.
4. Wydatek jego żony martwi go.
5. Spotkasz się z jego synem w przyszłym tygodniu. On przyjeżdża odwiedzić nas.
6. Adapter jego syna jest zdecydowanie za głośny.

UWAGI

(2) *He's coming* – tłumaczymy w tym zdaniu jako on przyjdzie, czyli jako czynność przyszłą mimo, iż zdanie jest wyrażone czasem teraźniejszym. Czas ten używamy również dla czynności przyszłych, które wyrażają zamiar mówiącego lub uzgodniony plan działania.

7 My daughter always complains that I work to much.
8 The man for whom **(3)** I work is very mean. He doesn't pay me enough.
9 Please excuse me, it is not my fault.
10 I don't want to go home. May I come with you?
11 Is it far to the tube station? – No, about five minuts' walk.
12 What is the maximum penalty for bigamy?
13 Two mothers-in-law.

PRONUNCIATION

7 kəm pleinz 8 mi:n 9 ik'sju:z 12 'mæksimǝm penlti ... 'bigami 13 'mʌðə(r)z in lɔ:

EXERCISES

1 When he phones, I'll tell him you are here. – **2** The man to whom she gives the money is her brother. – **3** I live in Harrow, is it far? – No, ten minutes' walk. – **4** Don't worry, I'm sure he'll come. – **5** My mother-in-law is coming next Tusday.

FILL IN THE MISSING WORDS:

1 *To są dwie godziny drogi samochodem.*

It is a . . . . drive . . car.

2 *Kobieta, do której ona mówi, nie słucha jej.*

The woman to . . . . she . . talking is not . . . . to . . . .

3 *Jestem za bardzo zajęta, by się z nim zobaczyć.*

I . . . . to see . . . .

4 *Osoba, dla której ona pracuje jest redaktorem.*

The person . . . . she works . . . .

7 Moja córka zawsze narzeka, że ja pracuję za dużo.
8 Człowiek, dla którego ja pracuję, jest bardzo skąpy. On nie płaci mi wystarczająco.
9 Proszę mi wybaczyć, to nie jest moja wina.
10 Nie chcę iść do domu. Czy mogę iść z tobą?
11 Czy daleko jest do stacji metra? – Nie, około pięć minut drogi spacerkiem.
12 Jaka jest maksymalna kara za bigamię?
13 Dwie teściowe.

UWAGI

(3) *For whom* – dla którego, *for which* – dla której (lekcja 33 zdanie 1). *Whom* odnosi się do ludzi, *which* do przedmiotów martwych.

ĆWICZENIA

1 Kiedy zadzwoni, powiem mu, że jesteś tutaj. – 2 Mężczyzna, któremu ona daje pieniądze jest jej bratem. – 3 Ja mieszkam w Harrow, czy to jest daleko? – Nie, dziesięć minut drogi (pieszo). – 4 Nie martw się, jestem pewna, że on przyjdzie. – 5 Moja teściowa przyjeżdża (przychodzi) w przyszły wtorek.

5 *Proszę mi wybaczyć. Jestem ogromnie zmęczony/a.*

. . . . me. I'm . . . .

ODPOWIEDZI

1 two hours' – by. – 2 whom – is – listening – her. – 3 am much too busy – him. – 4 for whom – is the editor. – 5 Please excuse – extremely tired.

34th Lesson

THIRTY-FIFTH (35th) LESSON

Revisions and Notes

Przejrzyjcie Państwo jeszcze raz objaśnienia do lekcji 29–34. Jeśli jest coś, o czym nie pamiętaliście, wróćcie jeszcze raz do tych fragmentów lekcji.

1 Spotkaliśmy już wiele zdań wyrażających czynności przyszłe, czyjeś plany, czy też zamierzenia. Przypomnijmy, iż czynności przyszłe można wyrazić za pomocą wyrazu *will* i formy podstawowej czasownika [lekcja 30, objaśnienie (3)]. *I will see tomorrow* – zobaczę cię jutro. *Will* może być skracane do *'ll* ze wszystkimi zaimkami osobowymi, *I'll, you'll, he'll, she'll, it'll, we'll, they'll*.

2 Czynność przyszłą planowaną i zamierzoną wyrażamy za pomocą wyrażenia *to be going to* [lekcja 31, objaśnienie (10)] i czasu Present Continuous [lekcja 34, objaśnienie (2)]: *he is coming; He is going to come.* – On przyjdzie (bo ma taki zamiar, albo tak sobie zaplanował).

3 Czynność przyszłą przewidywaną przez mówiącego możemy wyrazić również konstrukcją *to be going to* lub przez *will* i formę podstawową czasownika: *It will be a nice day tomorrow. It is going to be a nice day tomorrow.* – Jutro będzie ładny dzień (bo tak przewidujemy).

4 Do poznanych przyimków [lekcja 28, objaśnienie (4)] dodajemy *until, till* – do, aż do jakiegoś czasu. *He works until (till) nine o'clock.* – On pracuje do (aż do) dziewiątej.

5 Zapamiętajmy te zdania i wyrażenia:

This restaurant is quite cheap: ta restauracja jest całkiem tania.

Go and buy some wine, please: idź i kup trochę wina, proszę.

His job is better paid than his son's: jego praca jest lepiej płatna, niż praca jego syna.

LEKCJA TRZYDZIESTA PIĄTA

Powtórzenie i objaśnienia

The phone is ringing, answer it please: telefon dzwoni, odbierz proszę.

The postman comes twice a day: listonosz przychodzi dwa razy dziennie.

Have some fruit: poczęstuj się owocami.

Mamy już za sobą trzydzieści pięć lekcji. Czy jesteście Państwo zadowoleni? Czy dajecie sobie radę? Jeśli mieliście momenty zwątpień we własne siły, nie martwcie się. Jest to normalne, bo nic niestety nie przychodzi łatwo. Spróbujcie posłuchać jakiegoś filmu w wersji oryginalnej nie czytając napisów. Już na pewno wyłapiecie poszczególne słówka. A może uda wam się zrozumieć jakieś zdania? A ile słów z jednej strony angielskiej gazety już znacie? Widzicie więc Państwo, że robicie postępy. Życzymy Wam wytrwałości, no i zabieramy się do lekcji trzydziestej szóstej.

THIRTY-SIXTH (36th) LESSON

1 David and Joan are going to the Marsden's for dinner. **(1)**
2 They arrive at seven thirty and Mr Marsden opens the door and invites them in.
3 — Come into the sitting-room and sit down. What will **(2)** you have to drink?
4 — A whisky **(3)** for me – Joan, what will you have?
5 — A sherry, if I may. Dry, **(4)** please.
6 He serves the drinks and they all sit down.
7 Mrs Marsden comes downstairs **(5)** and joins them.
8 The cook comes in and says: "Dinner is ready". They go into the dining-room.
9 The meal is excellent. They eat soup, lamb, fruit salad and cheese. **(6)**
10 — You're very lucky to have a cook, Mrs Marsden, says Joan.
11 — Yes. You see, I have so little time to cook.
12 — So do I. **(7)** But David doesn't earn enough money, so...
13 There is an embarrassed silence.
14 — Have a brandy, says Mr Marsden.

PRONUNCIATION

2 in'vaits 4 wiski 5 'ʃeri ... drai 6 sɜ:vz 7 ,daun'steəz 9 'eksələnt ... læm ... tʃi:z 13 im'bærəzd sailəns 14 'brændi

UWAGI

(1) *Dinner* – obiad, ciepły posiłek składający się z dwóch lub trzech dań, zwykle jada się wieczorem. *Supper* – kolacja, zimny posiłek, jest słówkiem mało używanym. Anglicy mają zwykle cztery posiłki w ciągu dnia: *breakfast, lunch, tea* – podwieczorek, *dinner*.

LEKCJA TRZYDZIESTA SZÓSTA

1. Dawid i Joanna idą do Państwa Marsden na kolację.
2. Oni przybywają o siódmej trzydzieści i Pan Marsden otwiera drzwi i zaprasza ich do środka.
3. — Wejdźcie do salonu i usiądźcie. Czego się napijecie?
4. — Whisky dla mnie. — Joanno, czego ty się napijesz?
5. — Sherry, jeśli mogę. Wytrawne, proszę.
6. On podaje drinki, a oni wszyscy siedzą.
7. Pani Marsden schodzi na dół i dołącza się do nich.
8. Kucharka wchodzi i mówi: „Kolacja jest gotowa". Oni idą do jadalni.
9. Jedzenie jest doskonałe. Jedzą zupę, jagnię, sałatkę owocową i ser.
10. — Ma Pani szczęście, że ma Pani kucharkę, Pani Marsden, mówi Joanna.
11. — Tak. Widzi Pani, ja mam tak mało czasu na gotowanie.
12. — Ja też. Ale Dawid nie zarabia wystarczająco dużo pieniędzy, więc ....
13. Jest kłopotliwa cisza.
14. — Proszę się poczęstować brandy, mówi Pan Marsden.

UWAGI

(2) *Will*, jak widzimy tworzy, pytania przez inwersję, czyli przestawienie przed podmiot zdania.
(3) *A whisky* jest skrótem od *a glass of whisky* – szklaneczka whisky. Dlatego poprzedza go przedimek *a*, który normalnie nie występuje z rzeczownikami niepoliczalnymi. [patrz lekcja 14, objaśnienie (5)].
(4) *Dry* – wytrawne, *sweet* – słodkie, *straight* – czyste (bez wody).
(5) *Downstairs* – na dół. Anglicy zwykle mieszkają w domkach. Na parterze jest kuchnia salon i jadalnia, na piętrze sypialnia.
(6) Na zakończenie posiłku można podać różne rodzaje sera. Jest to zwyczaj francuski.
(7) *So do I* – ja także, *so does he/she* – on/a także.

EXERCISES

1 Come in and sit down. What will you have to drink? – **2** There is so much to do and so little time. – **3** How much money do you earn? – **4** Come and join us. – **5** She serves dinner at eight exactly.

FILL IN THE MISSING WORDS:

1 *Wejdźcie do salonu. Usiądźcie.*

   Come .... the ....-..... Sit .... .

2 *Ona schodzi na dół i idzie do jadalni.*

   She .... and comes .... the ......-room.

3 *Wyjdźcie proszę. Ja pójdę za wami.*

   .. .. please. . ..... follow you.

4 *On otwiera drzwi i zaprasza ich, by weszli.*

   He .... and invites .... to ....

****

THIRTY-SEVENTH (37th) LESSON

Directions

1 — Can you tell **(1)** me the way to the British Museum?
2 — Mmm... Let me see **(2)**. Yes. Are you on foot?
3 — Yes, I am. – Well, go up Charing Cross Road and take Shaftsbury Avenue. **(3)**

PRONUNCIATION

di'rekʃnz **1** britiʃ mju:'ziəm **3** tʃa:iŋ krɔs rəud ... ʃa:ftsbəri 'ævənju:

ĆWICZENIA

1 Wejdźcie i usiądźcie. Czego się napijecie? – **2** Jest tak dużo do zrobienia i tak mało czasu. – **3** Ile Pan zarabia? – **4** Wejdź i dołącz się do nas. – **5** Ona podaje kolację punktualnie o ósmej.

5 *Czego się napijesz? Wytrawne, białe wino proszę.*

What . . . . you . . . to drink? A . . . . please.

ODPOWIEDZI

1 into – sitting-room – down. **2** comes downstairs – into – dining. – **3** Go in – I will. – **4** opens the door – them – come in. – **5** will – have – dry white wine.

****

LEKCJA TRZYDZIESTA SIÓDMA

Kierunki

1 — Czy może mi Pan wskazać [powiedzieć] drogę do Muzeum Erytyjskiego?
2 — Hmm ... Niech się zastanowię. Tak. Jest Pan pieszo?
3 — Tak. – Więc, proszę iść ulicą Charing Cross i skręcić w Shaftsbury Avenue [aleja].

UWAGI

(1) *To tell* to mówić powiedzieć ale i wskazać, wytłumaczyć.
(2) *Let me see* dosłownie znaczy niech zobaczę.
(3) Nazwy ulic wymienione w tym dialogu są ulicami Londynu.

37th Lesson

4 You come to New Oxford Street. Er, then it's, er, just opposite I think.
5 Yes, that's it, just opposite is Bloomsbury Street. – Sorry, say that again?
6 — Just opposite, you've got Bloomsbury Street. Go down there and it's on your right.
7 You can't miss it.
8 — Thanks very much. That's okay.

9 — Have another beer. – I don't want one, but have one yourself.
10 — I will. I'm very thirsty. – You're always thirsty.
11 — Perhaps it's because I don't drink enough.

A glutton

12 (A mother to her son, after the sixth piece of cake):
13 — Tom, you are a glutton. How can you eat so much?
14 — I don't know. It's just good luck.

PRONUNCIATION

4 nju: oksfəd stri:t **5** blu:mzbri stri:t **13** glʌtn

EXERCISES

1 Take the first street on the right. – **2** Turn left at the end of the road. – **2** It's only a twenty minutes walk to Oxford Street. – **4** Sorry, say that again. I can't hear. – **5** Hurry up. Don't miss the train. – **6** Opposite the church you can see the school.

FILL IN THE MISSING WORDS:

1 *Jest tak dużo hałasu, że on idzie spać.*

There is .. .. that he .. .. bed.

4 Dojdzie Pan do [ulicy] New Oxford Street. A ..., potem, to jest, a ... na przeciwko, sądzę.
5 Tak, tak jest, właśnie na przeciwko jest [ulica] Bloomsbury Street. – Przepraszam, proszę to powiedzieć jeszcze raz.
6 — Akurat na przeciwko ma Pan Bloomsbury Street. Proszę tam iść i to [muzeum] jest po Pana prawej stronie.
7 Nie można go nie zauważyć.
8 — Dziękuję bardzo. – W porządku.

9 — Poczęstuj się jeszcze jednym piwem. Ja nie chcę, ale ty weź [napij się].
10 — Wezmę. [Napiję się]. Chce mi się pić. – Tobie zawsze chce się pić.
11 — Może to dlatego, że ja nie piję wystarczająco dużo.

Żarłok

12 (Matka do swojego syna, po szóstym kawałku ciastka:)
13 — Tomek, jesteś żarłokiem. Jak możesz jeść tak dużo?
14 — Nie wiem. To po prostu wspaniałe szczęście.

ĆWICZENIA

1 Proszę skręcić w pierwszą ulicę w prawo. – **2** Skręć w lewo na końcu tej drogi. – **3** To tylko dwadzieścia minut drogi [spacerkiem] do [ulicy] Oxford Street. **4** Przepraszam, powiedz to jeszcze raz. Nie słyszę. – **5** Pospiesz się. Nie spóźnij się na pociąg. – **6** Na przeciwko kościoła, zobaczysz szkołę.

2 *Czy może mi Pani wskazać drogę do muzeum?*

Can you .... me ... . the ......?

3 *Proszę iść tą ulicą i to będzie po Pana prawej stronie.*

.. .. street and it's .. your ..... .

4 *Czy jest Pan pieszo, czy samochodem?*

Are you .. .... or .. a car?

****

THIRTY-EIGHTH (38th) LESSON

At the Pub

1 David and Pete are playing darts.
2 — I'm good, Pete, but I think you're better. **(1)**
3 — No, that's not true. Oh, sixty! Perhaps you're right.
4 — Hey, look, you're closer **(2)** than **(3)** me. – Yes, but I'm short-sighted. **(4)**
5 — That's no excuse. You can see from here.
6 — Yes, bot not very well. Anyway **(5)**, I don't always win. **(6)**
7 — But you can buy the drinks. You're richer than me.
8 — Alright. What do you want? – I want to win.

PRONUNCIATION

2 betə **3** tru: **4** kləuzə ðən ... ʃɑ:t'soitid **5** ik'skju:z **6** eniwei **7** ritʃə

UWAGI

(1) *Better* – lepszy/a/e jest stopniem wyższym od *good* – dobry/a/e. Przymiotniki i przysłówki (*good* – jest również przysłówkiem – *dobrze*) stopniuje się nieregularnie i regularnie. Nieregularnie tzn., że stopień wyższy i najwyższy mają odrębne formy, które trzeba zapamiętać: *good, better, best* – najlepiej.

5 *Ja mam szczęście. Nigdy się nie gubię.*

. . . . I . . . . . get lost.

ODPOWIEDZI

1 so much noise – is going to. – **2** tell – the way to – museum. – **3** Go up this – on – right. – **4** on foot – in. – **5** I'm lucky – never.

****

LEKCJA TRZYDZIESTA ÓSMA

W pubie

1. Dawid i Pete grają w strzałki.
2. — Ja jestem dobry, Pete, ale myślę, że ty jesteś lepszy.
3. — Nie, to nie jest prawda. Och, sześćdziesiąt! Może masz rację.
4. — Hej, spójrz, jesteś bliżej niż ja. – Tak, ale ja jestem krótkowidzem.
5. — To nie jest wytłumaczenie. Widzisz stąd.
6. — Tak, ale nie bardzo dobrze. W każdym razie, ja nie zawsze wygrywam.
7. — Ale możesz kupić drinki. Jesteś bogatszy niż ja.
8. — W porządku. Co chcesz? – Chcę wygrać.

UWAGI

(2) *Closer* – bliżej jest przykładem stopniowania regularnego. W drugim stopniu dodajemy końcówkę – *er*, a w trzecim – *est*, jeśli wyrazy są jedno lub dwusylabowe, tzn. krótkie. *Close, closer, closet* – najbliżej.

(3) W zdaniu po stopniu wyższym używamy wyrazu *than* – niż. *You're closer than me.* – Jesteś bliżej niż ja.

(4) *Short – sighted* – krótkowidz, *long – sighted* – dalekowidz, *colour – blind* – daltonista.

(5) *Anyway* – w każdym razie.

(6) *To win* – wygrywać w jakąś grę lub nagrodę. *To earn* – zarabiać pieniądze.

9 Pete is richer than David, but David is happier. **(7)**
10 I'm bigger **(8)** than you. – Yes, but I'm more intelligent. **(9)**
11 How is your poor father? – He's worse. **(10)** I'm afraid.
12 This is the best way to go to the museum.
13 Close, closer, closest; rich, richer, richest;
14 good, better, best; more intelligent, most intelligent.

PRONUNCIATION

9 hæpiə **10** bigə ... mɔ:(r) in'telidʒnt **11** puə(r) ... wɜ:s

UWAGI

(7) *Happy, happier, happiest* – jeśli przymiotnik kończy się literą *y* przed którą jest litera spółgłoskowa dodając końcówki stopniowania zamieniamy *y* na *i*.

(8) *Big, bigger, biggest* – jeśli przymiotnik jest jednosylabowy i kończy się literą spółgłoskową, przed którą jest litera samogłoskowa, literę spółgłoskową podwajamy dodając końcówkę.

(9) Przymiotniki wielosylabowe stopniujemy za pomocą wyrazów *more* – bardziej, i *most* najbardziej. *Intelligent, more intelligent, most intelligent. Jest to również stopniowanie regularne.*

(10) *Bad, worse, worst* – źle, gorzej, najgorzej. Następny przykład nieregularnego stopniowania.

EXERCISES

1 I'm afraid I can't see. I'm short-sighted. – **2** How is your poor daughter? – Much better. – **3** We've got no money at all. – **4** He always wins when we play poker. – **5** She earns more money than her father.

FILL IN THE MISSING WORDS:

1 *Najlepszy gracz wygra mecz.*

... ... player will ... the match.

2 *On jest bogatszy, ale ona jest szczęśliwsza.*

He is ...... but she is ....

one hundred and twenty-two 122

9   Pete jest bogatszy od Dawida, ale Dawid jest szczęśliwszy.
10 Jestem większy od ciebie. – Tak, ale ja jestem inteligentniejszy.
11 Jak się czuje twój biedny ojciec? – On czuje się gorzej, obawiam się.
12 To jest najlepsza droga do dojścia do muzeum.
13 Bliski, bliższy, najbliższy; bogaty, bogatszy, najbogatszy;
14 dobry, lepszy, najlepszy; inteligentniejszy, najbardziej inteligentny.

ĆWICZENIA

1 Obawiam się, że nie widzę. Jestem krótkowidzem. – 2 Jak się czuje twoja biedna córka? – Znacznie lepiej. – 3 Nie mamy w ogóle pieniędzy. – 4 On zawsze wygrywa, kiedy gramy w pokera. – 5 Ona zarabia więcej pieniędzy niż jej ojciec.

3   *Twoje oczy są większe niż twój żołądek.*

   Your .... are .... your stomach.

4   *Ja nie mam żadnych pieniędzy i żadnych problemów.*

   I've got .. money and .. problems.

5   *On jest najgorszym studentem w klasie.*

   He .. the ..... student .. the class.

ODPOWIEDZI

1 The best – win. 2 richer – happier. – 3 eyes – bigger than. – 4 no – no. – 5 is – worst – in.

38th Lesson

THIRTY-NINTH (39th) LESSON

1. London is larger than Paris but smaller than New York.
2. There are more than eight million **(1)** inhabitants **(2)** in Greater London, **(3)**
3. more than the population of Scotland and Wales together.
4. Inner London is smaller. Here you find the "West End" with its theatres.
5. and the City **(4)**, which **(5)** is the financial centre of England.
6. It is also the oldest part of London and still has some ancient traditions.
7. For example, the Lord Mayor of London is mayor of the City only.
8. The most important part of the City is the Stock Exhange
9. which is as important as the Bourse in Paris.
10. In almost every street, there is a beautiful church, often designed by Wren. **(6)**
11. Among the places of interest to see are Trafalgar Square.
12. with its colony of pigeons and four bronze lions.
13. and the Houses of Parliament and Big Ben.
14. In fact, it is the bell and not the clock which is called Big Ben.

PRONUNCIATION

2 in'hæbitants ... greitə **3** ˌpɔpju:'leiʃnz ... weilz **4** inə(r) ... west'end ... 'θiətə(r)z **5** ðə ... fai'nənʃl 'sentə(r) **6** 'einʃənt trə'diʃnz **7** lɔ:d meiər **8** stok iks'tʃeindʒ **10** tʃɜ:tʃ ... di'zaind ... ren **11** skweə(r) **12** kolənı ... 'pidʒnz ... bronz laiənz **13** hauzes əv pɑ:limənt

UWAGI

(1) *More that eight milion* – ponad (dosłownie: więcej niż) osiem milionów. W wyrażeniach: *eight hundred* – osiemset, *eight thousand* – osiem tysięcy, *eight milion* – osiem milionów, wyrazy *hundred, thousand, milion* występują zawsze w liczbie pojedynczej.

LEKCJA TRZYDZIESTA DZIEWIĄTA

1. Londyn jest większy od Paryża, ale mniejszy od Nowego Jorku.
2. W wielkim Londynie (Greater London) jest ponad osiem milionów mieszkańców,
3. więcej niż ludności w Szkocji i Walii razem.
4. Środkowy Londyn jest mniejszy. Tu znajduje się „West End" [koniec zachodu] ze swoimi teatrami
5. i the City [miasto], które jest centrum finansowym Anglii.
6. Jest to również najstarsza część Londynu i jeszcze ma [zachowała] starodawne tradycje.
7. Na przykład, burmistrz Londynu jest tylko burmistrzem *the City*.
8. Najważniejszą częścią *the City* jest giełda,
9. która jest tak samo ważna jak giełda w Paryżu.
10. Prawie na każdej ulicy jest piękny kościół, często zaprojektowany przez Wrena.
11. Wśród miejsc interesujących do zobaczenia są Trafalgar Square [plac],
12. ze swoim stadami (koloniami) gołębi i czterema lwami z bronzu;
13. i budynki parlamentu i Big Ben.
14. W rzeczywistości, to dzwon, a nie zegar nazywa się Big Benem.

UWAGI

(2) *Inhabitans* – mieszkańców; *inhabited* – zamieszkały; *unihabited* – niezamieszkały.
(3) *Greater London* – Londyn wraz z przedmieściami.
(4) Centrum Londynu dzieli się na *West End* i *the City*.
(5) *Which* ... lub *that* ...., który/która/którego/którą odnosi się do rzeczy martwych, *who* .... lub *whom* który/ która/którego/którą odnosi się do ludzi.
(6) *Sir Christopher Wren* – jeden z najsłynniejszych architektów angielskich XVII wieku. Odbudował między innymi katedrę *Saint Paul's* po pożarze Londynu w 1666 roku.

39th Lesson

EXERCISES

1 Your brother-in-law and his friend are arriving together. – 2 It is this sentence which is the most difficult. – 3 We have coffee or tea. Which do you want? – 4 Which is the most beautiful church in London? – 5 She is a librarian, not a secretary.

FILL IN THE MISSING WORDS:

1 *Mężczyzna, z którym rozmawiasz, jest byłym ministrem.*

   The man .. .... you are .... is an ex-minister.

2 *Mamy przyjaciela, który gra cudownie na pianinie.*

   We have a .... plays ... . marvelously.

3 *Kto chce pojechać do Londynu z nami?*

   ... wants .. .... to London with .. ?

4 *Co jest bardziej interesujące, Londyn czy Edynburg?*

   .... interesting, London ... . ?

5 *Lepiej wyjedźmy teraz. Jest już późno.*

   We ... . now. It's ....

****

FORTIETH (40th) LESSON

Useful expressions

1 — Can I help you? – Yes. I'm looking for...
2 Please sit down. You look **(1)** tired.
3 Have a drink. What will you have?
4 Can you tell me the way to the town centre?

PRONUNCIATION

4 'sentrə

ĆWICZENIA

1 Twój szwagier i jego przyjaciel przyjeżdżają razem. – **2** To jest to zdanie, które jest najtrudniejsze. – **3** Mamy kawę albo herbatę. Co chcesz? – **4** Który kościół w Londynie jest najpiękniejszy? – **5** Ona jest bibliotekarką, nie sekretarką.

ODPOWIEDZI

1 to whom – talking. – **2** friend who – the piano. – **3** Who – to come – us. – **4** Which is more – or Edinburgh. – **5** had better leave – already late.

The more the merrier – im więcej nas, tym weselej (*merry*: wesoły).

****

LEKCJA CZTERDZIESTA

Przydatne wyrażenia

1 — Czy mogę ci/Panu/Pani pomóc? – Tak, szukam ....
2   Proszę usiąść. Wyglądasz na zmęczoną/ego.
3   Napij się. Czego się napijesz?
4   Czy możesz mi wskazać drogę do centrum miasta?

UWAGI

(1) *To look* – po/patrzeć, wyglądać, *to look at* – patrzeć na coś, *to look for* – szukać.

40th Lesson

5 London is larger than Paris but smaller than New York.
6 Please come in. Make yourself at home.
7 Sorry, say that again.
8 I don't like beetroot. – No, neither do I. **(2)**
9 Can't you do better than that?
10 This lesson is more interesting than the first one.
11 I can't speak English fluently yet, but I can understand quite well.
12 Please speak a little slower. Thanks.
13 How far is it from London to Edinburgh?
14 He won't **(3)** speak to you, he's in a bad mood.

PRONUNCIATION

8 bi:tru:t ... neiðə(r) **11** 'flu:əntil ... ˌʌndə'stænd **12** sləuə(r) **13** 'edinbərə **14** wəunt ... mu:d

EXERCISES

1 No, sir, I'm afraid he's not in. – **2** Can you come back tomorrow? – **3** I like Turkish coffee. – So do I. – **4** Unfortunately, there are no tickets for Saturday. – **5** We're going to see Pete. How far from here does he live?

FILL IN THE MISSING WORDS:

1 *Ja nie chcę jechać do Grecji we wrześniu. – Ani ja.*

   I . . . . to go . . Greece . . September. – . . . . do I.

2 *Ona mówi płynnie po angielsku, ale nie po niemiecku.*

   . . . speaks English . . . . but . . . .

5 Londyn jest większy od Paryża, ale mniejszy od Nowego Jorku.
6 Proszę wejdź. Czuj się jak u siebie w domu.
7 Przepraszam, powiedz to jeszcze raz.
8 Ja nie lubię buraków. – Ani ja.
9 Czy możesz zrobić [to] lepiej niż tamto?
10 Ta lekcja jest bardziej interesująca niż pierwsza.
11 Nie umiem jeszcze mówić płynnie po angielsku, ale rozumiem całkiem dobrze.
12 Proszę mów trochę wolniej. Dziękuję.
13 Jak daleko jest z Londynu do Edynburga?
14 On nie będzie rozmawiał z tobą, jest w złym humorze.

UWAGI

(2) *Neither ... nor* – ani ... ani. *Neither John nor Peter speak English* – Ani Janek ani Piotr nie mówią po angielsku. *Neither do I* – ani ja; *neither does she/he* – ani ona/on. Porównaj *either ... or* – lekcja 31, objaśnienie (3).

(3) *Won't* jest skrótem od *will not*. Oznacza to, że zdania przeczące w czasie przyszłym tworzy się stawiając wyraz *not* po *will*. *He won't come* – on nie przyjdzie.

ĆWICZENIA

1 Nie proszę Pana, obawiam się, że go nie ma. – 2 Czy może Pan wrócić jutro? – 3 Ja lubię kawę po turecku. – Ja też. – 4 Niestety, nie ma biletów na sobotę. – 5 Mamy zamiar zobaczyć się z Pete. Jak daleko stąd on mieszka?

3 *Zazwyczaj, on jeździ samochodem do pracy.*

......., he ..... to work.

4 *Niestety, idziemy do [domu] mojej matki na obiad.*

.... we are ..... to my .... for dinner.

40th Lesson

5 *Ja nie jem wystarczająco [dużo]. – Odwrotnie, ty jesz za dużo.*

I . . . . . eat . . . . – It's the . . . . , you eat . . . .

ODPOWIEDZI

1 don't want – to – in – Neither. – **2** She – fluently – no German. – **3** Usually – drives. – **4** Unfortunately – going – mother's. – **5** don't – enough – opposite – too much.

****

FORTY-FIRST (41st) LESSON

Success

1 Peter and Dave are fishing: *Peter*. – I've got a bite! **(1)**
2 *Dave*. – Is it a trout?
3 *Pete*. – Ow, no! It's a wasp!

Innocence

4 *Little girl*. – Please drink your tea, Mr Williams. I want to watch **(2)** you.
5 *Mr Williams*. – Of course my dear. But why?
6 *Little girl*. – Because Mummy says you drink like a fish! **(3)**

A Scottish prayer

7 Heavenly Father, bless us and keep **(4)** us all alive.

PRONUNCIATION

1 fiʃiŋ ... bait **2** traut **3** wosp **7** 'hevnli ... bles ... ə'laiv

UWAGI

(1) *Bite* – ugryzienie, ukąszenie, chwyt.

LEKCJA CZTERDZIESTA PIERWSZA

Sukces

1 Piotr i Dawid łowią ryby: *Piotr*. – Moja chwyta dosłownie: mam chwyt, ugryzienie)!
2 *Dawid*. – Czy to pstrąg?
3 *Piotr*. – O, nie! To jest osa.

Niewinność

4 *Mała dziewczynka*. – Proszę, niech Pan wypije herbatę, Panie Williams. Chcę Pana obserwować.
5 *Pan Williams*. – Oczywiście, moja droga. Ale dlaczego?
6 *Mała dziewczynka*. – Ponieważ mama mówi, że Pan pije jak szewc!

Szkocka modlitwa

7 Ojcze niebiański, pobłogosław nas utrzymaj nas żywych.

UWAGI
(2) *To watch* – oglądać, obserwować. *To watch television* – oglądać telewizję. *A watch* – zegarek na rękę. *A clock* – zegar ścienny.
(3) *To drink like a fish* – wyrażenie idiomatyczne – pić jak szewc.
(4) *To keep* – patrz lekcja 17, objaśnienie (4).

41st Lesson

8 There are eight of us for dinner
9 and there's only enough for five.

10 — What is the longest word in English? – I don't know.
11 — "Smiles", because there is a mile between the first and the last letter.

12 Keep quiet in the library. People are reading.
13 I don't want this old pullover. You can keep it.

PRONUNCIATION

11 smailz ... bi'twi:n **12** laibrəri **13** puləvə(r)

EXERCISES

1 Please keep quiet, there is too much noise. – **2** Stubbs, the famous painter, is still alive. – **3** There isn't enough food for all of us. – **4** How many kilometers are there in a mile? – **5** She works in a library outside London.

FILL IN THE MISSING WORDS:

1 *Idź do księgarni i kup mi nową powieść Greena.*

Go to the .... and buy .. the new ..... by Greene.

2 *Jaki jest najdłuższy wyraz w angielskim? Ja znam najkrótszy.*

.... is the .... word .. English? I ....

3 *Daj mi pięć. Możesz zatrzymać resztę.*

.... me five. You can .... the rest.

4 *Kiedy prowadzi się samochód w Anglii, trzeba pamiętać: jedź po lewej stronie.*

.... you ..... in England, you must remember: ....

8 Jest nas ośmiu na obiad.
9 a wystarczy tylko dla pięciu.

10 — Jaki jest najdłuższy wyraz w [języku] angielskim? — Nie wiem.
11 — „Uśmiech", ponieważ pomiędzy pierwszą i ostatnią literą jest mila.

12 Bądź cicho w bibliotece. Ludzie czytają.
13 Nie chcę tego starego swetra. Możesz go zatrzymać.

Spróbujcie Państwo, po kilkukrotnym wysłuchaniu, powtórzyć te dowcipy z pamięci. Starajcie się naśladować lektorów.

ĆWICZENIA

1 Proszę, bądź cicho jest za dużo hałasu. — **2** Stubbs, najsłynniejszy malarz, jeszcze żyje. — **3** Nie ma wystarczająco [dużo] jedzenia dla nas wszystkich. — **4** Ile kilometrów ma mila? — **5** Ona pracuje w bibliotece poza Londynem.

5 *On nie może tego sprzedać. Nie ważne [nie szkodzi].*

He can't .... Never .....

ODPOWIEDZI

1 bookshop — me — novel. — **2** What — longest — in — know, the shortest. — **3** Give — keep. — **4** When — drive — Keep left. — **5** sell it — mind.

41st Lesson

FORTY-SECOND (42nd) LESSON

Revisions and Notes

Przeczytajcie Państwo jeszcze raz objaśnienia do lekcji 36–41. Jak zwykle, jeśli czegoś nie pamiętacie, wróćcie ponownie do tych lekcji.

1 Poznaliśmy już do końca czas przyszły. Znamy sposób tworzenia pytań [lekcja 36, (2)] i przeczeń [lekcja 40, (3)].

2 Poznaliśmy stopniowanie przymiotników i przysłówków [lekcja 38, (1), (2), (3), (4), (7), (8), (9), (10).

3 Wyjaśnijmy sobie różnice między czasownikami *to come* i *to go*. Oba znaczą iść, chodzić, pójść, przyjść. Różnice polegają na tym, iż jeśli używamy czasownika *to come* jesteśmy w miejscu do którego chcemy, żeby dana osoba przyszła. Jeśli używamy czasownika *to go*, nie ma nas w tym miejscu, do którego chcemy, by poszła osoba, do której kierujemy wypowiedź, np.: *She comes downstairs.* – Ona schodzi na dół, a my tam już jesteśmy. *She goes downstairs.* – Ona idzie na dół, a nas tam nie ma.

4 Kłopot mogą nam również sprawić czasowniki oznaczające mówić.

Znamy *to tell, to say, to speak, to talk.*

To tell znaczy mówić, opowiadać i zwykle po *tell* występuje zaimek, np.: *Tell me about your job.* – Opowiedz mi o swojej pracy czy *Tell us the truth* – Powiedz nam prawdę.

To say znaczy mówić, powiedzieć i jeśli występuje po nim zaimek, to poprzedzony jest wyrazem, *to*, a po zaimku często występuje wyraz *that* – że, np.: *He says (to her) that he is tired.* – On mówi (do niej), że jest zmęczony.

To speak znaczy mówić, np.: *He speaks English.* – On mówi po angielsku.

To talk znaczy rozmawiać. *Peter is talking to John.* – Piotr rozmawia z Jankiem.

LEKCJA CZTERDZIESTA DRUGA

Powtórzenie i objaśnienia

5 Poznaliśmy już dużo czasowników złożonych, tzn., takich, które składają się z czasownika i przyimka, który zmienia znaczenie czasownika, np.: *come in* – wejdź, *come down* – zejdź, *come out* – wyjdź. Tych znaczeń trzeba się niestety nauczyć.

6 Zapamiętajmy: – 1 *mile* = 1,609 km, – 1 *foot* = 30 cm, – 1 *pound* = 450 g, – 1 *pint* = 0,56 l, 1 *acre* = 4046, 86 m2.

7 Napiszcie Państwo te zdania po angielsku nie czytając objaśnienia (8), w którym podane jest ich tłumaczenie.

1. On jest bogatszy ode mnie, ale ja jestem szczęśliwszy.
2. Ona przyjeżdża we wtorek. O której? Za kwadrans dziewiąta.
3. Czy możesz mi wskazać drogę do kościoła Wrena?
4. Londyn jest największym miastem w Anglii. Ilu ma mieszkańców?
5. Chcę się czegoś napić. Czego ty się napijesz?
6. Spośród najbardziej interesujących, Big Ben jest najlepszym pomnikiem.

8 Tłumaczenie

1. *He's richer than me, but I'm happier.*
2. *She's coming on Tuesday. What time? At a quarter to nine.*
3. *Can you tell me the way to Wren's Church?*
4. *London is the largest city (town) in England. How many inhabitants are there?*
5. *I want something to drink. What will you have?*
6. *Among the most interesting, Big Ben is the best monument.*

42nd Lesson

FORTY-THIRD (43rd) LESSON

The future

1. We will now look at the future tense.
2. You form the future by putting "will" in front of nearly all our verbs. **(1)**
3. For instance **(2)**, the verb "to dress", in the future, becomes "I will dress; you will dress".
4. We continue with the contraction: "we'll dress, you'll dress, they'll dress".
5. You see, it's easy!
6. Let's look at some sentences in the future.
7. I'll go to the cinema tonight if you come with me.
8. You will learn English quickly if you read a lesson every day.
9. The word "shall" **(3)** is mainly used for suggestions: It's raining, shall we take a taxi?
10. How much money will you need? **(4)** Shall I give you some more?
11. Will you give me some more coffee, please?
12. How will you go to work? The tube's on strike **(5)**. – I'll take my car.
13. Shall I phone the office and tell them you'll be late?
14. I'll drive; you'll be late; you will have problems.

PRONUNCIATION

2 fɔːm ... frʌnt ... niəli 3 fə(r) instəns ... biˈkʌmz 4 kənˈtinjuː ... kənˈtrækʃn 9 ʃæl ... meinli juːzd ... səˈdʒestʃnz ... reiniŋ 10 niːd 12 ... straik

UWAGI

(1) Reguły tworzenia czasu przyszłego już znamy – lekcja 30 (3), 36 (2), 40 (3), 42 (1). Postarajmy się je teraz zrozumieć w języku angielskim.

(2) *For instance* znaczy to samo co *for example* – na przykład.

LEKCJA CZTERDZIESTA TRZECIA

Czas przyszły

1. Popatrzmy teraz na czas przyszły.
2. Czas przyszły tworzy się poprzez wstawienie „*will*" przed prawie wszystkie [nasze] czasowniki.
3. Na przykład, czasownik „*to dress*" [ubierać się], w czasie przyszłym, staje się „*I will dress* [ja ubiorę się], *you will dress* [ty ubierzesz się]".
4. Kontynuujemy ze skrótami: „*we'll dress, you'll dress, they'll dress*".
5. Widzicie Państwo, to jest łatwe!
6. Popatrzmy teraz na kilka zdań w czasie przyszłym.
7. Ja pójdę do kina dziś wieczorem, jeśli ty pójdziesz ze mną.
8. Nauczysz się angielskiego szybko, jeśli będziesz czytać jedną lekcję każdego dnia.
9. Wyraz „*shall*" jest głównie używany w celu wyrażenia propozycji: Pada deszcz, pojedziemy taksówką?
10. Ile pieniędzy będziesz potrzebował? Czy dać ci trochę [pieniędzy]?
11. Czy dasz mi trochę więcej kawy, proszę?
12. Jak pojedziesz do pracy? Metro strajkuje. – Wezmę swój samochód.
13. Czy zadzwonić do biura i powiedzieć im, że się spóźnisz?
14. Ja pojadę samochodem; ty się spóźnisz; ty będziesz mieć problemy.

UWAGI

(3) „*Shall*" zastępuje *will* w pierwszej osobie liczby pojedynczej i mnogiej w pytaniach o to, jaką decyzję mamy podjąć, czy też coś komuś proponujemy lub pytamy naszego rozmówcę o jego życzenia i propozycje.

(4) Czasownik *to need* – potrzebować, należy do tej samej grupy czasowników co *can* i *may*, ale w trzeciej osobie liczby pojedynczej czasu teraźniejszego, występuje z końcówką – *s*, np.: *He needs me.* – *Ona mnie potrzebuje.*

(5) *To be on strike* – strajkować.

EXERCISES

1 You'll need some more money. – **2** Shall we go to see that new film tonight? – **3** If they don't hurry up they'll be late. – **4** Will I need my passport to go to England? – **5** Who will come with me?

FILL IN THE MISSING WORDS:

1 *Czy mi pomożesz, proszę, ja ciągle nie rozumiem.*

.... you help me ......, I ..... don't understand.

2 *Metro będzie strajkować, lepiej weź swój samochód.*

The tube .... .. on strike, you ... . take .... car.

3 *Czy mam do niego zadzwonić, by mu powiedzieć, że się spóźnisz?*

..... I phone him to .... him you .... .. late?

4 *Co zrobisz, jeśli go nie będzie?*

What .... you .. if he .. ..?

****

FORTY-FOURTH (44th) LESSON

1 — Give me that wallet, it's mine. **(1)**
2 — How do you know? – Well, it's not yours **(2)**, and there are ten pounds inside it. **(3)**
3 — He borrows my things, but he isn't pleased **(4)** when I borrow his. **(5)**
4 — These people are all friends of hers. **(6)** They want to come to the party.

PRONUNCIATION

1 wolit ... main **2** jɔːz ... in'said **3** borəuz ... θiŋz ... pliːzd **4** frendz əv hɜːz ... pɑːti

UWAGI

(1) Znamy już *my* – moje, moja mój. *Mine* znaczy to samo co *my*, tyle, że po zaimku *my* musi występować rzeczownik, który nie

ĆWICZENIA

1 Będziesz potrzebował trochę więcej pieniędzy. – **2** Czy pójdziemy zobaczyć ten nowy film dziś wieczorem. – **3** Jeśli oni się nie pospieszą, spóźnią się. – **4** Czy będę potrzebować swojego paszportu, by pojechać do Anglii? – **5** Kto pójdzie ze mną?

5 *Szukam kogoś, kto kupi mój dom.*

I . . . . for . . . . will buy . . . .

ODPOWIEDZI

1 Will – please – still – **2** will be – had better – your.– **3** Shall – tell – will be. – **4** will – do – is not in. – **5** am looking – someone who – my house.

****

LEKCJA CZTERDZIESTA CZWARTA

1 — Daj mi portfel, jest mój.
2 — Skąd wiesz? – Cóż, nie jest twój, a w środku jest dziesięć funtów.
3 — On pożycza moje rzeczy, ale nie jest zadowolony, kiedy ja pożyczam jego [rzeczy].
4 — Ci ludzie są wszyscy jej przyjaciółmi. Chcą przyjść na przyjęcie.

UWAGI

występuje po *mine*, ale dokładnie wiemy jaki rzeczownik mamy na myśli używając zaimka *mine*. W tym zdaniu *mine* zastępuje *my wallet*.
(2) *Yours* – twój, zastępuje w tym zdaniu *your wallet*.
(3) *Inside* – wewnątrz.
(4) *To be pleased* – być zadowolonym.
(5) *His* – jego, zastępuje w tym zdaniu *his things*.
(6) *Friends of hers* = *her friends*.

44th Lesson

5 — What, all of them? – Well, perhaps only a few of them.

6 — Where is my pen? – Here, you can use mine. – That's very kind of you.

7 — Whose is this sports car? – It's theirs. **(7)**

8 — I suppose they are very rich. – No, their house is smaller than yours.

9 In fact, they live in a tent!

A cynic

10 — So you're going to marry Harold. What is he like? **(8)**

11 — He's honest, kind, gentle, sweet and noble.

12 — And what are you going to eat?

13 — A cynic is a person who knows the price of everything.

14 and the value of nothing. (Oscar Wilde)

PRONUNCIATION

7 spɔːtz ... ðeə(r)z 8 sə'pəuz 9 tent 10 mæri hɑːəld 11 onist kaind dʒentl swiːt nəubi 13 sinik ... prais 14 væljuː ... næθiŋ oskə(r) waild

UWAGI

(7) *Theirs* – ich, zastępuje w tym zdaniu *their car*.
(8) *What ... like?* – jaki, jaka, jakie. *What's he like?* – jaki on jest?

EXERCISES

1 Whose are these pens? – They're mine. – **2** I want to borrow one of your books. – **3** I'm pleased to know that you're going on holiday. – **4** She still wants to marry a millionaire. – **5** He's poorer than me. In fact, he has no money! – **6** Thank you, that's very kind of you.

5 — Co, wszyscy? – Cóż, może tylko kilku z nich.
6 — Gdzie jest moje pióro? – Masz, możesz użyć moje.
   – To bardzo miło z twojej strony.
7 — Czyj jest ten sportowy samochód? – Jest ich.
8 — Przypuszczam, że oni są bardzo bogaci. – Nie, ich dom jest mniejszy od waszego/twojego.
9   W rzeczywistości, oni mieszkają w namiocie!

Cynik

10 — Więc zamierzasz wyjść za Harolda. Jaki on jest?
11 — On jest uczciwy, uprzejmy, delikatny, słodki i szlachetny.
12 — A co będziesz jeść?

13   Cynik jest osobą, która zna cenę wszystkiego
14   i wartości niczego (Oscar Wilde).

ĆWICZENIA

1 Czyje są te pióra? – Są moje. – 2 Chcę pożyczyć jedną z twoich książek. – 3 Jestem zadowolona, iż wiem, że zamierzasz pojechać na wakacje – 4 Ona wciąż chce wyjść za milionera. – 5 On jest biedniejszy ode mnie. W rzeczywistości on nie ma pieniędzy! – 6 Dziękuję, to bardzo miło z twojej strony.

FILL IN THE MISSING WORDS:

1   To nie jest twoje, to jest moje.

    It's . . . ., it's . . . . . .

44th Lesson

2 *Czyj jest ten namiot? – Jest ich.*

..... is this .... ? – It's ....

3 *On nie pożycza portfela, ale pieniądze!*

He .... the ...... but the money ....!

****

FORTY-FIFTH (45th) LESSON

Holiday plans

1 David and Joan are discussing their plans.
2 — I think we'll go to Brighton next weekend.
3 — But why? There's nothing to do at this time of the year. **(1)**
4 — I know, but look – if the weather is fine, we can drive along the coast
5 and visit all those little villages.
6 — Yes, but David, er... My mother's coming next weekend.
7 — Damn! – But she only comes once a year!
8 — Yes, and it's always when we want to go away.
9 — You mean: **(2)** when you want to go away.
10 — I'm sorry. – She's arriving on Friday.

PRONUNCIATION

1 dis'kʌsin **2** braitn **3** nʌθiŋ **4** weðə(r) ... ə'lon ... kəust **5** vilidʒiz **7** dæm ... wʌns **8** ə'wei **9** mi:n

UWAGI

(1) *There's nothing to do* w dosłownym tłumaczeniu to nie ma nic do zrobienia. *At this time of the year* tłumaczymy jako o tej porze roku.
(2) *To mean* – znaczyć. *You mean* – masz na myśli.

4 *Cena i wartość nie są tymi samymi rzeczami.*

..... and .... not the same ....

5   *Masz nowy, sportowy samochód. Jaki on jest?*

You've got a . . . . What's . . . . . . ?

ODPOWIEDZI
1 not yours – mine. – **2** whose – tent – theirs. – **3** doesn't borrow – wallet – inside it. – **4** Price – value – are – thing. – **5** new sports car – it like?

****

LEKCJA CZTERDZIESTA PIĄTA

Wakacyjne plany

1   Dawid i Joanna dyskutują o swoich planach.
2   — Myślę, że pojedziemy do Brighton w przyszły weekend.
3   — Ale dlaczego? Nie ma tam co robić o tej porze roku.
4   — Wiem, ale popatrz – jeśli będzie ładna pogoda, możemy jechać wzdłuż wybrzeża
5   i odwiedzić wszystkie te małe wioski.
6   — Tak, ale Dawidzie, a. ... Moja matka przyjeżdża w przyszły weekend.
7   — Cholera! – Ale ona tylko przyjeżdża raz w roku!
8   — Tak, i to jest zawsze wtedy, kiedy my chcemy wyjechać.
9   — Masz na myśli: kiedy ty chcesz wyjechać.
10 — Przykro mi. – Ona przyjeżdża w piątek.

45th Lesson

11 — Then we'll take her with us and visit the antique shops. **(3)**
12 — She'll feel at home among all those old things.
13 — David! Don't be nasty!
14 — I'll meet her at the station, then we'll be able **(4)** to make our plans together.

PRONUNCIATION

11 æn'ti:k **12** fi:l ... əmoŋ **13** nɑ:sti **14** eibl

EXERCISES

1 If you come tomorrow, you will be able to help us. – **2** John feels at home in London. – **3** Will you be able to lend me five pounds? – **4** All those people are friends of mine. – **5** I will ask him the next time I see him.

FILL IN THE MISSING WORDS

1 *Joanno, nie bądź wstrętna! Ona jest bardzo miła.*

Joan, don't .. .. ! She is ...... very .... .

2 *Cholera! Ona przyjeżdża o siódmej, a samochód wciąż jest w warsztacie.*

Damn! She .. .. seven and the car .. ..

the ....

3 *On poczuje się jak w domu z tymi wszystkimi starociami.*

He .... at .... with ... those ....

11 — Więc weźmiemy ją ze sobą i odwiedzimy wszystkie sklepy ze starociami.
12 — Ona poczuje się jak w domu wśród tych starych rzeczy.
13 — Dawidzie! Nie bądź wstrętny!
14 — Spotkam się z nią na stacji, wtedy będziemy mogli razem [coś] zaplanować.

UWAGI

(3) *Antique shops* – to zarówno sklepy ze starociami, jak i antykwariaty.
(4) W czasie przyszłym zamiast czasownika *can* używamy wyrażenia *to be able to* – być w stanie, móc. *I can help you* – mogę ci pomóc *I'll be able to help you* – będę mógł ci pomóc.

ĆWICZENIA

1 Jeśli przyjedziesz jutro, będziesz w stanie nam pomóc. – 2 Janek w Londynie, czuje się jak w domu. – 3 Czy będziesz mi w stanie pożyczyć pięć funtów? – 4 Wszyscy ci ludzie są moimi przyjaciółmi. – 5 Spytam go następnym razem, jak go zobaczę.

4   *O tej porze roku, my zawsze jesteśmy na wakacjach.*

   At . . . ., we are . . . . . . on holiday.

5   *Ona tylko przyjeżdża raz w roku. Przykro mi podwójnie.*

   She . . . . comes . . . . . year. I'm . . . . . , ...

ODPOWIEDZI

1 be nasty – realy – n ce. – 2 is arriving at – is still at – garage. – 3 will feel – home – all – antiques. – 4 this time of the year – always. – 5 only – once a – sorry twice.

45th Lesson

FORTY-SIXTH (46th) LESSON

1. Read this lesson as usual then answer the questions about the preceding one.
2. What are David and Joan doing?
3. Where does David want to go next weekend?
4. Does he want to go to Birmingham?
5. Does he want to drive **(1)** to Brighton?
6. Who is arriving next weekend?
7. How often **(2)** does she come?
8. What will they do?
9. Do you think they will go by train?
10. Will the weather be fine?
11. Where will David meet his mother-in-law?
12. When do people take their holidays? **(3)**
13. The four seasons are: spring, summer, autumn, winter.

PRONUNCIATION

1 pri'si:diŋ 4 bɜ:miŋam 7 ofn 9 trein 13 si:znz ... spriŋ sʌmə(r) 'ɔ:təm 'wintə

UWAGI

(1) *To drive* dosłownie znaczy prowadzić samochód. Zwykle jednak tłumaczymy ten czasownik jako jeździć, wiedząc oczywiście, iż znaczy to jeździć samochodem.
(2) *How often* – jak często
(3) *To take a holiday* – dosłownie: brać wakacje. W języku polskim mówiąc wakacje mamy na ogół na myśli wakacje szkolne, toteż ten zwrot można przetłumaczyć i jako jechać na wakacje i jako brać urlop.

EXERCISES

1 As usual, we're taking our holidays in winter this year. – **2** If your radio doesn't work, you can borrow mine. – **3** What are you doing? – I'm writing a letter. – **4** How often do you read this book? – Once a day. – **5** No, I'm afraid he isn't back from Brighton yet.

one hundred and forty-six 146

LEKCJA CZTERDZIESTA SZÓSTA

1 Jak zwykle przeczytaj tę lekcję i odpowiedz na pytania dotyczące lekcji poprzedniej.
2 Co robią Dawid i Joanna?
3 Gdzie Dawid chce pojechać w przyszły weekend?
4 Czy on chce pojechać do Birmingham?
5 Czy on chce pojechać samochodem do Brighton?
6 Kto przyjeżdża w przyszły weekend?
7 Jak często ona przyjeżdża?
8 Co oni robią?
9 Czy sądzisz, że oni pojadą pociągiem?
10 Czy pogoda będzie ładna?
11 Gdzie Dawid spotka swoją teściową?
12 Kiedy ludzie jadą na wakacje [biorą urlopy]?
13 Cztery pory roku są [następujące]: wiosna, lato, jesień, zima.

HE'S LIKE HIS FATHER

ĆWICZENIA

1 Jak zwykle, jedziemy na wakacje [bierzemy urlop] w zimie w tym roku. – 2 Jeśli twoje radio nie działa, możesz pożyczyć moje. – 3 Co ty robisz? – Piszę list. – 4 Jak często czytasz tę książkę? – Raz dziennie. – 5 Nie, obawiam się, że on jeszcze nie wrócił z Brighton.

FILL IN THE MISSING WORDS:

1 *Będzie bardzo zimno tej zimy.*

It ... .. very .... this ....

46th Lesson

147 one hundred and forty-seven

2 *Jak zwykle, oni biorą urlopy w lecie.*

As ..... they ... . holidays in ....

3 *My bierzemy nasze na wiosnę, mam nadzieję, że będzie ładnie.*

We ... taking .... in ......, I .... it .... .. fine.

4 *Co on ma na myśli?*

What .... he ....?

****

FORTY-SEVENTH (47th) LESSON

1 An Englishman and a Frenchman are discussing their respective **(1)** countries.
2 — Of course, says the Englishman, you Frenchmen are not gentlemen.

3 — And why not? replies his friend, slightly annoyed. **(2)**
4 — Well, for example, if you enter a bathroom by mistake, **(3)**
5 and you see a young lady washing, what do you say?
6 — We say "Excuse me, madam".
7 — Exactly, says the Englishman, but a gentleman says: Excuse me, sir.

8 — A gentleman is a person capable of **(4)** two things.

PRONUNCIATION

1 'iŋliʃˌmæn ... 'frentʃˌmæn ... ris'pektiv **2** dʒentlmən **3** ri'plaiz ... slaitli ə'noid **4** entə(r) ə baːθruːm bai mis'teik **5** leidi woʃiŋ **7** i'gzæktli **8** keipəbl

5 *Czy myślisz, że egzamin będzie trudny?*

Do ... . the exam .... ?

ODPOWIEDZI

1 will be – cold – winter. – **2** usual – are taking the r – summer. – **3** are – ours – spring – hope – will be. – **4** does – mean. – **5** you think – will be difficult.

****

LEKCJA CZTERDZIESTA SIÓDMA

1 Anglik i Francuz dyskutują o swoich krajach.
2 — Oczywiście, mówi Anglik, wy Francuzi nie jesteście dżentelmenami.
3 — A dlaczego nie? odpowiada jego przyjaciel lekko zirytowany.
4 — Więc, na przykład, jeśli wejdziecie przez pomyłkę do łazienki
5 i zobaczycie młodą damę myjącą się, co mówicie?
6 — Mówimy, „Przepraszam Panią".
7 — Właśnie, mówi Anglik, a dżentelmen powie: „Przepraszam Pana".

8 — Dżentelmen jest osobą zdolną do dwóch rzeczy.

UWAGI

(1) *Respective* – indywidualny, poszczególny. Tu: swój.
(2) *Light* – lekki; światło, *slight* – drobny, mały; *slightly* – lekko, nieznacznie; *slightly annoyed* – lekko zaniepokojony, zirytowany.
(3) *By mistake* przez pomyłkę, mylnie, niechcący. *On purpose* – celowo.
(4) *To be capable of* – być zdolnym do czegoś.

47th Lesson

9 — He can describe a pretty girl without using gestures,

10 and he always hears a funny story for the first time.

11 Two English gentlemen are eating a meal in their club.

12 They taste **(5)** the soup with great interest, and one says to the other:

13 — It's an interesting soup, but not a great soup.

PRONUNCIATION

9 dis'kraib ... 'dʒestʃərz **10** hiə(r)z ... fʌni stɔ:i **12** teist ... su:p

EXERCISES

1 You Englishmen eat badly. – **2** He doesn't want to come. Why not? – **3** This machine is capable of many things. – **4** He speaks English without making mistakes. – **5** I always take his bag by mistake. – **6** His friend is criticising him and he is slightly annoyed.

FILL IN THE MISSING WORDS:

1 *Oni dyskutują o swoich krajach z dużym zainteresowaniem.*

. . . . discussing . . . . . respective countries with . . . . . interest.

2 *Jeśli wejdziesz przez pomyłkę do kuchni, co mówisz?*

If you . . . . . the . . . . by . . . . , what . . . . ?

3 *On może opisać piękną dziewczynę bez używania gestów.*

He . . . . a . . . . . . girl without . . . .

4 *Widzę dwóch dżentelmenów jedzących swoje zupy.*

I . . . . . . two gentlemen . . . . soup.

9 — Może opisać śliczną dziewczynę nie używając [dosłownie: bez używania] gestów,
10 i zawsze słyszy śmieszną historię po raz pierwszy.

11 Dwóch angielskich dżentelmenów je posiłek w swoim klubie.
12 Próbują zupę z dużym zainteresowaniem i jeden mówi do drugiego:
13 — Jest to interesująca zupa, ale nie znakomita [zupa].

UWAGI

(5) *To taste* – smakować, próbować. *Taste* – smak.

ĆWICZENIA

1 Wy Anglicy jecie ź e. – **2** On nie chce przyjść. Dlaczego? – **3** Ta maszyna jest zdolna do wielu rzeczy. – **4** On mówi po angielsku bez popełniania błędów. – **5** Ja zawsze biorę jego torbę przez pomyłkę. – **6** Jego przyjaciel krytykuje go i on jest lekko zaniepokojony.

5 *Proszę, spróbuj tego wina i powiedz mi, co o nim myślisz.*

. . . . . taste . . . . wine and . . . . . . what you . . . . . of it.

ODPOWIEDZI

1 They are – their – great. – **2** enter – kitchen – mistake – do you say. – **3** can describe – pretty – using gestures. – **4** can see – eating their. – **5** Please – this – tell me – think.

47th Lesson

FORTY-EIGHTH (48th) LESSON

1 — How far is it to the station? – Oh, not too far.
2 It takes **(1)** about ten minutes on foot and only two by car.
3 Shall I call you a taxi? – No thanks, I'll walk. I have plenty of time. **(2)**

4 A sociologist is studying the average height of the English. **(3)**
5 — Do you know, he says to his girlfriend, only one Englishman in nine hundred twenty (920) **(4)** is six feet tall? **(5)**
6 — Yes, says the girl, but it's always him
7 that sits in front of me in the cinema.

8 A businessman is writing to a competitor who is very dishonest: **(6)**
9 "As my secretary is a lady, she cannot tell you what I think of you,
10 and as I am a gentleman, I cannot even think it,
11 but as you are neither one nor the other,
12 I hope you understand!"

PRONUNCIATION

3 plenti **4** ˌsəusiˈolədʒist ... stʌdiŋ 'ævəridʒ hait **8** 'biznisˌmæn ... kəm'petitə ... dizonist **10** ivn **12** ˌʌndə(r)'stænd

EXERCISES

1 How long does it take to go to the station? – **2** No thanks, we'll go on foot. – **3** Who is sitting in front of them? – I think it's George. – **4** What do you think of this lesson? – **5** Only one man in twenty wears a hat. – **6** How much is the average salary in England? – About forty pounds a week.

LEKCJA CZTERDZIESTA ÓSMA

1 — Jak daleko jest do stacji? – O, niezbyt daleko.
2   Około dziesięciu minut pieszo i tylko dwie samochodem.
3   Czy mam ci zawołać taksówkę? – Nie, dziękuję, przespaceruję się. Mam dużo czasu.

4   Socjolog bada przeciętny wzrost Anglików.
5 — Czy wiesz, mówi do swojej dziewczyny, tylko jeden Anglik na 920 ma sześć stóp wzrostu [wysokości].
6 — Tak, mówi dziewczyna, ale to zawsze ten,
7   który siedzi przede mną w kinie.

8   Biznesmen pisze do konkurenta, który jest bardzo nieuczciwy:
9   „Ponieważ moja sekretarka jest damą, nie może ci powiedzieć co ja o tobie myślę;
10   a ponieważ ja jestem dżentelmenem, nie mogę nawet o tym pomyśleć;
11   ale ponieważ ty nie jesteś ani jednym, ani drugim,
12   mam nadzieję, że rozumiesz!

UWAGI

(1) Przypomnijmy sobie użycie czasownika *to take* – patrz lekcja 18, objaśnienie (3). Powtórzmy zdanie z tej lekcji z pamięci.
(2) *Plenty of* – dużo, jest używane znacznie częściej w mowie potocznej niż *much* i *many*, których to wyrazów jest synonimem.
(3) *The English, the Polish* – Anglicy, Polacy ale *an Englishman* – Anglik, a *Polishman* – Polak.
(4) *One in nine hundred twenty* – jeden na dziewięćset dwadzieścia.
(5) *Tall* – wysoki, *How tall are you?* – Ile masz wzrostu? *It is six feet tall and three feet wide*. – To ma sześć stóp wysokości i trzy stopy szerokości. Patrz: lekcja 25, (1).
(6) *Honest* – uczciwy, *dishonest* – nieuczciwy.

ĆWICZENIA

1 Jak długo ci zajmie dojście na stację? – 2 Nie, dziękuję, pójdziemy na pieszo. – 3 Kto siedzi przed nimi? – Myślę, że Jurek. – 4 Co sądzisz o tej lekcji? – 5 Tylko jeden mężczyzna na dwudziestu, nosi kapelusz. – 6 Ile wynosi przeciętna pensja w Anglii? – Około czterdziestu funtów tygodniowo.

48th Lesson

FILL IN THE MISSING WORDS:

1 *Ani Paweł ani ja nie możemy przyjść jutro. Przykro mi.*

.... Paul ... I ... come tomorrow. I'm ....

2 *Zrobienie tych ćwiczeń zajmie [zabierze] tylko pół godziny.*

..... exercises .... half an hour .. ... .

3 *Ile masz wzrostu [jaki jesteś wysoki]? Nie umiem ci powiedzieć w metrach.*

How .... are you? – I ...... tell you .. meters.

4 *Czy mam go poprosić, żeby zadzwonił do ciebie jutro o szóstej?*

..... I ask ... to phone ... tomorrow .. six .... ?

****

FORTY-NINTH (49th) LESSON

Revisions and Notes

Przeczytajmy jeszcze raz objaśnienia z lekcji 43–48. Wróćmy do tych zagadnień, które nie bardzo pamiętamy. Warto również, byście Państwo przesłuchali te lekcje z kaset nie zaglądając do książki. Jeśli umiecie powtórzyć zdanie za lektorem i rozumiecie je, jesteście już bliscy sukcesu, zwłaszcza, że powtarzania za lektorem jeszcze nie ćwiczyliśmy regularnie!

1 Rozszerzyliśmy naszą wiedzą o regularne i nieregularne stopniowanie przymiotników i przysłówków [lekcja 42 (2)].

2 Znamy już czasowniki *can* [lekcja 12 (4)], *may* [lekcja 23 (2), 28 (2)], *need* [43 (4)], należące do tej samej grupy czasowników modalnych i wyrażenie *to be able to* [45 (4)] używane zamiast czasownika *can* w czasie przyszłym.

5 *Możemy pójść pieszo. Mamy dużo czasu.*

We . . go .. ..: we have .... time.

ODPOWIEDZI

1 Neither – nor – can – sorry. – **2** These – only take – to do. – **3** tall – cannot (can't) – in. – **4** Shall – him – you – at – o'clock? – **5** can – on foot – plenty of.

****

LEKCJA CZTERDZIESTA DZIEWIĄTA

Powtórzenie i objaśnienia

3 Zwróćmy uwagę, że *a thing* – rzecz, przedmiot, występuje w połączeniach z wyrazem *some: something, anything* – coś, *nothing* – nic, patrz: lekcja 14 (6), 23 (6).

4 Każdemu zaimkowi osobowemu odpowiada właściwa forma dzierżawcza: *I – my, mine* – mój, moja, moje, moi; *you – your, yours* – twój, twoja, twoje, twoi; wasz, wasza, wasze, wasi; *he – his, his* – jego; *she – her, hers* – jej; *It – its, its* – ego; *we – our, ours* – nasz, nasza, nasze, nasi; *they – their, theirs* – ich. Przypomnijmy, że wymieniona jako pierwsza forma dzierżawcza występuje łącznie z rzeczownikiem, druga występuje bez rzeczownika, np.: *It's my car* – To mój samochód; *It's mine* – To mój [samochód – wiemy, np. z poprzedniej wypowiedzi, iż chodzi o samochód. (patrz lekcja 44.)].

49th Lesson

5 W lekcji 7 (3), (4) podsumowaliśmy pytania z wyrazami pytającymi *where, what, how*. Rozszerzyliśmy je o *who, why, whose, how much/many* w lekcjach 8 (6), 10 (1), 11 (2), 13 (1), 16 (1). Tu dodajmy *how far?* – jak daleko: *How far is it to the station?; how often?* – jak często: *How often do you go to England? How long?* – jak długo: *How long is the journey from Warsaw to London?*

6 Pytania z *shall* są bardzo często stosowane w języku angielskim, gdy pytamy jaką mamy podjąć decyzję. Pytamy się więc o czyjeś życzenia lub propozycje *What shall we do now?* – Co będziemy teraz robić? lub coś komuś proponujemy *Shall I help you?* – Czy mam ci pomóc? [Lekcja 43 (3)].

7 Zapamiętajmy:

When will you be able to leave? – Kiedy będziesz w stanie [mógł] wyjechać

She'll feel at home. – Ona poczuje się jak w domu.

Don't be nasty. – Nie bądź wstrętny [okropny, obrzydliwy].

8 Napiszcie to po angielsku:

1 Powiem mu, kiedy go zobaczę.
2 On nie będzie w stanie odpowiedzieć sam.
3 Nie lubię tych wszystkich pytań. Ani ja.
4 Czyj jest ten portfel? Jest mój.
5 Jesteśmy jej przyjaciółmi. – Co, wszyscy?
6 Jak daleko stąd jest poczta?

9 Tłumaczenie

1. *I'll tell him when I see him.*
2. *He will not (won't) be able to answer himself.*
3. *I don't like all these questions. – Neither do I.*
4. *Whose is this wallet? – It's mine.*
5. *We're friends of hers. – What, all of you?*
6. *How far is the post-office from here?*

Od lekcji 50 zaczynamy uczyć się aktywnie. Wkraczamy w drugą fazę nauki. Już jesteście Państwo osłuchani z językiem angielskim, dużo rozumiecie i chyba odczuwacie już konieczność mówienia. A więc zaczynamy! Przy każdej następnej lekcji, wracamy do pierwszej, drugiej itd. Słuchamy jej jeszcze raz, powtarzamy głośno za lektorami starając się nie patrzeć do książki. Koniecznie powtarzajcie Państwo głośno. Musicie się oswoić ze swoim głosem i swoją wymową. Wykonujcie ćwiczenia, zawsze głośno je czytając i sprawdzajcie je z odpowiedziami. Jeśli zrobicie coś nie tak, przejrzyjcie ponownie materiał danej lekcji.

49th Lesson

FIFTIETH (50th) LESSON

The past tense

1 We worked hard **(1)** yesterday, and today we must **(2)** look at something new.
2 You looked at the lesson and listened to the records (or tapes), so now you are ready to learn the past tense.
3 It is very simple. You add "ed" to the infinitive if it ends in a consonant;
4 and simply **(3)** "-d" to the infinitive ending in "e".
5 For example: to look, I looked; to work, he worked;
6 to like, they liked; to smile, we smiled. **(4)**
7 There are, of course, some irregular verbs, but they are not too complicated.
8 Let's look at our old friends "to be" and "to have".
9 "To have" is extremely simple. It becomes "had": you had, he had.
10 "To be" has two forms: I was, he was; and you were, they were.

PRONUNCIATION
1 wɜːkt hɑːd jestədi ... mʌst 2 lukt ... lisnd ... rekɔːdz ... teips ... pɑːst tens 3 æd ... inˈfinitiv ... endz ... kɔnsənənt 4 simpli 5 laikt ... smail ... smaild 7 irˈregjula vɜːbz ... komplikeitid 9 biˈkʌmz hæd 10 fɔːmz ... wæz... weə(r)

UWAGI

(1) *Hard* – mocno, silnie, twardo, ciężko, z trudem. Zdanie *He worked hard* – można przetłumaczyć: On ciężko pracował, albo on bardzo pracował.

LEKCJA PIĘĆDZIESIĄTA

Czas przeszły

1. Pracowaliśmy ciężko wczoraj, a dzisiaj musimy spojrzeć na coś nowego.
2. Patrzyliście na lekcje i słuchaliście płyt lub taśm, więc teraz jesteście gotowi nauczyć się czasu przeszłego.
3. Jest bardzo prosty. Dodajemy „ed" do bezokolicznika jeśli kończy się literą spółgłoskową;
4. i tylko „d" do bezokolicznika kończącego się literą samogłoskową.
5. Na przykład: patrzeć, ja patrzyłem/łam; pracować, on pracował;
6. lubić, oni lubili; uśmiechać się, my uśmiechnęliśmy się.
7. Jest oczywiście trochę czasowników nieregularnych, ale one nie są zbyt skomplikowane.
8. Popatrzmy na naszych starych przyjaciół „to be – być" i „to have – mieć".
9. „To have – mieć" jest niezwykle proste. Staje się „had – miałem/łam" – you had – ty miałeś/wy mieliście he had – on miał.
10. „To be – być" ma dwie formy: I was – ja byłem/łam, he was – on był i you were – ty byłeś/wy byliście, they were – oni byli.

UWAGI

(2) *Must* – musieć, należy do tej samej grupy czasowników modalnych co *can, may, need*.
(3) *Simply* – po prostu, prosto, łatwo, tylko.
(4) Końcówki – *ed, – d* wymawia się jako [t] – jeśli dodajemy do czasownika kończącego się spółgłoską bezdźwięczną z wyjątkiem [t]; [d] jeśli dodajemy do czasownika kończącego się samogłoską lub spółgłoską dźwięczną z wyjątkiem [d]; [id] jeśli dodajemy do czasownika kończącego się spółgłoską [d] lub [t].

11 You see how simple it is!
12 We had dinner **(5)** at eight o'clock, John and Peter were there.
13 I had a cold last week and I was quite ill.
14 We hoped to see her but she was busy.

PRONUNCIATION

14 həupt

EXERCISES

1 He must learn to be more polite. – **2** We were both ready at seven o'clock, – **3** but nobody was at home when we called. – **4** They finished their meal and went to bed. – **5** You see how simple it is.

FILL IN THE MISSING WORDS:

1 *Kiedy on skończył, zamknął książkę i zapalił fajkę.*

When he . . . finished, he . . . . . . the book and . . . . . . a pipe.

2 *Była godzina czwarta, gdy on przyjechał. Spóźnił się.*

It . . . four . . . . . . when he . . . . He . . . .

3 *Ona przeziębiła się i była bardzo chora.*

She . . . a cold and . . . . ill.

4 *Za każdym razem jak chciałam pracować, on mi przeszkadzał.*

Every time I . . . . . . to . . . . , he disturbed . . .

5 *Kiedy byliśmy młodzi, mieliśmy więcej czasu.*

When we . . . . young, we . . . . . . time.

11 Widzicie Państwo, jakie to jest proste!
12 Jedliśmy obiad o godzinie ósmej, Janek i Piotr tam byli.
13 Przeziębiłem się w zeszłym tygodniu i byłem bardzo [ca-kiem] chory.
14 Mieliśmy nadzieję ją zobaczyć, ale ona była zajęta.

UWAGI

(5) Przypomnijmy, iż *to have dinner* znaczy jeść obiad, a *to have a cold* [zdanie 13] – być przeziębionym.

ĆWICZENIA

1 On musi się nauczyć być grzeczniejszym. – **2** Byliśmy obydwoje gotowi o godzinie siódmej – **3** ale nikogo nie było w domu, gdy zadzwoniliśmy. – **4** Oni skończyli swój posiłek i poszli spać. – **5** Widzisz, jakie to jest łatwe!

ODPOWIEDZI

1 had – closed – smoked. – **2** was – o'clock – arrived – was late. – **3** had – was quite. – **4** wanted – work – me. – **5** were – had more.

Second wave: 1st Lesson

Druga faza: Lekcja pierwsza

50th Lesson

FIFTY-FIRST (51st) LESSON

More past tenses

1 — Was he at home yesterday? **(1)** – I think so, but I didn't phone.
2 — He called **(2)** yesterday, but he didn't see me. – Did he phone? – I don't think so.
3 These are the interrogative and negative forms in the past.
4 You do not change the verb, you simply put the auxiliary "do" into the past "did":
5 I did not (didn't) like the food. He did not (didn't) phone. We did not (didn't) like him.
6 Questions are easy, too: Did he like it? Did she phone?

7 — Did you like the play **(3)** last night? – I didn't see it.
8 — But did you go to the theatre? – Yes, but I was so tired I closed my eyes.
9 — Tell me, was the play interesting? – I didn't understand very much, it was in Greek.
10 — Then why did you go? – I liked **(4)** the main actor. **(5)**
11 — Did he act well? – I didn't watch the acting. **(6)** I looked at him.

PRONUNCIATION

1 didnt 3 ,intrə'rogətiv ... negətiv fɔːmz 4 tʃeindʒ ... ɔːg'ziliari ... did
6 kwestʃənz 9 didn ʌndə(r)'stænd 10 mein æktə: 11 ækt

UWAGI

(1) Czas ten nazywa się *the Past Simple Tense* i używa się go dla wyrażenia czynności przeszłych, które wiadomo kiedy odbyły się, np. *yesterday* – wczoraj.

LEKCJA PIĘĆDZIESIĄTA PIERWSZA

Więcej o czasie przeszłym

1 — Czy on był wczoraj w domu? – Tak sądzę, ale nie dzwoniłem.
2 — On przyszedł wczoraj, ale mnie nie widział. – Czy dzwonił? – Nie sądzę.
3 To są formy pytające i przeczące w czasie przeszłym.
4 Nie zmieniacie czasownika, po prostu zmieniacie czasownik posiłkowy „do" na formę przeszłą „did".
5 Nie smakowało mi jedzenie. On nie zadzwonił. My go nie lubiliśmy.
6 Pytania są również łatwe: Czy on to lubił? Czy ona zadzwoniła?

7 — Czy podobała ci się sztuka wczoraj wieczorem? – Nie widziałam jej.
8 — Ale poszłaś do teatru? – Tak, ale byłam taka zmęczona, że zamknęłam oczy.
9 — Powiedz mi, czy sztuka była ciekawa? – Nie zrozumiałam bardzo dużo. Ona była [grana] po grecku.
10 — Więc po co poszłaś? – Podobał mi się aktor grający główną rolę.
11 — Czy dobrze grał? – Nie oglądałam gry. Patrzyłam na niego.

UWAGI

(2) *To call* – to nie tylko dzwonić, ale również wpaść do kogoś, przyjść.
(3) *To play* – grać, *a play* – sztuka teatralna, *a game* – gra.
(4) Czasownik *to like* znaczy lubić, podobać się, czy jak w zdaniu 5 smakować. *I like you* można więc przetłumaczyć jako lubię cię i podobasz mi się.
(5) *The main actor* – dosłownie główny aktor. Tu: aktor grający główną rolę. *Main* – główny, *a main road* – główna droga.
(6) *To act* – grać, odgrywać coś, *an act* – akt.

12 — What did you do after the play? – I dreamed **(7)** about the actor!

13 He did not, he didn't: He didn't like the play.

14 Did they...?: Did they phone you?

PRONUNCIATION

12 dri:md

UWAGI

(7) Czasownik *to dream* – marzyć, śnić, ma dwie formy czasu przeszłego, regularną *dreamed* [dri:md] i nieregularną *dreamt* [dremt].

EXERCISES

1 I didn't finish it because I was disturbed. – **2** Who disturbed you? – **3** My sister and her friends invited me to go out with them. – **4** Where did you go? – **5** To the cinema, but I didn't like the film.

FILL IN THE MISSING WORDS:

1 Dlaczego to powiedziałeś? Czy jesteś zły?

   Why ... you ... that? ... you angry?

2 Kogo ty widziałeś zeszłej nocy? Ja nie wychodziłem.

   Who ... you ... last .....? I ...... go out.

3 Gdzie położyłeś moją gazetę? Koło kanapy.

   Where ... you ... my paper? .... the sofa.

4 Co robiłeś po [obejrzeniu] sztuki?

   .... did you .. after the ....?

12 — Co robiłaś po [obejrzeniu] sztuki? – Marzyłam o aktorze.
13 On nie, on nie (forma skrócona). Jemu nie podobała się sztuka.
14 Czy oni .. ? Czy oni dzwonili do ciebie?

ĆWICZENIA
1 Nie skończyłem tego, bo mi przeszkodzono. – **2** Kto ci przeszkodził? – **3** Moja siostra i jej przyjaciele poprosili mnie, [dosłownie; zaprosili mnie], bym z nimi wyszedł. – **4** Gdzie poszliście? – **5** Do kina, ale nie podobał mi się film.

5   Pytałem ich/ ale oni nie chcieli rozmawiać z nami.

   I ...., but they ... not .... .. talk, to us.

ODPOWIEDZI
1 did – say – Are. – **2** did – see – night – didn't. – **3** did – put – Near. – **4** What – do – play. – **5** asked them – did – want to.

Second wave: 2nd Lesson

51st Lesson

FIFTY-SECOND (52nd) LESSON

1 Here are a few more examples of regular verbs in the present, in the past and with the past participle: **(1)**
2 I hope, I hoped, I have hoped. **(2)** He lives, he lived, he has lived. We finish, we finished, we have finished.
3 They talk, they talked, they have talked. She changes, she changed, she has changed. You play, you played, you have played.

4 Let's practise **(3)** the past of "do";
5 Does he smoke? Did he smoke? We don't ask questions; we didn't ask questions.
6 What do you do? What did you do? **(4)**
7 Does he wait? Did he wait? She doesn't answer. She didn't answer.
8 "Can" and "will" are irregular and become "could" and "would" in the past. They have no past participle. **(5)**
9 I can begin now. I couldn't begin yesterday.
10 He wouldn't work this morning, but he will now.
11 I have (I've), I had.
12 I am (I'm), we are (we're). I was, we were, I have been.

PRONUNCIATION

1 regjulə(r) vɜ:bz ... prezənt ... pɑ:st pɑ:tisipl **2** həupt ... livd ... finiʃt **3** tɔ:kt ... tʃeindʒd ... pleid **4** 'præktis **8** ir'regjulə(r) ... bi'kʌm kud ... wud **9** bi'gin ... kudnt **10** wudnt **11** aiv **12** wɔz ... weə(r) ... bi:n

UWAGI

(1) Forma imiesłowu biernego – *the past participle* – tworzy w połączeniu z czasownikiem *to have* czas, *The Present Perfect Tense*, który wyraża czynności zaczęte w przeszłości i skończone lub nie w teraźniejszości.

LEKCJA PIĘĆDZIESIĄTA DRUGA

1. Oto trochę więcej przykładów czasowników regularnych w czasie teraźniejszym, przeszłym i w formie imiesłowu biernego:
2. Mam nadzieję, miałam nadzieję, miałam nadzieję. On mieszka, on mieszkał, on mieszkał. Kończymy, skończyliśmy, skończyliśmy.
3. Oni rozmawiają, oni rozmawiali, oni rozmawiali. Ona zmienia, ona zmieniła, ona zmieniła. Grasz, grałeś, grałeś.
4. Przećwiczmy czas przeszły [czasownika] „do":
5. Czy on pali? Czy on palił? My nie zadajemy pytań; my nie zadawaliśmy pytań.
6. Co ty robisz? Co ty robiłeś?
7. Czy on czeka? Czy on czekał? Ona nie odpowiada. Ona nie odpowiedziała.
8. „*Can* [móc, potrafić] i *will*" są czasownikami nieregularnymi i stają się „*could*" i „*would*" w czasie przeszłym. Nie mają formy imiesłowu biernego.
9. Mogę zacząć teraz. Nie mogłam zacząć wczoraj.
10. On nie pracowałby tego ranka, ale będzie teraz.
11. Ja mam, (ja mam – forma skrócona), ja miałem/am.
12. Ja jestem (ja jestem – forma skrócona), my jesteśmy (my jesteśmy – forma skrócona), ja byłam, my byliśmy, ja byłam.

UWAGI

(2) *I have hoped* to zdanie w czasie *Present Perfect*. Tłumaczy się je na język polski jako zdanie przeszłe. Jeśli jednak mówimy *I hoped* – miałam nadzieję, dokładnie wiemy, kiedy ją miałam, jeśli mówimy *I have hoped* – miałam nadzieję, dokładnie nie wiemy kiedy i czy jeszcze ją mam. Wynika to dopiero z kontekstu, w którym to zdanie jest wypowiedziane.
(3) *To practise* – ćwiczyć, *practice* – ćwiczenie, praktyka.
(4) Jak widzimy czasownik *do* spełnia w zdaniu dwie funkcje: czasownika posiłkowego, zą pomocą którego tworzy się pytania i przeczenia i czasownika głównego oznaczającego robić, wykonywać.
(5) To znaczy, że nie występują w czasie *Present Perfect*.

EXERCISES

1 I hoped he would ask me, but he didn't. – **2** Did you take the plane or the boat? – **3** She had a few problems with her father. – **4** He was sorry he couldn't help me. – **5** She walked over to the window and opened it.

FILL IN THE MISSING WORDS:

1 *Oni zmienili swój samochód na mniejszy.*

They .... their car for a .... one.

2 *Nie mogliśmy kupić biletów, bo agencja była zamknięta.*

We .... the tickets, the agency ... .

3 *Oto jest kilka nowych pomysłów do twojej następnej książki.*

.... a few ideas for .... book.

4 *Czy oni grali dobrze? Tak, ale nie wystarczająco dobrze.*

... they .... well? – Yes but ... well ....

****

FIFTY-THIRD (53rd) LESSON

Difficult to please

1   A man is trying to entertain **(1)** his guest in a club.
2 — Would you like **(2)** a Scotch? – No, thank you.
3   I tried it once and didn't like it. **(3)** I never tried it again.

PRONUNCIATION
'difikəlt tə pli:z **1** ,entə'tein ... gest ... klʌb **2** wud ... skotʃ **3** traid ... wʌns

ĆWICZENIA

1 Miałam nadzieję, że on mnie spyta, ale nie spytał. – 2 Czy leciałeś samolotem czy płynąłeś łodzią? – 3 Ona miała trochę problemów ze swoim ojcem. – 4 Było mu przykro, że nie mógł mi pomóc. – 5 Ona podeszła do okna i otworzyła go.

5 *On palił osiemnaście papierosów na godzinę. To za dużo!*

He . . . . cigarettes . . an hour. That's too . . . . !

ODPOWIEDZI

1 changed – smaller. – 2 couldn't buy – was closed. – 3 Here are – your next. – 4 Did – play – not – enough. – 5 smoked eighteen – in – many.

Second wave: 3rd Lesson

****

LEKCJA PIĘĆDZIESIĄTA TRZECIA

Trudny do zadowolenia

1 Mężczyzna próbuje zabawić swojego gościa w klubie.
2 — Czy chcesz szkocką? – Nie, dziękuję.
3 Próbowałem raz i nie smakowała mi. Nigdy więcej nie próbowałem.

UWAGI

(1) *To entertain* – zabawić, ugościć; *entertainment* – zabawa, rozrywka, uciecha; *entertaining* – zabawny, zajmujący.
(2) *Would you like ...?* czy chciałabyś/chciałbyś jest formą grzecznościową, częściej używaną od *will you have ...?*
(3) Patrz lekcja 51, objaśnienie (4).

53rd Lesson

4 — Well, have some beer. – No thank you.
5 I tried it once and didn't like it. I never drank it again.
6 — How about **(4)** a game of billiards? – No, thank you.
7 I played it once and didn't like it. I never tried it again.
8 — Well, a game of chess? – Again, no thank you.
9 I played it once and didn't like it.
10 But here is my son. He's an excellent player.
11 — Your only son, I presume?

12 — What did you do in America? – We rented **(5)** a car and visited the West Coast.
13 — Did you see the Grand **(6)** Canyon? – No, we didn't have time.

PRONUNCIATION
5 drænk **6** geim əv biliədz **8** tʃes **10** eksələnt pleiə(r) **11** pri'zju:m **12** ə'merikə ... rentid ... visitid ... west kəust **13** gra:nd kænən

EXERCISES

1 How about a cup of tea? – Yes, please. – **2** Did you write to him? – **3** No, we didn't have time. – **4** You are my only friend. – **5** They never entertain their friends at home.

FILL IN THE MISSING WORDS:

1 *Co powiesz na grę w szachy? Nie, dziękuję. Próbowałem raz.*

How . . . . . a . . . . of chess? – No . . . . I . . . . . it . . . . .

2 *Bądź cicho, próbuję zasnąć.*

Be . . . . . . , I'm . . . . . . to . . . . . .

4 — Więc, napij się trochę piwa. – Nie, dziękuję.
5 — Próbowałem trochę kiedyś i nie smakowało mi. Nigdy więcej go nie piłem.
6 — A co z grą w bilard? – Nie, dziękuję.
7 — Grałem raz i nie podobało mi się to. Nigdy więcej nie próbowałem.
8 — Cóż, a gra w szachy? – Znowu, nie dziękuję.
9 — Grałem raz i nie lubiłem tego.
10 — Ale oto jest mój syn. On jest doskonałym graczem.
11 — Twój jedyny syn, jak przypuszczam.
12 — Co robiłeś w Ameryce? – Wynajęliśmy samochód i odwiedziliśmy zachodnie wybrzeże.
13 — Czy widziałeś Wielki Kanion? – Nie, nie mieliśmy czasu.

UWAGI

(4) *How about* – ma wiele tłumaczeń, np.: a co z, a jak z, co słychać z, co powiesz na, itp.
(5) *To rent* – wynająć; *rent – a – car* – firma wynajmująca samochody; *to hire* – wynająć, wydzierżawić.
(6) *Grand* – wielki, wspaniały, imponujący.

ĆWICZENIA

1 A co z fliżanką herbaty? – Tak, proszę. – **2** Czy napisałeś do niego? – **3** Nie, nie mieliśmy czasu. – **4** Jesteś moim jedynym przyjacielem. – **5** Oni nigdy nie podejmują swoich przyjaciół w domu.

53rd Lesson

3 *Czy chciałbyś spróbować tego piwa? Jesteś bardzo miły.*

..... you .... to ... . beer? ...... very .... .

4 *Oni nas odwiedzili, ale nas nie było.*

They ...... us but we .... in.

***

FIFTY-FOURTH (54th) LESSON

1 — Tell me more about your trip. **(1)**
2 — Well, Peter and I took **(2)** a plane to San Francisco. We stayed there for two days and went **(3)** down to Monterrey.
3 Then we saw Cannery Row. – Didn't someone write a book about that?
4 — Yes, John Steinbeck wrote one. They also held a pop festival there in the sixties. **(4)**
5 Then we drove to Los Angeles and visited Disneyland. John knew it already.
6 I thought **(5)** Disneyland was fantastic. It reminded me of the "Conciergerie" in Paris.

PRONUNCIATION

1 trip 2 tuk ... plein ... ,sæn frən'siskəu ... steid ... ,monti'rei 3 sɔ: kænəri rəu 4 ʃtainbək rəut ... held ... pop festivl ... siksti:z 5 drəu ... los'ændʒi,li:z ... 'diznəi,lænd ... nju: 6 θɔ:t ... fæn'tæstik ... ri'maindid

UWAGI

(1) *A trip* – wycieczka, podróż; *a journey* – podróż (lądowa) przejażdżka; *a voyage* – podróż (morzem, lądem, drogą powietrzną). *To travel* – podróżować; *travel agency* – biuro podróży.

(2) Angielskie czasowniki nieregularne mają więc trzy formy. Pierwsza występuje w bezokoliczniku, w zdaniach rozkazujących i w czasie *Present Simple*, druga w czasie *Past*

5 *Anna i jej przyjaciele nie lubią swojego nauczyciela.*

Anne and ... friends ...... like ... teacher.

ODPOWIEDZI

1 about – game – thank you – tried – once. – **2** quiet – trying – sleep. – **3** Would – like – try this – You're – kind. – **4** visited – weren't. – **5** her – didn't – the.

Second wave: 4th Lesson

****

LEKCJA PIĘĆDZIESIĄTA CZWARTA

1 — Opowiedz mi więcej o swojej podróży.
2 — Więc, Piotr i ja polecieliśmy samolotem do San Francisco. Zostaliśmy tam przez dwa dni i pojechaliśmy do Monterrey.
3 Potem zobaczyliśmy Cannery Row. – Czy nikt nie napisał o tym książki?
4 — Tak, John Steinbeck napisał książkę. Oni również zorganizowali tam festiwal [muzyki] pop w latach sześćdziesiątych.
5 Potem pojechaliśmy do Los Angeles i odwiedziliśmy Disneyland. Janek już go znał.
6 Uważam, że Disneyland był fantastyczny. Przypomniał mi „Conciergerie" w Paryżu.

UWAGI

Simple i trzecia w czasie *Present Perfect* i jak zobaczymy wkrótce w zdaniach strony biernej (zdanie **11**). *To take, took, taken.*

(3) *To go, went gone* – iść, pójść, pojechać; pozostałe czasowniki występujące w lekcjach będziemy podawali w kolejnych lekcjach powtórzeniowych. Wszystkie, które poznamy, podajemy również na końcu książki.

(4) *The sixties* – lata sześćdziesiąte, *the seventies* – lata siedemdziesiąte, itp. Lata czytamy następująco: 1995 *nineteen ninghty five*, czyli dziewiętnaście dziewięćdziesiąt pięć.

(5) *I thought ... was* – relacjonując wydarzenia z przeszłości używamy czasu *Past Simple*, który na język polski tłumaczymy jako czas teraźniejszy: *I thought* – uważam ...

54th Lesson

7 — What an educated person!

8 — It was my birthday last week. – How old were you? – Oh, at least thirty-two.

9 The ten best years of a woman's life
10 are those between twenty-nine and thirty.

11 *Shopkeeper.* – Your bill **(6)** isn't paid yet.
12 *Customer.* – Didn't you receive my cheque?
13 *Shopkeeper.* – No, I didn't.
14 *Customer.* – I'll post it at once. **(7)**

PRONUNCIATION

7 edʒukeitid **8** 'bɜ:θ,dei lɑ:st **9** jɜz **11** 'ʃop,kipə ... bil ... peid
12 kʌstəmə ... ri'si:v ... tʃek **14** pəust

EXERCISES

1 How old were you last birthday? – **2** I'm sorry sir. I thought I knew you. – **3** I want to know more about your offer. – **4** The best apples are those with green skins.

FILL IN THE MISSING WORDS:

1 *Widzieliśmy film i słuchaliśmy koncertu.*

We ... a film and ..... a concert.

2 *Mam nadzieję, że on wziął jakieś ciastko. On nie chciał żadnego.*

I hope he .... cake. – He ...... want ... .

3 *Ona prowadziła samochód tak szybko, jak mogła.*

She ..... as fast .. she ......

4 *Kiedy on zadzwonił do mnie, poszłam natychmiast.*

When he ...., I went .. ..

7 — Co za wykształcona osoba!

8 — W zeszłym tygodniu były moje urodziny. – Ile miałaś lat? – O, przynajmniej trzydzieści dwa.

9 Najlepsze dziesięć lat życia kobiety
10 są te, pomiędzy dwudziestym dziewiątym i trzy- cziestym [rokiem].

11 *Właściciel sklepu:* – Pański rachunek jeszcze nie jest zapłacony.
12 *Klient:* Nie otrzymał Pan mojego czeku?
13 *Właściciel sklepu:* Nie, nie otrzymałem.
14 *Klient:* Wyślę go natychmiast.

UWAGI

(6) *Bill* – rachunek, faktura.
(7) *At once* – natychmiast.

ĆWICZENIA

1 Ile miałeś lat podczas ostatnich urodzin? – 2 Przykro mi, proszę Pana. Sądziłem, że Pana znam. – 3 Chcę wiedzieć więcej o Pana ofercie. – 4 Najlepsze jabłka są te z zielonymi skórkami.

5 *Czy nikt nie napisał książki o tym mieście?*

...... someone ..... a book ..... this town?

ODPOWIEDZI

1 saw – heard. – 2 took some – didn't – any. – 3 drove – as – could. – 4 (telephoned/called me – at once. – 5 Didn't – write – about.

Second wave: 5th Lesson

FIFTY-FIFTH (55th) LESSON

1. When I was in America, I took some very good photos. **(1)**
2. — Hello, how are you? – I'm tired. I only **(2)** came back from my trip yesterday.
3. That was my wife's car you saw me with.
4. We heard about his trip and the things he did. It was very interesting.
5. — How about a glass of beer? – No thanks, I'm not thirsty.
6. — Did you see him yesterday? – No, I didn't.
7. He didn't pay his bill because he didn't have any money.
8. — Who was that lady **(3)** I saw you with last night? **(4)**
9. — That wasn't a lady, that was my wife.
10. We thought he had understood.

11. *Mother.* – What did you do on your first day at school?
12. *Child.* – I learnt to write.
13. *Mother.* – Already! Well, what did you write?
14. *Child.* – I don't know. I can't read.

PRONUNCIATION

1 woz ... fəutəuz 2 keim ... trip jestədəi 3 sɔ: 4 hɜ:d ... did 6 si: 7 didint pei 8 leidi 10 θɔ:t ˌʌndə(r)'stu:d 12 lɜ:nt 14 kɑ:nt ri:d

UWAGI

(1) *To take a photo* – robić zdjęcia.
(2) *Only* – tylko, jedynie, dopiero, dopiero co.
(3) *Lady* – dama, kobieta – jest wyrazem bardziej eleganckim, niż *woman* – kobieta. *Lady* to również tytuł arystokratyczny dla kobiety, a *lord* dla mężczyzny.
(4) *Last night* – zeszłej/ostatniej nocy, zeszłego/ostatniego wieczoru.

LEKCJA PIĘĆDZIESIĄTA PIĄTA

1 Gdy byłem w Ameryce, zrobiłem kilka bardzo dobrych zdjęć.
2 — Dzień dobry, jak się czujesz? – Jestem zmęczony. Dopiero wczoraj wróciłem z [mojej] podróży.
3 To był samochód mojej żony, w którym mnie widziałeś.
4 Słyszeliśmy o jego podróży i o rzeczach, które robił. To było bardzo ciekawe.
5 — Co powiesz na szklankę piwa? – Nie, dziękuję. Nie chce mi się pić.
6 — Czy widziałeś go wczoraj? – Nie, nie widziałem.
7 On nie zapłacił swojego rachunku, ponieważ nie miał żadnych pieniędzy.
8 — Kim była ta kobieta, z którą widziałem cię zeszłego wieczoru.
9 — To nie była kobieta, to była moja żona.
10 Sądziliśmy, że zrozumiał.

11 Matka: – *Co robiłeś pierwszego dnia w szkole?*
12 Dziecko: – *Uczyłem się pisać.*
13 Matka: – *Już! Więc, co napisałeś?*
14 Dziecko: – *Nie wiem. Nie umiem czytać.*

WHEN I WAS IN AMERICA, I TOOK VERY GOOD PHOTOS

55th Lesson

EXERCISES

1 He couldn't come because he didn't have time. – **2** Why didn't you tell me before? – **3** I only came back yesterday. – **4** What did you think of George? – **5** I thought he was kind, but a little stupid.

FILL IN THE MISSING WORDS:

1 *Po wyjrzeniu przez okno, on wyszedł do sklepu.*

   After he ... . in the window, he .... the shop.

2 *Widziałeś mnie z płaszczem od deszczu mojej żony.*

   You ... me with .. .. raincoat.

3 *Co robiłeś dzisiaj? Uczyłem się wiersza.*

   .... you .. today? – I ...... a poem.

****

FIFTY-SIXTH (56th) LESSON

Revisions and Notes

Jak zwykle czytamy objaśnienia z lekcji 50–55. Powinniśmy również przeczytać lekcje 50–53 w celu zapamiętania reguł tworzenia czasu przeszłego. Przeczytajcie Państwo te lekcje w wersji angielskiej, ale zaglądajcie do tłumaczeń, jeśli tylko czegoś nie rozumiecie.

1 Czasowniki nieregularne [patrz lekcja 54, objaśnienie (2)], które poznaliśmy w tych lekcjach są następujące:

to be, was / were, been – być; *to have, had, had* – mieć; *to see, saw, seen* – widzieć; *to understand, understood, understood* – rozumieć; *to dream, dreamt (dreamed), dreamt (dreamed)* – marzyć, śnić; *to drink, drank, drunk* – pić; *to do, did, done* – robić, wykonywać; *to take, took, taken* – brać, zabierać; *to go, went, gone* – iść; *to write, wroten, written* – pisać; *to hold, held, held* – trzymać,

ĆWICZENIA

1 On nie mógł przyjść, ponieważ nie miał czasu. – 2 Dlaczego mi nie powiedziałeś przedtem. – 3 Dopiero wróciłem wczoraj. – 4 Co sądziłaś o Jurku? – 5 Sądziłam, że był miły, ale trochę głupi.

4 *Tego lata, było tak gorąco, że mnie zawsze chciało się pić.*

    .... summer, it .. .. hot that I ... always ....

5 *Dlaczego to zrobiłeś? – Myślałem, że to był dobry pomysł.*

    ... ... you .. that? I .... it ... a good .... .

ODPOWIEDZI

1 had looked – went into. – 2 saw – my wife's. – 3 What did – do – learnt. – 4 This – was so – was – thirsty. – 5 Why did – do – thought – was – idea.

Second wave: 6th Lesson

****

LEKCJA PIĘĆDZIESIĄTA SZÓSTA

Powtórzenie i objaśnienia

urządzać, organizować; *to drive, drove, driven* – jechać, prowadzić samochód; *to know, knew, known* – wiedzieć, znać; *to come, came, come* – iść; *to hear, heard, heard* – słuchać, słyszeć *to pay, paid, paid* – płacić; *to learn, learnt (learned), learnt (learned)* – uczyć się; *to read, read, read* – czytać.

Jest ich dość dużo i trzeba je po prostu zapamiętać, ale nie jest to takie skomplikowane. Są wśród nich takie, które mają drugą i trzecią formę taką samą, np.: *to have, had, had; to get, got, got* – dostać; *to find, found, found* – znaleźć, a są i takie, których wszystkie formy są takie same, np.: *to put, put, put* – położyć, kłaść; *to hit, hit, hit* – uderzyć; i są takie, które mają wszystkie formy różne. Formy czasowników nieregularnych podajemy tylko w tej lekcji. W pozostałych będą one zaznaczone gwiazdką, a ich znaczenia podane są na końcu książki.

2 Zaimki względne *who, whom, which, that,* które występują w zdaniach złożonych można opuszczać, w zależności od tego, jaką pełnią funkcję w zdaniu: podmiotu, czy dopełnienia. Nie możemy ich opuszczać, jeśli są podmiotem zdania, np.: *The man who is called Peter lives next door* – *who* zastępuje tu podmiot *the man.* Opuszcza się je, gdy nie są dopełnieniem, no.: *The boy who(m) I saw is his son* – *The boy I saw is his son.* Jeśli natomiast dopełnienie jest poprzedzone przyimkiem *The man with whom you saw me is my father*, opuszczając zaimek względny przenosimy przyimek na koniec zdania wbudowanego *The man you saw me with is my father.*

3 Zapamiętajmy:

How about a game of cards? – A co z grą w karty? Co powiesz na grę w karty?

Would you like (a glass of) beer? Czy chciałbyś szklaneczkę piwa?

I can't swim – Nie umiem pływać.

I thought it was interesting. – Sądziłem, iż to było interesujące.

4 Napiszcie Państwo te zdania w języku angielskim, a następnie porównajcie je ze zdaniami z punktu (5). Jeśli zrobicie błędy, wróćcie do poprzednich lekcji.

1. Czy on przyszedł? Nie widziałam go.
2. Co on powiedział? Nie zrozumiałam.
3. Czy poprosiłeś go o trochę pieniędzy?
4. Oni przyjdą, kiedy będą mogli.
5. Oni przyjdą, jeśli się dowiedzą.
6. Co oni robili wczoraj? Poszli obejrzeć film.

5 Tłumaczenie
1. *Did he come? I didn't see him.*
2. *What did he say? I didn't understand.*
3. *Did you ask him for some money?*
4. *They'll come when they can.*
5. *They'll come when they know the answer.*
6. *What did they do yesterday? They went to see a film.*

Second wave: 7th (revision) Lesson

56th Lesson

FIFTY-SEVENTH (57th) LESSON

A touch of flu (1)

1 David woke* up with a headache (2) and a sore throat.
2 He called Joan and told* her he felt* ill.
3 She took* his temperature (3) and saw* it was 102° (one hundred and two degrees) (4) so she called the doctor.
4 David was sleeping* when the doctor arrived.
5 — Hello. What's the matter with you?
6 He felt* (5) David's forehead and listened to his chest.
7 Then he said*: "Its's a touch of flu, nothing serious.
8 Take* these tablets and keep* warm. You'll soon be* on your feet".

9 — That doctor put* me on my feet very quickly.
10 — Oh, how did he do that?
11 — I had to (6) sell* my car to pay the bill!
12 On the face, you have the eyes, the nose and the mouth.
13 My head aches and my hands are cold.
14 I think* I have a touch of flu or a cold.

PRONUNCIATION

tʌtʃəv flu: 1 wəuk ... 'hed,eik ... sɔː(r) θrəut 3 tuk ... temprətʃə(r) ... də'griːz 4 sliːpiŋ ... ə'raivd 6 forid ... tʃest 7 'siəriəs 8 tæblits ... wɔːm ... fit 11 bil 12 feis ... aiz ... nəuz ... mauð 13 eiks

UWAGI

(1) *A touch of flu* to dosłownie – dotknięcie grypy, *a touch* to dotyk, dotknięcie, w odniesieniu do choroby oznacza lekki atak [przebieg].

(2) *A headache* – ból głowy; *ear-ache* – ból ucha; *stomach ache* – ból żołądka; *tootache* – ból zęba; *ache* – ból, *to ache* – boleć, ale częściej używamy czasownika *to hurt* – zranić

LEKCJA PIĘĆDZIESIĄTA SIÓDMA

Lekki atak grypy

1 Dawid obudził się z bólem głowy i bolącym gardłem.
2 Zawołał Joannę i powiedział jej, że czuje się chory.
3 Ona zmierzyła mu gorączkę i zobaczyła, że miał sto dwa stopnie, więc wezwała lekarza.
4 Dawid spał, kiedy przyjechał lekarz.
5 — Dzień dobry. Co z Panem?
6 On dotknął czoła Dawida i posłuchał jego klatki piersiowej.
7 Potem powiedział: „To jest lekki przebieg grypy, nic poważnego".
8 Proszę wziąć te tabletki i być [trzymać się] w cieple. Wkrótce będzie Pan na nogach.

9 — Ten lekarz postawił mnie na nogi bardzo szybko.
10 — O jak on to zrobił?
11 — Musiałem sprzedać samochód, żeby zapłacić rachunek!!!
12 Na twarzy nasz oczy, nos i usta.
13 Moja głowa mnie boli i moje ręce są zimne.
14 Sądzę, że mam lekką grypę albo przeziębienie.

UWAGI

w znaczeniu boleć: *my arm/back hurts me* – moja ręka/plecy bolą mnie.
(3) *To take temperature* – zmierzyć gorączkę.
(4) 102° w skali Fahrenheita oczywiście. O Centigrade = 32F, 100°C = 212F. Prawidłowa temperatura ciała to 98,4F.
(5) *To feel, felt, felt* – czuć, dotykać, zbadać. *I feel ill* – jestem chory/czuję się chorym, *I feel cold* – jest mi zimno.
(6) *To have to* – musieć, używane zamiast *must* – musieć w czasach przeszłych i przyszłych.

57th Lesson

EXERCISES

1 What's the matter? – I think I've got a cold. – **2** She felt his forehead and took his temperature. – **3** Call the doctor. I feel ill. – **4** She closed the window becuse she was cold. – **5** Stay in bed and keep warm. You'll soon be on your feet.

FILL IN THE MISSING WORDS:

1   *On pracował, kiedy przyszedł listonosz.*

   He ... . when the postman ....

2   Co się stało? Przeziębienie? To nie jest poważne.

   ....? . ....? It's not ....

3   *Musiałem zapłacić czekiem, bo nie miałem gotówki.*

   I .... pay .. .. as I ... no cash.

4   *Ona ma bolące gardło [Boli ją gardło]. Powiedz jej, żeby była (trzymała się) w cieple.*

   She has a .... her to ....

5   *Bądź cicho. Joanna dzwoni do lekarza.*

   .... quiet Joan .. .. the ....

****

FIFTY-EIGHTH (58th) LESSON

Your body

1   There are many words in English which include parts of the body.
2   For instance: When I have the flu, I keep* a supply **(1)** of paper handkerchiefs. **(2)**
3   You look very busy. Can I give* you a hand. **(3)**

PRONUNCIATION

bodi **1** wɜːdz ... inkˈkluːd **2** səˈplaɪ əv peɪpər hænkətʃɪfz

ĆWICZENIA

1 Co się stało? Myślę, że jestem przeziębiony. – **2** Ona dotknęła jego czoła i zmierzyła mu temperaturę. – **3** Wezwij lekarza. Jestem chory. – **4** Ona zamknęła okno, ponieważ była zaziębiona. – **5** Zostań w łóżku i trzymaj się w cieple. Wkrótce będziesz na nogach.

ODPOWIEDZI

1 was working – arrived. – **2** What's the matter? – A cold – serious. – **3** had to – by cheque – had. – **4** sore throat. Tell – keep warm. – **5** Keep – is phoning – doctor.

W tej lekcji jest dużo czasowników nieregularnych. Nie znaczy to jednak, że musicie je Państwo wszystkie zapamiętać od razu. Starajcie się zapamiętać trzy, cztery, resztę opanujecie stopniowo.

Second wave: 8th Lesson

****

LEKCJA PIĘĆDZIESIĄTA ÓSMA

Twoje ciało

1   Jest wiele wyrazów [zwrotów] w języku angielskim, które zawierają części ciała.
2   Na przykład: Kiedy mam grypę, mam [trzymam] zapas papierowych chusteczek do nosa.
3   Wyglądasz na bardzo zapracowanego. Czy mam ci pomóc?

UWAGI

(1) *To supply* – dostarczyć, zaopatrzyć, *a supply* – zapas.
(2) *Kerchief* to chustka na głowę, *handkerchief* to chusteczka do nosa.
(3) *To give someone a hand* – pomóc komuś,

185 one hundred and eighty-five

4 Mr. Marsden is head of the board of directors. **(4)**
5 He is too nosy. He is intersted in anything that doesn't concern him.

6 — *Teacher*. – Is "trousers" **(5)** singular or plural?
7 *Pupil*. – Please sir, singular at the top and plural at the bottom.
8 That was a cheeky **(6)** answer.
9 The two runners were very close, they were almost neck and neck. **(7)**
10 When you are driving*, always keep* the spare wheel handy. **(8)**
11 And, of course, when you are drinking* your beer, you can say* "Chin chin"! **(9)**
12 Other parts of the body are the arms, the elbows and the fingers.
13 Lower, we have the legs, the knees, **(10)** the feet and the toes.

PRONUNCIATION

4 hed əv əi bɔ:d əv di'rektə(r)z **5** nəuzi ... siŋgjulə(r) ... plural ... botəm **6** trauzə(r)z ... siŋgjulə(r) ... plural ... botəm **8** tʃi:ki **9** nek **10** speə(r) wi:l hændi **11** biə(r) ... tʃin tʃin **12** a:mz ... elbəwz ... fiŋgə(r)z **13** lowə ... legz ... ni:z ... fi:t ... təuz

EXERCISES

1 You look very tired. Go to bed. – **2** His trousers are full of holes. – **3** He had better buy a new pair. – **4** The President, or the Queen, is Head of State. – **5** Have you anything interesting to read? – **6** She was on her knees washing the floor.

FILL IN THE MISSING WORDS:

1 *Ten tekst jest bardzo trudny. Czy możesz mi pomóc?*

This text .. .. Can you .... ?

4 Pan Marsden jest dyrektorem zarządu.
5 On jest zbyt wścibski. On interesuje się wszystkim, co go nie dotyczy.

6 — *Nauczyciel:* — Czy spodnie są liczbą pojedynczą czy mnogą?
7 *Uczeń:* — Proszę Pana, pojedynczą na górze a mnogą na dole.
8 To była zuchwała [impertynencka] odpowiedź.
9 Dwaj biegacze byli bardzo blisko, byli prawie łeb w łeb.
10 Kiedy jeździsz samochodem zawsze miej [trzymaj] gotowe zapasowe koło.
11 I oczywiście kiedy pijesz swoje piwo, mówisz „zdrowie".
12 Inne części ciała to ramiona, łokcie, palce.
13 Niżej mamy nogi, kolana, stopy i palce u nóg.

UWAGI

(4) *A board of directors* – zarząd, rada zarządzająca; *to be at the head* – być szefem, dyrektorem; *headmaster* – dyrektor szkoły.
(5) *Trousers* – spodnie są zawsze liczbą mnogą, w liczbie pojedynczej używa się *a pair of trousers* – para spodni.
(6) *A cheek* – policzek, *cheeky* – śmiały, zuchwały, pełen tupetu, impertynencki.
(7) *Neck and neck* – łeb w łeb; *neck* oznacza szyję.
(8) *Handy* – pod ręką, gotowy.
(9) *Chin* – broda.
(10) *Knees, knife, know* – połączenie liter spółgłoskowych *kn* wymawia się [n].

ĆWICZENIA

1 Wyglądasz na bardzo zmęczonego. Idź do łóżka. – 2 Jego spodnie są pełne dziur. – 3 Niech lepiej sobie kupi nową parę. – 4 Prezydent albo królowa są głową stanu. – 5 Czy masz coś ciekawego do czytania? – 6 Ona myła podłogę na kolanach.

2 *Potrzebuję nową parę spodni. Czy ma Pan jakąś?*

I . . . . a new . . . . Have you got . . . ?

58th Lesson

3 *Na górze strony napisz datę, a na dole swoje nazwisko.*

.. .. of the page .... and

.. .., your .... .

4 *To ciebie nie dotyczy. Odejdź.*

That .... go .... .

5 *Ten chłopiec jest zbyt zuchwały, lepiej niech będzie cicho.*

.... boy is ... ., he ... better ....

ODPOWIEDZI

1 is very difficult – give me a hand. – **2** need – pair of trousers – any. – **3** At the top – write the date – at the bottom – name. – **4** doesn't concern you – away. – **5** This – too cheeky – had – keep quiet.

****

FIFTY-NINTH (59th) LESSON

1 Men speak* of women as the "fair sex" or the "gentle sex" or the "weaker sex".
2 Women rarely speak* of men as the "stronger sex".
3 Some men think* they are considered as the "paying sex".

4 — My wife dreams every night that she's married to a millionaire.
5 — You're lucky. Mine dreams she's married to a millionaire in the daytime! **(1)**

6 Nature has given* us ears which are always open
7 and a mouth which it is often better to keep shut.

PRONUNCIATION

1 feə(r) seks ... dʒentl ... wi:kə(r) **2** reə(r)li **3** kən'sidə(r)d **4** dri:mz **5** 'dei,taim **6** neitʃə(r) ... iə(r)z

Second wave: 9th Lesson

****

LEKCJA PIĘĆDZIESIĄTA DZIEWIĄTA

1 Mężczyźni mówią o kobietach jako o „pięknej płci" albo „delikatnej płci" albo „słabszej płci".
2 Kobiety rzadko mówią o mężczyznach jako o „silniejszej płci".
3 Niektórzy mężczyźni sądzą, że są uważani za „płacącą płeć".

4 — Moja żona marzy każdej nocy, że wyszła za mąż za milionera.
5 — Masz szczęście. Moja marzy, że jest żoną milionera w ciągu dnia.

6 Natura dała nam uszy, które są zawsze otwarte
7 i usta, które lepiej jest częściej trzymać zamknięte.

UWAGI
(1) *Daytime* – dzień, *night-time* – noc.

8 Two proud parents were showing their son his new brother.
9 The boy looked at the baby for a minute and then started crying. **(2)**
10 The parents smiled. "What's the matter?" they asked.
11 "It's got" no hair or teeth", the child sobbed.
12 "It's not fair. **(3)** It's an old baby".

13 We do not ask you to learn the irregular verbs in two or three days.
14 but only to repeat them when we meet* them.

PRONUNCIATION

8 praud 9 beibi 11 sobd 14 ri'pi:t

EXERCISES

1 It rarely rains in the summer in England. – **2** English people are famous for their spirit of fair-play. – **3** Let's go to the West End and see a show. – **4** What time do the banks shut? – At three thirty. – **5** Look at this text for a minute, then repeat it.

FILL IN THE MISSING WORDS:

1 *Dałem mu to ostatniej nocy. Czy on nie może tego znaleźć?*

I .... it .. .... last .... find it?

2 *Oni pokazywali nam filmy, które zrobili na wakacjach.*

They .... the films ....

took .. ..

8 Dwoje dumnych rodziców pokazuje swojemu synowi jego nowego brata.
9 Chłopiec popatrzył na niemowlaka przez minutę i potem zaczął płakać.
10 Rodzice uśmiechnęli się. „Co się stało?" zapytali.
11 On nie ma żadnych włosów ani zębów, dziecko szlochało.
12 To nie jest sprawiedliwe. On jest starym niemowlakiem.

13 Nie prosimy Państwa o nauczenie się czasowników nieregularnych w dwa lub trzy dni,
14 ale tylko o powtarzanie ich, gdy je napotkacie [w tekście].

UWAGI

(2) *Started crying* albo *started to cry* – zaczął płakać.
(3) *Fair* – sprawiedliwy, prawy, rzetelny, słuszny. *Fair sex* – piękna płeć, *fair play* – gra według przepisów; prawe postępowanie – ten zwrot angielski jest używany w języku polskim jako synonim prawidłowego, uczciwego postępowania.

ĆWICZENIA

1 W Anglii rzadko pada deszcz w lecie. – 2 Anglicy są słynni ze swojego nastawienia do prawego postępowania. – 3 Pojedźmy do West-Endu i obejrzyjmy przedstawienie. – 4 O której godzinie zamykają banki? – O trzeciej trzydzieści. – 5 Popatrz na ten tekst przez minutę, potem powtórz go.

3 *Ona wypuściła psa na zewnątrz i zamknęła drzwi.*

   She ... the dog .... and .... the door.

4 *Mój samochód nie jeździ. – Masz szczęście, ja nie mam samochodu.*

   My car .... – ...., I haven't ... .

59th Lesson

5 *Jesteśmy uważani przez Francuzów za bardzo powściągliwych.*

.. .. the French as being reserved.

ODPOWIEDZI

1 gave – to him – night. Can't he. – **2** were showing us – that (which) they – on holiday. – **3** put – outside – shut. – **4** doesn't work. You're lucky – got one. – **5** We are considered by.

Second wave: 10th Lesson

****

SIXTIETH (60th) LESSON

To get

1. Let's look at some expressions with the verb "to get"*.
2. These expressions are very common, **(1)** and you already know* a few.
3. Here are some more. Try and learn them.
4. He gets* up at half-past seven every morning.
5. The train gets* in at eleven thirty.
6. It took* him a long time to get* over his illness. **(2)**
7. Let's go* home. It's getting* dark.
8. Speak* louder. She's getting* very deaf.
9. These records are cheaper than those, but they are still quite expensive.
10. Please, go* and get* me a paper, I'm too busy to go* myself.
11. The burglar got* into the house through a small window.

PRONUNCIATION

1 ik'spreʃnz **2** komən **6** ilnis **8** laudə(r) ... def

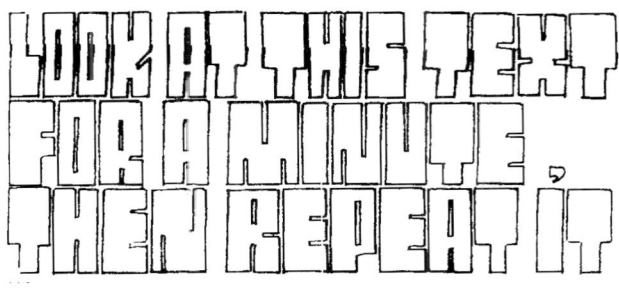

****

LEKCJA SZEŚĆDZIESIĄTA

Dostać

1 Popatrzmy na niektóre wyrażenia z czasownikiem „to get" – dostać.
2 Te wyrażenia są bardzo powszechne i już znacie ich kilka.
3 Oto trochę więcej. Spróbujcie i nauczcie się ich.
4 On wstaje o pół do ósmej każdego ranka.
5 Pociąg przyjeżdża o jedenastej trzydzieści.
6 Pokonanie choroby zajęło mu dużo czasu.
7 Chodźmy do domu. Robi się ciemno.
8 Mów głośniej. Ona staje się bardzo głucha.
9 Te płyty są tańsze od tamtych, ale one są wciąż bardzo drogie.
10 Proszę idź i przynieś mi gazetę, jestem zbyt zajęty by pójść samemu.
11 Włamywacz dostał się do mieszkania przez małe okno.

UWAGI

(1) *Common* – pospolity, zwykły, powszechny; *common people* – zwykli ludzie.
(2) *Illness* – choroba. *She's ill* – ona jest chora. To samo znaczy zdanie *she's sick*. *Sick* – jest używane częściej w amerykańskim angielskim.

60th Lesson

12 Take* a number thirty seven bus and get* off at Charing Cross.
13 Everyone was trying to get* on the bus at once. **(3)**
14 What's the matter? – I've got* a headache, a toothache, a sore throat and a cold,
15 and nobody asks me how I feel*!

PRONUNCIATION

9 tʃi:pə ... ik'spensiv 11 bɜ:glə(r) ... θru:

EXERCISES

1 Those books are mine; these are his. – **2** How do you feel today? – Very well, thanks. – **3** Don't all speak at once, I can't understand a word. – **4** I have a toothache and there is no dentist in my village. – **5** I have no more cigarettes. – Here are some more.

FILL IN THE MISSING WORDS:

1 *O której godzinie on zwykle wstaje?*

 .... does he .... get ..?

2 *Kiedy pociąg przyjedzie, zadzwoń do mnie ze stacji.*

 When the train .... .. phone me ....

3 *Każdy próbował wsiąść do autobusu od razu.*

 .... was trying to ... .. the bus .. ..

4 *Pospieszmy się. Ściemnia się.*

 ..... hurry up. It's ....

12 Wsiądź co autobusu numer trzydzieści siedem i wysiądź na *Charing Cross*.
13 Każdy próbował wsiąść do autobusu od razu.
14 Co się stało? – Mam ból głowy, ból zęba, gardła i jestem zaziębiona,
15 i nikt się nie pyta mnie jak się czuję.

UWAGI

(3) *At once = immediately* – natychmiast od razu.

ĆWICZENIA

1 Te książki są moje; tamte są jego. – **2** Jak się dzisiaj czujesz? – Bardzo dobrze dziękuję. – **3** Nie wszyscy mówcie na raz, nie mogę zrozumieć [ani] słowa. – **4** Boli mnie ząb i nie ma dentysty w mojej wiosce. – **5** Nie mam więcej papierosów. – Oto trochę więcej.

5 Wsiądź przy poczcie. – *Jak to jest daleko?*

. . . . . at the post office. – How . . . . . . ?

ODPOWIEDZI

1 What time – usually – up. – **2** gets in – from the station. – **3** Everyone – get on – at once. – **4** Let's – getting dark. – **5** Get off – far is it.

Second wave: 11th Lesson

60th Lesson

SIXTY-FIRST (61st) LESSON

Holidays

1 — I got* these brochures yesterday from the travel agent's. **(1)**
2 — Oh good! Let's have a look at them!
3 — I like the ones about Spain. Let's go* to Spain this year.
4 — But neither you nor I speak* Spanish. **(2)**
5 — It doesn't matter in these towns, everybody speaks* English.
6 — Well, we can either go* to Spain or to Scotland.
7 — Scotland! But it's cold in Scotland and I want some sun.
8 — It's not too cold, and it's very beautiful. And you don't have to take* a plane. **(3)**
9   I don't like flying and neither do you.
10 — But Spanish is easier to undestand* than the English they speak in Scotland.
11 — Nonsense! Anyway, we might see* **(4)** the Loch Ness Monster.
12 — It doesn't exist! – How do you know*?
13 — It's either a myth or an invention **(5)** to attract tourist.
14 — Well, we must decide: either Spain or Scotland.

PRONUNCIATION

1 'brəuʃə(r)z ... trævl eidʒənts 3 spein 4 spæniʃ 6 skotlənd 7 sʌn 11 nonsns 'eniwei ... mait si: ðə loh nes monstə(r) 12 ig'zist 13 miθ ... in'venʃin ... ə'trækt 14 di'said

UWAGI

(1) *Travel agent's* – biuro podróży, *at the butcher's* – u rzeźnika, *at the baker's* – w piekarni. W tych zwrotach opuszczamy rzeczownik *shop*: *at the butcher's shop*, bo bez niego są one również zrozumiałe.

LEKCJA SZEŚĆDZIESIĄTA PIERWSZA

Wakacje

1 — Dostałem te foldery wczoraj z biura podróży.
2 — O, dobrze! Przejrzyjmy je!
3 — Podobają mi się te o Hiszpanii. Pojedźmy do Hiszpanii w tym roku.
4 — Ale ani ja ani ty nie mówimy po hiszpańsku.
5 — Nic nie szkodzi. W tych miastach każdy mówi po angielsku.
6 — Cóż, możemy albo pojechać do Hiszpanii albo do Szkocji.
7 — Do Szkocji! Ale jest zimno w Szkocji, a ja chcę trochę słońca.
8 — Nie jest zbyt zimno i jest bardzo pięknie. I nie trzeba lecieć samolotem.
9 — Ja nie lubię latać i ty też.
10 — Ale hiszpański jest łatwiejszy do zrozumienia niż angielski, którym mówią w Szkocji.
11 — Nonsens! W każdym razie moglibyśmy zobaczyć potwora z Loch Ness.
12 — On nie istnieje! – Skąd wiesz?
13 — To jest albo jakiś mit, albo wymysł, by zwabić turystów.
14 — Cóż, musimy zdecydować; albo Hiszpania albo Szkocja.

UWAGI

(2) Pamiętajmy, iż w języku angielskim obowiązuje zasada pojedynczego przeczenia. W tym zdaniu przeczenie jest zawarte w zwrocie .. neither .. nor [patrz lekcja 40 objaśnienie (2)].
(3) *You don't have to take a plane* – tłumaczymy w formie bezosobowej jako „nie trzeba lecieć samolotem".
(4) *Might* jest czasem przeszłym od *may* – móc. Wyraża on przypuszczenie odnoszące się do teraźniejszości. W tłumaczeniu polskim używamy wyrazu możliwe, np.: *I might come* – możliwe, że przyjdę lub używamy trybu przypuszczającego: *We might see him* – moglibyśmy go zobaczyć.
(5) *Invention* – to wynalazek, wymysł. *To invent* – wynaleźć.

EXERCISES

1 I'm afraid I have to leave. It's late and it's getting dark. – **2** I preferred the ones he showed us last week. – **3** We must decide quickly or it will be too late. – **4** I'm afraid of flying. – So am I. – **5** Let's have a look at those new brochures.

FILL IN THE MISSING WORDS:

1 *Możesz jechać albo autobusem albo samochodem. Autobus jest szybszy.*

You can go . . . . bus or . . car. The bus is . . . .

2 *Ani ty, ani ja nie rozumiemy hiszpańskiego. Nic nie szkodzi.*

. . . . you . . . I . . . . Spanish. – It . . . .

3 *On mógł przylecieć samolotem, ale nie sądzę.*

He . . . . . come . . plane, but I . . . .

4 *On się boi latania (samolotem) i ja też.*

He's . . . . . . of . . . . . . and . . . . . .

****

SIXTY-SECOND (62nd) LESSON

Scotland

1 Scotland is half as big as England but the population is much smaller.
2 There are two main regions: in the north, the Highlands which are wild and beautiful,
3 and in the south, the Lowlands which are more agricultural.

PRONUNCIATION
1 popjuˈleiʃn 2 ridʒinz ... nɔːθ ... ˈhai,lændz 3 sauθ ... ˈləu,lændz ... ˌægriˈkʌltʃərəl

ĆWICZENIA

1 Obawiam się, że muszę wyjść. Jest późno i robi się ciemno. – 2 Wolałem te, które on pokazał nam w zeszłym tygodniu. – 3 Musimy się szybko zdecydować, albo będzie za późno. – 4 Boję się latania (samolotem). – Ja też. – 5 Popatrzmy na te nowe foldery.

5 *Możliwe, że ona zadzwoni dziś wieczorem. Poczekamy.*

She . . . . . phone . . . . We will . . . . . . wait.

ODPOWIEDZI

1 either by – by – quicker (faster). – **2** Neither – nor – understand – doesn't matter. – **3** might – by – don't think so. – **4** afraid (scared) – flying... – so am I. – **5** might – this evening – have to.

Second wave: 12th Lesson

****

LEKCJA SZEŚĆDZIESIĄTA DRUGA

Szkocja

1   Szkocja jest o połowę większa od Anglii, ale ludności ma [jest] znacznie mniej.
2   Są tam dwa główne regiony: na północy the Highlands, które są dzikie i piękne,
3   na południu, the Lowlands, które są bardziej rolnicze.

62nd Lesson

4 Although Edinburgh is the capital, Glasgow is the main industrial centre.
5 Scotland was separated from England by a wall, built* by the Roman emperor Hadrian.
6 Parts of this wall still exist today.
7 Some older people still speak* Gaelic, but most Scots speak* English. **(1)**
8 Scottish towns look very different from English ones.
9 In English towns, the houses are mainly built of red brick,
10 whereas in Scotland, the houses are mainly of grey slate.
11 Britain's highest mountain, Ben Nevis, is in Scotland.
12 The Scots have their own religion, called Presbyterianism, and their own laws.
13 So, although Scotland is part of Great Britain,
14 it has never been united with England in the same way **(2)** as Wales.

PRONUNCIATION

4 ɔːl'ðəu edinbərə ... kʌpitl glɑːsgəu ... indʌstriəl sentr **5** sepreitid ... rəumən empərə(r) heidriən **7** geilik **9** meinli ... red brik **10** ˌweər'æz ... grei sleit **12** ri'lidʒən ... ˌprezbitəriənizm ... lɔːz **14** juː'naitid

EXERCISES

1 Scotland is half as big as England. – **2** Most people in Scotland speak English, – **3** although some older people still speak Gaelic. – **4** English is easy to learn, whereas Gaelic is complicated. – **5** Of course, that is my own opinion.

FILL IN THE MISSING WORDS:

1 *Chociaż jesteśmy Szkotami, ani ja ani moja żona nie mówimy w języku gaelickim.*

. . . . we . . . Scottish, ... I . . . my wife . . . . . Gaelic.

4 Chociaż Edynburg jest stolicą, Glasgow jest głównym centrum przemysłowym.
5 Szkocja została oddzielona od Anglii murem, zbudowanym przez rzymskiego cesarza Hadriana.
6 Części tego muru istnieją do dzisiaj.
7 Niektórzy starsi ludzie ciągle mówią językiem gaelickim, ale większość Szkotów mówi po angielsku.
8 Szkockie miasta wyglądają inaczej niż angielskie.
9 W angielskich miastach, domy są głównie zbudowane z czerwonej cegły,
10 podczas, gdy w Szkocji, domy są głównie z szarego kamienia [z łupków].
11 Najwyższa brytyjska góra, Ben Nevis, jest w Szkocji.
12 Szkoci mają swoją religię, zwaną Prezbiterianizmem i swoje własne prawa.
13 Więc, chociaż Szkocja jest częścią Wielkiej Brytanii,
14 nigdy nie była zjednoczona z Anglią w taki sam sposób, jak Walia.

UWAGI

(1) Wyraz *Scots* – Szkoci, jest również przymiotnikiem: *a Scots village* (albo *a Scottish village*) – szkocka wioska. *Scotch* oznacza tylko szkocką whisky.

(2) *In the same way* – w ten sam sposób.

ĆWICZENIA

1 Szkocja jest o połowę większa od Anglii. – **2** Większość ludzi w Szkocji mówi po angielsku. – **3** chociaż niektórzy starsi ludzie wciąż mówią językiem gaelickim. – **4** Angielski jest łatwy do nauczenia się, podczas gdy gaelicki jest skomplikowany. – **5** Oczywiście, to jest moja własna opinia.

2 *Domy są głównie zbudowane z łupków.*

The houses are . . . .

62nd Lesson

3 *Szkockie miasta wyglądają bardzo odmiennie.*

.... towns .... very different.

4 *To jest mój własny folder [broszura], weź go [folder].*

This is .. .... brochure. Take .... .

5 *On nie wymawia tego w taki sam sposób, jak ja.*

Ho doesn't .... it .. the same ... as .. .

ODPOWIEDZI
1 Although – are – neither – nor – speak. – **2** mainly built of slate. – **3** Scottish – look. – **4** my own – his. – **5** pronounce – in – way – me.

****

SIXTY-THIRD (63rd) LESSON

Revisions and Notes

Jak zwykle, czytamy jeszcze raz Uwagi do lekcji 57–62. Tym razem są one dość proste, bo w zasadzie dotyczą słownictwa. Niemniej jednak, postarajcie się Państwo je zapamiętać. Zróbcie sobie również test. Ile form czasowników nieregularnych z tych lekcji już pamiętacie? Napiszcie sobie na kartce formy czasowników zaznaczanych gwiazdkami i porównajcie je z tymi, na końcu książki. Wypiszcie te, które Wam się jeszcze mylą i trzymajcie w jakimś widocznym miejscu, tak, by na nie często patrzeć i starać się je zapamiętać.

1 *Get, got, got* – dostać, otrzymać, nabyć; należy do często używanych czasowników: *We got these brochures yesterday:* Wczoraj dostaliśmy te foldery; *Get me a bottle of beer.* Przynieś mi butelkę piwa.

Jego trzecia forma występuje często w połączeniu z czasownikiem *to have*, w znaczeniu „mieć", „posiadać", zwłaszcza w zdaniach pytających i przeczących: *Have you got my paper? No, I haven't got it.*

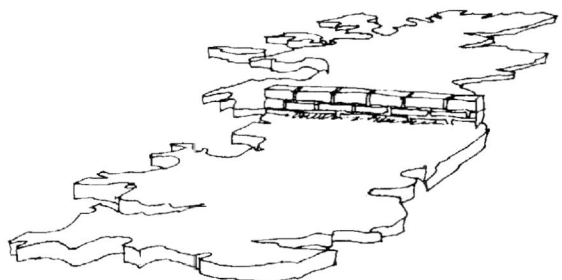

Second wave: 13th Lesson

****

LEKCJA SZEŚĆDZIESIĄTA TRZECIA

Powtórzenie i objaśnienia

W czasie ciągłym [z końcówką – *ing*] przybiera znaczenie „stawać się, robić". *It's getting dark:* Robi się ciemno [ściemnia się]. *She's getting deaf:* Ona staje się głucha [głuchnie].

Ma wiele znaczeń w połączeniu z przyimkami. Na przykład: *to get up* – wstać; *to get in* – wejść, wjechać, *to get over* – pokonać, *to get into* – wejść, dostać się do, *to get on* – wsiąść, *to get off* – wysiąść.

2 Przypomnijmy jeszcze raz czasowniki *can* – móc, potrafić, *may* – móc i *must* – musieć. We wszystkich osobach mają taką samą formę, tworzą samodzielnie pytania: *Can you ...?; May I ...?; Must you ...?*. Tylko *can* i *may* mają drugą formę, ale *could* częściej występuje w formach grzecznościowych – *Could you come?:* Czy mógłbyś przyjść?, a *might* wyraża przypuszczenie – możliwe, że – *I might come:* możliwe, że przyjdę, niż wyrażają czynności przeszłe. W czasach przeszłych i przyszłych mogą występować zamiast nich wyrażenia *to*

63rd Lesson

be able to (can) i *to have to (must)* – *I was able to come:* mogłem przyjść; *I had to come* – musiałem przyjść.

3 Zapamiętajmy:

Joan and I are coming next week: Joanna i ja przyjeżdżamy w przyszłym tygodniu.

He might phone later: możliwe, że on zadzwoni później.

Let's have a look: popatrzmy.

What's the matter?: o co chodzi?

A pair of trousers: para spodni.

Nothing serious: nic poważnego.

4 Napiszmy to w języku angielskim, a następnie porównajmy z tłumaczeniem z punktu (5):

1   Musiałem sprzedać swój samochód, żeby zapłacić rachunek.
2   On wstaje o godzinie ósmej.
3   Wysiądź z autobusu za kościołem.
4   Ani ty ani ja nie chcemy z nim rozmawiać.
5   Wyglądasz na bardzo zajętego. Czy mam ci pomóc?

5 Tłumaczenie

1 I had to sell my car to pay the bill.
2 He gets up at eight o'clock.
3 Get off the bus after the church.
4 Neither you nor I want to speak to him.
5 You look very busy. Can I give you a hand?

Second wave: 14th (revision) Lesson

63rd Lesson

SIXTY-FOURTH (64th) LESSON

1. When France and England decided to build* a tunnel under the Channel, they asked for tenders. **(1)**
2. The firm with the lowest offer was accepted. Astonished by the low price, they asked the director:
3. — How are you going to do it for so little money? **(2)**
4. — It's easy, the engineer said, I will start digging* on the English side,
5. and my son will start digging* on the French side,
6. and we'll meet* in the middle.
7. — But that's ridiculous! **(3)** You'll be miles apart. **(4)**
8. What will happen if you don't meet*?
9. — In that case, the engineer said* calmly, you will have two tunnels for the price of one.

10. A tourist in Cairo saw* two skulls in a shop: a large one and a small one.
11. — What are those? he asked. – The big one is the skull of Queen Cleopatra, was the reply.
12. — Really, said* the amazed tourist, and the little one?
13. — That is the skull of Cleopatra when she was a young girl, answered the shopkeeper.

14. Don't forget* to repeat the irregular verbs.

PRONUNCIATION
1 tʌni ...tʃænl ... tendə(r)z 2 fɜːm ... ofə(r) ... ə'stoniʃd 4 digiŋ ... said 7 'ridikjuləs ... ə'pɑːt 9 kɑːmli 10 skʌlz 11 ri'plai 12 ə'meizd

LEKCJA SZEŚĆDZIESIĄTA CZWARTA

1 Kiedy Francja i Anglia zdecydowały zbudować tunel pod Kanałem, wystąpiły o składanie ofert.
2 Została zaakceptowana firma z najniższą ofertą. Zadziwieni niską ceną, spytali dyrektora:
3 — Jak Pan zamierza to zrobić za tak mało pieniędzy?
4 — To jest proste, powiedział inżynier, zacznę kopać po angielskiej stronie,
5 a mój syn zacznie kopać po francuskiej stronie,
6 spotkamy się w środku.
7 — Ale to jest absurdalne! Będziecie milami oddaleni od siebie.
8 Co się stanie, gdy się nie spotkacie?
9 — W takim przypadku, inżynier odpowiedział spokojnie będziecie mieli dwa tunele za cenę jednego.

10 Turysta w Kairze zobaczył dwie czaszki w sklepie: dużą i małą.
11 — Czyje są te? spytał. — Duża jest czaszką królowej Kleopatry brzmiała odpowiedź.
12 — Naprawdę, powiedział zdziwiony turysta, a ta mała?
13 — To jest czaszka Kleopatry, kiedy ona była małą dziewczynką, odpowiedział właściciel sklepu.

14 Nie zapomnijcie Państwo powtórzyć czasowników nieregularnych.

UWAGI

(1) *To ask for tenders* — ogłosić konkurs, prosić/wystąpić o składanie ofert.
(2) Przypomnijmy sobie: *so little money, so few people, so much noise, so many cars* — lekcja 22 (1), (2), 28 (5).
(3) *Ridiculous* — śmieszne, zabawne, absurdalne, bezsensowne.
(4) *To be apart* — być oddalonym od siebie.

64th Lesson

EXERCISES

1 My son built his own house. – **2** Everyone knows Caesar's words: I came, I saw, I conquered. – **3** They rang last night, but we weren't in. – **4** Do you remember Jones? I met him in the street yesterday. – **5** He asked me how you were.

FILL IN THE MISSING WORDS:

1 *Łatwo jest zacząć palić, ale trudniej jest przestać.*

.. is easy to ...., but .... to .... .

2 *Kto będzie jutro na przyjęciu? Nie pamiętam.*

... ... at the ..... tomorrow? – I don't ....

3 *Kiedy będziesz w stanie podać mi swoją cenę? – Natychmiast.*

When .... to give .. ..? – At once.

4 *Czyje są te? – Te? One są zwierzęcymi czaszkami.*

....? – ..... ? They are ....

5 *Jak zamierzasz to zrobić przed przyszłym czwartkiem?*

How ... ... to do it .... ?

****

SIXTY-FIFTH (65th) LESSON

Public transport (1)

1. David Wilson travels to work every morning by tube.
2. The tube – or the Underground – is something like the Metro in Paris.
3. But, unlike **(2)** the Metro, it is rather old-fashioned and quite expensive.

PRONUNCIATION

2 tju:b ... 'ʌndə,graund 3 ,old'fæʃnd

ĆWICZENIA

1 Mój syn zbudował swój własny dom. – 2 Każdy zna słowa Cezara: Przyszedłem, zobaczyłem, zdobyłem. – 3 Oni zadzwonili zeszłej nocy, ale nas nie było. – Czy pamiętasz *Jones'a?* Spotkałem go wczoraj na ulicy. – 5 Spytał mnie jak się czujesz?

ODPOWIEDZI

1 It – start smoking – more difficult – stop. – 2 Who will be – party – remember. – 3 will you be able – me your price. – 4 What are those? Those? – animal skulls. – 5 are you going – before next Thursday.

Jak Państwu idzie powtarzanie początkowych lekcji? Czy coś jest dla Was trudnego? Chyba nie? Powtarzajcie więc Państwo dalej.

Second wave: 15th Lesson

****

LEKCJA SZEŚĆDZIESIĄTA PIĄTA

Publiczne środki komunikacji

1   Dawid Wilson podróżuje do pracy każdego dnia metrem.
2   Metro – albo kolejka podziemna – to coś takiego, jak Metro w Paryżu.
3   Ale, w przeciwieństwie do Metra, jest raczej staroświeckie i całkiem drogie.

UWAGI

(1) *Transport* to komunikacja, transport, transportować.
(2) *Unlike* – odmiennie, różnie, niepodobnie, w przeciwieństwie do. *It's unlike him to be late.* – To niepodobne do niego, by się spóźniać.

4 You pay **(3)** according to **(4)** the distance you want to travel.

5 You can buy* a season ticket, **(5)** which allows **(6)** you travel for a certain period at a lower price.

6 Althought most of the tube is automatic, there are still employees who check your ticket at the exit.

7 So you must keep* your ticket until **(7)** you finish your journey.

8 Your can also travel by bus, which is slower but gives* you a better view.

9 Most buses are double-deckers and you are allowed to smoke upstairs.

10 On these buses, there is a driver and a conductor, who collects your fares. **(8)**

11 Finally, there are the famous London taxis, or "Hackney Cabs". **(9)**

12 These large, black, diesel-engined vehicles are a familiar sight in the Capital.

13 If the cab is free, you will see* a little "For Hire" sign **(10)** in the front.

14 Of course, the best way to see the city is on foot, but you need a rest from time to time.

PRONUNCIATION

4 ə'kɔ:dɪŋ ... dɪstəns **5** si:zn ... ə'lauz ... pɪərɪəd **6** ˌɔ:tə'mætɪk ... empləɪ'i:z ... tʃek ... eksɪt **7** 'dʒɜ:nɪ **8** vju: **9** 'dʌbl'dekə(r)z ... ˌʌp'steəz **10** kən'dʌktə(r) ... feə(r)z **11** kæbz **12** 'di:zl'endʒɪnd vi:ɪklz ... fə'mɪlɪə(r) saɪt **13** haɪə saɪn

UWAGI

(3) *You pay* – oprócz znaczenia ty płacisz, wy płacicie; Pani/Pan płaci, można również przetłumaczyć to zdanie bezosobowo „płaci się".

(4) *According to* – stosownie do, według, zależnie. *According to him, this restaurant is terrible.* Według niego, ta restauracja jest okropna.

4	Płaci się w zależności od odległości, jaką się chce przejechać.
5	Można kupić bilet okresowy, który pozwala na podróżowanie przez pewien okres za niższą cenę.
6	Chociaż większość metra jest zautomatyzowana, wciąż są pracownicy, którzy sprawdzają twój bilet przy wyjściu.
7	Więc trzeba zatrzymać swój bilet, dopóki nie skończy się swojej podróży.
8	Można również podróżować autobusem, który jest wolniejszy, ale oferuje [daje] lepszy widok.
9	Większość autobusów jest piętrowa i zezwala się na palenie na piętrze.
10	W tych autobusach jest kierowca i konduktor, który zbiera opłatę [za przejazd].
11	Wreszcie, są słynne londyńskie taksówki, czy „Hackney Cabs".
12	Te duże, czarne z dieselowskimi silnikami wehikuły są znanym widokiem Stolicy.
13	Jeśli taksówka jest wolna, zobaczycie mały napis „Do wynajęcia" z przodu.
14	Oczywiście, najlepszym sposobem na zobaczenie miasta jest chodzenie pieszo, ale trzeba odpocząć od czasu do czasu.

UWAGI

(5) *A season ticket* – abonament, karta wstępu, bilet okresowy.
(6) *To allow* – pozwalać, zezwalać, dopuszczać; *to be allowed* – pozwolono – *I am allowed to smoke* – pozwolono mi palić, ale *you are not allowed to smoke* – nie wolno ci palić. Przeciwieństwem *to allow* jest *to forbid* – zabronić.
(7) Część zdania następująca po *until* – aż do, dopóki, tłumaczymy w formie przeczącej. *Until you finish your journey* – dopóki nie skończysz swojej podróży.
(8) *Fare* – to opłata za przejazd
(9) *Taxi-cabs, taxies, cabs* albo *Hackney Cabs* – oznaczają taksówki. *Cab* – to dorożka, powóz, taksówka.
(10) *Sign* – znak, napis, szyld, wywieszka.

65th Lesson

EXERCISES

1 At the end of the journey, you must show your ticket. – **2** It's unlike him to say thing like that. – **3** You are not allowed to smoke in this building. – **4** My passport was cheked by the police. – **5** From time to time, he looked at his watch to check the time.

FILL IN THE MISSING WORDS:

1 *Według niego nie wolno nam tu parkować.*

.... him, we are ... . to park here.

2 *Chociaż większość z nich nie może przyjść,*

.... cannot come,

3 *Dawid i Joanna wciąż chcą wyjść z nami.*

David and Joan ..... want to .... with .. .

4 *Zachowaj [trzymaj] swój bilet dopóki nie dojdziesz do wyjścia.*

.... your ...... until you reach the .... .

****

SIXTY-SIXTH (66th) LESSON

1 Learn **(1)** this page as usual, then answer the questions with the help of **(2)** the preceding lessons.
2 What is the popular name for the Underground?
3 Where else can you find* **(3)** an underground railway system? What is it called?

PRONUNCIATION

1 pri'si:diŋ 3 reilwəi sistəm

ĆWICZENIA

1 Na końcu podróży, trzeba pokazać bilet. – **2** To niepodobne do niego mówić takie rzeczy. – **3** Nie wolno ci palić w tym budynku. – **4** Mój paszport został sprawdzony przez policję. – **5** Od czasu do czasu on spoglądał na zegarek, by sprawdzić czas.

5 *Kiedy ja skończę, czy sprawdzisz ćwiczenie?*

When I ...., will you ..... the ....?

ODPOWIEDZI

1 According to – not allowed. – **2** Although most of them. – **3** still – come (go) out – us. – **4** Keep – ticket – exit. – **5** have finished – check – exercise.

Second wave: 16th Lesson

****

LEKCJA SZEŚĆDZIESIĄTA SZÓSTA

1 Przestudiuj tę stronę jak zwykle, następnie odpowiedz na pytania korzystając z poprzednich lekcji.
2 Jaka jest popularna nazwa metra?
3 Gdzie jeszcze są koleje podziemne? Jak się nazywają?

UWAGI

(1) *To learn* – uczyć się, nauczyć, ale i przestudiować, dowiedzieć się.
(2) *With the help of* – z pomocą, za pomocą, korzystając z.
(3) Tu zwrot *you can find* przetłumaczymy nie jako można znaleźć, ale jako są, znajdują się.

66th Lesson

4 Is the Tube expensive? Why is it dearer **(4)** that the Parisian Metro?

5 Why must you keep* your ticket until you reach the exit? **(5)**

6 What are London buses called? Can you smoke on a London bus? Where?

7 Who collects the fares? Who drives* the bus?

8 What are Hackney Cabs? What colour are they?

9 How do you know* if a cab is free?

10 Which is the best way to travel around London?

11 — Fares please. **(6)** — Hyde Park, please. — That's twelve pence.

12 — I don't know London. Will you tell* me where I must get* off?

13 — Of course. Oh, if you want to smoke, you must go* upstairs.

PRONUNCIATION

4 diə(r)ə(r) ... pə'riziən **5** ri:tʃ

EXERCISES

1 Must he leave at once? – Yes, I'm sorry. – **2** They left this morning before you got up. – **3** Brighton is a popular place to go for your holidays. – **4** How do you know if you are right? – **5** What will happen if he doesn't phone?

FILL IN THE MISSING WORDS:

1 *Dlaczego ja muszę do niej napisać? – Ponieważ ona jest twoją kuzynką.*

Why . . . . to . . . ? – Because . . . . . your . . . .

2 *Jeśli zobaczysz napis „Do wynajęcia", wiesz, że jest wolna.*

. . you . . . the ". . . . ." . . . . , you know . . is . . . . .

4   Czy metro jest drogie? Dlaczego jest droższe od paryskiego metra?
5   Dlaczego trzeba zatrzymać swój bilet, aż do wyjścia?
6   Jak się nazywają angielskie autobusy? Czy można palić w angielskim autobusie? Gdzie?
7   Kto pobiera [zbiera] opłaty? Kto prowadzi autobus?
8   Co to są Hackney Cabs? Jakiego są koloru?
9   Skąd wiadomo, czy taksówka jest wolna?
10 Jaki jest najlepszy sposób podróżowania po Londynie?
11 — Bilety [opłaty] proszę. — Do Hyde Parku, proszę. — To jest dwanaście pensów.
12 — Nie znam Londynu. Czy powie mi Pan, gdzie muszę wysiąść?
13 — Oczywiście. O, jeśli chce Pani zapalić, musi Pani iść na górę.

UWAGI

(4) *Dear, expensive* – drogi.
(5) *To reach* – sięgnąć, dosięgnąć, dojść. *When you reach thirty* – Kiedy dojdziesz do trzydziestki. *When you reach the exit* – Kiedy dojdziesz do wyjścia.
(6) *Fares, please* – zwrot, wymawiany przez konduktorów sprzedających bilety równoznaczny z *Tickets, please* – bilety proszę [kupować].

ĆWICZENIA

1 Czy on musi wyjść od razu? – Tak, przykro mi. – 2 Oni wyszli tego ranka zanim ty wstałaś. – 3 *Brighton* jest popularnym miejscem wyjazdu na wakacje. – 4 Skąd wiesz, czy masz rację? – 5 Co się zdarzy, jeśl on nie zadzwoni?

66th Lesson

3 *Powiedz mi, gdzie muszę wysiąść, proszę. – Nie znam Londynu.*

.... where I .... please, ...

....

4 *Gdzie mogę kupić bilet okresowy?*

Where ... . a ...... - ...... ?

****

SIXTY-SEVENTH (67th) LESSON

1. We took* my cousin to see* a criket match last month.
2. But he fell* asleep **(1)** during **(2)** the game.
3. He slept* peacefully for two hours until a ball hit* him on the head and woke* him up.
4. — Hello, it's nice to see* you again. How are you?
5. — Very well. I'm going to stay **(3)** with you for a few days.
6. — Ah, well, I'm leaving* tomorrow and my wife left* two hours ago. **(4)** – Oh well, goodbye.

7. Mrs Higgins put* **(5)** "Rest in Peace" on the tombstone of her husband's grave.
8. Then the solicitor told* her that there was nothing for her in her husband's will,
9. so she told* the mason to add the words: "until I come*".

PRONUNCIATION

1 krikit **2** fel ə'sli:p **3** pi:sfuli **8** rest in pi:s ... 'tu:m,stəun ... greiv ... sə'lisitə **9** meisn

UWAGI

(1) *Fall, fell, fallen* – przewrócić się, spaść; *to fall asleep* zasnąć; *to fall in love* – zakochać się.

5 *Cztery pory roku to wiosna, lato, jesień, zima.*

The four .... : ......, ..., ...

ODPOWIEDZI

1 must I write – her – she is – cousin. – **2** If – see – For Hire sign – it – free. – **3** Tell me – must get off – I don't know London. – **4** Can I buy – season-ticket. – **5** seasons are: spring, summer, autumn, winter.

Second wave: 17th Lesson

****

LEKCJA SZEŚĆDZIESIĄTA SIÓDMA

1 Zabraliśmy naszego kuzyna, żeby zobaczył mecz krykieta w zeszłym miesiącu.
2 Ale on zasnął podczas gry.
3 Spał spokojnie przez dwie godziny, dopóki piłka nie uderzyła go w głowę i nie obudziła go.
4 — Cześć, miło cię widzieć znowu. Jak się czujesz?
5 — Bardzo dobrze. Mam zamiar zostać z wami przez kilka dni.
6 — A, tak ... ja wyjeżdżam jutro, a moja żona wyjechała dwie godziny temu. – Cóż, do widzenia.

7 Pani Higgins zamieściła napis „Odpoczywaj w spokoju" na kamieniu z nagrobka swojego męża.
8 Potem adwokat powiedział jej, że w testamencie jej męża nic dla niej nie było,
9 więc powiedziała kamieniarzowi, żeby dodał słowa: „dopóki ja nie przyjdę".

UWAGI

(2) *During* – podczas, w ciągu jakiegoś okresu.
(3) *To stay* – zostać, przebywać; *to rest* – odpoczywać.
(4) Przypomnijmy, że *ago* – temu; *to hours ago* – dwie godziny temu, jest zwykle używane z czasem przeszłym prostym *Past Simple*. *A long time ago* – dawno temu. *How long ago?* – jak dawno.
(5) *To put, put, put* – położyć, kłaść. W tym zdaniu: zamieścić.

67th Lesson

10 During the week, try to read* this book for at least half an hour every day,
11 and for a little longer at the weekend.
12 This everyday contact will make* you feel* at home with English
13 and help you to build* a wide **(6)** vocabulary, but remember:
14 Read* some English every day.

PRONUNCIATION

12 'kɒntækt **13** waid və'kæbjuləri

EXERCISES

1 Keep quiet, your father fell asleep half an hour ago. – **2** Hello, it's nice to see you again. How are you? – **3** He left during the first part of the match. – **4** He said he was bored and wanted to go home. – **5** We waited for him for five minutes then left as well.

FILL IN THE MISSING WORDS:

1 *Winston Churchill umarł w 1965.*

Winston Churchill died .. ..-.... .

2 *Był premierem podczas wojny.*

.. ... Prime Minister ...... the war.

3 *On miał władzę przez dziewięć lat.*

He was .. power ... .

4 *Janek musiał leżeć [zostać] w łóżku przez tydzień.*

John ... .. stay ... bed ... .

two hundred and eighteen 218

10 W ciągu tygodnia, spróbuj czytać tę książkę przez przynajmniej pół godziny każdego dnia,
11 i przez trochę dłużej w ciągu weekendu.
12 Ten codzienny kontakt, sprawi, że poczujesz się jak w domu z angielskim
13 i pomoże ci budować obszerne słownictwo, ale pamiętaj:
14 Czytaj trochę angielskiego każdego dnia.

UWAGA

(6) *Wide* – szeroki, bezmierny, rozległy, obszerny.

ĆWICZENIA

1 Bądź cicho, twój ojciec zasnął pół godziny temu. – **2** Cześć, miło cię znowu widzieć. Jak się czujesz? – **3** On wyszedł podczas pierwszej części meczu. – **4** On powiedział, że jest znudzony i chciał iść do domu. – **5** Czekaliśmy na niego przez pięć minut, potem także poszliśmy.

5 *W tygodniu przed Bożym Narodzeniem, sklepy są pełne ludzi.*

...... the week ...... Christmas, the shops are ....

....

ODPOWIEDZI

1 in nineteen sixty-five. – **2** He was – during. – **3** in – for nine years. – **4** had to – in – for a week – **5** During – before – full of people.

Second wave: 18th Lesson

67th Lesson

SIXTY-EIGHTH (68th) LESSON

Sport

1 English people are very fond of **(1)** sport.
2 They play it and they watch it; they talk about it and think* about it.
3 The most typically English game is cricket, which is played during the summer months.
4 But the most popular game is football, which is played during the rest of the year (for eight months).
5 Professional football is very exciting to watch and the players earn large sums of money.
6 Another ball-game, less popular than football is Rugby.
7 Called Rugby football, it was invented **(2)** at Rugby School in about 1820 (eighteen twenty).
8 A boy, called Ellis, was so bored with playing with his feet, **(3)**
9 that he took* the ball in his hands – and a new game was born! **(4)**
10 Another popular sport is horse-racing, which is forbidden* in England on Sundays.
11 There is no State lottery in England, but a game called Bingo is very successful. **(5)**
12 Many cinemas are closing and being converted into Bingo halls.
13 It is estimated that about six million people, mainly women, play Bingo regularly.

PRONUNCIATION

1 fond əv spɔ:t 3 tipikli ... krikit 4 'futbɔ:l ... rest 5 prə'feʃnəl ... ik'saitiŋ ... ɜ:n lɑ:dʒ sʌmz 6 rʌgbi 7 in'ventid 8 bɔ:(r)d 9 bɔ:n 11 steit lotri ... sək'sesful 12 kən'vɜ:tid ... biŋgəu hɔ:lz 13 estimeitid ... 'regjulə(r)li

LEKCJA SZEŚĆDZIESIĄTA ÓSMA

Sport

1. Anglicy bardzo lubią sport.
2. Uprawiają go, oglądają, rozmawiają o nim i myślą o nim.
3. Najbardziej typową angielską grą jest krykiet, w którego się gra podczas miesięcy wakacyjnych.
4. Ale najbardziej popularną grą jest piłka nożna, w którą się gra podczas reszty roku (przez osiem miesięcy).
5. Zawodowa piłka nożna jest emocjonująca do oglądania, a zawodnicy zarabiają duże sumy pieniędzy.
6. Inną grą w piłkę, mniej popularną niż piłka nożna jest rugby.
7. Nazwana piłką nożną – rugby, została wymyślona w Szkole Rugby około 1820 roku.
8. Chłopiec, zwany Ellis, był tak znudzony grą nogami,
9. że wziął piłkę w swoje ręce – i urodziła się nowa gra.
10. Innym popularnym sportem są wyścigi konne, które są zabronione w Anglii w niedziele.
11. W Anglii nie ma państwowej loterii, ale gra zwana Bingo jest bardzo popularna.
12. Wiele kin jest zamykanych i zamienianych w hale Bingo.
13. Szacuje się, że około sześć milionów ludzi, głównie kobiety, grają regularnie w Bingo.

UWAGI

(1) *To be fond of* – lubić.
(2) *To invent* – wynaleźć, wynajdować, wymyślać, zmyślać.
(3) *Foot* – stopa, *feet* – stopy, *legs* – nogi.
(4) *To be born* – urodzić się. *I was born in London* – Urodziłam się w Londynie. *Where were you born?* – Gdzie ty się urodziłaś?
(5) *Successful* – pomyślny, uwieńczony sukcesem, udany, popularny, mający wzięcie.

EXERCISES

1 I was bored with listening to him, so I fell asleep. – **2** Dancing is forbidden in the church. – **3** Stobby Niles is a sucessful football player. – **4** I am very fond of your sister. Is she married? – **5** She plays Bingo every week and wins large sums of money.

FILL IN THE MISSING WORDS:

1 *On opowiadał o swoich przygodach w Afryce, ale ja byłem znudzony.*

He was .... adventures .. Africa but

I ... .

2 *Piłkarz zarabia więcej niż dyrektor banku.*

A football .... more .... a bank manager.

3 *Palenie w londyńskim metrze jest zabronione.*

It .. .. smoke in the London tube.

4 *Krykiet jest mniej emocjonujący do oglądania niż rugby.*

Cricket is .... to .... Rugby.

****

SIXTY-NINTH (69th) LESSON

1 — Excuse me, doesn't my nephew **(1)** Peter Bates work in this office?

2 — Oh, you're his uncle. He went* to your funeral this morning.

3 — David, what are those empty whisky-bottles doing in the cellar?

4 — I don't know*, darling. I've never bought* an empty bottle of whisky in my life.

PRONUNCIATION

1 nevju: **2** ʌnkl ... fju: nərəl **3** empti ... sələ(r)

ĆWICZENIA

1 Byłem znudzony słuchaniem go, więc zasnąłem. – **2** Tańczenie jest zabronione w kościele. – **3** *Stobby Niles* jest odnoszącym sukcesy piłkarzem. – **4** Bardzo lubię twoją siostrę. Czy jest zamężna? – **5** Ona gra w Bingo każdego tygodnia i wygrywa duże sumy pieniędzy.

5 *On zarabia dużo pieniędzy, ale on pracuje w ciągu lata.*

He . . . . . a . . . . money but he works . . . . . . the . . . .

ODPOWIEDZI

1 talking about his – in – was bored. – **2** player earns – than. – **3** is forbidden to. – **4** less exciting – watch than. – **5** earns – lot of – during – summer.

Second wave: 19th Lesson

****

LEKCJA SZEŚĆDZIESIĄTA DZIEWIĄTA

1 — Przepraszam, czy mój siostrzeniec Piotr Bates pracuje w tym biurze?
2 — O. Pan jest jego wujem. On poszedł na Pana pogrzeb dziś rano.
3 — Dawidzie, co robią w piwnicy te puste butelki po whisky?
4 — Nie wiem, kochanie. Nigdy nie kupiłem pustej butelki po whisky w moim życiu.

UWAGI

(1) *Nephew* – siostrzeniec, bratanek; – *niece* – siostrzenica, bratanica; *cousin* – kuzyn, kuzynka.

69th Lesson

5 — How many people work in your office?
6 — About half of them.

7 Mrs Thomas and Mrs Jones met* in the shopping-centre.
8 Mrs Jones was pushing a pram with her two little boys inside.
9 — Good morning Mrs Jones. What beautiful children. Tell me, how old are they?
10 — Well, said Mrs Jones, the doctor is two and the lawyer **(2)** is three.

11 — I forgot* my wife's birthday. – What did she say*?
12 — Nothing. – That's alright then.
13 — Yes, nothing .. for three weeks.

14 Don't forget* to learn the irregular verbs we meet*.

PRONUNCIATION
7 'ʃopiŋ'sentr 8 puʃiŋ ə præm 10 lɔːjə(r) 11 fə'gɔt 14 fə'get

EXERCISES

1 My uncle and aunt met during the war. – **2** What is that book doing in the middle of the table? – **3** He never spends money, but last week he bought a house. – **4** Don't you speak German? I thought you did. – **5** How old are you, madam? – That doesn't concern you.

FILL IN THE MISSING WORDS:

1 *Czy ona nie chce oglądać telewizji? Nie, nie chce.*

  . . . . she want . . . . the television?

  – No, ...

two hundred and twenty-four 224

5 — Ile osób pracuje w Pana biurze?
6 — Około połowy z nich.

7 Pani Thomas i Pani Jones spotkały się w centrum handlowym.
8 Pani Jones pchała wózek ze swoimi dwoma małymi chłopcami.
9 — Dzień dobry, pani Jones. Co za piękne dzieci. Proszę mi powiedzieć, ile mają lat?
10 — Hm, mówi Pani Jones, lekarz ma dwa, a prawnik trzy.

11 — Zapomniałem o urodzinach mojej żony. – Co ona powiedziała?
12 — Nic. – Wszystko w porządku zatem.
13 — Tak, nic ... przez trzy tygodnie.

14 Nie zapominajcie Państwo uczyć się czasowników nieregularnych, które spotykamy.

UWAGI

(2) *Lawyer* – prawnik; *barrister* – adwokat, obrońca; *solicitor* – radca/doradca prawny.

ĆWICZEN A

1 Mój wujek i ciotka spotkali się podczas wojny. – 2 Co robi ta książka na środku stołu? – 3 On nigdy nie wydaje pieniędzy, ale w zeszłym tygodniu kupił dom. – 4 Czy nie mówisz po niemiecku? Myślałam, że mówisz. – 5 Ile ma Pani lat, proszę Pani? – To Pana nie obchodzi.

2 *Co robi pies z listonoszem? To nie ma znaczenia.*

. . . . . . the dog . . . . . with the . . . . ? It . . . .

69th Lesson

3 *Co za ładna pogoda! Weźmy samochód i jedźmy na wieś.*

. . . . weather! . . . . the car . . . . the country.

4 *On kupił wózek, który widział w czwartek, ale zapomniał o prześcieradłach.*

He . . . . . the . . . . he . . . . Thursday, but he . . . . . . the sheets.

****

SEVENTIETH (70th) LESSON

Revisions and Notes

Przeczytajmy jeszcze raz Uwagi z lekcji 64–69. Podobnie jak poprzednio są proste. Rozszerzają nam słownictwo. Spróbujcie je Państwo zapamiętać.

1 *For* – przez; *during* – przez (jakiś okres), podczas, w ciągu.

He was ill for a week. – Był chory przez tydzień. *He was ill during the week before Christmas.* – Był chory w tygodniu przed Bożym Narodzeniem.

2 Już jest najwyższy czas na poznanie alfabetu. Wymowa poszczególnych liter jest nam potrzebna do przeliterowania wyrazów [*spelling*], wtedy, gdy ktoś nas nie rozumie.

a [ei], b [bi:], c [si:], d [di:], e [i:], f [ef], g [dʒi:], h [eitʃ], i [ai], j [dʒei], k [kei], l [el], m [em], n [en], o [ɔ:], p [pi], q [kju], r [ɑ:], s [es], t [ti], u [ju], v [vi:], w [dʌblju:], x [eks], y [wai], z [zed].

3 Zapamiętajmy:

Check this please: sprawdź to proszę.
Have a rest: odpocznij
Half of them: połowa z nich.
That's all right then: wszystko zatem w porządku.
I am bored with working: jestem znudzony pracą.
He was born: on urodził się.
Until I came: dopóki ja nie przyjdę.

5 *Jego żona jest zła. Nie wiem co się stanie.*

... wife is .... . I don't know .... will ....

ODPOWIEDZI
1 Doesn't – to watch – she doesn't. – **2** What is – doing – postman? – doesn't matter. – **3** What fine – Let's take – and go to. – **4** bought – pram – saw on – forgot **5** His – angry – what – happen.

Second wave: 20th Lesson

****

LEKCJA SIEDEMDZIESIĄTA

Powtórzenie i objaśnienia

4 Napiszmy to w języku angielskim, a następnie porównajmy ze zdaniami z punktu 5.

1 On zasnął podczas meczu. Godzinę temu. **2** Nie wolno ci rozmawiać. **3** Z tak niewielu przyjaciółmi i z tak wieloma problemami, on pewnie jest [musi być] nieszczęśliwy. **4** Oto dwie książki. Którą wolisz? **5** Zatrzymaj bilet, dopóki nie dojdziesz do wyjścia. **6** On pracował przez trzy godziny i następnie przestał.

5 Tłumaczenie

1 *He fell asleep during the match. An (one) hour ago.* **2** *You're not allowed to talk.* **3** *With so few friends and so many problems, he must be unhappy.* **4** *Here are two books. Which do you prefer?* **5** *Keep your ticket until you reach the exit.* **6** *He worked for three hours and then he stopped.*

Zamieszczamy w naszych tekstach dość dużo wyrażeń idiomatycznych. Nie wszystkie je wyjaśniamy. Pewnie nie zawsze je Państwo wszystkie rozumiecie. Ale cierpliwości. Z każdą lekcją rozumiecie przecież coraz więcej. Widzicie, że robicie postępy, nie niecierpliwcie się więc. Życzymy Wam wytrwałości. To się naprawdę opłaci!

Second wave: 21st (revision) Lesson

70th Lesson

SEVENTY-FIRST (71st) LESSON

Important news

1 Mr. Marshall and Mr. Hobbs were sitting* **(1)** in the seats near the door, opposite one another. **(2)**
2 David Wilson got* into the train and said*: "Good morning".
3 The two men replied "Morning" **(3)** and continued reading* their papers.
4 David put* his brief-case on the rack over his head and sat* down.
5 He lit* a cigarette, threw* the match on the floor and opened his paper.
6 The three men read* in silence for a while.
7 The window was half-open and there was a strong draught.
8 — I see* **(4)** the Chinese Prime Minister is dead, **(5)** said Marshall.
9 No one said* a word.

PRONUNCIATION

1 si:ts 3 ri'plaid ... kən'tinju:d 4 'bri:f,keis ... ræk 5 lit ... θru: ... mætʃ 6 wail 7 drɑ:ft 8 tʃaini:z ... ded

UWAGI

(1) *Were sitting* – siedzieli, to nowy czas przeszły. Oznacza czynność trwającą przez czas dłuższy w przeszłości.

(2) *One another, each other* – dosłownie znaczy jeden drugiego, częściej używa się jednak tłumaczeń „się nawzajem, sobie nawzajem". Teoretycznie *one another* używa się w odniesieniu do dwóch osób, a *each other* do więcej niż dwóch. W praktyce jednak nie zawsze jest to przestrzegane. *They saw one another* – zobaczyli się nawzajem. *They talked to each other* – Rozmawiali z sobą. *Oposite each other* – naprzeciwko siebie.

LEKCJA SIEDEMDZIESIĄTA PIERWSZA

Ważne wiadomości

1. Pan Marshall i pan Hobbs siedzieli na swoich miejscach, przy drzwiach, naprzeciwko siebie.
2. Dawid Wilson wsiadł do pociągu i powiedział: „Dzień dobry".
3. Ci dwaj panowie odpowiedzieli „Dobry" i kontynuowali czytanie swoich gazet.
4. Dawid położył swoją teczkę na półce nad swoją głową i usiadł.
5. Zapalił papierosa, wyrzucił zapałkę na podłogę i otworzył swoją gazetę.
6. Trzej panowie czytali w ciszy przez chwilę.
7. Okno było do połowy otwarte i był silny przeciąg.
8. — Rozumiem że chiński premier nie żyje, powiedział pan Marshall.
9. Nikt nie powiedział ani słowa.

UWAGI

(3) *Morning* – to częsta odpowiedź na *good morning* skierowana do osób nam znanych.
(4) *I see* – wiem, rozumiem, widzę.
(5) *Dead* – umarły, nieżywy. *To be dead* – nie żyć; *to die* – umrzeć, umierać. *He is dying* – on umiera. *He died* – on umarł. *He is dead* – on nie żyje.

71st Lesson

10 After a few minutes, Hobbs said*: "Oh dear, another terrible plane-crash".

11 The other two showed no interest.

12 Then David shouted: "Oh no!", the others looked at him.

13 "Stiles, the Chelsea centre-forward is ill and won't be able to play against Spurs".

14 The three men began* to discuss the terrible, tragic news. **(6)**

PRONUNCIATION

10 pleɪn kræʃ **13** staɪlz ðə tʃelsɪ sentr fɔːwəd **14** terɪbl trædʒɪk

EXERCISES

1 She lit a cigarette and threw the match on the floor. – **2** They began to talk about the news. – **3** – Lord Byron was born in seventeen eighty eight and died in eighteen twenty four. – **4** He put his coat on a chair and sat down. – **5** I am against his idea. I find it nonsense.

FILL IN THE MISSING WORDS:

1 *Oni czytali swoje gazety, kiedy drzwi otworzyły się.*

They .... their ...... when the ....

2 *Patrzyli jeden na drugiego przez pięć minut, przed powiedzeniem dzień dobry.*

They ...... at ... . five minutes before

....

3 *My nie będziemy w stanie pozwolić sobie na wakacje za granicą.*

We .... to ...... a holiday ....

two hundred and thirty 230

10 Po kilku minutach pan Hobbs powiedział: „Mój Boże, następne straszne rozbicie samolotu".
11 Pozostali dwaj nie okazali zainteresowania.
12 Wtedy Dawid krzyknął: „Och, nie!", pozostali popatrzyli na niego.
13 „Stiles, środkowy napastnik z drużyny Chelsea jest chory i nie będzie w stanie grać z drużyną Spurs".
14 Trzej mężczyźni zaczęli rozmawiać na temat okropnej, tragicznej wiadomości.

UWAGI

(6) *News* – wiadomości, nowiny, nowości, wieści – jest zawsze mimo końcówki – *s* liczbą pojedynczą. *The news is good* – wiadomości są dobre. *A piece of news* – wiadomość, nowina, wieść, nowość. *This is a good piece of news* – To jest dobra wiadomość.

ĆWICZENIA

1 Ona zapaliła papierosa i wyrzuciła zapałkę na podłogę. – **2** Zaczęli rozmawiać o nowinie. – **3** Lord Byron urodził się w tysiąc siedemset osiemdziesiątym ósmym roku, a umarł w tysiąc osiemset dwudziestym czwartym. – **4** On położył swój płaszcz na krześle i usiadł. – **5** Jestem przeciwny temu pomysłowi. Uważam go za nonsensowny.

4 *Okno było do połowy otwarte i był silny przeciąg.*

. . . . was . . . . - . . . . and . . . . a strong . . . .

5 *On zobaczył ciało i spytał „Czy on nie żyje, czy śpi?"*

He . . . the . . . . and asked: "is . . . . . . or . . . . . . ?"

ODPOWIEDZI

1 were reading – papers – door opened. – **2** looked – one another for – saying Good morning (hello). – **3** will not be able – afford – abroad. – **4** The window – half – open – there was – draught. – **5** saw – body – he dead – asleep (sleeping).

Second wave: 22nd Lesson

71st Lesson

SEVENTY-SECOND (72nd) LESSON

1 The train stopped at a station but no one got* on.
2 At the last minute, the door opened
3 and an old gentleman with a grey beard and glasses **(1)** got* into **(2)** the compartment.
4 — I just caught it! he said, sitting* down heavily. **(3)**
5 He took* off his glasses and wiped his face with a striped handkerchief.
6 Everyone was reading* and smoking, except the old gentleman.
7 He had obviously had no time to buy* a paper before catching* **(4)** the train.
8 David soon noticed that the man was reading* his paper with him, but very discreetly.
9 David's paper had twenty pages and he would have liked **(5)** to share it with him,
10 but he did not want to show the old gentleman that he had noticed he was reading* it:
11 he was afraid of offending **(6)** him.
12 David reached the bottom of the page, but did not want to turn it because his neighbour was still reading*.
13 At last, David solved the problem. He folded the paper, put it on the seat,
14 closed his eyes and pretended to be asleep. **(7)**

PRONUNCIATION

3 biəd ... glɑːsiz ... kəmpɑːtmənt 4 kɔːt ... hevili 5 waipd ... straipd 'hæŋkətʃif 7 obviəsli ... kətʃiŋ 8 nəutist ... disˈkriːtli 9 peidʒiz ... ʃeə(r) 11 əˈfendiŋ 12 botm ... tɜːn 13 solvd ... foldid ... siːt 14 priˈtendid ... əˈsiːlp

UWAGI

(1) *Glasses* – okulary; *glass* – szklanka, szkło.
(2) *In, into* – w, do wewnątrz. *Into* – do środka, do wewnątrz czegoś – używa się w połączeniu z czasownikami

LEKCJA SIEDEMDZIESIĄTA DRUGA

1. Pociąg zatrzymał się na stacji, ale nikt nie wsiadł.
2. W ostatniej minucie drzwi otworzyły się
3. i starszy pan z siwą brodą i w okularach wszedł do przedziału.
4. — Złapałem go! powiedział siadając z wysiłkiem.
5. Zdjął swoje okulary i wytarł swoją twarz pasiastą chusteczką.
6. Każdy czytał i palił z wyjątkiem starszego pana.
7. On oczywiście nie miał czasu na kupienie gazety przed złapaniem pociągu.
8. Dawid wkrótce zauważył, że mężczyzna czytał jego gazetę wraz z nim, ale bardzo dyskretnie.
9. Gazeta Dawida miała dwadzieścia stron i on chciałby podzielić się nią z nim.
10. ale nie chciał pokazać starszemu panu, że zauważył, że on ją czytał:
11. obawiał się go obrazić.
12. Dawid doszedł do końca strony, ale nie chciał jej odwrócić, bo jego sąsiad wciąż czytał.
13. W końcu Dawid rozwiązał problem. Złożył gazetę, położył na siedzeniu,
14. zamknął oczy i udawał, że śpi.

UWAGI

wyrażającymi ruch. *He jumped into the water.* – Wskoczył do wody. *He got into the car.* – Dostał się do samochodu.

(3) *Heavily* – ciężko, ociężale, z wysiłkiem.

(4) *Before catching* – przed złapaniem. Po wyrazach *after* – po, *before* – przed, zanim, nim – często używa się czasowników z końcówką – *ing* czyli rzeczowników odsłownych (*gerunds*). *Before catching the train, he bought a paper.* – Przed złapaniem pociągu, kupił gazetę. *After reading it for a while, he fell asleep.* – Po poczytaniu jej przez chwilę, on zasnął.

(5) *He would have liked* – on chciałby – wrócimy do tej konstrukcji w następnych lekcjach.

(6) Po *of* również występuje często rzeczownik odsłowny – patrz objaśnienie (4) tej lekcji.

(7) *To pretend* – udawać. *To pretend to be asleep* – udawać, że śpi. *he pretended to be a millionaire* – Udawał, że jest milionerem.

72nd Lesson

EXERCISES

1 Without mouving his hands, he turned the page. – **2** He was afraid of waking his father. – **3** It was so cold in Scotland that I caught a cold. – **4** He pretended to be a parachutist, but he was really a post-man. – **5** When you have reached the end of this book, read it again.

FILL IN THE MISSING WORDS:

1 *Zanim wytarł swoją twarz, zdjął swoje okulary.*

Before . . . . face, he . . . . his . . . .

2 *Wszyscy czytali z wyjątkiem Dawida, który udawał, że śpi.*

. . . . reading . . . . . . David who was . . . . to . . . . . .

3 *Pamiętaj: nie można się nauczyć bez uczenia się.*

. . . . ; you cannot . . . . . without . . . .

****

SEVENTY-THIRD (73rd) LESSON

A little mystery

1 The police were **(1)** interviewing a soldier suspected of robbery. **(2)**
2 — I don't know* the restaurant. I've never been there in my life, said* the suspect.

PRONUNCIATION

1 intəvju:iŋ ə soldʒə sə'spektid əv robəri 2 sʌspəkt

UWAGI

(1) *The police were* – mimo, że jest to rzeczownik w liczbie pojedynczej, następuje po nim czasownik w liczbie mnogiej,

ĆWICZENIA

1 Bez ruszania rąk, on odwrócił stronę. – **2** Obawiał się, że obudzi swojego ojca. – **3** Było tak zimno w Szkocji, że się przeziębiłem. – **4** On udawał, że jest spadochroniarzem, ale w rzeczywistości był listonoszem. – **5** Kiedy dojdziesz do końca tej książki, przeczytaj ją jeszcze raz.

4 *Chciałabym ci pomóc, ale niestety, jestem zbyt zajęta.*

I . . . . . like . . . . . . you, but, ... , I . . . .

5 *Po przeczytaniu sprawozdania, on włożył je do teczki.*

After . . . . the report he . . . it . . . . - . . . . .

HE WOULD HAVE LIKED TO SHARE IT WITH HIM

ODPOWIEDZI

1 wiping his – took off – glasses. – **2** Everyone was – except – pretending – sleep. – **3** Remember – learn – studying. – **4** would – to help – unfortunately – am too busy. – **5** reading – put – in his brief-case.

Second wave: 23rd Lesson

****

LEKCJA SIEDEMDZIESIĄTA TRZECIA

Mała tajemnica

1 Policja przesłuchiwała żołnierza, podejrzanego o włamanie.

2 — Nie znam tej restauracji. Nigdy w moim życiu tam nie byłem, powiedział podejrzany.

UWAGI

bo jest to rzeczownik zbiorowy, czyli oznacza zbiorowość policjantów jako jedną całość – policję.

(2) *To rob* – włamywać się; *robbery* – włamanie; *robber* – włamywacz; *to steal, stole, stolen* – kraść; *theft* – kradzież; *thief, thieves* – złodziej, złodzieje.

3 — Well, people say* that a soldier like you robbed the restaurant and wounded **(3)** the owner, replied the detective.

4 — But there must be thousands of soldiers **(4)** in this town.

5 — Yes, but only one who was near the scene of the crime.

6 — Listen. I was walking quietly down the street, **(5)**
7 when someone ran* down the street shouting: "He robbed the till!!!";
8 so, I stopped and went* back to the restaurant
9 and the witnesses said* I was the robber because **(6)** of my uniform.
10 So the police arrested me and here I am.

11 — You say* you never saw* the restaurant before?

12 — Yes, that's right, said* the soldier nervously.

13 — Then I arrest you for armed robbery, said* the detective.

14 What was the soldier's mistake? (The answer is in the revision lesson.)

PRONUNCIATION

3 robd ... waundid ... əunə ... junifəm. **10** ə'restid **12** nɜːvəsli **13** ə'rest ... ɑːmd **14** mi'steik

UWAGI

(3) *To wound* – ranić bronią, *to injure, to hurt* – zranić.

(4) *Two thousand* ale *thousands of soldiers*. W wyrażeniach oznaczających setki, tysiące, miliony wyrazy *a hundred, thousand, milion* występują w liczbie mnogiej – patrz lekcja 39 (1). *hundreds of thousands* – setki tysięcy.

EXERCISES

1 I have never been to England. – What's it like? – **2** There must be a mistake, I don't know you. – **3** She ran down the street shouting "Help!". – **4** My plane was late because of a strike. – **5** I was working when the telephone rang.

3 — Ale ludzie mówią, że żołnierz podobny do ciebie obrabował restaurację i ranił właściciela, odpowiedział detektyw.
4 — Ale jest pewnie tysiące żołnierzy w tym mieście.
5 — Tak, ale tylko jeden, który był w pobliżu miejsca przestępstwa.
6 — Posłuchajcie. Szedłem sobie spokojnie ulicą,
7 kiedy ktoś przebiegł ulicę krzycząc: „On obrabował kasę!!!";
8 więc zatrzymałem się i wróciłem do restauracji
9 i świadkowie powiedzieli, że to ja jestem włamywaczem z powodu mojego munduru.
10 Więc policja aresztowała mnie i oto jestem.
11 — Mówisz, że nigdy przedtem nie widziałeś tej restauracji.
12 — Tak, tak jest, powiedział żołnierz nerwowo.
13 — Więc ja aresztuję cię za włamanie z bronią w ręku, powiedział detektyw.
14 Jaki był błąd żołnierza? (Odpowiedź jest podana w lekcji powtórzeniowej.)

UWAGI

(5) *To walk down the street* – spacerować ulicą. Wyraz *down* nie jest tłumaczony na język polski.
(6) *Because* – ponieważ, *because of* – z powodu.

ĆWICZENIA

1 Nigdy nie byłem w Anglii. – Jaka ona jest? – **2** To musi być pomyłka, nie znam cię. – **3** Ona biegła ulicą krzycząc „Pomocy". – **4** Mój samolot spóźnił się z powodu strajku. – **5** Pracowałam, kiedy zadzwonił telefon.

FILL IN THE MISSING WORDS:

1 *On jest właścicielem trzech domków letniskowych i mieszkania.*

He is ... . three .... - ...... and a flat.

73rd Lesson

2 *Bez zadawania pytań on wiedział, że żołnierz dokonał włamania.*

.... any questions, he .... the soldier ... . the robbery.

3 *Setki i tysiące ludzi kupiło samochody.*

.... and .... of .... cars.

4 *Ona nigdy w swoim życiu nie była za granicą.*

She ... never .... in ... .

5 *Z powodu deszczu spóźnimy się dwadzieścia minut.*

.... the .... we will .. twenty minutes ... .

****

SEVENTY-FOURTH (74th) LESSON

1 Let's learn some useful expressions.
2 When English people **(1)** meet* for the first time, they say*: "How do you do?".
3 The answer is: "How do you do?"
4 After this first meeting, you may say: "How are you?", or simply "Hello".
5 Younger people find* these formulas too formal and try to avoid them.
6 People rarely shake* hands in England.

7 Here is a typical "polite" conversation.
8 — Hello, David, how are you?
9 — Fine, thank you. And you?

PRONUNCIATION

5 fɔ:mjuləz ... fɔ:ml ... ə'vəid 6 reə(r)li ʃeik 7 tipikl

ODPOWIEDZI

1 the owner of – country-houses. – **2** Without asking – knew – had done. – **3** Hundreds – thousands – people bought . – **4** has – been abroad – her life. – **5** Because of – rain – be – late.

Second wave: 24th Lesson

****

LEKCJA SIEDEMDZIESIĄTA CZWARTA

1 Nauczymy się kilku przydatnych wyrażeń.
2 Gdy Anglicy spotykają się po raz pierwszy mówią: How do you do?"
3 Odpowiedź brzmi: "How do you do"?
4 Po tym pierwszym spotkaniu, można powiedzieć: „Jak się masz [czujesz]?", albo po prostu „Cześć".
5 Młodzież uważa te formuły za bardzo formalne i próbuje ich unikać.
6 Ludzie rzadko podają sobie ręce w Anglii.

7 Oto typowa „uprzejma" rozmowa:
8 — Dzień dobry, Dawidzie, jak się czujesz?
9 — Dobrze, dziękuję. A ty?

UWAGI

(1) *The English* – Anglicy, ale *English people* – Anglicy, ale bardziej ogólnie. Podobnie *younger people* – młodsi ludzie, młodzież.

10 — I'm very well. Let* me introduce Andrew Williams. **(2)**
11 — How do you do? – Pleased to meet* you. **(3)**
12 — Terrible weather, isn't it? – Yes, but it's getting* warmer now.
13 — I hope we will have some sun soon.
14 — Well, I must be off **(4)** or I'll be late. Give* my regards **(5)** to your wife. Good-bye.
15 — I will. Take* care of yourself. **(6)** Good-bye.

PRONUNCIATION

10 intrə'dju:s **12** teribl weðə **14** ri'ga:dz

UWAGI

(2) *Let me introduce* – to zwrot wart zapamiętania – pozwól mi przedstawić.
(3) *Pleased to meet you* – to zwrot grzecznościowy tłumaczony – z przyjemnością cię/pana/panią spotykam, podobny do *nice to meet you* – miło mi cię spotkać.

EXERCISES

1 We rarely introduce our friends to Andrew. – **2** Pleased to meet you. What is your name? – **3** I hope he will accept our offer. – **4** He did it without thinking. – **5** These papers are free. Please take one.

FILL IN THE MISSING WORDS:

1 *Pozwól mi dać ci drinka.*

. . . me . . . . a drink.

2 *Pozwól mi zaprosić cię na obiad.*

. . . . . me . . . . to dinner.

10 — Ja czuję się dobrze. Pozwól mi przedstawić Andrzeja Williams'a.
11 — Dzień dobry. – Z przyjemnością Pana spotykam.
12 — Okropna pogoda, prawda? – Tak, ale teraz robi się cieplej.
13 — Mam nadzieję, że wkrótce będziemy mieli trochę słońca.
14 — Tak, muszę już iść, w przeciwnym razie spóźnię się. Przekaż moje pozdrowienia swojej żonie. Do widzenia.
15 — Przekażę. Uważaj na siebie. Do widzenia.

UWAGI

(4) *To be off* – wyjść. *I must be off or ...* – w tym zdaniu *or* tłumaczymy jako w przeciwnym razie.

(5) *Give my regards to ...* – przekaż moje pozdrowienia ...*Best/kindnest regards* – serdeczne pozdrowienia. *To regard* – uważać [kogoś/coś za], szanować. *I regard him highly* – Bardzo go szanuję.

(6) *Take care (of yourself)* – Uważaj (na siebie) – to bardzo często używany zwrot.

ĆWICZENIA

1 Rzadko przedstawiamy naszych przyjaciół Andrzejowi. – **2** Z przyjemnością Pana spotykam. – Jak się Pan nazywa? – **3** Mam nadzieję, że on zaakceptuje naszą ofertę. – **4** On zrobił to, nie myśląc. – **5** Te gazety są za darmo. Proszę, weź jedną.

3   *Muszę iść, w przeciwnym razie spóźnię się. Przekaż pozdrowienia swojej żonie.*

   I .... be ... or I .... Give .. .. to .... wife.

4   *Spróbuj ominąć autostradę, tam jest za duży ruch.*

   ... to ..... the motorway, there .. ..

5   *On zawsze pozwala mi korzystać ze swojego samochodu, jeśli go nie potrzebuje.*

   He always .... me .... car if .. .... not ....

****

SEVENTY-FIFTH (75th) LESSON

1   We have seen* **(1)** a lot of words in the last few lessons.
2   It is now time to revise some of them.
3   He lit* a cigarette, opened his novel and began* to read.
4   Where did I put* my brief-case? I can't remember. **(2)**
5   My young nephew was injured in a plane-crash.
6   He will not be able to come tomorrow as **(3)** he has an important meeting.
7   The bank was robbed of fifty thousand pounds during the night.
8   When you meet* someone for the first time, you say*: "How do you do?"

PRONUNCIATION

1 wɔ:dz **2** ri'vaiz **5** indʒə(r)d

UWAGI

(1) *To see, saw, seen* – widzieć, zauważyć, zobaczyć, spojrzeć, zrozumieć, dopilnować.

ODPOWIEDZI

1 Let – offer you. – **2** Allow – to invite you. – **3** must – off – will be late – my regards – your. – **4** Try – avoid – is too much traffic. – **5** lets – take his – he does – need it.

Nie czytajcie Państwo następnej lekcji, jeśli czegoś nie rozumiecie z angielskiego tekstu. Wróćcie do niego jeszcze raz, przeczytajcie ponownie i postarajcie się zrozumieć. W razie potrzeby wróćcie do poprzednich lekcji i dopiero jak wszystko zrozumiecie, zaczynajcie następną lekcję.

Second wave: 25th Lesson

****

LEKCJA SIEDEMDZIESIĄTA PIĄTA

1. Zrozumieliśmy dużo wyrazów w ostatnich paru lekcjach.
2. Teraz jest czas na powtórzenie niektórych z nich.
3. On zapalił papierosa, otworzył swoją powieść i zaczął czytać.
4. Gdzie ja położyłem swoją teczkę? Nie pamiętam.
5. Mój młody siostrzeniec był ranny w wypadku samolotu.
6. On nie będzie w stanie jutro przyjść, bo ma ważne spotkanie.
7. Bank został obrabowany z pięćdziesięciu tysięcy funtów w ciągu nocy.
8. Kiedy kogoś spotkasz po raz pierwszy, mówisz: *„How do you do?"*

UWAGI

(2) Przypomnijmy, iż *can/could* bywają używane z czasownikami oznaczającymi odbieranie wrażeń zmysłowych jak, *to see, to hear, to remember, to feel*. Wówczas *can / could* nie jest tłumaczone na język polski. *I can / could hear him.* – Słyszę/słyszałam go.

(3) *As = because* – ponieważ, bo.

9	They saw* one another for the first time last week, although they write* to one another regularly.
10	I must be off or I'll be late for my appointment. **(4)**
11	You'll be able to recognise George, he wears* **(5)** glasses and a bowler hat.
12	Don't forget* the exercises at the bottom of the page.
13	The door was half-open and he saw* his parents playing cards.
14	The weather is terrible, isn't it?

PRONUNCIATION

10 ə'pointmənt **11** rekəgnaiz ... bəulə hæt

EXERCISES

1 You're very tired. Will you be able to drive home? – **2** They weren't happy with their daughter's letter. – **3** Don't ring, he won't answer the phone. – **4** When they've finished, they'll come and see us. – **5** I can't understand he left so early.

FILL IN THE MISSING WORDS:

1 *Oni musieli kupić nowy kredens.*

.... a new sideboard.

2 *Proszę, sprawdź swoje opony zanim wyjedziesz.*

.... your tyres ....

3 *Chociaż on jest bardzo mały, on jest bardzo silny.*

.... he .. very ....., he is ....

4 *On otworzył do połowy drzwi i zajrzał do kuchni.*

He ....-...... the door and ...... into the ....

5 *Mam nadzieję, że twój kuzyn czuje się lepiej.*

I .... cousin .. ..

9 Zobaczyli się nawzajem po raz pierwszy w zeszłym tygodniu, chociaż piszą do siebie regularnie.
10 Muszę iść, w przeciwnym razie spóźnię się na moje spotkanie.
11 Będziesz w stanie rozpoznać Jurka, on nosi okulary i melonik.
12 Nie zapomnij o ćwiczeniach na dole strony.
13 Drzwi były do połowy otwarte i on zobaczył swoich rodziców grających w karty.
14 Pogoda jest okropna, prawda?

UWAGI

(4) *Appointment* – umówione spotkanie, termin; *to make an appointment* – ustalić termin spotkania. *A doctor's appointment* – wizyta u lekarza.

(5) *To wear, wore, worn* – nosić ubranie, okulary; *to carry* – nosić coś w ręku. *Worn out* – zniszczony, zużyty.

ĆWICZENIA

1 Jesteś bardzo zmęczony. Czy będziesz w stanie pojechać samochodem do domu? – **2** Nie byli zadowoleni z listu swojej córki. – **3** Nie dzwoń, on nie odbierze telefonu. – **4** Gdy oni skończą, przyjdą i zobaczą nas. – **5** Nie rozumiem dlaczego on wyszedł tak wcześnie.

ODPOWIEDZI

1 They had to buy. – **2** Please check – before leaving. – **3** Although – is – small (little) – very strong. – **4** half-opened – looked – kitchen. – **5** hope your – is better

Second wave: 26th Lesson

75lh Lesson

SEVENTY-SIXTH (76th) LESSON

Conditionals

1 — What can I do for you, sir? – I'd like to speak* to Mr. Davis.
2 — I'm sorry, he isn't in . Would you like to see* somebody else?
3 — No, but would you take* a message **(1)** for me, please?
4 — I'd be delighted. **(2)**

5 "Would" **(3)** is the conditional in English and is placed in front of the bare infinitve.
6 The contraction is easy: "Would" becomes* ...'d.
7 For instance: I'd like a cup of tea.
8 He'd help you. We'd prefer beer, if you have any.
9 Questions are easy too: Would you like a cup of tea? Would you help me please?
10 Here are some more sentences: He would understand* if you spoke* more slowly. **(4)**
11 He wouldn't ask for help if he didn't want it.
12 He wouldn't need a teacher if he spoke* fluently.

PRONUNCIATION

3 mesidʒ 4 di'laitid 5 kən'diʃnl ... pleisd ... in'finitiv 6 kən'trækʃn 10 ˌʌndə'stænd 12 fluəntli

UWAGI

(1) *To take a message* – przyjąć wiadomość, informację. *To leave a message* – zostawić wiadomość, informację. *Any messages?* – jakieś wiadomości, informacje?
(2) *I'd be delighted* – zwrot grzecznościowy – będzie mi miło, będę zachwycony/a.

LEKCJA SIEDEMDZIESIĄTA SZÓSTA

Warunki

1 — Co mogę dla Pana zrobić, proszę Pana? Chciałbym rozmawiać z panem Davis'em.
2 — Przykro mi, ale go nie ma. Czy chciałby Pan zobaczyć się z kimś innym?
3 — Nie, ale czy zechciałby Pan proszę, przyjąć ode mnie wiadomość.
4 — Będę zachwycony. [Będzie mi miło].

5 „Would" jest warunkiem w języku angielskim i jest umieszczane przed bezokolicznikiem.
6 Skrót jest prosty: „Would" staje się ... 'd.
7 Na przykład: Chciałbym filiżankę herbaty.
8 On ci pomoże. My wolelibyśmy piwo, jeśli masz jakieś.
9 Pytania są także łatwe: Czy chciałbyś filiżankę herbaty? Czy zechciałbyś mi pomóc?
10 Oto trochę więcej zdań: On zrozumiałby, gdybyś mówił znacznie wolniej.
11 On nie poprosiłby o pomoc, gdyby nie chciał żadnej.
12 On nie potrzebowałby nauczyciela, gdyby mówił płynnie.

UWAGI

(3) *Would* występuje w wyrażeniu *would like to* – chciałabym, chciałbym i w zdaniach warunkowych. Tworzy pytania przez inwersję: *Would you like to come?* – czy chciałbyś przyjść?, a przeczenia przez połączenie z *not*: *I would not (wouldn't) like to go.* – Nie chciałbym iść.

(4) W języku angielskim istnieją trzy zdania warunkowe. Te, są typem drugim. W jednym zdaniu występuje *would* z pierwszą formą czasownika (forma podstawowa), a w drugim *if* – jeśli, gdybyś i czasownik w czasie przeszłym (*past simple*). Kolejność występowania tych zdań w jednym jest dowolna, ale po *if* nie może występować *would*. Drugie zdanie warunkowe dotyczy teraźniejszości. *If he came, I would be happy*. Gdyby on przyszedł (teraz), byłabym szczęśliwa.

13 A famous lawyer had lost* a case **(5)** and was very angry.

14 — If this is the law, he shouted, I'll burn* my books!

15 The judge replied: "It would be better if you read* them". **(6)**

PRONUNCIATION

13 feiməs ... keis ... engri 14 bɜ:n 15 dʒʌdʒ

EXERCISES

1 I would buy it, it is very cheap. – **2** He doesn't let me use his car at weekends. – **3** I'm afraid he isn't back yet. – **4** What would you do if you had a lot of money? – **5** How would you feel if someone kicked you?

FILL IN THE MISSING WORDS:

1 *Czy chciałbyś trochę kawy? – Ja wolałabym herbatę, jeśli masz jakąś.*

..... you .... some coffee? – I .... tea if you

have ... .

2 *Nie chciałbym być na twoim miejscu!*

I .... like .. .. in your place!

3 *Kogo chciałbyś zobaczyć pierwszego?*

Who .... like .. ... first?

4 *Ona kupiłaby trochę, gdyby miała pieniądze.*

She ..... buy .... if she ... . money.

13 Słynny prawnik przegrał sprawę i był bardzo zły.
14 — Jeśli to jest prawo, on krzyczał, [to] ja spalę swoje książki.
15 Sędzia odpowiedział: „Byłoby lepiej, gdyby pan je przeczytał".

UWAGI

(5) *Case* – sprawa sądowa, przypadek. *In this case* – w takim razie, w takim przypadku.
(6) Pamiętajmy o poprawnej wymowie tych form: *to read [ri:d], [red], [red]* – czytać

ĆWICZENIA

1 Kupiłbym to, jest bardzo tanie. – **2** On nie pozwala mi korzystać ze swojego samochodu podczas weekendów. – **3** Obawiam się, że on jeszcze nie wrócił. – **4** Co zrobiłbyś, gdybyś miał dużo pieniędzy? – **5** Jakbyś się czuł, gdyby ktoś cię kopnął?

5 *Nie chcielibyśmy ci przeszkadzać.*

We . . . . like to disturb you.

ODPOWIEDZI

1 Would – like – would prefer – any. – **2** wouldn't – to be – **3** would you – to see. – **4** would – some – had some. – **5** wouldn't.

Second wave: 27th Lesson

76th Lesson

SEVENTY-SEVENTH (77th) LESSON

Revisions and Notes

Jak zwykle wracamy do objaśnień z lekcji 71–76. Jeśli tylko Państwo czegoś nie rozumiecie, zatrzymajcie się nieco dłużej nad tą lekcją. Przypomnijcie sobie to, co zapomnieliście. Warunkiem sukcesu, jest zrobienie tego, czego się uczymy.

1 Odpowiedź na zagadkę z tekstu z lekcji 73. W linijce 8 jest zdanie *I went back* – wróciłem z powrotem, które sugeruje, że żołnierz był poprzednio w tej restauracji.

2 W lekcji 71 (1) wystąpił czas przeszły ciągły – *Past Continuous*. Tworzy się go za pomocą *was/were* i czasownika z końcówką – *ing*. Oznacza on czynność przeszłą trwającą dłużej lub występującą z inną czynnością przeszłą. *I was watching TV when my friends arrived.* – Oglądałem telewizję, gdy przybyli moi przyjaciele.

3 Poznaliśmy II typ zadania warunkowego. Zapamiętajmy występujące w nim czasy: *I would came, if you asked me.* – Przyszłabym, gdybyś mnie poprosił. Patrz lekcja 76 (4).

4 Powtórzmy jeszcze raz nieregularnie stopniujące się przymiotniki [patrz lekcja 38 (2), (10)]: *good, better, best* – dobry, lepszy, najlepszy; *bad, worse, worst* – zły, gorszy, najgorszy; *little, less, least* – mały, mniejszy, najmniejszy; *at least* – przynajmniej; *less and less* – mniej i mniej; *the less the better* – im mniej tym lepiej.

5 Zdania do zapamiętania:
   1 *She washed her hands.*
   2 *He bought a paper before catching the train.*
   3 *He pretended to be rich.*
   4 *He ran down the stairs.*
   5 *Yes, that's right.*
   6 *Pleased to meet you.*
   7 *I can't remember.*
   8 *They saw one another.*
   9 *I'd like a beer, please.*

LEKCJA SIEDEMDZIESIĄTA SIÓDMA

Powtórzenie i objaśnienia

6 Tłumaczenie
1. Ona umyła ręce.
2. On kupił gazetę przed złapaniem pociągu.
3. On udawał, że jest bogaty.
4. On zbiegł ze schodów.
5. Tak, tak jest dobrze.
6. Jestem zadowolony, że cię spotykam.
7. Nie pamiętam.
8. Zobaczyli się nawzajem.
9. Ja chciałbym piwo, (proszę).

Zamieniliśmy zdania, które Państwo pisali, na zdania, które macie sobie utrwalić i zapamiętać. Przeczytajcie te zdania, upewnijcie się, że je pamiętacie i sprawdźcie, czy je dobrze zrozumieliście, czytając tekst tłumaczenia z punktu (6).

Second wave: 28th (revision) Lesson

77th Lesson

SEVENTY-EIGHTH (78th) LESSON

Don't worry

1 We have seen* many expressions and words already,
2 and perhaps you are worried by some of the unusual ones, like:
3 "They began* to read*" or "Studying is easy".
4 But, if you read* a lesson every day, you will come* to know* **(1)** these words and idioms
5 and will be able to use them naturally.
6 You already know* enough English to survive **(2)** in England.
7 and you know a little about **(3)** the country.
8 All this with just one lesson a day.
9 But you must continue reading* and writing*.
10 and do not worry about making* mistakes; you make* mistakes in your own language, too!
11 You probably want to speak* fluently now, after only eleven weeks,
12 but you should remember the saying:
13 "You must learn to walk before you can run*".

PRONUNCIATION

dəunt wʌri 1 iks'preʃn 2 ʌn'ju:ʒl 5 'nætʃrəli 6 sə'vaiv 9 kən'tinju: 10 læŋgwidʒ

UWAGI

(1) To zdanie jest pierwszym zdaniem warunkowym. Po *if* następuje czas teraźniejszy, w drugim *will* z formą podstawową, czyli czas przyszły. Warunek ten dotyczy przyszłości. *If you study every day, you will know English very quickly.* – Jeśli będziesz uczyć się każdego dnia, szybko poznasz angielski. *To come to know* – dojść do tego, że poznasz/cie.

(2) *To survive* – przeżywać, przetrwać, utrzymać się przy życiu.

LEKCJA SIEDEMDZIESIĄTA ÓSMA

Nie martw się

1. Zrozumieliśmy już wiele wyrażeń i wyrazów,
2. i może martwcie się Państwo niektórymi niezwykłymi, jak:
3. „Oni zaczęl czytać", albo „Uczenie się jest łatwe".
4. Ale, jeśli czytacie lekcje każdego dnia, dojdziecie do tego, że poznacie te wyrazy i idiomy
5. i będziecie w stanie używać ich naturalnie.
6. Już znacie wystarczająco dużo angielskiego, by przetrwać [dać sobie radę] w Anglii,
7. i już znacie trochę ten kraj.
8. I to wszystko tylko z jedną lekcją dziennie.
9. Ale musicie kontynuować czytanie i pisanie
10. i nie martwcie się, że robicie błędy: robicie błędy w swoim języku także!
11. Pewnie chcecie teraz mówić płynnie po angielsku po zaledwie jedenastu tygodniach [nauki].
12. Ale powinniście zapamiętać powiedzenie:
13. „Musisz się nauczyć chodzić, zanim będziesz mógł biegać".

UWAGI

(3) To zdanie można również przetłumaczyć jako „już coś wiesz o tym kraju". *About* – o; to często występujące słówko w języku angielskim. *To talk about* – rozmawiać o; *to worry about* – martwić się o; *Mr Brown wants to see you? – What's it about?* Pan Brown chce się widzieć z Panem. – A o co chodzi? [W jakiej sprawie?]

EXERCISES

1 You will soon come to know your husband. – **2** But you must continue trying. – **3** Learning is easy, but you must practise. – **4** I should go now, but I prefer to stay. – **5** You should try her cherry cake: it's excellent!

FILL IN THE MISSING WORDS:

1 *Martwię się, on powinien być z powrotem w domu teraz.*

I am . . . ., he . . . . . . be . . . . now.

2 *Ona nie powinna tak szybko jechać, ona przeraża mnie.*

She . . . . drive so . . . . , she . . . .

3 *Gotowanie jest łatwe, każdy to umie robić.*

. . . . is easy, ... do it.

****

SEVENTY-NINTH (79th) LESSON

1 — Have you seen* that new film?
2 — You mean* "Disaster"? Yes, I saw* it last week.
3 — Have you read* "Animal Farm"? **(1)** – Yes, I read* it when I was at school.
4 — Have you heard* the joke about...? – Yes, I heard* it ten years ago.

5 When we are talking about a definite event in the past, we use the simple past tense;

PRONUNCIATION

2 di'zɑ:stə(r) **3** 'ænimi fɑ:m **4** dʒəuk **5** definit i'vent

ĆWICZENIA

1 Wkrótce dojdzie do tego, że poznasz swojego męża. – **2** Ale musisz kontynuować staranie się. – **3** Uczenie się jest łatwe, ale musisz ćwiczyć. – **4** Powinnam iść teraz, ale wolę zostać. – **5** Powinnaś spróbować jej ciasta z wiśniami: jest doskonałe.

4 *Masz już dosyć na talerzu.*

You've . . . . in your plate . . . .

5 *To powinno być łatwe, już to widziałam.*

This one . . . . easy, I . . . . it already.

ODPOWIEDZI

1 worried – should – home (back) – **2** should not – fast (quickly) – scares me. – **3** Cooking – anyone (anybody) can. – **4** got enough – already. – **5** should be – have seen.

Second wave: 29th Lesson

****

LEKCJA SIEDEMDZIESIĄTA DZIEWIĄTA

1 — Czy widziałeś ten nowy film?
2 — Masz na myśli „Klęskę"? Tak, widziałem go w zeszłym tygodniu.
3 — Czy czytałeś „Farmę zwierząt"? – Tak, czytałem, kiedy byłem w szkole.
4 — Czy słyszałeś kawał o ...? – Tak, słyszałem go dziesięć lat temu.

5 Gdy mówimy o określonym wydarzeniu w przeszłości, używamy czasu przeszłego prostego;

UWAGI

(1) *Animal Farm* – groteskowa powieść George'a Orwell'a.

6 but when we are referring to the past in general, we use "have" (or "has") with the past participle. **(2)**
7 You use this with words such as "ever" "before" "already" and "just".
8 For example: I have read* this book already,
9 or: he has never seen* the snow.
10 We say: She has already written* five novels,
11 but we must say: She wrote* a novel last year,
12 or: she read* the book last night. **(3)**
13 — Am I the first man you have ever loved? He said*.
14 — Of course, she replied, why do men always ask the same question?

PRONUNCIATION

6 ri'fɜ:iŋ ... dʒenərl 9 snəu 10 ritn

"All men are equal, but some are more equal than the others".
(*„Wszyscy mężczyźni są jednakowi, ale niektórzy są bardziej jednakowi niż inni"*, George Orwell, *Animal Farm.*)

EXERCISES

1 Have you heard the new record by the "Flops"? – **2** In general, men are stronger than women, but women are more intelligent. – **3** I shouldn't eat this because I am already too fat. – **4** She has never driven a car before. – **5** Let me show you my new flat.

FILL IN THE MISSING WORDS:

1 *Czy kiedykolwiek byłeś w miejscowości sportów zimowych?*

 . . . . you .... been to . . . . ?

6   ale kiedy odnosimy się do przeszłości ogólnie, używamy „have" lub „has" z imiesłowem biernym (czyli trzecią formą czasownika).
7   Używamy go [czasu Present Perfect] ze słowami takimi jak „kiedykolwiek", „przedtem, przed", „już" i „właśnie".
8   Na przykład: już przeczytałem tę książkę,
9   albo: on nigdy nie widział śniegu.
10 Mówimy: Ona już napisała pięć powieści,
11 ale musimy powiedzieć: Ona napisała powieść w zeszłym roku,
12 albo: Ona czytała tę książkę zeszłego wieczoru.
13 — Czy jestem pierwszym mężczyzną, którego kiedykolwiek kochałaś?
14 — Oczywiście, ona odpowiedziała, dlaczego mężczyźni zawsze zadają to samo pytanie?

UWAGI

(2) Patrz lekcja 51 (1), 52 (1), (2).
(3) Pamiętajmy, iż *night* można tłumaczyć i jako wieczór i jako noc. Właściwy wyraz *evening* określa czas między godziną 18.00 a 20.00. Dziś wieczór – *tonight*. Jutro rano – *tomorrow morning*.

ĆWICZENIA

1 Czy słyszałeś nową płytę „Flops'ów"? – 2 Generalnie, mężczyźni są silniejsi od kobiet, ale kobiety są bardziej inteligentne. – 3 Nie powinnam tego jeść, bo już jestem za gruba. – 4 Ona nigdy przedtem nie prowadziła samochodu. – 5 Pozwól mi pokazać sobie moje nowe mieszkanie.

2   *Tak, moja żona i ja pojechaliśmy po raz pierwszy w zeszłym roku.*

    Yes . . wife and . . . . . for the first time . . . .

3   *Czy widziałeś Jurka? – Tak, widziałem go w piątek.*

    . . . you . . . . George? – Yes, I . . . him . . . .

4   *Właśnie kupiłem nową parę spodni.*

    I . . . . just . . . . . . a new . . . .

79th Lesson

5 *Nigdy nie paliłem [uwędziłem] liścia sałaty? Czy jest dobry?*

I .... smoked a lettuce leaf. .. .. good?

ODPOWIEDZI

1 Have – ever – winter sports? – **2** my – I went – last year. – **3** Have – seen – saw – on Friday. – **4** have – bought – pair of trousers. – **5** have never – Is it.

Second wave: 30th Lesson

****

EIGHTIETH (80th) LESSON

1. John saw* his neighbour smoking a pipe.
2. He took* his own pipe out of **(1)** his pocket and said*:
3. — Have you got* a match? – Yes, here you are. **(2)**
4. — Oh dear, said John, I've left* my tobacco at home.
5. — In that case, said* his neighbour, give* me back my **(3)** match.
6. An actor saw* himself on film **(4)** for the first time.
7. Yes, said* the critic, now you see* what we have to suffer.
8. — Excuse me, sir, I want to marry your daughter.
9. — Have you seen* my wife, young man?
10. — Yes, sir, and I still want to marry your daughter.

PRONUNCIATION

3 mætʃ **4** təˈbækəu **7** kritik ... sʌfə **8** mæri

LEKCJA OSIEMDZIESIĄTA

1 Jan zobaczył swojego sąsiada palącego fajkę.
2 Wyjął swoją własną fajkę ze swojej kieszeni i spytał:
3 — Czy masz zapałkę? – Tak, proszę.
4 — Ojej, powiedział Jan, zostawiłem swój tytoń w domu.
5 — W takim razie, powiedział jego sąsiad, oddaj mi moją zapałkę.
6 Aktor po raz pierwszy zobaczył siebie w filmie.
7 Tak, powiedział krytyk, teraz widzisz, jak my musieliśmy cierpieć.
8 — Proszę mi wybaczyć, proszę Pana, chcę poślubić Pana córkę.
9 — Czy widziałeś moją żonę, młody człowieku?
10 — Tak, proszę Pana, i wciąż chcę poślubić Pana córkę.

UWAGI
(1) *To take out of* – wyjąć z.
(2) *Here you are* – można przetłumaczyć jako proszę. Jest to zwrot używany gdy coś komuś podajemy.
(3) *To give back* – oddać.
(4) *On film* – w filmie; *On television* – w telewizji; ale *On the radio* – w radiu.

11 A Rolls Royce stopped in front of Harrods **(5)** and a lady in a fur coat and diamond necklace got* out.

12 A tramp **(6)** ran* up **(7)** to her and said: "Please, lady, I haven't eaten for a week.

13 — Well you will have to force yourself, was the reply.

PRONUNCIATION

11 hɑ:(r)ədz ... fɜ: ... daiəmənd nekləs 12 træmp 13 fɔ:s

EXERCISES

1 I must take back Peter's book soon. – **2** She put the jar back on the shelf. – **3** Give him back his pipe before he gets angry. – **4** You will have to run, the police have seen us. – **5** The man in the grey suit and glasses is a lawyer.

FILL IN THE MISSING WORDS:

1 *On nie jadł przez tydzień, albo dłużej.*

He ... ... for . .... or .... .

2 *Nie rozmawiałam z nim przez przynajmniej dwa miesiące.*

I .... spoken .. him ... . two months.

3 *Oni od lat nie widzieli się nawzajem.*

They haven't .... for ..... .

4 *On wysiadł z samochodu, wszedł po schodach i wszedł do budynku.*

He ... . the car, ... the steps and .... the building.

5 *Powinieneś iść, jest bardzo późno i ściemnia się.*

You ...., it is .... and it is ...... dark.

11 Rolls Royce zatrzymał się przed Harrods'em i wysiadła kobieta w futrze i w diamentowym naszyjniku.
12 Tramp pobiegł do niej i powiedział: „Proszę Panią, nie jadłem przez tydzień".
13 — Więc, będziesz musiał się zmusić, brzmiała odpowiedź

UWAGI

(5) *Harrods* – jeden z eleganckich domów towarowych w Londynie.
(6) *Tramp* – kiedyś tłumaczono to jako tramp, włóczęga. Dziś należałoby chyba to przetłumaczyć jako bezdomny – *homeless*.
(7) *To run up* – podbiec.

ĆWICZENIA

1 Wkrótce muszę zabrać książkę Piotra. – **2** Ona postawiła słoik z powrotem na półkę. – **3** Oddaj mu jego fajkę, nim się zezłości. – **4** Będziesz musiał uciekać, policja nas widziała. – **5** Mężczyzna w szarym garniturze i w okularach jest prawnikiem.

ODPOWIEDZI

1 has not eaten – a week – more. – **2** haven't – to – for at least. – **3** seen one another – years. – **4** got out of – went up – went into. – **5** should leave – very late – getting.

Second wave: 31st Lesson

80th Lesson

EIGHTY-FIRST (81st) LESSON

A little about England

1 Have you seen* a map of England before?
2 You must have noticed the **(1)** number of large towns and cities.
3 England is less centralised than France. Cities like Manchester and Bristol
4 have an important cultural life of their own.
5 A city is larger than a town and usually has a cathedral.
6 Birmingham, Nottingham, Leicester and Southampton are all cities;
7 and Guildford, Warwick and Gloucester are towns.
8 There is a large and important difference between the North and the South of the country:
9 a difference in the people and a difference in the accent.
10 You are learning to speak* with a southern accent.
11 England is divided into "counties", of which there are about forty.
12 Cornwall, the southern tip **(2)** of England, is very wild and beautiful.
13 In the north, Yorkshire is the largest county.
14 Kent is called "The Garden of England".

PRONUNCIATION
1 mæp 3 sentrəlaizd ... mæntʃistə ... bristl 4 kʌltʃərl 5 kə'θi:drəl
6 bɜ:miŋəm notiŋəm lestə ... sauθæmtən 7 gilʃəːd wɔːwik glostə
9 æksənt 11 kauntiz 12 'kɔːnwɔːl ... tip 13 jɔːkʃə(r) 14 kent

LEKCJA OSIEMDZIESIĄTA PIERWSZA

Coś niecoś o Anglii

1 Czy kiedykolwiek przedtem widzieliście mapę Anglii?
2 Pewnie zauważyliście liczbę dużych miast i metropolii.
3 Anglia jest mniej scentralizowana niż Francja. Miasta jak Manchester i Bristol
4 mają swoje własne, znaczące życie kulturalne.
5 Metropolia jest większa niż miasto i zwykle ma katedrę.
6 Birmingham, Nottingham, Leicester i Southampton są wszystkie metropoliami;
7 a Guildford, Warwick i Gloucester są miastami.
8 Pomiędzy północą a południem kraju jest duża i znacząca różnica:
9 różnica w ludziach i różnica w akcencie.
10 Uczcie się Państwo mówić z południowym akcentem.
11 Anglia jest podzielona na hrabstwa, których jest około czterdziestu.
12 Kornwalia, południowy koniuszek Anglii, jest bardzo dzika i piękna.
13 Na północy Yorkshire jest największym hrabstwem.
14 Kent jest nazywany „Ogrodem Anglii".

UWAGI

(1) *You must have noticed* – pewnie zauważyliście. Już spotkaliśmy podobną konstrukcję w lekcji 72 (5), tyle, że z czasownikiem *would*. Podobnie jak w tamtej lekcji, skoncentrujmy się na razie na zapamiętaniu jej znaczenia.

(2) *Tip* – koniec, koniuszek, szczyt, napiwek.

EXERCISES

1 What is the difference between the North and the South? – **2** You shouldn't read in bed, it's bad for your eyes. – **3** Mr. Marsden is a very important man. – **4** He works for a large newspaper. – **5** He has a bicycle of his own.

FILL IN THE MISSING WORDS:

1 *On przyszedłby, gdybyś go poprosił.*

He . . . . if you . . . .

2 *Ona nie powinna pożyczać pieniędzy od swojego brata.*

She . . . . money . . . . brother.

3 *Ona ma cztery rowery, z których trzy nie jeżdżą.*

He has four bikes, ... three . . . . !

4 *Oni pewnie byli dwa razy w Szkocji i raz w Irlandii.*

They . . . . to Scotland . . . . . and . . Ireland . . . . .

****

EIGHTY-SECOND (82nd) LESSON

1. Read* this lesson as usual and when you have finished **(1)** it, answer the questions.
2. What is the difference between a city and a town?
3. Where would you find* a cathedral?
4. Is England as centralised as France?
5. Are there any differences between the North and South of England?

PRONUNCIATION

2 difərəns bi'twi:n 3 kəθi:drəl 4 'sentrə,laizd

two hundred and sixty-four   264

ĆWICZENIA

1 Jaka jest różnica między północą a południem? – **2** Nie powinieneś czytać w łóżku, to jest niedobre dla twoich oczu. – **3** Fan Marsden jest bardzo ważnym człowiekiem. – **4** On pracuje w ważnej gazecie. – **5** On ma swój własny rower.

5   *Oni pewnie wyszli, nie widzę światła w mieszkaniu.*

They . . . . left, I . . . . . see . light . . . .

ODPOWIEDZI

1 would come – asked him – **2** shouldn't borrow – from her. – **3** of which – don't work. – **4** have been – twice – to – once. – **5** must have – can't – a (any) – in the flat.

Second wave: 32nd Lesson

****

LEKCJA OSIEMDZIESIĄTA DRUGA

1   Przeczytajcie Państwo tę lekcję, jak zwykle, i kiedy skończycie, odpowiedzcie na pytania.
2   Jaka jest różnica między miastem a metropolią?
3   Gdzie znaleźlibyście katedrę?
4   Czy Anglia jest tak scentralizowana, jak Francja.
5   Czy są jakieś różnice między północą a południem Anglii?

UWAGI

(1) Jeśli zdanie zaczyna się od *when*, a nie jest pytaniem, nie używamy po *When czasu przyszłego*.

82nd Lesson

6 Which **(2)** accent are you learning?
7 Which county is called the "Garden of England"?
8 In which part of the country is Cornwall?
9 Have you ever been to England?

10 — I want you all to write* an essay, **(3)** said the teacher, Miss Smith, to her class,
11 about what you would do if you won* a fortune.
12 Everybody started writing*, except Willy who looked out of the window.
13 At the end of the lesson, the teacher collected the essays and saw that Willy had written* nothing.
14 — But you've done nothing, Willy! – That's what I'd do if I won* a fortune... nothing.

PRONUNCIATION

6 æksənt **7** kaunti **8** 'kɔːnwɔːl **10** esei **11** fɔːtʃuːn **12** ik'sept **13** kə'lektid ... nʌθiŋ **14** dʌn ... wʌn

EXERCISES

1 Which is more impressive, London or Bristol? – **2** What would you do if you won a fortune? – **3** I'd spend it quickly before my wife discovered. – **4** Have you ever been to Turkey? – **5** No, but I'd like to go.

FILL IN THE MISSING WORDS:

1 *Chcę, żebyś mi powiedział prawdę.*

I want . . . . me the truth.

2 *Jej rodzice chcą, by poślubiła milionera.*

. . . parents want . . . . . marry a millionaire.

6 Jakiego akcentu uczycie się Państwo?
7 Które hrabstwo jest nazywane „Ogrodem Anglii"?
8 W której części kraju jest Kornwalia?
9 Czy kiedykolwiek byliście w Anglii?

10 — Chcę, żebyście wszyscy napisali wypracowanie, powiedziała nauczycielka, pani Smith, do swojej klasy,
11 o tym co zrobilibyście, gdybyście wygrali majątek,
12 Każdy zaczął pisać z wyjątkiem Williego, który wyglądał przez okno.
13 Na koniec lekcji, nauczycielka zebrała wypracowania i zobaczyła, że Willy nic nie napisał.
14 — Ale, ty nic nie zrobiłeś, Willy! — To jest, co zrobiłbym, gdybym wygrał majątek .. nic.

UWAGI

(2) *Which* – tu: jakiego, którego z dwóch wymienionych.
(3) Zwróćmy uwagę na strukturę tego zdania i jego tłumaczenie. *I want you all to write an essay.* – Chcę, żebyście wszyscy napisali wypracowanie. Więcej zdań w tej konstrukcji jest w ćwiczeniu *Fill in the missing words*.

ĆWICZENIA

1 Co wywiera większe wrażenie, Londyn czy Bristol? – **2** Co zrobiłbyś, gdybyś wygrał majątek? – **3** Wydałbym szybko, nim moja żona odkryłaby to. – **4** Czy kiedykolwiek byłeś w Turcji? – **5** Nie, ale chciałbym pojechać.

82nd Lesson

3 *My chcemy, żeby oni się dobrze bawili podczas swojego pobytu.*

.. want .... to ..... themselves .... stay.

4 *Ona chce, żebym jej pożyczył swój samochód. Co o tym sądzisz?*

She .... to lend ... my car, ... do you think?

****

EIGHTY-THIRD (83rd) LESSON

Shopping

1 I haven't done the shopping yet.
2 I'd better go* now or it'll be too late.
3 Let's see*, we need some meat. **(1)** I'll get* some chops for tonight, and a joint **(2)** of beef.
4 I can put* that in the freezer.
5 Then vegetables: I'll buy* some cabbage, some peas and some rice. We've already got* beetroot and lettuce.
6 I'll buy some flour and make* a Yorkshire pudding to eat* with the roast beef on Sunday.

PRONUNCIATION

1 ʃopiŋ **3** mi:t ... ʃopz ... dʒoint əv bi:f **4** fri:zə **5** vedʒətəblz kæbidʒ ... rais ... 'bit,ru:t ... letis **6** flauə .... pudiŋ ... rəust

UWAGI

(1) Jak pamiętamy *some* oznacza kilka, jakieś, trochę. Nie zawsze jednak wymaga tłumaczenia w języku polskim. Często spełnia w zdaniu takie funkcje jak przedimki – *a, an, the*, czyli określa rzeczowniki, wówczas nie zawsze wymaga tłumaczenia. *We need some meat* – możemy przetłumaczyć jako – Potrzebujemy (trochę/jakiegoś) mięsa.

5 Chcę, żeby on rozumiał, więc będę mówił wolno.

. want . . . . . understand, . . I . . . . speak . . . .

ODPOWIEDZI

1 you to tell. – **2** He – her to. – **3** We – them – enjoy – during their. – **4** wants me – her – what. – **5** I – him to – so – will – slowly.

Second wave: 33rd Lesson

****

LEKCJA OSIEMDZIESIĄTA TRZECIA

Zakupy

1. Nie zrobiłam jeszcze zakupów.
2. Lepiej pójdę teraz, bo w przeciwnym razie będzie za późno.
3. Popatrzmy, potrzebujemy jakiegoś mięsa. Kupię trochę mielonego na dziś wieczór i na pieczeń wołową.
4. Mogę włożyć to do zamrażarki.
5. Potem warzywa: kupię jakąś kapustę, trochę groszku, trochę ryżu. Już mamy buraki i sałatę.
6. Kupię trochę mąki i zrobię Yorkshire pudding do zjedzenia z rosbefem w niedzielę.

UWAGI

(2) *Joint* – to połączenie, złącze styk, spoiwo, fuga; pieczeń, pieczyste, udziec. Pochodzi od wyrazu *to join* – łączyć, połączyć, przyłączyć się. *Joint-venture* – wspólne przedsięwzięcie.

7   What else do we need? Some toilet paper and some bleach... and some sweets for the kids. **(3)**
8   I think* that's all. I can get* everything at the supermarket.
9 — John, may I take* the car? – Yes. Do you want a hand? **(4)**
10 — If you're not doing anything, that would be lovely. **(5)**
11 — Let me watch the end of this programme.
12 — Alright, I'll take* the car out of the garage and fetch the shopping bags.
13 — I won't be a minute, but I've been waiting **(6)** to see this programme for a week.

PRONUNCIATION

7 toilit peipə ... blitʃ ... swi:ts kidz 8 su:pəma:kit 10 lʌvli

EXERCISES

1 Do you need anything else? – **2** He has been talking for two hours. – **3** Take the shopping out of the bag and put it on the table. – **4** You'd better tell him now or he'll get angry. – **5** Do you want me to buy you anything at the supermarket?

FILL IN THE MISSING WORDS:

1 *Czekam na niego od godziny i zaczyna mi być zimno.*

I .... waiting ... him ... an hour and I .. ..
to .. ..

2 *Nie powinnaś kupować (żadnego) ryżu, nie potrzebujemy żadnego.*

You .... any ...., we ....

3 *Czy nie byłeś tam, kiedy on opowiadał o swojej podróży?*

.... you ..... when he .... us ..... his journey?

7   Co jeszcze potrzebujemy? Trochę papieru toaletowego i wybielacza ... i trochę słodyczy dla dzieci.
8   Myślę, że to jest wszystko. Wszystko mogę dostać w supermarkecie.
9 — Janku, mogę wziąć samochód? — Tak, chcesz, żeby ci pomóc?
10 — Jeśli nic nie robisz, to byłoby cudowne.
11 — Pozwól mi obejrzeć koniec tego programu.
12 — W porządku, wyprowadzę samochód z garażu i wezmę torby na zakupy.
13 — To nie potrwa długo, ale czekałem, żeby zobaczyć ten program przez tydzień.

UWAGI

(3) *Kid* – potocznie używany wyraz zamiast *child* – dziecko.
(4) *To want a hand* – chcieć pomocy.
(5) *Lovely* – śliczny, rozkoszny, uroczy. *That would be lovely* – to następny zwrot grzecznościowy – to byłoby pięknie/cudownie, itp.
(6) Konstrukcję *I've been waiting* – tłumaczymy tu jako czekałem. Wkrótce wrócimy do tej konstrukcji.

ĆWICZENIA

1 Czy potrzebujesz coś jeszcze? – 2 On mówił przez dwie godziny. – 3 Wyjmij zakupy z torby i połóż je na stole. – 4 Lepiej powiedz mu teraz, albo on się zezłości. – 5 Czy chcesz, żebym ci coś kupiła w supermarkecie?

4   *Jeszcze do niego nie napisałam. Czy chcesz, żebym powiedziała cześć?*

    I .... to him .... Do you .... say Hello?

5   *Co jeszcze potrzebujemy? – Mąkę i jajka.*

    .... else .. ..? – ..... and eggs.

ODPOWIEDZI

1 have been – for – for – am beginning – be cold. – 2 shouldn't buy – rice – don't need any. – 3 Weren't – there – told – about. – 4 haven't written – yet – want me to. – 5 What – do we need? – Flour.

Second wave: 34th Lesson

83rd Lesson

EIGHTY-FOURTH (84th) LESSON

Revisions and Notes

Jak zwykle, wróćcie Państwo do uwag z lekcji 78–83. Upewnijcie się, że je pamiętacie i rozumiecie.

1 *Should* – znaczy powinieneś, powinnaś. Pytania tworzy przez inwersję, *Should he come?* – Czy on powinien przyjść?, a przeczenia poprzez połączenie z *not*, *I should tell me* – powinieneś mi powiedzieć.

2 W lekcjach występowało wiele zdań w czasie *Present Perfect*. Wróćcie Państwo do uwag z lekcji 51 (1), 52 (1), (2).

Wyszukajcie w lekcjach 78–83 zdania w tym czasie i jeszcze raz przeczytajcie lekcję 79, w której ten czas jest objaśniony. Pamiętajcie tylko, że dwa zdania *I have seen him* i *I saw him* – tłumaczy się tak samo. – Widziałam go. Tyle tylko, że w pierwszym nie bardzo wiadomo kiedy, adrugim wiadomo, że był to określony moment przeszłości.

3 Poznaliśmy już dwa rodzaje zdań warunkowych:

I. *I will come if you ask me.* – Przyjdę, jeśli mnie poprosisz.

II. *I would come if you asked me.* – Przyszłabym, gdybyś mnie poprosił.

Patrz lekcja 76 (4), 78 (1).

4 *A room of their own* = *their own room* – ich własny pokój.

5 Oto przepis na Yorkshire pudding. Mamy nadzieję, że będzie Państwu smakował:

4 oz (115 g) of flour, salt,

1/2 pt (0,28 l) of milk, 1 egg.

Mix the salt and flour in a bowl. Break the egg into the middle. Add half the milk and mix to form a smooth paste. Beat with a spoon. Add the rest of the milk and leave in

LEKCJA OSIEMDZIESIĄTA CZWARTA

Powtórzenie i objaśnienia

a cool place for an hour. Grease a dish and pour in the mixture. Cook in a hot oven (450 F) until the pudding has risen. Serve with roast beef.

[*to mix* – zmieszać; *bowl* – miska; *smooth* – gładka, równa (bez grudek); *paste* – ciasto, papka; *to beat* – ubijać; *spoon* – łyżka; *to grease* – natłuścić; *to pour* – wlewać; *mixture* – mieszanina, mieszanka, masa; *to rise, rose, risen* – rosnąć.]

6 Zdania do zapamiętania:

1 *Don't worry about me.*
2 *Have you read this novel?*
3 *Give me back my money.*
4 *A man in a grey suit.*
5 *Have you been to France?*
6 *Which one do you prefer?*
7 *What else do we need?*
8 *Do you want a hand?*

7 Tłumaczenie:

1 Nie martw się o mnie.
2 Czy czytałeś tę powieść?
3 Oddaj mi moje pieniądze.
4 Mężczyzna w szarym garniturze.
5 Czy byłeś we Francji?
6 Który wolisz?
7 Co jeszcze potrzebujemy?
8 Czy chcesz abym ci pomógł?

Second wave: 35th (revision) Lesson

84th Lesson

EIGHTY-FIFTH (85th) LESSON

Two Sundays

1. David and Joan decided to go* for a picnic in Richmond.
2. On Sundays, David has a lie-in **(1)** and Joan brings* him breakfast in bed.
3. This Sunday, David got* up at eleven o'clock and after shaving and washing went downstairs.
4. Joan was preparing the picnic basket.
5. She put* in cold meat, hard boiled eggs, some cold sausages and a lettuce.
6. She added a loaf of bread, some butter and the knives and forks.
7. Meanwhile **(2)** David got* the car out of the garage.
8. They put* the basket in the boot and set* off for Bushey Park.
9. On the way, **(3)** David stopped to buy some wine.
10. Bushey Park is a huge park on the outskirts of London.
11. When they arrived, they found* a quiet place and sat* down on a rug **(4)** to eat their lunch.

PRONUNCIATION

1 di'saidid ... ritʃmənd 2 laiin 3 ʃeiviŋ 4 bɑ:skit 5 hɑ:d boild egz ... sosidʒiz ... letis 6 ləuf ... naivz ... fɔ:ks 7 mi:nwail ... gærɑ:ʒ 8 bu:t ... set 10 buʃi pɑ:k ... 'aut,skɜ:ts 11 faund ... rʌg

UWAGI

(1) *To have a lie-in* – wylegiwać się, leżeć w łóżku. *To lie, lay, lain* – leżeć.
(2) *Meanwhile* – w tym czasie, podczas. *A while* – chwila, krótki okres czasu. *He stayed in London for a while.* – On był krótko w Londynie.

LEKCJA OSIEMDZIESIĄTA PIĄTA

Dwie niedziele

1. Dawid i Joanna postanowili pojechać na piknik do Richmond'u.
2. W niedzielę Dawid wyleguje się, a Joanna przynosi mu śniadanie do łóżka.
3. W tę niedzielę Dawid wstał o godzinie jedenastej i po ogoleniu się i umyciu zszedł na dół.
4. Joanna przygotowywała piknikowy koszyk.
5. Włożyła zimne mięso, jajka ugotowane na twardo, kilka zimnych kiełbasek i sałatę.
6. Dodała dużo chleba, trochę masła i noże i widelce.
7. W tym czasie, Dawid wyprowadził samochód z garażu.
8. Włożyli koszyk do bagażnika i wyruszyli do Parku Bushey.
9. Po drodze Dawid zatrzymał się, by kupić trochę wina.
10. Park Bushey jest ogromnym parkiem na peryferiach Londynu.
11. Kiedy dojechali, znaleźli spokojne miejsce i usiedli na pledzie, by zjeść swój lunch.

UWAGI

(3) *On the way* – po drodze.
(4) *Rug* – pled, dywanik używany w podróży; *blanked* – koc, używany w domu.

85th Lesson

275 two hundred and seventy-five

12 — Pass me some chicken, please ... and some salt, as well.
13 — Oh dear, said Joan, I think* I've forgotten* the salt.
14 — Idiot! said David, but seeing* she was upset, he said:
15 — Never mind. Let's have a glass of wine.
16   He took* the bottle out of the basket, then said*: "Oh dear, I've forgotten the corksrew!"

PRONUNCIATION

12 tʃikn

EXERCISES

1 She got over her illness very quickly. – **2** Will you get the car out of the garage, please? – **3** On Saturdays, he has a lie-in, and gets up at eleven. – **4** She got on the bus without any money. – **5** Winter must be coming. It's getting dark very early.

FILL IN THE MISSING WORDS:

1 *W drodze do domu, on zatrzymał się, żeby kupić trochę wina.*

.. .. home, he stopped .. ... some .... .

2 *Po umyciu się i ubraniu, on wyszedł bez jedzenia.*

After .... and .... he left ....

3 *Włóż rzeczy do bagażnika, w tym czasie ja poszukam korkociągu.*

... the .... the boot, ... I ....

the ....

12 — Podaj mi trochę kurczaka, proszę i również trochę soli.

13 — O Boże, powiedziała Joanna, myślę, że zapomniałam soli.

14 — Idiotka! powiedział Dawid, ale widząc, że jest zmartwiona powiedział:

15 — Nie szkodzi. Napijemy się wina.

16 Wyjął butelkę z koszyka, potem powiedział „O Boże, zapomniałem korkociągu".

ĆWICZENIA

1 Ona bardzo szybko pokonała swoją chorobę. – **2** Czy wyprowadzisz proszę, samochód z garażu? – **3** W soboty, on się wyleguje i wstaje o jedenastej. – **4** Wsiadła do autobusu, bez żadnych pieniędzy. – **5** Pewnie zbliża się zima. Bardzo wcześnie robi się ciemno.

4 *On obudził się, zobaczył, że była druga, wstał i zszedł na dół.*

He . . . . ., . . . it . . . two o'clock, ... and

. . . . downstairs

5 *Ona była bardzo zdenerwowana z powodu śmierci swojego syna.*

She . . very . . . . by the . . . . . of . . . son.

ODPOWIEDZI

1 On the way – to buy – wine. – **2** washing – dressing – without eating. – **3** Put – things in – meanwhile – will look for – corksrew. – **4** woke up, saw – was – got up – went. – **5** was – upset – death – her.

Second wave: 36th Lesson

85th Lesson

EIGHTY-SIXTH (86th) LESSON

1 David's parents spent a traditional English Sunday.
2 They got* up early and went* to church.
3 When they came* back, Mrs Wilson put* the joint in the oven
4 while **(1)** Mr Wilson took* the Sunday paper and sat down to read.
5 Just before lunch, he poured two glasses of sherry and they both drank*.
6 Mrs Wilson served the food and they sat* down to eat.
7 After lunch, which consisted of roast beef, potatoes and Brussel sprouts and fruit,
8 they both did the washing-up.
9 When everything was put* away, **(2)** Mrs Wilson went* into the garden
10 and Mr Wilson sat* in front of the television.
11 He was intending to watch a play, but he was full, **(3)** and everything was so peaceful that he dozed.
12 Later on, Mrs Wilson came in from the garden and made* some tea.
13 In the evening, Mr Wilson did the crossword while Mrs Wilson did some knitting.

PRONUNCIATION

1 trə'diʃəni **2** tʃɜ:tʃ **3** ʌvn **5** pɔː(r)d ... ʃeri **6** sɜːvd **7** kən'sistid ... pə'teitəuz ... brʌsi sprauts **11** in'tendiŋ ... ful ... piːsful ... dəuzd **13** 'krɒs,wɜːd ... nitiŋ

EXERCISES

1 We would both come if we had the money. –
2 While he was reading, the children were fighting. –
3 You should always tell the truth. – **4** When you have put the joint in the oven, we'll have a glass of sherry. – **5** Will you both do the washing-up please?

LEKCJA OSIEMDZIESIĄTA SZÓSTA

1. Rodzice Dawida spędzili tradycyjną angielską niedzielę:
2. Wstali wcześnie i poszli do kościoła.
3. Kiedy wrócili, Pani Wilson wstawiła pieczeń do piecyka,
4. podczas gdy Pan Wilson wziął niedzielną gazetę i usiadł, by ją przeczytać.
5. Tuż przed lunchem, nalał dwa kieliszki sherry, które oni obydwoje wypili.
6. Pani Wilson podała jedzenie i usiedli, by zjeść.
7. Po lunchu, który składał się z pieczeni wołowej, ziemniaków, brukselki i owoców,
8. oni obydwoje pozmywali.
9. Gdy wszystko było odłożone [na miejsce], Pani Wilson wyszła do ogrodu,
10. a Pan Wilson usiadł przed telewizorem.
11. Zamierzał obejrzeć sztukę, ale był najedzony, i wszystko było takie spokojne, że on drzemał.
12. Później Pani Wilson wróciła z ogrodu i zrobiła herbatę.
13. Wieczorem, pan Wilson rozwiązywał krzyżówkę, podczas, gdy Pani Wilson robiła na drutach.

UWAGI

(1) *While* – tu: gdy, kiedy.
(2) *To put, put, put* – położyć, odłożyć. *To put away* – odłożyć; *to put back* – odłożyć z powrotem; *to put on* – włożyć na siebie ubranie; *to take off* – zdjąć.
(3) *To be full* – być najedzony. *I am full up* – jestem najedzony.

ĆWICZENIA

1 Przyszlibyśmy obydwoje, gdybyśmy mieli pieniądze. – **2** Podczas gdy on czytał, dzieci biły się. – **3** Zawsze powinnaś mówić prawdę. – **4** Gdy wstawisz pieczeń do piecyka, napijemy się po kieliszku sherry. – **5** Czy obydwoje pozmywacie, proszę?

279 two hundred and seventy-nine

FILL IN THE MISSING WORDS:

1 *Chcę, żebyście obydwoje odłożyli naczynia.*

   I .... you .... .. put .... the dishes.

2 *Przed obejrzeniem sztuki, powinieneś przeczytać tekst.*

   .... a ...., you .... the text.

3 *Mam tego dosyć! Siedź przed telewizorem i bądź cicho.*

   I'm fed up! ... . the television and ....

4 *Gdy ty czytasz gazetę, zdrzemnę się trochę.*

   ..... you ... . the paper, ... a little.

5 *On nalał whisky, gdy oni siedzieli.*

   He ...... a whisky ..... they ....

****

EIGHTY-SEVENTH (87th) LESSON

A talkative neighbour

1 — I must tell* you about my holiday!
2 Eventually, **(1)** we had to go* to France. We couldn't get* a hotel **(2)** anywhere in Spain.
3 Have you ever been to France? No? You should go* there some day, it's fascinating.
4 We couldn't get* a charter, so we had to take* a normal flight, which was expensive,
5 but it was worth **(3)** it; it was much more comfortable.

PRONUNCIATION

tɔ:kətiv neibə **2** i'ventʃuəli **3** 'fæsineitiŋ **4** tʃa:tə ... nɔ:ml flait ... ik'spensiv **5** wɜ:θ ... kʌmfətəbl

ODPOWIEDZI

1 want – both to – away. – **2** Before watching – play – should read. – **3** Sit in front of – keep quiet. – **4** While – are reading – I'll doze. – **5** poured – while – were sitting down.

Second wave: 37th Lesson

****

LEKCJA OSIEMDZIESIĄTA SIÓDMA

Gadatliwy sąsiad

1 — Muszę ci opowiedzieć o swoich wakacjach!
2   W końcu, musieliśmy pojechać do Francji. Nie mogliśmy znaleźć hotelu nigdzie w Hiszpanii.
3   Czy byłeś kiedykolwiek we Francji? Nie. Powinieneś pojechać tam któregoś dnia, jest fascynująca.
4   Nie mogliśmy dostać lotu czarterowego, więc musieliśmy polecieć normalnym lotem, który był drogi,
5   ale to było warte [tej ceny]: było znacznie wygodniej.

UWAGI

(1) *Eventually* – w końcu, ostatecznie.
(2) *To get a hotel* – znaleźć hotel, choć dosłowne tłumaczenie to dostać hotel.
(3) *To be worth* – być warte/ym.

6 — I should start planning my holidays soon. We have been talking about them for ages.

7 — Anyway, we flew* to Nice and spent* ten days in the South of France.

8 When we couldn't find* a hotel, we stayed in what they call "pensions".

9 They're like Bed and Breakfasts in London, but dearer.

10 Then we flew* up to Paris. You must know* Paris?

11 — Yes, actually **(4)** I've been there a few times...

12 — Well, you should go* back. It's an exciting city and it...

13 — I really must go now, Joan will be waiting for me. Thanks for the chat.

PRONUNCIATION

6 plænɪŋ ... eɪdʒɪz 7 fluː 8 penʃɪnz 11 æktʃuali 12 ikˈsaɪtɪŋ 13 tʃæt

EXERCISES

1 Actually, I don't know him at all. – **2** But I'd love to meet him one day. – **3** Would that be possible? – **4** What could we do to arrange it? – **5** What a pity! He wasn't able to come.

FILL IN THE MISSING WORDS:

1 *Polecieliśmy do Nicei, gdzie wynajęliśmy samochód.*

We .... to Nice ..... we ..... a car.

2 *Jej nie stać było na pralkę w zeszłym roku.*

She .... a washing machine ..... year.

3 *Jak wrócę do domu, ona będzie gotowała.*

When I ... ., she .... .. cooking.

4 *Musisz mnie posłuchać, to jest bardzo ważne.*

You ...., it's very important.

6 — Powinienem zacząć planować swoje wakacje wkrótce. Rozmawiamy o tym od wieków.
7 — W każdym razie, polecieliśmy do Nicei i spędziliśmy dziesięć dni na południu Francji.
8   Kiedy nie mogliśmy znaleźć hotelu, mieszkaliśmy w tym, co oni nazywają „pensjonatami".
9   Są jak „nocleg ze śniadaniem" w Londynie, ale droższe.
10 Potem polecieliśmy do Paryża. Pewnie znasz Paryż?
11 — Tak, istotnie, byłem tak kilka razy.
12 — Więc, powinieneś tam wrócić. Jest to fascynujące miasto i ...
13 — Ja naprawdę muszę teraz iść. Joanna będzie na mnie czekała. Dziękuję za rozmowę.

UWAGI

(4) *Actually* – istotnie, faktycznie, rzeczywiście.

ĆWICZENIA

1 Istotnie, a go w ogóle nie znam. – 2 Ale chciałabym go spotkać któregoś dnia. – 3 Czy to byłoby możliwe? – 4 Co moglibyśmy zrobić, żeby to ustalić? – 5 Co za szkoda! On nie był w stanie przyjść.

5   *Nawet gdybyśmy mieli czas, nie stać by nas było na pójście.*

. . . . if we . . . the time, we . . . . to go.

ODPOWIEDZI

1 flew – where – hired. – 2 couldn't afford – last. – 3 get back (go home) – will be. – 4 must listen to me. – 5 Even – had – couldn't afford.

Second wave: 38th Lesson

87th Lesson

EIGHTY-EIGHTH (88th) LESSON

1 — Hello Joan! Sorry, I'm late. I've just met* **(1)** old Barker. He's so boring.
2   He started telling* me about his holiday. "You must go here, you should go there".
3 — Actually, we should start thinking* about our holiday, you know*. **(2)**
4 — Yes; where did we say we would go*? **(3)**
5 — Well, you said* we would go* either to Spain or to Scotland.
6 — Ah, but I've also been thinking* of Wales since I met* a colleague who went* there last year.
7 — Oh, no! You promised we could go* abroad this year!
8 — Yes, but that was before I received my bank-statement. Wales is cheaper than Spain.
9 — Yes, but I want a sun tan! I've even bought* a new bikini.
10 — Well, it's sunny in Wales, the scenery is fantastic... and we're broke. **(4)**
11 — You're impossible! I'm going* to the travel agent's tomorrow to book two seats on any plane. Good night!
12   David sighed as Joan slammed the door.
13   He sat* down in an armchair and poured himself a Scotch
14   and began* to look at the travel agent's brochures.

PRONUNCIATION

3 æktʃuəli **6** koliːg **7** promisd ... ə'brɔːd **8** ri'sivd ... bæŋk steitmənt **9** sʌn tæn ... bi'kini **10** sʌni ... siːnəri ... fæn'tæstik ... brəuk **11** im'posibl ... trævl eidʒənts ... buk ... siːts **12** said ... slæmd **13** ɑːmtʃeə(r) ... pɔː(r)d ... skotʃ

LEKCJA OSIEMDZIESIĄTA ÓSMA

1 — Dzień dobry Joanno! Przepraszam, że się spóźniłem. Spotkałem starego Barkera. On jest taki nudny.
2   Zaczął opowiadać mi o swoich wakacjach. „Musisz tam pojechać, powinieneś tam pojechać".
3 — Istotnie, powinniśmy zacząć myśleć o naszych wakacjach, wiesz (o tym).
4 — Tak, gdzie powiedzieliśmy, że chcielibyśmy pojechać.
5 — Cóż, ty powiedziałeś, że pojedziemy albo do Hiszpanii, albo do Szkocji.
6 — O, ale ja również myślałem o Walii, odkąd spotkałem kolegę, który tam pojechał w zeszłym roku.
7 — O nie! Obiecałeś, że pojedziemy za granicę w tym roku.
8 — Tak, ale to było przedtem, zanim otrzymałem mój wyciąg z banku. Walia jest tańsza od Hiszpanii.
9 — Tak, ale ja się chcę opalić! Kupiłam sobie nowe bikini.
10 — Cóż, w Walii jest słonecznie, krajobraz jest fantastyczny ... a my jesteśmy bez grosza.
11 — Jesteś niemożliwy! Mam zamiar iść jutro do biura podróży i zarezerwować dwa miejsca w jakimś samolocie. Dobranoc!
12   Dawid westchnął, gdy Joanna trzasnęła drzwiami.
13   Usiadł w fotelu i nalał sobie szkockiej whisky
14   i zaczął przeglądać foldery z biura podróży.

UWAGI
(1) *I've just met* – skrót od *I have just met*. *I've just bought a house.* – Właśnie kupiliśmy dom. *I've just eaten* – Właśnie jadłem.
(2) *You know* – potocznie używany zwrot wiesz, rozumiesz.
(3) Jeśli zdanie jest złożone i jego pierwsza część wyrażona jest w czasie przeszłym, to drugie zdanie też musi być wyrażone w czasie przeszłym. *Where did we say we would go?* – i tak *will* w drugim zdaniu zmieniło się na *would*. Nazywa się to następstwem czasów.
(4) *To break, broke, broken* – złamać; *to be broken* – być bez grosza.

EXERCISES

1 She said she would take me to London. – **2** I couldn't hear what he was saying, so I left. – **3** May I help you? – Yes, I would like some information, please. – **4** Can you lend me twenty pence? – I'm sorry, I'm broke. – **5** You must choose either one or the other.

FILL IN THE MISSING WORDS:

1 *Czekam na niego od dziesiątej i jeszcze go tu nie ma.*

I .... waiting for him ..... ten and he .....

here ... .

2 *On śpi odkąd wyjechaliśmy z Londynu.*

He has .... we .... London.

3 *Tak, ale to było zanim ja otrzymałem mój wyciąg z banku.*

Yes, but .... before . ... my ....-.......... .

4 *Ani ty ani ona nie moglibyście tego zrobić.*

.... you ... she ....

****

EIGHTY-NINTH (89th) LESSON

About Wales

1 Wales, unlike Scotland, is politically united to England.
2 The whole of Wales is mountainous and there is much breath-taking **(1)** scenery.

PRONUNCIATION

1 politikli 2 məuntinəs ... 'brəθteikiŋ

ĆWICZENIA

1 Ona powiedziała, że zabierze mnie do Londynu. – **2** Nie mogłem usłyszeć, co on mówił, więc wyszedłem. – **3** Czy mogę ci pomóc? – Tak proszę, chciałbym [uzyskać] kilka informacji. – **4** Czy możesz mi pożyczyć dwadzieścia pensów. – Przykro mi, jestem bez grosza. – **5** Musisz wybrać albo jednego albo drugiego.

5 *On powiedział, że pokaże mi swój fotel. To jest nowy model.*

He . . . . . . he . . . . me . . . .

It's the . . . .

ODPOWIEDZI

1 have been – since – isn't – yet. – **2** been sleeping since – left. **3** that was – I received (got) – bank-statement. – **4** Neither – nor – could do it. – **5** told me – would show – his armchair – new model.

Second wave: 39th Lesson

****

LEKCJA OSIEMDZIESIĄTA DZIEWIĄTA

O Walii

1 Walia, inaczej niż Szkocja, jest politycznie zjednoczona z Anglią.
2 Cała Walia jest górzysta i jest wiele krajobrazów zapierających dech w piersiach.

UWAGI

(1) *Breath* – oddech, *breath-taking* zapierający dech w piersi.

89th Lesson

3 The main industry is coal-mining and the majority of the Welsh live around the industrial towns.
4 These are in the South.
5 The Welsh language – a Celtic language – survives more than in Scotland, but it is difficult to speak.
6 The Welsh have a deep love of poetry and music, and the international festival is famous throughout **(2)** the world.
7 Wales has contributed **(3)** much to the language and politics **(4)** of England.
8 The son and heir **(5)** of the monarch is given* the title: "The Prince of Wales", but this has no political significance.
9 Now answer these questions:
10 Does the Welsh language still exist?
11 What is the main industry in Wales?
12 What is the scenery like?
13 Who is the Prince of Wales?

PRONUNCIATION

3 indʌstri ... kəulmainiŋ ... mə'dʒoriti ... indʌstriəl 5 welʃ ... keltik ... sə'vaivz 6 di:p ... pəutri ... intʒənætʃnəl ... feiməs θru:'aut 7 kən'tribju:tid ... politiks 8 'eə(r) ... monək ... taitl ... sig'nifikəns

EXERCISES

1 Throughout England, there are many excellent pubs. – **2** The Prince of Wales is heir to the throne. – **3** Is that your comb? – No, it's hers. – **4** You have been to China? What is it like? – **5** Couldn't you try and help me?

FILL IN THE MISSING WORDS:

1 *Czy ona nie mogłaby tego zrobić lepiej niż to [zrobiła]?*

. . . . she . . . . than . . . . ?

3   Głównym przemysłem jest wydobycie węgla i większość Walijczyków mieszka wokół przemysłowych miast.
4   Te są na południu.
5   Język walijski – język celtycki – przetrwał bardziej niż w Szkocji, ale jest trudny do mówienia.
6   Walijczycy pałają głęboką miłością do poezji i muzyki, a międzynarodowy festiwal jest znany na całym świecie.
7   Walia bardzo przyczyniła się do języka i polityki Anglii.
8   Syn i następca tronu ma tytuł „Księcia Walii", ale to nie ma politycznego znaczenia.
9   Teraz odpowiedzcie na te pytania:
10 Czy język walijski stale istnieje?
11 Jaki jest główny przemysł w Walii?
12 Jaki jest krajobraz?
13 Kto jest księciem Walii?

UWAGI

(2) *Throughout* – poprzez, przez cały, na wskroś, wszędzie, od początku do końca, w/na całym.
(3) *To contribute* – przyczynić się, wnieść, zasłużyć się.
(4) *Politics* – polityka; *economics* – ekonomia, gospodarka nie występują w liczbie pojedynczej.
(5) *Heir* dziedzic, następca, spadkobierca. Nie wymawia się *h*, podobnie *hour, honour*.

ĆWICZENIA

1 W całej Anglii jest wiele doskonałych pubów. – 2 Książę Walii jest następcą tronu. – 3 Czy to jest twój grzebień? – Nie, to jest jej. – 4 Byłeś w Chinach? Jakie one są? – 5 Czy mógłbyś spróbować i pomóc mi?

2   *On jest w tak dobrym humorze, że zaprosił wszystkich.*

    He is in . . . . a good . . . . that he . . . .

3   *Nie podobał mi się pierwszy film. Ani mnie.*

    . . . . the first film. – No, ...

89th Lesson

4 *Wyglądasz na bardzo zmęczoną. Wejdź i usiądź.*

You .... Come .. and ... .

5 *Cała rodzina wyjechała na wieś. Nie ma nikogo.*

... . family has ....

There is .. ..

ODPOWIEDZI

1 Couldn't – do better – that. – **2** such – mood – has invited everybody (everyone). – **3** I didn't like – neither did I. – **4** look very tired – in – sit down. – **5** The whole – gone to the country – no one (nobody).

****

NINETIETH (90th) LESSON

1. A Scotsman who was driving* home one night ran* **(1)** into a car driven* by an Englishman.
2. The Scot got* out of the car to apologise and offered the Englishman a drink from a bottle of whisky.
3. The Englishman was glad to **(2)** have a drink.
4. — Go on, said the Scot, have another drink.
5. The Englishman drank* gratefully. **(3)** – But don't you want one? he asked the Scot.
6. — Perhaps, the other replied, when the police have gone.
7. The park-keeper walked up to a tramp who was sleeping* on a bench in Green Park.
8. — Hey! you! he shouted, I'm going to shut* the park gates!

PRONUNCIATION

1 ræn 2 ə'polədʒaiz ... botl 3 glæd 5 greitfuli 7 pɑːk kiːpə ... træmp ... bentʃ

UWAGI

(1) *To run, ran, run* – biec, biegać. *To run into* – wpaść na; *to run out of* – zabraknąć – *We've run out of petrol* – zabrakło nam benzyny.

Second wave: 40th Lesson

****

LEKCJA DZIEWIĘĆDZIESIĄTA

1 Szkot, który pewnej nocy jechał do domu, wjechał na samochód prowadzony przez Anglika.
2 Szkot wysiadł z samochodu, żeby przeprosić i zaoferował Anglikowi drinka z butelki whisky.
3 Anglik był zadowolony, że się napił.
4 — Pij dalej, powiedział Szkot, napij się drugiego drinka.
5 Anglik napił się z wdzięcznością. – A ty nie chcesz jednego? spytał się Szkota.
6 — Może, odpowiedział ten, kiedy policja odjedzie.
7 Dozorca parku natknął się na trampa, który spał na ławce w Green Parku.
8 — Hej, ty! krzyknął, mam zamiar zamknąć bramy parku!

UWAGI

(2) *To be glad* – być zadowolonym. *Glad to see you.* – Jestem zadowolony, że cię widzę.
(3) *Gratefully* – z wdzięcznością. *To be grateful* – być wdzięcznym.

9 — Alright, replied the tramp, try not to **(4)** slam them.

10 When Mrs Davis told* her husband that guests were coming* to dinner that night,
11 he went* out into the hall and hid* all the umbrellas.
12 — What's the matter? asked his wife, are you afraid someone will steal* them?
13 — It's not that, replied her husband, but I'm afraid someone might recognise them.

PRONUNCIATION

9 slæm 10 gests ... hid 12 sti:l 13 'rekəgnaiz

EXERCISES

1 Do you mind if I shut the window? I'm cold. – **2** No, but try not to slam it. – **3** There isn't enough whisky for both of us. – **4** He was very glad to see me again after all this time. – **5** He kept that bottle of whisky for a year before opening it.

FILL IN THE MISSING WORDS:

1 *To możliwe, że on pracuje w księgarni, ale nie jestem pewien.*

He . . . . in a . . . . - . . . . but . . . .

2 *Może padać, lepiej weźmy nasze parasole.*

. . . . rain, we . . . . take . . . .

3 *On próbuje nie robić żadnych błędów, ale to jest dla niego zbyt trudne.*

He tries . . . . any . . . . but . . . . too

difficult . . . .

9 — W porządku, odpowiedział tramp, spróbuj nimi nie trzaskać.

10 Kiedy Pani Davis powiedziała swojemu mężowi, że goście przychodzą na obiad tego wieczoru,
11 on poszedł do korytarza i schował wszystkie parasole.
12 — Co się stało? spytała żona, czy boisz się, że ktoś je ukradnie?
13 — To nie to, odpowiedział mąż, ale obawiam się, że ktoś je może rozpoznać.

UWAGI

(4) *Try not to ...* – spróbuj nie. *I told him not to use my car.* – Powiedziałam mu, żeby nie używał mojego samochodu.

ĆWICZENIA

1 Czy będzie ci przeszkadzać, jeśli zamknę okno? Zimno mi. – 2 Nie, ale spróbuj nie trzaskać nim. – 3 Nie ma wystarczająco dużo whisky dla obu z nas. – 4 On był bardzo zadowolony, że znowu mnie zobaczył po takim [tak długim] czasie. – 5 On trzymał butelkę whisky przez rok, nim ją otworzył.

4 *Ona była bardzo wdzięczna za jego(jej) pomoc, gdy miała problemy.*

. . . . very . . . . for . . . help when . . . . . . problems.

90th Lesson

5 *To tak trudno się nie śmiać, ona jest taka śmieszna.*

. . . . . difficult . . . . laugh, ... funny.

****

NINETY-FIRST (91st) LESSON

Revisions and Notes

Przejrzyjcie Państwo jeszcze raz Uwagi z lekcji 85–90. Nie są one obszerne i dotyczą w większości słownictwa, które, miejmy nadzieję, jest przez Państwa w większości opanowane. Ostatnio nie przypominaliśmy o czasownikach nieregularnych, ale one już chyba same „wchodzą Państwu do głowy".

1 *We have been talking* – to nowy czas, który ostatnio spotkaliśmy. Nazywa się *Present Perfect Continuous Tense* i składa się z *have/has* + *been* + czasownik z końcówką – *ing*. Wyraża czynność, która zaczęła się w przeszłości i albo dopiero co się skończyła, albo jeszcze trwa. W języku polskim częściowo pokrywa się z czasem przeszłym a częściowo z teraźniejszym. *Have you been dancing?* – Tańczyłeś. *She has been dancing since she was five.* – Ona tańczy, odkąd skończyła pięć lat. *How long have you been reading it?* – Jak długo to czytasz/łeś? Okoliczniki czasu najczęściej używane z tym czasem to *for* – przez (jakiś czas) i *since* – od (jakiegoś momentu). *For three hours, for six years, for a long time; since last Saturday, since my birthday, since their childhood.*

2 *Would* spełnia w języku angielskim wiele funkcji. Występuje w wyrażeniu *would like* – chciałabym/chciałbym: *I'd like to go.* – Chciałabym pójść. Pytania z *would*, podobnie jak z *will*, są stosowane do wyrażania uprzejmych próśb: *Would you get me a drink?*

ODPOWIEDZI

1 might work – book-shop – I'm not sure. – **2** It might – had better – our umbrellas. – **3** not to make – mistakes – it's – for him. – **4** She was – grateful – his (her) – she had. – **5** It is so – not to – she is so.

Second wave: 41st Lesson

****

LEKCJA DZIEWIĘĆDZIESIĄTA PIERWSZA

Powtórzenie i objaśnienia

– Czy mógłbyś mi przynieść drinka? i gdy chcemy się dowiedzieć, czy ktoś jest skłonny coś zrobić: *Would you come?* – Czy przyszedłbyś?

W zwrocie *would you mind* wyraża grzeczne, ale stanowcze polecenie lub zakaz: *Would you mind not smoking?* – Bądź łaskaw nie palić, *Would you mind coming?* – Bądź łaskaw przyjść.

3 Poznaliśmy kilka często stosowanych wyrażeń, jak *Oh dear!* – Ojej, o Boże, och! – używanych, jak większość wyrażeń wykrzyknikowych, gdy się dziwimy, gdy jesteśmy szczęśliwi, czy też rozczarowani, gdy się boimy, itp.

All right – w porządku, używane podobnie jak O.K. *Never mind* – nie szkodzi.

4 *Not to* – nie. *Try not to slam the door.* – Spróbuj nie trzaskać drzwiami. *He told me not to move.* – Powiedział mi, żebym się nie ruszała.

5 *Holiday* – to wakacje, urlop. *Holiday* – to jeden, dwa dni wolne. *A holiday*, albo *holidays* – to dłuższe wakacje. Ale w wyrażeniach *to be on holiday* – być na wakacjach i *three week's holiday* – trzytygodniowe wakacje, *holiday* występuje zawsze w liczbie pojedynczej.

6 *The stairs* – schody. *Upstairs* – na górze (piętrze). *Downstairs* – na dole. *She ran downstairs* – ona zbiegła na dół (po schodach). *Staircase* – klatka schodowa.

7 Popatrzcie Państwo jeszcze raz na lekcje 88 i 89. Zwróćcie uwagę na styl. W konwersacji zdania są krótsze, mają więcej przymiotników i wyrażeń wykrzyknikowych. W opisie, zdania są dłuższe, a język bardziej formalny.

8 Zdania do zapamiętania:
1. *I've been waiting for two hours.*
2. *Try not to make a noise.*
3. *What's the matter?*
4. *He might recognize them.*
5. *What is Wales like?*
6. *I'm afraid I'm broken.*
7. *She said she would come at ten.*
8. *It's not worth it.*
9. *Put your things away.*

9 Tłumaczenie:
1. Czekam od dwóch godzin.
2. Spróbuj nie robić hałasu [nie hałasować].
3. Co się stało?
4. On mógł ich rozpoznać.
5. Jaka jest Walia?
6. Obawiam się, że nie mam grosza.
7. Ona powiedziała, że przyjdzie o dziesiątej.
8. To nie jest warte tego.
9. Odłóż swoje rzeczy.

Second wave: 42nd (revision) Lesson

NINETY-SECOND (92nd) LESSON

1 — Jack, I'm freezing*. **(1)** Close the windows, it's cold outside.
2 — You want me to get* out of bed **(2)** and close the window,
3   but if I do, it won't be warm outside.

4 — Do tell* me **(3)** about Mrs Haines' divorce.
5 — I'd prefer you to ask Mrs Haines herself!
6   We expect her to arrive at eight o'clok.
7 — I hope the train will be on time. I don't like waiting.

8   He'd like them to introduce themselves because he has forgotten* their names.
9   We've asked them to come* round **(4)** for drinks this evening.
10 but they would like to come* to dinner.

11 — Would you like me to make* reservations for the theatre?
12 — No thanks, I'll do it myself.
13 — I'd like you to say a prayer before your meal.
14 — But why? My mother is a good cook.

PRONUNCIATION

1 fri:ziŋ 3 wɑ:m 4 di:vɔ:s 8 ˌintrə'dju:s 9 raund 11 rezə'veiʃn ... θiətə(r) 13 preiə

EXERCISES

1 Will you ask him yourself; I haven't enough time. – 2 Shall I do it, or do you want her to do it? – 3 We expect them to bring a bottle of wine. – 4 I'd prefer them to bring a cake. – 5 How much time will you need to finish?

LEKCJA DZIEWIĘĆDZIESIĄTA DRUGA

1 — Jacek, ja marznę. Zamknij okno, jest zimno na zewnątrz.
2 — Chcesz, żebym ja wyszedł z łóżka i zamknął okno,
3   ale, jeśli to zrobię, nie będzie ciepło na zewnątrz.

4 — Opowiedz mi proszę o rozwodzie pari Haines.
5 — Wolałbym, żebyś ty sama spytała panią Haines.
6   Spodziewamy się, że ona przyjdzie o godzinie ósmej.
7 — Mam nadzieję, że pociąg będzie punktualnie. Nie lubię czekać.

8   On chciałby, żeby oni sami przedstawili się, ponieważ on zapomniał ich nazwisk.
9   Poprosiliśmy ich, żeby wpadli na drinka dziś wieczorem,
10 ale oni chcieliby przyjść na obiad.
11 — Czy chciałabyś, żebym ja zarezerwował bilety do teatru.
12 — Nie, dziękuję, zrobię to sama.
13 — Chciałbym, żebyś ty pomodliła się przed jedzeniem.
14 — Ale dlaczego? Moja matka jest dobrą kucharką.

UWAGI

(1) *To freeze, froze, frozen* – marznąć, zamarznąć. *I'm freezing* – marznę, jest mi zimno, jest wyrażeniem mocniejszym od *I'm cold* – jest mi zimno. Przypomnijmy *warm* – ciepło; *hot* – gorąco; *cool* – chłodno; *cold* – zimno.
(2) Zwróćmy uwagę na konstrukcję: podmiot – orzeczenie – dopełnienie i bezokolicznik. Spotkaliśmy już wiele zdań tej konstrukcji. Tłumaczymy ją za pomocą wyrazu że, żeby/m: *You want me to get out of bed.* – Chcesz, żebym ja wyszedł z łóżka.
(3) *Do tell me* – Opowiedz mi (koniecznie, proszę) jest zaakcentowaniem prośby. Jeśli więc chcemy coś podkreślić, stawiamy *do* przed czasownikiem.
(4) *To come round* – wpaść do kogoś.

ĆWICZENIA

1 Czy możesz go sam spytać: ja nie mam dosyć czasu. – 2 Czy ja mam to zrobić, czy chcesz, żeby ona to zrobiła? – 3 Spodziewamy się, że oni przyniosą butelkę wina. – 4 Wolałbym, żeby oni przynieśli ciasto. – 5 Ile czasu potrzebujesz, żeby skończyć?

FILL IN THE MISSING WORDS:

1 *Czy chcesz, żebym ja cię przedstawił tej dziewczynie tam?*

. . you . . . . you to that girl over there?

2 *Wezmę samochód, jeśli metro strajkuje.*

. . . . the car . . the tube . . . .

3 *Spodziewamy się, że ona przyjedzie o około dwadzieścia po dziesiątej.*

We . . . . to arrive . . . .

4 *On się nie ożeni. On nie lubi wydawać pieniędzy.*

He . . . . . get married. He . . . . money.

5 *O której godzinie chcesz, żebym przyszedł?*

. . . . time . . . . to come?

****

NINETY-THIRD (93rd) LESSON

1 He stopped smoking **(1)** last week and has been unbearable **(2)** ever since. **(3)**
2 He enjoys teasing his wife about her spending,
3 but, to avoid causing an argument, he always agrees with **(4)** her in the end.
4 The criminal denied robbing the bank, but there were too many witnesses.

PRONUNCIATION

1 ʌn'beərəbl ... sins 2 ti:ziŋ ... spendiŋ 3 ə'void kɔ:ziŋ ... ɑgjumənt ə'gri:z 4 'kriminəl di'naid ... witnisiz

UWAGI

(1) Współczesny angielski preferuje formę *he stopped smoking* – przestał palić, zamiast *he stopped to smoke*. Podobnie jest

ODPOWIEDZI

1 Do – want me to introduce. – **2** I'll take – if – is on strike. – **3** expect her – at about twenty past ten. – **4** won't – doesn't like spending. – **5** What – do you want me.

Second wave: 43rd Lesson

****

LEKCJA DZIEWIĘĆDZIESIĄTA TRZECIA

1. On przestał palić w zeszłym tygodniu i od tego czasu jest nie do zniesienia.
2. On lubi drażnić swoją żonę jej wydatkami,
3. ale, żeby uniknąć powodowania kłótni, on zawsze w końcu się z nią zgadza.
4. Przestępca zaprzeczył, iż obrabował bank, ale było zbyt dużo świadków.

UWAGI

z czasownikiem *to like*: *He likes swimming* jest częstsze od *he likes to swim*.
(2) *Unbearable* – niemożliwy, nieznośny, nie do zniesienia. *I can't bear him.* – Nie mogę go znieść.
(3) *Ever since* – od tego czasu, odtąd.
(4) *To agree with* – zgadzać się. *He agrees with me.* – On się ze mną zgadza. *An agreement* – zgoda, porozumienie.

5 Would you mind not smoking? This is a non-smoking compartment.
6 It's no use trying to run* before you can walk.
7 That new film about Switzerland is worth seeing*.
8 Imagine being a pop-star. It must be great!

9 A lady who felt* **(5)** sorry for a beggar invited him into the kitchen.
10 On the table, there were some sardines and some smoked salmon.
11 The beggar immediately began* eating* **(6)** the smoked salmon.
12 — There are some sardines as well, said* the lady in a loud voice.
13 — I prefer the smoked salmon, replied the beggar.
14 — But it's more expensive, complained his unwilling hostess.
15 — Yes I know, lady... but it's worth it!

PRONUNCIATION

5 kəm'pɑ:tmənt 7 switzə:lænd 8 i'mædʒin ... popstɑ: 9 begə in'vaitid 10 sɑ:di:nz ... sməukt sæmən 12 laud 14 kəm'pleind ʌn'viliŋ həustis

EXERCISES

1 It's no use asking him, he doesn't know anything about politics. – **2** Whose is this dictionary? – I think it's his. – **3** Go and see that new film, it's really worth it. – **4** Will you lend me some money? – I'm sorry, I can't afford it. – **5** He has been asleep ever since we left the station.

FILL IN THE MISSING WORDS:

1 *On przestał rozmawiać, gdy wszedł jego szef.*

He . . . . when . . . .

5 Czy mógłby Pan nie palić? To jest przedział dla niepalących.
6 Nie ma sensu próbować uciekać, dopóki nie potrafisz chodzić.
7 Ten nowy film o Szwajcarii jest wart obejrzenia.
8 Wyobraź sobie, że jesteś gwiazdą pop. To pewnie jest wspaniałe!

9 Kobieta, której zrobiło się żal żebraka, zaprosiła go do kuchni.
10 Na stole, było trochę sardynek i wędzony łosoś.
11 Żebrak natychmiast zaczął jeść wędzonego łososia.
12 — Są także sardynki, powiedziała kobieta głośnym [krzykliwym] głosem.
13 — Wolę wędzonego łososia, odpowiedział żebrak.
14 — Ale jest znacznie droższy, skarżyła się jego niechętna gospodyni.
15 — Tak, ja wiem, proszę pani ... ale jest tego wart.

UWAGI

(5) *To feel sorry* – zrobić się żal. *I'm sorry for that poor man.* – Żal mi tego biedaka.
(6) *Began eating* – patrz objaśnienie (1) tej lekcji.

ĆWICZENIA

1 Nie ma sensu się go pytać, on nic nie wie o polityce. – **2** Czyj jest ten słownik? – Sądzę, że jego. – **3** Idź i zobacz ten nowy film, jest naprawdę wart. – **4** Czy pożyczysz mi trochę pieniędzy? – Przykro mi, ale nie mogę sobie pozwolić. – **5** On śpi, odkąd odjechaliśmy ze stacji.

93rd Lesson

2 *Warto jest uczyć się języka obcego, jest on bardzo przydatny.*

It's .... a ...., it's very ....

3 *Ona zatrzymała się, by spojrzeć na wystawę sklepu.*

She stopped .. .. a shop window.

4 *Żal mi ciebie, ale nic nie mogę zrobić.*

I .... for you, but . ..... do anything.

****

NINETY-FORTH (94th) LESSON

A letter

1 Dear David, Thanks very much for your last letter.
2 I hope you are both well. I'm thoroughly **(1)** enjoying my new job.
3 The person whose position I've taken* **(2)** resigned last month.
4 I can undestand* why, because there's a lot of work to do.
5 I'm writing* to ask you a favour. **(3)**
6 Could you get me some information on trade unions?
7 I had to give* a lecture last week and I couldn't find* enough details.

PRONUNCIATION

2 θʌrəli **3** pə'siʃin ri'zaind **5** feivə **6** treid juniəns **7** lektʃə ... diteilz

UWAGI

(1) *Thoroughly* – gruntownie, zupełnie, całkowicie, w pełni. *I'm thoroughly enjoying it.* – W pełni się tym cieszę. *I'm thoroughly bored.* – Jestem całkowicie znudzony.

5   *Czyja jest ta książeczka czekowa? – Ona jest mojej żony.*

.... this ...... - .... ? – It's .. ..

ODPOWIEDZI

1 stopped talking (speaking) – his boss came in. – **2** worth learning – foreign language – useful. – **3** to look at. – **4** feel sorry – I can't. – **5** Whose is – cheque-book – my wife's.

Second wave: 44th Lesson

****

LEKCJA DZIEWIĘĆDZIESIĄTA CZWARTA

List

1   Kochany Dawidzie. Dziękuję bardzo za Twój ostatni list.
2   Mam nadzieję, że obydwoje czujecie się dobrze. Ja w pełni cieszę się moją nową pracą.
3   Osoba, której stanowisko objąłem, zrezygnowała w zeszłym miesiącu.
4   Nie mogę zrozumieć dlaczego, bo jest dużo pracy do zrobienia.
5   Piszę, by cię poprosić o przysługę.
6   Czy mógłbyś zdobyć mi trochę informacji o związkach zawodowych.
7   Musiałem wygłosić wykład w zeszłym tygodniu, i nie mogłem znaleźć wystarczających szczegółów.

UWAGI

(2) *I've taken,* jak pamiętamy, jest skrótem od *I have taken.* Skróty używane są w listach prywatnych, w których również używa się języka potocznego. W pozostałych, używa się języka bardziej formalnego i w zasadzie nie używa się skrótów.
(3) *To ask a favour* – poproś kogoś o przysługę. *Do me a favour.* – Wyświadcz mi przysługę.

8 I should have asked **(4)** you earlier, but you know* how it is.
9 Since I last saw* **(5)** you, nothing much has happened.
10 I've been working hard for a month and I've had so little spare time! **(6)**
11 I saw* Pete last week. You know*, of course, that he's married.
12 In fact he's been married for over a year.
13 He always used **(7)** to say*. "Marriage is a great institution,
14 but who wants to live in an institution?"
15 Look at him now! There's no more news, so I'll say* good-bye. Looking forward to hearing* from you soon, **(8)**
16 Your friend, George.

PRONUNCIATION

8 ɜːltiə 9 hæpənd 10 speə(r) 13 juːsd ... mærɪdʒ ... instiˈtjuːʃn 14 ʌfɔːwəd

UWAGI

(4) *I should have asked you.* – Powinienem był Cię poprosić.
(5) *Since I last saw you* – odkąd cię ostatnio widziałem można potraktować jako skrót od *since the last time I saw you*.
(6) *Spare time* – czas wolny, podobnie jak *free time*. *Spare parts* – części zapasowe.
(7) *To use* – używać; *used* – używany, stosowany; *to be used to* – być przyzwyczajonym do czegoś, mieć zwyczaj; *he used to say* – zwykł był mawiać, mawiał, miał zwyczaj mawiać.

EXERCISES

1 I used to like cakes when I was younger. – **2** I have been working hard since I last saw you. – **3** I hope he will be able to get some information for me. – **4** She has only been to Austria once. – **5** She forgot her purse, so she had to borrow some money.

8   Powinienem był prosić Cię wcześniej, ale wiesz jak to jest.
9   Odkąd Cię ostatnio widziałem, niewiele się zdarzyło.
10 Bardzo pracuję od miesiąca i mam tak mało wolnego czasu.
11 Widziałem Pete w zeszłym tygodniu. Wiesz oczywiście, że on się ożenił.
12 W rzeczywistości, on jest już żonaty od ponad roku.
13 On zawsze zwykł był mawiać; „Małżeństwo jest wspaniałą instytucją,
14 ale kto chce mieszkać w instytucji?
15 Popatrz teraz na niego! Nie ma więcej nowin, więc powiem Ci do widzenia. Oczekuję z niecierpliwością na wiadomość od Ciebie wkrótce.
16 Twój przyjaciel, Jurek.

UWAGI

(8) *Looking forward to hearing from you* – to typowy zwrot używany w listach – oczekuję z niecierpliwością na wiadomość od ciebie.

ĆWICZENIA

1 Lubiłam [miałam zwyczaj lubić] ciastka jak byłam młodsza. – 2 Bardzo pracowałam, odkąd Cię ostatnio widziałam. – 3 Mam nadzieję, że on będzie w stanie zdobyć dla mnie jakieś informacje. – 4 Ona tylko raz była w Austrii. – 5 Ona zapomniała swoją portmonetkę, więc musiała pożyczyć trochę pieniędzy.

94th Lesson

FILL IN THE MISSING WORDS:

1 *Oczekujemy z niecierpliwością wyjazdu na wakacje.*

We are .... to ..... on holiday.

2 *Studd, dobrze znany malarz, zwykł był tu mieszkać.*

Studd, the well- ..... painter .... here.

3 *Człowiek, którego walizka została skradziona, nazywa się Sanders.*

The man ..... suitcase ... . is ...... Sanders.

****

NINETY-FIFTH (95th) LESSON

A favour

1 — Oh, is that George's letter? I haven't seen* him for a long time. **(1)**
2 In fact, since that party last year. How is he?
3 — Oh he's fine. He needs some help with his new job.
4 — Yes, he's working in that school with a strange name.
5 — You mean* Hungerford? It's a school that **(2)** has an excellent reputation.
6 — How long has he been teaching* there?
7 — For a month. Since another teacher resigned. He seems **(3)** to be enjoying himself.
8 — May I read the letter? – Of course. It's over there on top of the television.

PRONUNCIATION
4 streindʒ **5** eksələnt **6** ˌrepju'teiʃn

4 *On pracuje/ował w tej firmie przez trzy lata.*

He ... . for this company ... .

5 *Gdzie położyłeś zapasowe koło? Nie pamiętam.*

Where ... . the ..... tyre? – I ....

ODPOWIEDZI

1 looking forward – going. – **2** known – used to live. – **3** whose – was stolen – called. – **4** has been working – for three years. – **5** did you put – spare. – don't remember.

Second wave: 45th Lesson

****

LEKCJA DZIEWIĘĆDZIESIĄTA PIĄTA

Przysługa

1 — O, czy to jest list Jurka? Nie widziałam go od dawna.
2 W rzeczywistości, od tego przyjęcia w zeszłym roku. Jak on się czuje?
3 — O, świetnie. Potrzebuje pomocy w związku z jego nową pracą.
4 — Tak, on pracuje w tej szkole z dziwnym imieniem.
5 — Masz na myśli Hungeford? To jest szkoła, która ma doskonałą opinię.
6 — Jak długo on tam uczy?
7 — Przez miesiąc. Odkąd inny nauczyciel zrezygnował. Chyba mu się to podoba.
8 — Czy mogę przeczytać ten list? – Oczywiście, jest tam, na telewizorze [na górze telewizora].

UWAGI

(1) *For a long time* – od dawna.
(2) *That,* w tym znaniu oznacza *która* i mogłoby zostać zastąpione zaimkiem względnym *which*. Patrz lekcja 39 (5).
(3) *To seem* – zdawać się, wydawać się, chyba, wyglądać na coś. *It seems* – jak się zdaje, ponoć, okazuje się.

9 — He always asks for information which is difficult to find.
10 — Not really. We've got* lots of files **(4)** at the office.
11 — I hope he doesn't expect you to write a book!
12 — No, just a few lines with the main points. It won't take* too long.
13 — I hope not. – I'll start straight away **(5)** and I should be finished by tomorrow at the latest.

PRONUNCIATION

10 failz **12** lains **13** streit ə'wei

EXERCISES

1 It should be finished by next week. – **2** It might rain tomorrow. – Oh, I hope not. – **3** How long will it take to write a book? – **4** He seems to be making good progress. – **5** As usual, nothing works in this house!

FILL IN THE MISSING WORDS:

1 *On pracuje tam od miesiąca. Odkąd Jurek zrezygnował.*

He ... . there ... a month. ..... George

....

2 *Jeśli wyjedziesz natychmiast, przyjedziesz na dziewiątą.*

If ... ., you will arrive .. .... o'clock.

3 *Ja nie rozumiem, co on dokładnie ma na myśli?*

I ..... understand .... he ....

4 *On nie spodziewa się, że ty napiszesz książkę. – Mam nadzieję, że nie.*

He doesn't ...... you .. .. a book. – . ...

5 *Jak długo czekasz? Od godziny.*

... . have you .... waiting? – ... an hour..

9 — On zawsze prosi o informacje, które są trudne do znalezienia.
10 — Nie zupełnie. Mamy dużo akt w naszym biurze.
11 — Mam nadzieję, że on nie spodziewa się, że ty napiszesz książkę.
12 — Nie, tylko kilka linijek z głównymi punktami. To nie zajmie mi zbyt dużo czasu.
13 — Mam nadzieję, że nie. – Zacznę natychmiast i to powinno być skończone najpóźniej do jutra.

UWAGI

(4) *File* – kartoteka, akta, archiwum, rocznik, plik (papierów).
(5) *Straight away* – natychmiast, z miejsca w te pędy.

ĆWICZENIA

1 To powinno być skończone do przyszłego tygodnia. – **2** Może jutro padać. – O, mam nadzieję, że nie. – **3** Jak długo zajmie napisanie książki? – **4** Wydaje się, że on robi duży postęp. – **5** Jak zwykle, nic nie działa w tym domu.

ODPOWIEDZI

1 has been working – for – Since – resigned. – **2** you leave straight away – by nine. – **3** don`t – what – means exactly. – **4** expect – to write – I hope not. – **5** How ong – been – For.

Mamy nadzieję, że robicie Państwo postępy i że nasza metoda jest skuteczna. Rzeczywiście można się nauczyć języka bez specjalnego trudu, jeśli się tylko pracuje systematycznie. Czy mamy rację?

Second wave: 46th Lesson

95th Lesson

NINETY-SIXTH (96th) LESSON

Health

1 Do you remember, in Lesson fifty-seven, John had to see the doctor?
2 In England, you do not pay* the doctor or the hospital, and you pay* only a small charge **(1)** for the dentist.
3 This is because of the National Health Service, which pays* all medical costs.
4 It is financed in part by contributions **(2)** called National Insurance payments.
5 Every working man **(3)** or woman has to make* a single **(4)** National Insurance contribution every week.
6 It is the responsibility of the employer to make* sure that the payments are made.
7 He deducts a sum from the worker's wage or salary **(5)** and then adds his own contribution.
8 The rest of the money for the National Health Service comes* from general taxation. **(6)**

PRONUNCIATION

helθ 2 hospitl ... tʃɑ:dʒ ... dentist 3 nəuʃənl helθ sɜ:vis ... medikl
4 fainənsd ... ˌkɔntriˈbju:ʃn ... nəuʃəni inˈʃuərəns peimənts 5 singl
6 ˌrespənsiˈbiliti ... imˈpɔiə 7 diˈdʌkts ... weidʒ ... sæləri ... ædz
8 dʒenərl tæˈkseiʃn

UWAGI

(1) *Charge* – koszt, opłata, należność. *To charge* – obciążyć kosztami, pobierać opłatę. *They charged me thirty pence for a glass of water.* – Obciążyli mnie trzydziestoma pensami za szklankę wody. *Service charge 15%* – Koszty obsługi 15%.
(2) *Contribution* – wsparcie, datek, współpraca, udział, wkład, przyczynek, środek. *To make a contribution* – płacić składkę.

LEKCJA DZIEWIĘĆDZIESIĄTA SZÓSTA

Zdrowie

1. Czy pamiętacie Państwo, jak w lekcji pięćdziesiątej siódmej Dawid musiał zobaczyć lekarza?
2. W Anglii, nie płaci się lekarzowi, ani szpitalowi i płaci się tylko niewielką sumę dentyście.
3. Jest tak dzięki Państwowej Służbie Zdrowia, która pokrywa [płaci] wszystkie koszty medyczne.
4. Jest to częściowo finansowane ze środków nazywanych opłatami Państwowego Ubezpieczenia.
5. Każdy pracujący mężczyzna lub kobieta muszą zapłacić każdego tygodnia indywidualną składkę [opłatę] Państwowego Ubezpieczenia.
6. Do odpowiedzialności pracodawcy należy upewnienie się, że składki są płacone.
7. On potrąca sumę z tygodniówki lub pensji zatrudnionego, a następnie dodaje swoją własną opłatę.
8. Pozostałe pieniądze dla Państwowej Służby Zdrowia pochodzą z powszechnego opodatkowania.

UWAGI

(3) *Working man* – zatrudniony, pracujący mężczyzna. *Worker* – pracownik, *workman* – pracownik fizyczny.

(4) *Single* – pojedynczy, indywidualny, niezamężna, nieżonaty, samotny/a. *She is single.* – Ona jest niezamężna. *A single ticket* – bilet w jedną stronę, *a return ticket* – bilet w dwie strony.

(5) *Wage* – to pensja wypłacana co tydzień – tygodniówka; *salary* – to pensja wypłacana co miesiąc. *Income* to dochód.

(6) *Taxation* – opodatkowanie; *tax* – podatek; *taxpayer* – podatnik; *income tax* – podatek dochodowy; *duty free goods* – towary bezcłowe, nieopodatkowane. VAT (*value added tax*) – Vat (podatek od wartości dodanej).

9 Those whose incomes are too low can obtain what is called Supplementary Benefit.
10 This is a weekly allocation **(7)** and is financed entirely by general taxation.
11 The State also pays* "pensions" to people in retirement. **(8)**
12 These people are known* as "senior citizens".
13 So, when you go to the doctor's or, for something more serious, the hospital,
14 you do not have to worry about the cost.

PRONUNCIATION

9 iŋkʌmz ... əb'tein ... ˌsʌplimentəri benəfit **10** ˌælə'keiʃn ... in'taiə(r)li **11** penʃinz ... ri'taiə(r)mənt **12** si:niə(r) 'sitizəns

EXERCISES

1 Because of fog, the plane will be delayed. – **2** Old people, known as "senior citzens", receive pensions. – **3** Is his illness serious, doctor? – I hope not. – **4** Make sure that the bed is made before going out. – **5** The person whose income is too low can obtain a weekly allocation.

FILL IN THE MISSING WORDS:

1 *Mężczyzna, którego samochód został skradziony, może go odnaleźć w komisariacie policji.*

The man ..... car has .... can find it .. the police-station.

2 *Nie trzeba odbywać służby wojskowej w Anglii.*

You .. .. do .... in England.

3 *Upewnij się, że drzwi są zamknięte nim wyjdziesz.*

.... that ... . are locked ....

9 Ci, których dochody są zbyt niskie, mogą otrzymać to, co jest nazywane dodatkowym zasiłkiem.
10 Jest to tygodniowy zasiłek [fundusz] i jest całkowicie finansowany z powszechnego opodatkowania.
11 Państwo także wypłaca emerytury ludziom na emeryturze.
12 Ci ludzie są znani jako „obywatele seniorzy".
13 Więc, jeśli idziesz do lekarza, albo z czymś poważniejszym do szpitala,
14 nie musisz się denerwować o koszty.

UWAGI

(7) *Allocation* – przydział, kredyt, fundusz.
(8) *Retirement* – stan spoczynku; *in retirement* – na emeryturze; *to retire* – iść na emeryturę.

ĆWICZENIA

1 Z powodu mgły, samolot będzie opóźniony. – **2** Starzy ludzie, znani jako obywatele seniorzy", otrzymują emerytury. – **3** Czy jego choroba jest poważna, doktorze? – Mam nadzieję, że nie. – **4** Upewnij się, że łóżko jest pościelone nim wyjdziesz. – **5** Osoba, której dochód jest zbyt niski może otrzymać tygodniowy zasiłek.

4 *Czy nie masz zamiaru obejrzeć tej nowej sztuki?*

. . . . . . you going . . . . . . that . . . . ?

5 Czyja to jest odpowiedzialność?

. . . . . is the . . . . ?

96th Lesson

ODPOWIEDZI

1 whose – been stolen – at. – **2** do not have to – military service. – **3** Make sure – the doors – before going out. – **4** Aren't – to see – new play. – **5** Whose – responsiblity?

Odpowiednikiem angielskiego przysłowia *A bird in hands is worth two in the bush* – ptak w ręku jest wart dwóch na

****

NINETY-SEVENTH (97th) LESSON

1. Learn this lesson as usual, then answer the following questions with the help of the preceding lesson.
2. How much did David have to pay* the doctor when he was ill?
3. What does National Health Sevice mean*?
4. How is the National Health Service financed?
5. Whose **(1)** responsibility is the weekly contribution?
6. Who has to make* National Insurance contributions?
7. Does the employer pay* anything?
8. Who receives Supplementary Benefit?
9. Who are senior citizens?
10. Two little boys who were visiting the British Museum stopped to look at an Egyptian mummy.
11. The mummy was covered with bandages and had a sign with 1215 B.C. **(2)** (one thousand two hundred and fifteen) around its **(3)** neck.

PRONUNCIATION

10 i'dʒipʃn mʌmi **11** kʌvə(r)d ... bændidʒiz ... bi: si:

UWAGI

(1) *Whose* w tym zdaniu tłumaczymy jako kto.
(2) *B.C. – Before Christ* – przed Chrystusem, przed naszą erą – p.n.e.
(3) *Mummy* jest rodzajem nijakim w języku angielskim, stąd zaimek rodzaju nijakiego *its*.

krzaku, jest „Lepszy ptaszek w garści, niż wróbel na dachu".
Dowcipną wersją tego przysłowia jest powiedzenie Mae West: *A man in the house is worth two in the street.*

Second wave: 47th Lesson

****

LEKCJA DZIEWIĘĆDZIESIĄTA SIÓDMA

1. Jak zwykle, przeczytajcie Państwo tę lekcję, a następnie odpowiedzcie na następujące pytania korzystając z poprzedniej lekcji.
2. Ile Dawid musiał zapłacić lekarzowi, gdy był chody?
3. Co znaczy Państwowa Służba Zdrowia?
4. Jak jest finansowana Państwowa Służba Zdrowia?
5. Kto ponosi odpowiedzialność za tygodniowe składki?
6. Kto musi płacić składki na Państwowe Ubezpieczenie?
7. Czy pracodawca coś płaci?
8. Kto otrzymuje dodatkowy zasiłek?
9. Kim są „obywatele seniorzy"?
10. Dwaj mali chłopcy, którzy zwiedzali Muzeum Brytyjskie, zatrzymali się, by obejrzeć egipską mumię.
11. Mumia była pokryta bandażami i miała tabliczkę [znak] z 1215 p.n.e. (tysiąc dwieście piętnaście) wokół szyi.

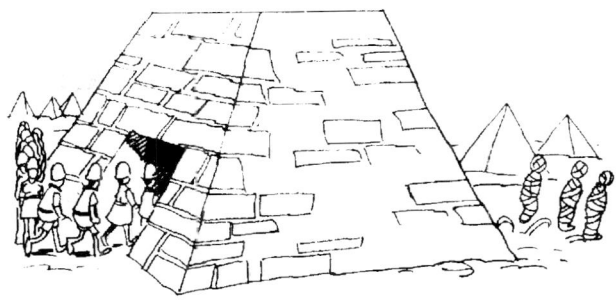

97th Lesson

317 three hundred and seventeen

12 — I wonder **(4)** what that sign means*, said* one of the boys.
13 — That must be the number of the car which knocked him over, replied his friend. **(5)**

PRONUNCIATION

12 Wʌndə 13 nʌmbə ... nɔkt im ovə

EXERCISES

1 Our phone was broken and we couldn't receive any calls. – **2** We'd offer to help if it wasn't useless. – **3** You should have paid the man straight away. – **4** If she did her hair differently she could look nice. – **5** I might not pay my contribution this week.

FILL IN THE MISSING WORDS

1 *Jeśli wydalibyśmy przyjęcie w przyszłym tygodniu, kto będzie w stanie przyjść.*

   If we .... a party .... who.... .. ..?

2 *Czy mógłbyś mi powiedzieć, co znaczy „tygodniowa składka"?*

   ..... you .... me .... "weekly contribution" .....?

3 *Z powodu deszczu, mecz został odwołany.*

   .... the ...., the match ... . cancelled.

****

NINETY-EIGHTH (98th) LESSON

Revisions and Notes

Jak zwykle wracamy do objaśnień z lekcji 92–97. Większość z nich również dotyczyła słownictwa, które, przypuszczamy, w znacznej mierze jest przez Państwa opanowane.

12 — Zastanawiam się, co znaczy ta tabliczka, powiedział jeden z chłopców.
13 — To musi być numer samochodu, który go przejechał, odpowiedział jego przyjaciel.

UWAGI

(4) *To wonder* – zastanawiać się, *wonderful* – cudowny.
(5) *To knock* – pukać, *to knock over* – przejechać, przewrócić; *to knock out* – znokautować.

ĆWICZENIA

1 Nasz telefon był zepsuty i nie mogliśmy odebrać żadnych połączeń [rozmów]. – **2** Zaoferowalibyśmy pomoc, gdyby nie była bezużyteczna. – **3** Powinieneś był natychmiast zapłacić mężczyźnie. – **4** Gdyby inaczej uczesała się, mogłaby wyglądać ładnie. – **5** Mogę nie zapłacić mojej składki w tym tygodniu.

4 *Czy muszę coś zapłacić za obsługę?*

.... I pay .... for the ....?

5 *Butelka była pokryta kurzem i miała pajęczyny wokół szyjki.*

The bottle was .... dust and ... cobwebs ...... the neck.

ODPOWIEDZI

1 gave/had – next week – will be able to come. – **2** Could – tell – what – means. – **3** Because of – rain – has been. – **4** Must – something – service. – **5** covered with – had – around.

Second wave: 48th (revision) Lesson

****

LEKCJA DZIEWIĘĆDZIESIĄTA ÓSMA

Powtórzenie i objaśnienia

1 Wróćmy jeszcze raz do lekcji 92 (2). Angielski skrót tej konstrukcji to *SVO + Infinitive (subject, verb, object – podmiot, orzeczenie, dopełnienie + bezokolicznik). You want me to go.* – Chcesz, żebym ja poszła. *I prefer him to* *tell me.* – Wolę, żeby on mi powiedział. *Do you want him to shut the window?* – Czy chcesz, żeby on zamknął okno? Wystarczy, jeśli na razie będziecie Państwo poznawać tę konstrukcję. Nawet nie zauważycie, jak zaczniecie ją wkrótce sami używać.

2 Wróćmy również do lekcji 23 (2). Mówimy tam o dwóch funkcjach tych samych zaimków: zwrotnej i emfatycznej. Przyjrzyjmy się tłumaczeniom tych zdań. *I'll do this myself.* – Zrobię to sama. *Ask him yourself.* – Spytaj go sama. *Help yourself.* – poczęstuj się. Wróćmy również do lekcji 71 (2). Mamy w niej wyrażenia *one another, each other*, o podobnym znaczeniu. *They see one another.* – Oni widzą się nawzajem. *We talk to one another.* – Rozmawiamy z sobą.

3 Zwykle czynności, które trwają dłużej są wyrażane czasami ciągłymi, czyli z końcówką *-ing*. *I was writing when you came.* – Pisałam, gdy przyszedłeś. *I have been waiting long.* – Czekam długo. Jedynie czas teraźniejszy ciągły wyraża czynność odbywającą się w danej chwili. *I'm learning.* – Uczę się.

4 Przypomnijmy jeszcze pytania na końcu zdania, tzw *question tags*. Jeśli zdanie jest twierdzące, *question tag* jest przeczące i odwrotnie. Popatrzmy na przykłady: *She's upstairs, isn't she?* – Ona jest na górze, czyż nie?, *He wants this, doesn't he?* – On to chce, czyż nie?, *They don't want this, do they?* – Oni tego nie chcą, prawda?, *He won't come, will he?* – On nie przyjdzie, prawda?, *You will come, won't you?* Ty przyjdziesz, prawda?, *We can't help you. can we?* – Nie możemy ci pomóc, prawda?, *They shouldn't go, should they?* – Oni powinni iść, czyż nie?, *He would accept, would he?* – On zaakceptuje, prawda?

Question tags nadają całemu zwrotu sens pytania wymagającego odpowiedzi twierdzącej lub przeczącej. Używa się ich w celu uzyskania potwierdzenia prawdziwości wypowiedzi.

5 Popatrzmy na te zdania z *whose*: *Whose is this handbag?* – Czyja to torebka?, *Whose responsibility is it?* – Kto ponosi za to odpowiedzialność, *The man whose car* *is outside.* – Człowiek, którego samochód jest na zewnątrz, *The gentleman whose son is a doctor.* – Pan, którego syn jest lekarzem. Zakres znaczeniowy *whose* jest, jak widzimy znacznie szerszy niż czyj, czyja, czyje.

6 Zdania do zapamiętania:

1. *I want you to come straight away.*
2. *She doesn't like waiting.*
3. *I stopped smoking last week.*
4. *We can't bear him.*
5. *I fell sorry you.*
6. *Since I last saw you.*
7. *We used to like him.*
8. *I'll be finished by tomorrow.*
9. *He charged me ten pounds.*
10. *I wonder if he's better.*

7 Tłumaczenie:

1. Chcę, żebyś przyszedł natychmiast.
2. Ona nie lubi czekać.
3. Przestałem palić w zeszłym tygodniu.
4. Nie możemy go znieść.
5. Żal mi cię.
6. Odkąd cię ostatnio widziałem.
7. Byliśmy przyzwyczajeni do lubienia go. [Lubiliśmy go.]
8. Będę skończony do jutra.
9. On obciążył mnie dziesięcioma funtami.
10. Zastanawiam się, czy on czuje się lepiej.

Second wave: 49th Lesson

98th Lesson

NINETY-NINTH (99th) LESSON

Emergency...! (1)

1 — The ninety-ninth lesson reminds (2) me of the police.
2 — Why? – Because, if there is an emergency and you need the police
3   or an ambulance or the fire-brigade,
4   you simply dial (3) nine-nine-nine. The operator replies immediately:
5 — Emergency. Which service do you require?

6 — Excuse me, I'm a foreigner. (4) Could you show me how to use the phone?
7 — Of course, sir. Have you got* your number?
8   If not, we can look it up (5) in the directory.
9   Right. Now first, you lift the receiver and wait for the tone.
10 Next, you dial your number and wait until it rings.
11 You must have ten pence ready.
12 When the person answers, you push your coin into (6) the slot and talk.
13 You see? It's not at all complicated.
14 — Yes, I see. Thank you, you're very kind.
15 — Not at all. Good-bye.

PRONUNCIATION
1 ri'maindz 2 i'mɜ:dʒənsi 3 'æmbjuləns ... faiə bri'geid 4 daiəl ... opəreitə 5 ri'kwaiə 6 forinə 8 di'rektə(r)i 9 ri'si:və(r) 12 puʃ ... koin ... slot 13 'kompli,keitid

UWAGI
(1) *Emergency* – nagły wypadek, nagła decyzja; *a state of emergency* – stan wyjątkowy; *to be ready for every emergency* – być przygotowanym na wszystko.

LEKCJA DZIEWIĘĆDZIESIĄTA DZIEWIĄTA

Nagły wypadek !

1 — Lekcja dziewięćdziesiąta dziewiąta przypomina mi o policji.
2 — Dlaczego? – Ponieważ, jeśli jest nagły wypadek, i potrzebuje się policji,
3   albo karetki, albo straży pożarnej,
4   po prostu nakręca się dziewięć-dziewięć-dziewięć. Telefonistka odpowiada natychmiast.
5 — Nagłe wypadki. Jaką pomoc sobie Pan/i życzy?
6 — Przepraszam, jestem cudzoziemcem. Czy może mi Pan pokazać, jak korzystać z telefonu?
7 — Oczywiście, proszę Pana. Czy ma Pan numer?
8   Jeśli nie, możemy poszukać w książce telefonicznej.
9   Dobrze. Więc najpierw, podnosi Pan słuchawkę i czeka na sygnał.
10   Następnie, nakręca swój numer i czeka, aż zadzwoni.
11   Musi Pan mieć gotowe dziesięć pensów.
12   Kiedy osoba odpowie, wrzuca Pan swoją monetę co otworu i rozmawia.
13   Widzi Pan? Nie jest to w ogóle skomplikowane.
14 — Tak, widzę. Dziękuję, jest Pan bardzo miły.
15 — Nie ma za co. Do widzenia.

UWAGI

(2) *To remind* – przypominać coś/kogoś, komuś; *This reminds me of him.* – To mi jego przypomina. *Please remind me to post the letter.* – Proszę przypomnij mi o wysłaniu listu.
To remember – za/pamiętać, przypominać sobie; *I remember when I was young.* – Pamiętam, jak byłem młody.
(3) *To dial* – nakręcić; *to dial a number* – nakręcić numer; *a dial* – tarcza (instrumentu, zegara).
(4) *A foreigner* – cudzoziemiec; *a stranger* – obcy; *a foreign car* – zagraniczny samochód; *a stranger car* – dziwny samochód.
(5) *To look up* – szukać, poszukać, sprawdzić w czymś; *to look for* – szukać; *to look at* – patrzeć.
(6) *To push* – pchać, popychać; *to push into* – wrzucać, wkładać.

99th Lesson

EXERCISES

1 This photograph reminds me of my home town. – **2** Dial your number and wait for the tone. – **3** Push your coin into the slot and speak. – **4** Please excuse me, I'm a foreigner. – **5** Could you show me how to use it?

FILL IN THE MISSING WORDS:

1   *Czy pamiętasz [możesz pamiętać], gdzie położyłeś mój portfel?*

    ... you .... you ... my wallet?

2   *Wydaje się, że ja przypominam mu jego wnuka.*

    It ..... that I .... his grand-son.

3   *Potrzebowałem śrubokręta, ale musiałem użyć noża.*

    I ...... a screwdriver but I ... . a ..... .

4   On używa/ł tego samego pióra przez prawie dziesięć lat.

    He ... ... the .... pen ... almost ten years.

5   *Czy masz adres? Jeśli nie, możemy kogoś spytać.*

    .... the address? .. .... we can ... .

****

HUNDREDTH (100th) LESSON

1   This is our hundredth lesson. If you have spent* an average of half an hour, revision included

2   on each of the preceding ones, it makes* a total **(1)** of nearly fifty hours.

3   Are you pleased with the result of your work?

PRONUNCIATION

1 ˈhʌndridθ ... ˈævəridʒ ... rəˈviʃn inˈkludid 2 təutl 3 riˈzʌlt

ĆWICZENIA

1 Ta fotografia przypomina mi moje rodzinne miasto. – **2** Nakręć swój numer i czekaj na sygnał. – **3** Włóż swoją monetę do otworu i mów. – **4** Przepraszam, proszę mi wybaczyć, jestem cudzoziemcem. – **5** Czy może mi Pan pokazać, jak z tego korzystać?

ODPOWIEDZI

1 Can – remember where – put. – **2** seems – remind him of. – **3** needed – had to use – knife. – **4** has been using – same – for. – **5** Have you got/do you have – if not – ask someone/somebody.

Don't forget to practise the irregular verbs.
Nie zapomnijcie Państwo o uczeniu się czasowników nieregularnych.

Second wave: 50th Lesson

****

LEKCJA SETNA

1 To jest nasza setna lekcja. Jeśli spędziliście Państwo przeciętnie około pół godziny, włączając powtórzenia,

2 na każdą z poprzednich lekcji, to daje w sumie prawie pięćdziesiąt godzin.

3 Czy jesteście zadowoleni z rezultatu swojej pracy?

UWAGI

(1) *It makes a total of* – to daje w sumie; *total* – całkowity, cały, kompletny, suma, kwota ogólna, zsumować.

4 Obviously, you do not know* by heart **(2)** every word and every **(3)** expression we have seen: that would be too perfect.

5 Learning* a foreign language is a matter of **(4)** patience, regular daily repetition – and optimism.

6 Somebody once said* that English was **(5)** like Mount Everst:

7 because access is easy, but the summit is impossible to reach.

8 We think* this is wrong because nobody speaks* his own language perfectly.

9 You must try, by regular practice, to climb as high as you want, until you feel* comfortable. **(6)**

10 But be carefull in order not to fall*, **(7)** you must practise as often as possible.

11 You will learn new words and expressions and forget* them, and learn them again and forget* them once more.

12 But you are making* progress. Compare what you know* now with what you knew* three months ago.

13 The hardest and most tedious part of your work is done; before long, **(8)** you will speak fluently.

14 But remember: in order to stay on the mountain, you need daily practice.

PRONUNCIATION

4 obviəsli ... bai hɑːt ... pəˈfekt **5** mætə ... peiʃəns regjulə deili ˌrepiˈtiʃn ... optimizm **6** maunt evə(r)ist ŋ ækses ... sʌmit ... imˈposibl **8** læŋwiʃ **9** præktis ... klaim ... kʌmftəbl **10** kaəfl ɔːdə(r) ... fɔːl **12** kemˈpeə(r) **13** tiːdiəs **14** mauntin

UWAGI

(2) *To know by heart* – znać na pamięć.
(3) *Every* – każdy, wszelki; *each* – każdy (z osobna).
(4) *Matter* – materia, substancja; *to be a matter of* – być sprawną czegoś, tu: wymagać; *It's matter of time* – To sprawa czasu, to wymaga czasu. Znamy już *what's the matter?* – o co chodzi? i *it doesn't matter* – to nie ma znaczenia, nie szkodzi.

4 Oczywiście, nie znacie na pamięć każdego słowa i każdego wyrażenia, które spotkaliśmy: to byłoby zbyt doskonałe.

5 Uczenie się obcego języka wymaga cierpliwości, regularnego, codziennego powtarzania – i optymizmu.

6 Ktoś kiedyś powiedział, że angielski jest jak Mount Everest:

7 ponieważ dostęp jest łatwy, ale szczyt jest niemożliwy do zdobycia.

8 My sądzimy że to jest nieprawda, bo nikt nie mówi w swoim własnym języku doskonale.

9 Musicie próbować, poprzez regularne ćwiczenia, wspiąć się tak wysoko, jak chcecie, dopóki nie poczujecie się dobrze.

10 Ale bądźcie ostrożni! Po to żeby nie spaść, musicie ćwiczyć tak często, jak to jest możliwe.

11 Nauczycie się nowych słów i wyrażeń i zapomnicie je, i nauczycie się ich znowu i zapomnicie jeszcze raz.

12 Ale robicie postępy. Porównajcie Państwo, co umiecie teraz, a co umieliście trzy miesiące temu.

13 Najcięższa i najbardziej nudna część Waszej pracy jest zrobiona, niedługo będziecie mówić płynnie.

14 Ale pamiętajcie: po to, by zostać na górze, potrzebujecie codziennych ćwiczeń.

UWAGI

(5) Przypomnijmy sobie następstwo czasów, które występuje w tym zdaniu – lekcja 88 (3). Mimo jednak, iż w drugiej części zdania występuje czas przeszły, w następstwie czasów wyraża on czynność teraźniejszą i tak też ją tłumaczymy.

(6) *Comfortable* – wygodny, dobry, przyjemny. *To feel comfortable* – czuć się dobrze.

(7) *In order to* – po to, żeby, *in order not to* – po to, żeby nie; *an order* – rozkaz, komenda, zarządzenie, porządek; *to order* – kazać

(8) *Before long* – niedługo.

Too many cooks spoil the broth dosłownie znaczy „zbyt dużo kucharek psuje rosół", a poprawna polska wersja tego przysłowia to: „Gdzie kucharek sześć, tam nie ma co jeść".

100th Lesson

EXERCISES

1 You cannot learn all the vocabulary by heart. – **2** Nobody here speaks Chinese. – **3** Sit down on the sofa. Are you comfortable? – **4** You must work in order to earn money. – **5** Be careful not to fall. That wall is very high.

FILL IN THE MISSING WORDS:

1 *Dopóki nie potrafisz mówić płynnie po angielsku, czytaj trochę każdego dnia.*

..... you ... speak English ...., read .... day.

2 *Jedz tak dużo jak możesz; jest więcej.*

Eat .. .. you want; ....

3 *Musisz bardzo uważać po to, żeby nie spaść.*

You .... be very .... in .... fall.

4 *Jestem bardzo zadowolony z pracy mojego syna.*

I am very .... my ....

****

HUNDRED FIRST (101st) LESSON

Some stories

1 *Confirmed bachelor.* **(1)** – Belive me, all women are silly; I have only met* one intelligent woman in my whole life.
2 — Why didn't you marry her then?
3 — I asked her, but she refused me.

PRONUNCIATION

1 kən'fɜ:md bætʃələ(r) ... sili ... in'telidʒənt **3** ri'fju:zd

ĆWICZENIA

1 Nie można się nauczyć wszystkich słówek na pamięć. – **2** Nikt tutaj nie mówi po chińsku. – **3** Usiądź na kanapie. Czy c wygodnie? – **4** Musisz pracować po to, by zarabiać pieniądze. – **5** Uważaj, żeby nie spaść. Ten mur jest bardzo wysoki.

5 *On pewnie nie ma racji, ale nie sądzę.*

He . . . . , but I . . . . so.

ODPOWIEDZI

1 Until – can – fluently – some every. – **2** as much as – there is more. – **3** must – careful – order not to. – **4** pleased with – son's work. – **5** might be wrong – don't think.

Second wave: 51st Lesson

****

LEKCJA STO PIERWSZA

Jakieś historyjki

1 *Zatwardziały kawaler:* — Wierzcie mi, wszystkie kobiety są głupie: spotkałem tylko jedną inteligentną kobietę w całym moim życiu.

2 — Dlaczego się z nią nie ożeniłeś?

3 — Prosiłem ją ale ona odmówiła mi.

UWAGI

(1) *Bachelor* – kawaler; *spinster* – stara panna, ale ten wyraz ma zabarwienie pejoratywne, mówi się zwykle *a single woman* – samotna kobieta

4 *Barber.* – Have I shaved you before, sir?
5 *Customer.* – No, I got* those scars during the war.

6 — Listen, Tommy, if you promise never to say that rude word again, I will give* you ten pence.
7 — Oh, I know* another that is worth at least fifty pence!

8 The manager of a large firm **(2)** criticised an employee for his inefficiency. **(3)**
9 The employee was so annoyed that he started criticising the way in which the company was run*. **(4)**
10 — Are you the manager of this company? The manager asked him furiously.
11 — Of course not, said* the empleyee.
12 — Then don't talk like a fool! shouted the manager.

13 A pessimist reminds us that a cup is half empty
14 and an optimist reminds us that it is half full.

PRONUNCIATION

4 bɑ:bə ʃeivd **5** kʌstəmə ... skɑ:rz ... wɔ: **8** mænidʒə ... kritisaizd im'plɔi'i: ... ˌini'fiʃənsi **9** ə'nɔid **10** fjuəriəsli **12** fu:l ʃautid **13** pesimist ... empti **14** ful

EXERCISES

1 He was so angry he started shouting. – **2** How much is your Swiss watch worth? – **3** He was critised for his inefficiency. – **4** He speaks English like an Englishman. – **5** Weren't you supposed never to say that word?

4 *Fryzjer:* – Czy przedtem Pana goliłem, proszę Pana?
5 *Klient:* – Nie, mam te blizny z wojny.

6 — Posłuchaj Tomeczku, jeśli obiecasz nigdy więcej nie mówić tego brzydkiego słowa, dam ci dziesięć pensów.
7 — O, znam inne, które jest warte przynajmniej pięćdziesiąt pensów.

8 Dyrektor dużej firmy skrytykował pracownika za jego nieefektywność.
9 Pracownik był tak zirytowany, że zaczął krytykować sposób, w jaki prowadzona jest firma.
10 — Czy jest Pan dyrektorem tej firmy? spytał go z wściekłością dyrektor.
11 — Oczywiście że nie, powiedział pracownik.
12 — Więc niech Pan nie mówi jak głupiec! krzyknął dyrektor.

13 Pesymista przypomina nam, że filiżanka jest w połowie pusta.
14 optymista przypomina, że jest w połowie pełna.

UWAGI
(2) *A firm, company* – firma; *a society* – stowarzyszenie.
(3) *Inefficiency* – nieudolność, nieefektywność, nieskuteczność; brak wydajności. Przeciwieństwem tego jest *efficiency.*
(4) *To run a company, to run a firm* – prowadzić firmę; *to run, ran, run,* – biec, biegać.

ĆWICZENIA
1 On był taki zły, że zaczął krzyczeć. – **2** Ile jest wart twój szwajcarski zegarek? – **3** On był skrytykowany za nieefektywność. – **4** On mówi po angielsku jak Anglik. – **5** Czy nie oczekiwano po tobie, że nigdy nie powiesz tego słowa?

101st Lesson

331 three hundred and thirty-one

FILL IN THE MISSING WORDS:

1 *A co powiesz na szklaneczkę whisky? – Nie, dziękuję, nie chcę (żadnej).*

... . a glass of whisky? – No thank you .

. ...

2 *Dlaczego mi nie powiedziałeś, że grasz w szachy?*

... . you .... me .... you played ..... ?

3 *To nie jest warte próbowania, nie wygrałeś.*

It ...., you ..... not ... .

4 *Proszę podziękuj mu za jego uprzejmość.*

Please ..... him ... his kindness.

****

HUNDRED AND SECOND (102nd) LESSON

1   Outside the art gallery: – I liked that exhibition very much,
2   especially the modern painting of a man on a horse.
3 — How do you know* it was a man on a horse?
4 — Well, it was obvious, wasn't it?
5 — In that case, it couldn't have been **(1)** a modern painting.

6   A mother had just scolded **(2)** her son and he started crying.
7   At that moment, his father came* in.
8 — What's the matter with you? he asked.

PRONUNCIATION

1 autsaid ... ɑːt 'gæləri ... igˈzibiʃn 2 iˈspeʃli ... modn peintiŋ ... hɔːs
4 obviəs 5 keis 6 skoldid

5 *Dziękuję bardzo, naprawdę. – Nie ma za co.*

Thank you . . . . much . . . . – Not . . . . . .

ODPOWIEDZI

1 How about – I don't want one/any. – **2** Why didn't – tell – that – chess. – **3** isn't worth trying – would – win. – **4** thank – for. – **5** very – indeed – at all.

Second wave: 52nd Lesson

****

LEKCJA STO DRUGA

1. Na zewnątrz galerii sztuki: – Bardzo mi się podobała ta wystawa,
2. zwłaszcza nowoczesny obraz człowieka na koniu.
3. — Skąd wiesz, że to był człowiek na koniu?
4. — Cóż, to było oczywiste, czyż nie?
5. — W takim razie, to nie mógł być nowoczesny obraz.

6. Matka właśnie skrzyczała swojego syna i on zaczął płakać.
7. W tym momencie wszedł ojciec.
8. — Co się z tobą dzieje? spytał.

UWAGI

(1) *It couldn't have been* – tłumaczymy jako to nie mógł być.
(2) *To scold* – skrzyczeć, skarcić, zbesztać.

9 The child turned his back and said* nothing.
10 — Come on!, said* his father, tell Daddy.
11 The son turned round: – If you must know, I've just had an argument **(3)** with your wife!

12 *Employer.* – We're looking for someone who is used to **(4)** ordering men.
13 *Man.* – In that case, you want my wife.

14 Do not forget* to learn a few irregular verbs from time to time.

PRONUNCIATION

9 tɜ:nd ... bæk   11 ɑ:gjumənt   13 im'ploiə ... ju:st ... ɔ:də(r)iŋ
14 i'regjutə

EXERCISES

1 It could have been David, but I'm not sure. – **2** I've just finished breakfast so I'm not hungry. – **3** How old was she last birthday? I don't like to ask. – **4** I heard a symphony by Mozart on the radio. – **5** What's the matter with you? – I'm afraid I've got a cold.

FILL IN THE MISSING WORDS:

1 *Ona właśnie skończyła rozmawiać, kiedy zadzwonił telefon.*

   She ... . speaking .... the phone .... .

2 *Nie martw się, jestem przyzwyczajony do jazdy po prawej stronie.*

   Don't ....., I .. .. driving .. ..

3 *On robił zdjęcia do książki, którą napisał.*

   He ... . photos ... a book he ... .

9 Dziecko odwróciło się i nic nie powiedziało.
10 — Chodź, powiedział ojciec, opowiedz tatusiowi.
11 Dziecko odwróciło się: — Jeśli musisz wiedzieć, właśnie pokłóciłem się z Twoją żoną.

12 *Pracodawca*. — Szukamy kogoś, kto jest przyzwyczajony do zarządzania ludźmi.
13 *Mężczyzna*. — W takim razie, chce Pan moją żonę.

14 Nie zapominajcie Państwo, uczyć się kilku czasowników nieregularnych od czasu do czasu.

UWAGI

(3) *To have an argument* — kłócić się, sprzeczać się; *an argument* — kłótnia, sprzeczka.
(4) *To be used to* — być przyzwyczajonym, mieć zwyczaj. *He's used to working hard.* — On jest przyzwyczajony do ciężkiej pracy. W tej konstrukcji występuje po to czasownik z końcówką – *ing*, podobnie jak w wyrażeniu *to look forward to*.

ĆWICZENIA

1 To mógł być Dawid, ale nie jestem pewny. — **2** Właśnie skończyłem śniadanie więc nie jestem głodny. — **3** Ile ona miała lat na ostatnie urodziny? Nie lubię pytać. — **4** Słyszałam symfonię Mozarta w radiu. — **5** Co się z Tobą dzieje? Obawiam się, że się zaziębiłem.

A MAN ON A HORSE

4 *Myślałam, że on jest powieściopisarzem. — Wcale nie. On jest fotografem.*

I . . . . . . he was . novelist. — . . . . . all, ... photographer.

102nd Lesson

335 three hundred and thirty-five

5 *To nie mogłoby czegokolwiek zmienić.*

That .... changed ....

ODPOWIEDZI

1 had just finished – when – rang. – **2** worry – am used to – on the right. – **3** was taking – for – had written. – **4** thought – a – Not at – he's a. – **5** could not have – anything.

****

HUNDRED AND THIRD (103rd) LESSON

1. An Englishman uses an average of one thousand words in his spoken vocabulary. **(1)**
2. His reading vocabulary **(2)** is much larger – between three and four thousand,
3. but many of these words are not used in everyday communication.
4. When you come* to the end of this course, you will be able to use about three thousand English words.
5. The English vocabulary is composed of roughly **(3)** 50% (fifty per cent) Latin words and 50% Germanic ones,
6. so there are often two words to describe the same thing.

PRONUNCIATION

1 ævəridʒ ... spəukmən **3** kəmju:nikeiʃn **5** kəm'paudz ... rʌfli ... lætin ... dʒə'mænik **6** di'skraib

UWAGI

(1) *Vocabulary* – słownik, słownictwo, zasób (dobór) słów. *Speaking vocabulary* – czynny zasób słów, tzn. używany w mowie (i w piśmie).

(2) *Reading vocabulary* – bierny zasób słów, tzn. używany podczas czytania (i słuchania).

One man's meat is another man's poison – mięso jednego człowieka jest trucizną dla drugiego, co jest odpowiednikiem polskiego powiedzenia: „To, co dobre dla jednego, nie jest dobre dla drugiego".

Second wave: 53rd Lesson

****

LEKCJA STO TRZECIA

1 Anglik używa przeciętnie tysiąc wyrazów ze swojego czynnego zasobu słownictwa.
2 Jego bierny zasób słownictwa jest znacznie większy – pomiędzy trzema a czterema tysiącami,
3 ale wiele z tych słów nie jest używanych w codziennej komunikacji.
4 Kiedy dojdziecie Państwo do końca tego kursu, będziecie w stanie używać około trzech tysięcy wyrazów.
5 Angielskie słownictwo składa się w przybliżeniu w 50% (pięćdziesięciu procentach) ze słów łacińskich i w 50% z germańskich,
6 więc są często dwa słowa na określenie tej samej rzeczy.

UWAGI

(3) *Roughly* – z grubsza, w przybliżeniu; *rough* – szorstki, chropawy; *to have a rough time* – mieć ciężkie życie.

103rd Lesson

7 But don't worry! Only those who do* crossword puzzles, or play word-games, know* the thousands of unusual words in the language.

8 English also "adopts" words very easily, so that often people do not realise that they are foreign words,

9 so all nationalities feel* at home **(4)** speaking English!

10 — Doctor, tell* me frankly what is wrong with me: **(5)** not in Latin or Greek, but in simple, plain words.

11 — There is nothing wrong with you; you are a drunkard and a glutton.

12 — Oh! Well say it in Latin and Greek, so I can tell* my wife!

PRONUNCIATION

7 krosw3:d pʌzlz **8** ə'dopts ... riəlaiz **10** fræŋkli ... gri:k ... plein

EXERCISES

1 Both ideas are interesting, but the first one is too formal. – **2** Has he written his book yet? – **3** He is used to borrowing from me, and I let him. – **4** We've already seen that play. – **5** Distribution of wealth is an important part of Socialist ideology.

FILL IN THE MISSING WORDS:

1 *Kiedy skończysz tę pracę, przyjdź i pomóż mi proszę.*

.... you .... that job, come ... help me ....

2 *Osoba, od której on pożyczył tę marynarkę, chce ją z powrotem.*

The person .... he .... that jacket ..... it back.

7 Ale nie martwcie się Państwo! Tylko ci, którzy rozwiązują krzyżówki, albo grają w gry leksykalne, znają tysiące niezwykłych słów w języku.

8 Angielski także łatwo „adoptuje" wyrazy tak, że ludzie często nie zdają sobie sprawy, że są to obce wyrazy.

9 więc wszystkie narodowości czują się jak u siebie mówiąc po angielsku!

10 — Doktorze, proszę mi powiedzieć szczerze, co ze mną jest: nie po łacinie, ani po grecku, tylko w prostych, zwykłych słowach.

11 — Nic Panu nie jest: jest Pan pijakiem i żarłokiem.

12 — O! Więc niech Pan powie to po łacinie i po grecku, to powiem swojej żonie.

UWAGI

(4) Przypomnijmy: *to feel at home* – czuć się jak w domu, czuć się jak u siebie.

(5) *What's wrong with you?* – co ci jest? *There is nothing wrong with me* – nic mi nie jest.

ĆWICZENIA

1 Oba pomysły [idee] są ciekawe, ale pierwszy jest zbyt formalny. – **2** Czy on już napisał swoją książkę? – **3** On ma zwyczaj pożyczania ode mnie i ja mu pozwalam. – **4** My już widzieliśmy tę sztukę. – **5** Podział bogactwa jest ważną częścią ideologii socjalistycznej.

3 *Powiedz mu żeby przyszedł, dobrze?*

. . . . . . to . . . . . ., will you?

4 *Jest wiele wyrazów, które są takie same w dwóch językach.*

. . . . many words . . . . . are . . . . in . . . . languages.

5 *Anglia jest zimniejsza niż Włochy, ale ludzie są spokojniejsi.*

England is . . . . Italy, but the . . . . . . are . . . .

ODPOWIEDZI

1 When – have finished – and – please. – **2** from whom – borrowed – wants. – **3** Tell him – come in. – **4** There are – which/that – the same – both. – **5** colder than – people – calmer.

Second wave: 54th Lesson

103rd Lesson

HUNDRED AND FOURTH (104th) LESSON

Aphorisms

1. Don't criticise society: **(1)** only those who can't get* into it do that.
2. The only way to get* rid **(2)** of a temptation is to yield to it.
3. An ex-president, re-visiting the White House: "it's a nice place to visit, but I prefer to live here".
4. The best way to forget* your troubles is to wear* tight **(3)** shoes.
5. An enthusiastic young priest: "What a beautiful moon! And it's in my parish!".
6. Money cannot buy* you friends, but it can buy* you a better class of enemy.
7. Man, to a woman who accused him of being drunk.
8. "Madam, you are ugly – but tomorrow I will be sober".
9. It's not that money makes* everything good, it's that no money makes* everything bad.
10. The only way to behave to a woman is to make* love to her if she is beautiful, and to someone else if she is plain. **(4)**
11. Your health comes* first, you can hang **(5)** yourself later.
12. A fool is someone who walks into his friend's antique shop and shouts: "What's new?"

PRONUNCIATION

ˈæfərizəms **1** səˈsaiəti **2** ˌtempˈteiʃn ... jiːld **4** tait **5** inˌθjuːziˈæstik ... muːn ... pæriʃ **6** enəmi **7** əˈkjuːzd **8** ʌgli ... səubə **10** plein **11** hæŋ

LEKCJA STO CZWARTA

Aforyzmy

1 Nie krytykujcie (wytwornego) towarzystwa: tylko ci, którzy nie mogą się do niego dostać, to robią.
2 Jedynym sposobem na pozbycie się pokusy jest ulec jej.
3 Były prezydent, ponownie odwiedzając Biały Dom: „Jest to miłe miejsce do zwiedzania, ale ja wolę tu mieszkać".
4 Najlepszy sposób na zapomnienie o swoich kłopotach to noszenie ciasnych butów.
5 Entuzjastyczny, młody ksiądz: „Jaki piękny księżyc! I to wszystko jest w mojej parafii".
6 Pieniądze nie mogą ci kupić przyjaciół, ale mogą kupić lepszą (wyższą) klasę wrogów.
7 Mężczyzna do kobiety, która oskarżyła go o to, że jest pijany:
8 „Proszę Pani, Pani jest brzydka – a ja jutro będę trzeźwy".
9 To nie jest tak, że pieniądze czynią wszystko dobro: to jest tak, że brak pieniędzy czyni wszystko zło.
10 Jedynym sposobem zachowania się wobec kobiety jest zalecać się do niej, gdy jest piękna i do kogoś innego, gdy jest niezbyt ładna.
11 Twoje zdrowie przechodzi pierwsze, powiesić się możesz później.
12 Głupi jest ten, kto wchodzi do antykwariatu swojego przyjaciela i krzyczy: „Co nowego?"

UWAGI

(1) *Society* – (wytworne) towarzystwo, społeczeństwo.
(2) *To get rid of* – pozbyć się, wyrzucić.
(3) *Tight* – ciasny, zwarty, silnie powiązany; *to be in a tight situation* – być w trudnej sytuacji; *to be tight* być sztywny, napięty
(4) *Plain* – zwykły, normalny, niezbyt ładny; *a plain tie* – gładki krawat; *a striped tie* – krawat w paski.
(5) Ten czasownik występuje w formach regularnych i nieregularnych: *to hang, hung, hung* – powiesić coś i *to hang, hanged, hanged* – powiesić kogoś.

EXERCISES

1 Have you read what he has written? – **2** I've never actually read his books but I've heard of them. – **3** We were charged thirty pence for a cup of tea. – **4** He won't be here tomorrow, he's going on a business trip. – **5** Be careful! That gun is loaded.

FILL IN THE MISSING WORDS:

1 *Ona chciałaby zobaczyć specjalistę, ale oni liczą za dużo.*

She .... to ... a specialist, but they ......

too ..... .

2 *Obecnie on pracuje w banku, ale chciałby zmienić [pracę].*

.. .., he .. .. in a bank, but .. ..

like .. ..

3 *Ta podróż byłaby zbyt męcząca, dlatego my nie pojechaliśmy.*

That .... would .... too exhausting, that's ... we

...... go.

4 *Nie mogłem widzieć co się działo, byłem zbyt daleko od ekranu.*

I .... see .... was happening, I was ... ...

.... the screen.

ĆWICZENIA

1 Czy przeczytałeś, co on napisał? – **2** Nigdy w rzeczywistości nie przeczytałem jego książek, ale słyszałem o nich. – **3** Obciążyli nas trzydziestoma pensami za filiżankę herbaty. – **4** Jego nie będzie tutaj jutro, on wyjeżdża służbowo. – **5** Uważaj! Ten pistolet jest naładowany.

5 *Jego dom wygląda jak zamek, on pewnie jest bogaty.*

His house . . . . a castle. He . . . . . . very rich.

ODPOWIEDZI

1 would like – see – charge – much. – **2** At present – is working – he would – to change. – **3** trip – have been – why – didn't go. – **4** couldn't – what – too far from. – **5** looks like – must be.

Second wave: 55th Lesson

HUNDRED AND FIFTH (105th) LESSON

Revisions and Notes

Jak zwykle czytamy ponownie Uwagi z lekcji 99–104. Prawie wszystkie dotyczyły słownictwa, które, mamy nadzieję, w większości jest przez Państwa zapamiętane. A jak z czasownikami nieregularnymi? Zajrzyjcie Państwo na koniec książki i zobaczcie, ile ich już znacie. Prawda, że nie są takie trudne?

1 Wróćmy do lekcji 40 (1), 42 (5), czy też 99 (5). Tu jeszcze raz przypominamy jedne z najczęściej używanych czasowników złożonych.

To look at – patrzeć. *He looked at the painting*. – On patrzył na obraz.

To look for – szukać. *We're looking for a new typist.* – Szukamy nowej maszynistki.

To look after – opiekować się. *Helen is looking after the kids.* – Helena opiekuje się dziećmi.

To look up – wyszukiwać, szukać w czymś. *Look this word up in a dictionary.* – Poszukaj tego słowa w słowniku.

To look forward to – wyczekiwać z niecierpliwością. *I'm looking forward to seeing you.* – Z niecierpliwością czekam aż cię zobaczę.

2 Wróćmy do lekcji 94 (7) i 102 (4). *To be used to* – to mieć zwyczaj, być przyzwyczajonym do czegoś, a *used to* służy do wyrażenia czynności często powtarzającej się w przeszłości. Nie zawsze też musi być tłumaczone na język polski. *I used to like sweets when I was a child.* – Lubiłem słodycze jak byłem dzieckiem. *We used to go to the country once a week.* – Jeździliśmy (mieliśmy zwyczaj jeździć) na wieś raz w tygodniu. *I'm used to this car.* – Jestem przyzwyczajony do tego samochodu.

LEKCJA STO PIĄTA

Powtórzenie i objaśnienia

3 Zdania do zapamiętania:

1 *Dial this number.*
2 *It's matter of time.*
3 *He did it in order to earn money.*
4 *Of course (not).*
5 *He's just had breakfast.*
6 *He's working in London at present.*

4 Tłumaczenie:

1 Wykręć ten numer.
2 To jest kwestia czasu.
3 On zrobił to po to, by zarobić pieniądze.
4 Oczywiście (nie).
5 On właśnie zjadł śniadanie.
6 On obecnie pracuje w Londynie.

Second wave: 56th Lesson

105th Lesson

HUNDRED AND SIXTH (106th) LESSON

We must make a decision

1 — We must decide where to go for our holidays.
2 — We should have decided **(1)** months ago.
3 — I'll be down in a minute, I've got* to **(2)** finish this article I'm writing*.
4 — Have you got* everything you need? – Yes thanks.
5   Joan picked up a brochure and read *: "To be sure of obtaining a place, it is necessary to book **(3)** well in advance". **(4)**
6   And in another one: "You must book early to avoid the rush". **(5)**
7   Joan was very angry because it was already in the middle of June and they had done nothing.
8   Well, if you're going to do something, you should do it properly, she thought*.
9   She looked thrugh the pile of brochures and then went to make* a cup of tea.
10   David, having finished his article, came* downstairs.

PRONUNCIATION

3 ɑːtikl 5 brəʊʃə ... əb'teiniŋ ... nesəsri ... əd'vɑːns 6 ə'void ... rʌʃ 7 midl 8 propə(r)li 9 pail

UWAGI

(1) Wyszukajcie Państwo w uwagach z poprzednich lekcji podobne konstrukcje. Wkrótce je wyjaśnimy.
(2) *I've got to* może być używane zamiennie z *I have to* – muszę.
(3) *To book* – zarezerwować; *booking* – rezerwacja; *a book* – książka.
(4) *In advance* – wcześniej, z wyprzedzeniem.

LEKCJA STO SZÓSTA

Musimy podjąć decyzję

1 — Musimy zdecydować, gdzie pojechać na wakacje.
2 — Powinniśmy byli zdecydować miesiąc temu.
3 — Będę na dole za minutę. Muszę skończyć ten artykuł, który piszę.
4 — Czy masz wszystko, czego potrzebujesz? – Tak, dziękuję.
5   Joanna wzięła folder i przeczytała: „Konieczna jest znacznie wcześniejsza rezerwacja, by być pewnym dostania miejsca".
6   I w innym: „Trzeba zarezerwować wcześnie, żeby uniknąć tłoku".
7   Joanna była bardzo zła, ponieważ była już połowa czerwca, a oni nic nie zrobili.
8   Cóż, jeśli masz zamiar coś zrobić, powinieneś to robić właściwie, pomyślała.
9   Popatrzyła na stos folderów, a następnie wyszła zrobić filiżankę herbaty.
10   Dawid, skończywszy artykuł, zszedł na dół.

UWAGI

(5) *To rush* – spieszyć się; *rush* – pęd, tłok; *rush hours* – godziny szczytu.

106th Lesson

11 He stopped and picked up the post **(6)** from the mat.

12 — Oh look, still more brochures. We've got* more than we need.

13 Joan was furious: "You need a stick of dynamite to move you!", she shouted.

14 — Oh come on, don't be angry. Make* the tea.

15 — Make* it yourself! shouted Joan and went out slamming the door.

16 David scratched his head: "But what did I do?"

PRONUNCIATION

11 paust ... mæt **13** fju:(r)aəs ... stik ... 'dainə,mait ... ʃautid **14** æŋgri **16** skrætʃd

EXERCISES

1 We should have bought it when we had the money. – **2** She was trying to avoid an argument. – **3** He went out closing the door quietly. – **4** You might have a touch of flu. – **5** You may borrow it but you can't keep it.

FILL IN THE MISSING WORDS:

1 *Trzeba zarezerwować wcześniej, po to, żeby uniknąć czekania.*

You .... in advance in ..... to ..... waiting.

2 *Czy masz wszystko, czego potrzebujesz?*

Have you ... everything you .... ?

3 *Muszę skończyć tę powieść, zanim on mnie poprosi.*

I've ... .. finish this ..... before he .... me ... it.

11 Zatrzymał się i podniósł pocztę z wycieraczki.
12 — O, popatrz, wciąż więcej folderów. Mamy więcej niż potrzebujemy.
13 Joanna była wściekła: „Potrzebujesz serię z dynamitu, by Cię ruszyła!", krzyknęła.
14 — Oj przestań, nie bądź zła. Zrób herbatę.
15 — Zrób sobie sam! wrzasnęła Joanna i wyszła trzaskając drzwiami.
16 Dawid podrapał się w głowę: „Ale co ja zrobiłem?"

UWAGI

(6) *Post* – poczta, korespondencja; *to post, to mail* – wysłać; *post office* – poczta; *G.P.O – General Post Office* – poczta główna.

ĆWICZENIA

1 Powinniśmy byli to kupić, kiedy mieliśmy pieniądze. – **2** Ona próbowała uniknąć kłótni. – **3** On wyszedł zamykając cicho drzwi. – **4** Mogłaś mieć atak grypy. – **5** Możesz to pożyczyć, ale nie możesz tego zatrzymać.

4 *Przestań! Mam więcej niż potrzebuję.*

. . . . ! I've got . . . .

5 *Muszę iść, mam umówione spotkanie z lekarzem.*

I . . . . go, I've got an . . . . with the . . . .

ODPOWIEDZI

1 must book – order – avoid. – **2** got – need. – **3** got to – novel – asks – for. – **4** Stop – more than I need. – **5** must – appointment – doctor.

Second wave: 57th Lesson

106th Lesson

HUNDRED AND SEVENTH (107th) LESSON

Too many experts

1 Despite the fact that there are many more jobs **(1)** today than twenty years ago:
2 computer operators, airline pilots, **(2)** television engineers, even astronauts
3 unemployment remains a serious problem.
4 We are in the age of specialisation and the expert.
5 Students are no longer **(3)** safe studying a general subject, like literature;
6 to be sure of a jub, they must specialise.
7 Some people work by telling* others what to do.
8 There are educational experts, scientific experts, all sorts of expert.
9 There is a saying which goes*: "Too many chiefs and not enough Indians".
10 Sometimes, this is the case in modern industry.
11 Also, people do* not always work as efficiently as they could.
12 There is a law wich states: "Work expands so as to **(4)** fill the time available for its completion".
13 It means* that, if you have two hours to do* a job, whatever **(5)** it is,
14 the job will take* two hours, even if you could finish it sooner.

PRONUNCIATION

ˈekspɜːrs **1** diˈspait ... fækt **2** kəmˈpjuːtə opəreitərz eə(r)ain pailəts ... æstrənɔːts **3** ʌnomˈlpoimənt riˈmeinz **4** ˌspeʃəlaiˈzeiʃn **5** sʌbdʒikt ... litrətʃə(r) **6** ˈspeʃə‚laiz **8** ˌedʒuˈkeiʃnl ... saiənˈtifik **9** tʃiːvz ... indiənz **10** modə(r)n indʌstri **11** iˈfiʃntli **12** steits ... ikˈspəndz ... əˈveiləbl ... kəmpliːʃn **13** wotˈevə(r)

LEKCJA STO SIÓDMA

Zbyt dużo ekspertów

1 Mimo faktu, iż jest znacznie więcej pracy dzisiaj niż dwadzieścia lat temu:
2 operatorzy komputerów, piloci samolotów, inżynierowie zajmujący się telewizją, nawet astronauci,
3 bezrobocie pozostaje poważnym problemem.
4 Jesteśmy w wieku specjalizacji i ekspertów.
5 Studenci, studiujący ogólny przedmiot, jak literatura nie są już bezpieczni:
6 chcąc być pewnymi pracy, muszą się specjalizować.
7 Niektórzy ludzie pracują mówiąc innym co robić.
8 Są eksperci od edukacji, eksperci od nauki, różnego rodzaju eksperci.
9 Jest takie powiedzenie, które brzmi: „Zbyt wielu wodzów i za mało Indian".
10 Czasami tak jest we współczesnym przemyśle.
11 Także, ludzie nie zawsze pracują tak wydajnie, jak mogliby.
12 Jest prawo, które głosi: „Praca rozciąga się po to, żeby zapełnić czas potrzebny do jej ukończenia".
13 To oznacza, że jeśli masz dwie godziny na zrobienie pracy, bez względu na to, jaka ona jest,
14 praca zajmie ci dwie godziny, nawet jeśli mógłbyś ją skończyć wcześniej.

UWAGI

(1) *Job; work* – praca, posada.
(2) *Pilot* – pilot; *guide* – przewodnik; *racing driver* – rajdowiec.
(3) *No... longer; any more* – nie dłużej/więcej. *I no longer smoke; I don't smoke any more.* – Więcej nie palę.
(4) *So as to; in order to* – po to, żeby.
(5) *Whatever* – jakikolwiek, każdy, jaki by nie był, bez względu na to co.

EXERCISES

1 He is head of a team of computer operators. — **2** Despite the number of jobs available, — **3** unemployment remains a serious problem. — **4** This job will take too long, please give me a hand. — **5** He is no longer an airline pilot; at present, he is an astronaut.

FILL IN THE MISSING WORDS:

1 *Jego nie stać dłużej na pomoc [domową], jest za droga.*

He can .. .. a "help", it .. ... cosly.

2 *Mimo mgły, samolot przyleciał punktualnie.*

.... the ... the plane arrived .. ..

3 *Masz wiadomość. Powiedz ją mnie, bez względu na to co to jest.*

You're got some ..... Tell it to me ....

4 *On interesuje się wszystkim, zwłaszcza sprawami innych.*

He .. .. everything, especially the affairs

of ....

****

HUNDRED AND EIGHTH (108th) LESSON

Jobs and industry

1 Let's look at some of the occupations available **(1)** to people today.
2 As a tradesman, **(2)** you can be a butcher, a greengrocer, a baker;
3 you can be an ironmonger, a milliner, a jeweller or a bookseller, etc.

PRONUNCIATION
1 okjuˈpeiʃnz əˈveiləbl 2 treidzmən ... butʃə ... griːngrəusə ... beikə
3 aiənˈmɒŋgə ... milinə ... dʒuːələ

ĆWICZENIA

1 Jest szefem grupy operatorów komputerowych. – **2** Mimo liczby dostępnych stanowisk, – **3** bezrobocie pozostaje poważnym problemem. – **4** Ta praca zajmie zbyt dużo czasu, proszę pomóż mi. – **5** On już nie jest dłużej pilotem samolotu, on jest astronautom.

5   *On obciął włosy; co za zmiana!*

   He has had ... . cut; .... a difference!

ODPOWIEDZI

1 no longer afford – is too. – **2** Despite – fog – on time. – **3** news – whatever it is. – **4** is interested in – others. – **5** his hair – what.

Second wave: 58th Lesson

****

LEKCJA STO ÓSMA

Praca i przemysł

1   Popatrzmy na niektóre zawody, dostępne dziś dla ludzi.
2   Jako sprzedawca można być rzeźnikiem, sprzedawać warzywa i owoce, piekarzem;
3   można sprzedawać wyroby z żelaza, być modystką, jubilerem lub księgarzem, itp.

UWAGI
(1) *Available* – dostępne, osiągalne. *This item is no longer available.* – Ta rzecz nie jest już osiągalna.
(2) *Tradesman* – sprzedawca, handlowiec; *trade* – handel.

108th Lesson

4 As a craftsman, you can be a joiner, a goldsmith, a watchmaker or a fitter.
5 There are also manual workers, such as bricklayers. **(3)**
6 Then there are the professions: teacher, doctor, lawyer or broker.
7 Military service was abolished in England in May 1963
8 (nineteen sixty three)
9 so the armed services are also considered as a career. **(4)**
10 There are many problems in industry today; strikes **(5)** are frequent and often serious.
11 The trade unions, which look after their members' interests,
12 do not always agree with the employers.
13 If coal-miners or railwaymen go* on strike, the results can be very serious for the country.
14 Such problems are known* as "industrial relations".

PRONUNCIATION

4 krɑːftsmən ... dʒɔɪnə ...gəʊldsmiθ ... fitə 5 mænjuəl ... ˈbrikleiə(r)z 6 prəˈfeʃnz ... lɔːjə(r) ... brəʊkə 7 militəri ... əˈboliʃd 9 ɑːmd ... kəˈriə(r) 10 friːkwənt 13 reilweimən 14 riˈleiʃinz

EXERCISES

1 There are no longer many goldsmiths in this part of London. – **2** I'm afraid I don't agreee with you. – **3** Does he belong to a trade union? – I think so. – **4** Where did you put my watch? – In the bedroom. **5** He will be available from eight thirty.

4 Jako rzemieślnik można być stolarzem, złotnikiem, zegarmistrzem albo monterem.
5 Są również pracownicy fizyczni, tacy, jak murarze.
6 Następnie są zawody: nauczyciel, lekarz, prawnik czy makler.
7 Służba wojskowa została zniesiona w Anglii w 1963
8 (tysiąc dziewięćset sześćdziesiątym trzecim) roku
9 więc służby zbrojne są również uważane za zawód.
10 Istnieje dzisiaj wiele problemów w przemyśle: strajki są częste i często poważne.
11 Związki zawodowe, które chronią interesów swoich członków,
12 nie zawsze zgadzają się z pracodawcami.
13 Jeśli górnicy lub kolejarze strajkują, rezultaty mogą być poważne dla kraju.
14 Te problemy są znane jako „przemysłowe zależności".

UWAGI

(3) *Bricklayer* – murarz; *brick* – cegła, *to lay, laid, laid* – kłaść, układać, położyć *mason* – kamieniarz.
(4) *Career* – kariera, zawód, droga życiowa.
(5) *To strike, struck, struck* – uderzać; *strike* – strajk; *to go on strike* – strajkować; *striker* – strajkujący.

ĆWICZENIA

1 Nie ma już wielu złotników w tej części Londynu. – 2 Obawiam się, że się z tobą nie zgadzam. – 3 Czy on należy do związków zawodowych? – Tak sądzę. – 4 Gdzie położyłeś mój zegarek? – W sypialni. – 5 On będzie osiągalny od ósmej trzydzieści.

FILL IN THE MISSING WORDS:

1 *Dlaczego nie jesteś w wojsku? – Służba wojskowa już nie istnieje.*

Why ...... you .. the army? – Military service ...... exists.

2 *Mógłbym być stolarzem, ale mój ojciec chciał, żebym studiował.*

I ..... have ... ., but .. father .... to study.

3 *Powinieneś zacząć myśleć o swojej karierze, nigdy nie jest za późno.*

You ...... start .... about . ..., it's .... .

... .

4 *Zostałbym lekarzem, gdybym mógł.*

I ..... become . ... if . ...

5 *Obydwoje politycy zgodzili się.*

.... politicians ....

****

HUNDRED AND NINTH (109th) LESSON

Another look

1. We have seen* many new words recently. Let's revise some of them.
2. We should have bought* a new fridge **(1)** before the prices went up. **(2)**
3. No thank you, I already have more than I need.
4. Everyone needs money, but some need more than others.
5. If the dockers go* on strike, we'll have to stay in the ship.
6. Unemployment benefit is available to those who need it.
7. My son the doctor is four and the lawyer is three.

PRONUNCIATION

1 ri'vaiz 2 fridʒ ... praisiz 5 dokə(r)z

ODPOWIEDZI

1 aren't – ir – no longer. – **2** could – been a joiner – my – wanted me. – **3** should – thinking – career – never too late. – **4** would – a doctor – I could. – **5** Both – agreed.

Second wave: 59th Lesson

****

LEKCJA STO DZIEWIĄTA

Inne spojrzenie

1. Spotkaliśmy ostatnio wiele nowych słówek. Powtórzmy niektóre z nich.
2. Powinniśmy byli kupić nową lodówkę, nim wzrosły ceny.
3. Nie dziękuję, już mam więcej niż potrzebuję.
4. Każdy potrzebuje pieniędzy, ale niektórzy potrzebują więcej niż inni.
5. Jeśli dokerzy zastrajkują, będziemy musieli zostać na statku.
6. Zasiłek dla bezrobotnych jest dostępny dla tych, którzy go potrzebują.
7. Mój syn lekarz ma cztery lata, a prawnik trzy.

UWAGI

(1) *Fridge* – jest skrótem od *refrigerator* – lodówka.
(2) *To go up* – pójść, wejść, podskoczyć, wylecieć w powietrze. *The prices went up.* – Ceny poszły w górę.

8 I hate walking past the jeweller's with my girls-friend.

9 Would you look after the baby while I go* to the shops?

10 Identity cards **(3)** were abolished in England after the war.

11 My boss and I don't always agree.

12 He picked up a penny outside the bank and the manager employed **(4)** him.

13 If you work in this factory, you must join **(5)** a trade union.

14 We've got* to agree on a solution soon.

PRONUNCIATION

10 aidəntiti kɑ:dz ... ə'bolíʃt **11** bos ... ə'gri: **13** fæktri **14** sə'lu:ʃin

EXERCISES

1 Excuse me, I think that's mine. – **2** The dockers were on strike and we couldn't get off the ship. – **3** I had to get up early, I had an appointment with my lawyer. – **4** Would you get me a paper while I do the washing-up? – **5** The train should have got in half an hour ago.

FILL IN THE MISSING WORDS:

1 *Ona nienawidzi wychodzić teraz, gdy traci wzrok.*

She hates .... now that she .. .. blind.

2 *Każdy krzyczał jednocześnie i sprzedawczyni nic nie mogła zrobić.*

.... was shouting .. .... and the salesgirl ....

do ....

8 Nienawidzę przechodzić koło jubilera z moją dziewczyną.
9 Czy zaopiekowałbyś się dzieckiem, jak ja wejdę do sklepów?
10 Dowody osobiste zostały zniesione w Anglii po wojnie.
11 Mój szef i ja nie zawsze się zgadzamy.
12 On podniósł pensa na zewnątrz banku i dyrektor zatrudnił go.
13 Jeśli będziesz pracować w fabryce, musisz wstąpić do związków zawodowych.
14 Musimy wkrótce uzgodnić rozwiązanie.

UWAGI

(3) *Identity cards* – dosłownie karty identyfikacyjne, odpowiednik dowodu osobistego.
(4) *To employ* – zatrudnić; *employee* – pracownik, zatrudniony; *employer* – pracodawca, zatrudniający.
(5) *To join* – przyłączyć się do zabawy/towarzystwa.

ĆWICZENIA

1 Proszę mi wybaczyć, sądzę, że to jest moje. – 2 Dokerzy strajkowali i nie mogliśmy wysiąść ze statku. – 3 Muszę wstać wcześnie, mam spotkanie z prawnikiem. – 4 Czy mógłbyś mi kupić gazetę, jak ja będę zmywał? – 5 Pociąg powinien był przyjechać pół godziny temu.

3 *Nie ma więcej romantycznych bohaterów w literaturze.*

There . . . no . . . . romantic heroes in literature.

109th Lesson

359 three hundred and fifty-nine

4 *Nie mogę się z tobą zgodzić, mnie ten pomysł wydaje się głupi.*

I can't . . . . , I find . . . .

5 *Gdzie muszę wysiąść z autobusu? Przystanek za mną.*

Where . . . . I . . . . . the bus? – The stop . . . .

ODPOWIEDZI

1 going out – is getting. – **2** Everyone/everybody, – at once – could not – anything. – **3** are – more. – **4** agree with you – the idea stupid. – **5** must – get off – after me.

****

HUNDRED AND TENTH (110th) LESSON

1 — Thank you very much for all your help. – Not at all.

2 Dial this number and ask for Mr Smith's secretary.

3 The person whose motor-bike was stolen* last week is complaining.

4 That couldn't have been David, he didn't say* "hello".

5 She is used to looking after people, she is a nurse.

6 At present, she is working in a hospital, but next month she is changing jobs.

7 I was charged twenty francs for a cup of tea in Paris!

8 — Excuse me, I'm a foreigner; could you help me? I'm lost. **(1)**

9 — But you speak* English very well. – I should speak* it better.

PRONUNCIATION

2 daiəl **3** kəm'pleiniŋ **5** mɜːs **6** tʃeindʒiŋ **8** forənə

The way to ensure summer in England is to have it framed and hung in a comfortable room. (Horace Walpole).
Sposobem na zapewnienie lata w Anglii jest oprawienie go w ramki i powieszenie w wygodnym pokoju. (Horace Walpole)
(*To frame* – oprawć w ramki, *to hang* – powiesić).

Second wave: 60th Lesson

*******************=*********************************

LEKCJA STO DZIESIĄTA

1 — Dziękuję ci bardzo za całą twoją pomoc. – Nie ma za co.
2   Nakręć ten numer i poproś sekretarkę pana Smith'a.
3   Osoba, której ukradziono w zeszłym tygodniu motorower, żali się.
4   To nie mógł być Dawid, on nie powiedział „Dzień dobry".
5   Ona jest przyzwyczajona do opiekowania się ludźmi, jest pielęgniarką.
6   Obecnie ona pracuje w szpitalu, ale w przyszłym miesiącu zmienia pracę.
7   Policzono mi dwadzieścia franków za filiżankę herbaty w Paryżu.
8 — Proszę mi wybaczyć, jestem cudzoziemcem: czy mógłby mi Pan pomóc? Zgubiłem się.
9 — Ale ty mówisz bardzo dobrze po angielsku. – Powinienem mówić lepiej.

UWAGI

(1) *To lose, lost, lost* – stracić, zgubić. *He got lost, he is lost* – on się zgubił. *Get lost* – zjeżdżaj.

10 — If I learned my lessons **(2)** better, I would speak* it fluently.

11 — George spent* three months on the Riviera last year. – Lucky George!

12 — It's not worth buying* a new record-player; I might get one for my birthday.

13   I wasn't aware **(3)** she spoke* Chinese. – Neither was she!

14   Horses are very strong animals.

PRONUNCIATION

11 lʌki **12** rekɔːd pleiə **13** ə'weə(r) **14** hɔːsiz ... ənimlz

EXERCISES

1 She might buy me a new record-player. – **2** Neither of us wanted to change jobs. – **3** I wasn't aware that you knew George. – **4** I haven't known him for very long. – **5** Is it worth sending a telegram? I don't think so.

FILL IN THE MISSING WORDS:

1   *Straciłam pracę niedawno temu.*

   I . . . . . . job a little while . . . .

2   *Sekretarka tego człowieka robi mu całą pracę. Szczęściarz!*

   . . . . secretary does . . . his work . . . . Lucky man!

3   *Nie wiem, ile on zarabia. – Ani ja.*

   I don't know . . . . he . . . . – Neither . . . .

4   *Obecnie ona pracuje w szpitalu, ale zamierza zmienić pracę.*

   . . . ., she . . working . . a hospital, but she

   . . . . to change . . . . .

10 — Gdybym lepiej odrabiał lekcje, mówiłbym płynniej.
11 — Jurek spędził trzy miesiące na Riwierze w zeszłym roku. – Jurek szczęściarz!
12 — Nie warto jest kupować nowy adapter; mogę dostać go na urodziny.
13 Nie zdawałam sobie sprawy że ona mówi po chińsku. – Ani ona.
14 Konie są bardzo silnymi zwierzętami.

UWAGI

(2) *To learn one's lessons* – odrabiać lekcje.
(3) *To be aware* – zdawać sobie sprawę, wiedzieć o czymś. Przeciwieństwem jest *to be unaware*.

ĆWICZENIA

1 Ona może mi kupić nowy adapter. – 2 Nikt z nas nie chce zmienić pracy. – 3 Nie wiedziałam, że znałaś Jurka. – 4 Nie znałam go bardzo długo. – 5 Czy to jest warte wysyłania telegramu? Nie sądzę.

5 *On jest przyzwyczajony do pomagania ludziom. Jest przewodnikiem.*

   He is . . . . . . helping people, ... quide.

ODPOWIEDZI

1 lost my – ago. – 2 That man's – all – for him. – 3 how much – earns – do I. – 4 At present – is – in – is going – jobs. – 5 used to – he's a.

Second wave: 61st Lesson

110th Lesson

HUNDRED AND ELEVENTH (111th) LESSON

Clever answers

1 *Young author.* – Why have you put* my novel with the medical books?
2 *Publisher.* – Because I found* it excellent for sending* people to sleep*. **(1)**
3 *Teacher.* – What is wrong with this sentence: "The horse and the cow is in the field."?
4 *Little girl.* – Please miss, ladies first. **(2)**
5 *Professor.* – How do you protect yourself against impure water?
6 *Student.* – I drink* beer.
7 *Johnny.* – Grandad, a baby was fed* **(3)** on elephant's milk and gained twenty pounds in a week.
8 *Grandfather.* – That's impossible. Whose baby?
9 *Johnny.* – The elephant's.
10 An aunt wanted to see* which of her nieces was the most polite,
11 so she put* one small apple and one big one on a plate.
12 — Let's see* who has the best manners.
13 — She has, said* Joan, taking* the biggest.
14 Do not forget* to learn a few irregular verbs from time to time.

PRONUNCIATION

1 ɔ:θə(r) ... nəvʌəl 2 pʌbliʃə ... eksələnt 3 kau ... fild 5 prə'fesə(r) ... prə'tekt ... ə'geinst impju:ə 7 fed ... elifənts milk ... geind 8 im'posibl 10 ni:siz ... pə'lait 11 æpl ... pleit 13 mænə(r)z

LEKCJA STO JEDENASTA

Sprytne odpowiedzi

1. *Młody autor:* – Dlaczego ułożyłeś moją powieść z książkami medycznymi?
2. *Wydawcy:* – Bo uważam, że jest doskonała do usypiania ludzi.
3. *Nauczyciel:* – Co jest niewłaściwego z tym zdaniem: „Koń i krowa są na polu"?
4. *Mała dziewczynka:* – Proszę Pani, kobiety mają pierwszeństwo.
5. *Profesor:* – Jak chronisz się przed zanieczyszczoną wodą?
6. *Student:* – Piję piwo.
7. *Jasio:* – Dziadku, dziecko było karmione mlekiem słonia i przybyło na wadze dwadzieścia funtów w tydzień.
8. *Dziadek:* – To niemożliwe. Czyje dziecko?
9. *Jasio:* – Słonia.
10. Ciotka chciała zobaczyć, która z jej siostrzenic jest najgrzeczniejsza,
11. więc położyła jedno małe jabłko i jedno duże na talerzu.
12. — Popatrzmy, kto ma najlepsze maniery.
13. — Ona, powiedziała Joanna, biorąc największe.
14. Nie zapominajcie Państwo o uczeniu się kilku czasowników nieregularnych od czasu do czasu.

UWAGI

(1) *To send someone to sleep* – usypiać. *To send, sent, sent* – wysłać, posłać.
(2) *Ladies first* – panie pierwsze, kobiety mają pierwszeństwo.
(3) *To feed, fed, fed* – karmić. *Please feed the cat.* – Nakarm kota, proszę. *To feed on* – karmić czymś, żyć czyimś kosztem. *To be fed up* – mieć dość kogoś, być zniechęconym, znudzonym. *I am fed up.* – Mam dość.

EXERCISES

1 Whose hair-brush is this? – My sister's. – **2** Who has the best manners? – I have. – **3** Who wants to go to Scotland with me? – We do. – **4** This flour is excellent for making cakes. – **5** He sent his son to the shop to buy some wine.

FILL IN THE MISSING WORDS:

1 *Moje radio nie działa. Co się z nim stało?*

My radio . . . . What's . . . . it?

2 *On jest najgrzeczniejszym chłopcem, jakiego kiedykolwiek spotkałem.*

. . is the . . . . boy I have . . . . met.

3 *Nigdy nie interesowałam się historią Rzymu.*

I have . . . . . been interested . . . . history.

4 *Chociaż mu powiedziałam, żeby tego nie robił, on nalegał.*

. . . . I . . . . him . . . . do it, he insisted.

5 *Długopis jest doskonały do szybkiego pisania.*

A biro is excellent . . . .

****

HUNDRED AND TWELFTH (112th) LESSON

Revisions and Notes

Wracamy do uwag z poprzednich lekcji – 106–111. Prawda, że nie są już tak skomplikowane, jak były na początku. Od wielu już lekcji przeważają objaśnienia leksykalne, które po prostu dobrze byłoby zapamiętać. Im więcej Państwo znacie słówek, tym łatwiej będzie Wam się porozumiewać.

ĆWICZENIA

1 Czyja to jest szczotka do włosów? – Mojej siostry – **2** Kto ma najlepsze maniery? – Ja [mam]. – **3** Kto chce pojechać ze mną do Szkocji? – My chcemy – **4** Ta mąka jest doskonała do pieczenia ciast. – **5** On wysłał swojego syna do sklepu, by kupił wino.

ODPOWIEDZI

1 doesn't work – wrong with. – **2** He – most polite – ever. – **3** never – in Roman. – **4** Although – told – not to. – **5** for writing quickly.

Can you repeat the four anecdotes in today's lesson? Please try again.
Czy możecie Państwo powtórzyć cztery anegdotki z tej lekcji? Powtórzcie je dwa, trzy razy.

Second wave: 62nd Lesson

*******=**

LEKCJA STO DWUNASTA

Powtórzenie i objaśnienia

1 Popatrzmy na przykładach jak wyrażamy „musieć" i „potrzebować". *I must go.* – Muszę iść. *You must do some exercises.* – Musisz zrobić kilka ćwiczeń. *Do you have everything you need (must have)?* – Czy masz wszystko, czego potrzebujesz (co musisz mieć)? *What else do I need? (What else must I have?)* – Co jeszcze potrzebuję? (muszę mieć).

Używamy również wyrażeń z wyrazem *necessary* – konieczne. *It is necessary to book.* – Trzeba zarezerwować (Musimy zarezerwować).

2 Spotkaliśmy już wiele konstrukcji typu: *you must have noticed* [81 (1)], czy *I should have asked [94 (4)]*. *Must* i *should* możemy zastąpić *would* lub *could*, po których następuje połączenie *have* i trzeciej formy czasownika. *She would have bought* – kupiłaby; *she should have bought* – powinna była kupić; *she must have bought* – musiałaby kupić; *she could have bought* – mogłaby kupić, ale w żadnych z tych zdań nie kupiła. Konstrukcja ta wyraża więc czynność, która mogłaby się zdarzyć w przeszłości, ale nie zdarzyła się i już się w tamtym czasie nie zdarzy. Pomaga nam więc rozważać, co by było, gdyby się rzeczywiście zdarzyła, lub żałować, że wówczas jej nie wykonaliśmy.

3 Wyjaśniliśmy już *whatever* – lekcja 107 (5). *Whatever he says he is wrong.* – Cokolwiek on mówi, nie ma racji. Popatrzmy na *whoever* – ktokolwiek i *wherever* – gdziekolwiek. *Whoever phones, don't answer.* – Ktokolwiek dzwoni, nie odbieraj. *Call me wherever I am.* – Dzwoń do mnie, gdziekolwiek jestem.

4 Powtórzymy jeszcze *such* – taki, taka, takie; i *such as* – tak jak. *He had such an accent that I couldn't understand him.* – On miał taki akcent, że nie mogłam go zrozumieć. *He likes classical authors such as Dickens.* – On lubi klasycznych autorów, takich jak Dickens.

5 Zdania do zapamiętania:
   1 *He'll be down in a minute.*
   2 *We should have decided a month ago.*
   3 *You've got more than you need.*
   4 *Despite his money, he's still unhappy.*

5 *She no longer works here.*
6 *How long will the job take?*
7 *The miners went on strike.*
8 *A doctor is available all night.*
9 *I don't want to join a trade union.*
10 *Thanks for your help. – Not at all.*
11 *We always get lost in Paris.*
12 *I might buy a new one.*

6 Tłumaczenie:

1 On będzie na dole za minutę.
2 Powinniśmy byli zdecydować miesiąc temu.
3 Masz więcej niż potrzebujesz.
4 Mimo swoich pieniędzy, on jest wciąż nieszczęśliwy.
5 Ona już więcej tu nie będzie pracowała.
6 Ile czasu zajmie ta praca?
7 Górnicy strajkowali.
8 Lekarz jest dostępny całą noc.
9 Nie chcę wstąpić do związku zawodowego.
10 Dziękuję za twoją pomoc. – Nie ma za co.
11 Zawsze się gubimy w Paryżu.
12 Może kupię nowy.

Second wave: 63rd Lesson

HUNDRED AND THIRTEENTH (113th) LESSON

Another little mystery

1 — I had* a problem last week, said* Mr Hind to his friend the inspector.
2 — When my father died, I inherited his fortune of several million pounds.
3   But, last week, Gregg came* to see* me. He used to be the gardener
4   until I fired **(1)** him in December.
5   He told* me that, just before my father died, he was working outside his window
6   and he heard* Dad drawing* up **(2)** a new will in favour **(3)** of my brother.
7   My father and I had argued about something at the end of November.
8   so it was possible that he had decided to alter the will. **(4)**
9   Gregg told* me that the document was in his possession and that he would sell* it to me for fifty thousand pounds.
10 He said* it was dated **(5)** November the thirty-first, three days after the first will,

PRONUNCIATION

1 in'spektə 2 in'heritid ... 'fɔ:tʃu:n 3 gɑ:dnə 4 faiə(r)d 6 drɔ:iŋ ... wil ... feivə 7 ɑːgjuːd 8 ɔːltə(r) 9 dɔkjumənt ... pə'zeʃn 10 deitid

UWAGI

(1) *To fire* – zwolnić z pracy, wyrzucić, wypalić; *to fire a gun* – wystrzelić ze strzelby, pistoletu; *fire* – ogień.
(2) *To draw up* – formułować, redagować; *to draw, drew, drawn* – rysować.
(3) *In favour* – na czyjąś rzecz, na korzyść; *favour* – łaska, przychylność, życzliwość.

three hundred and seventy 370

LEKCJA STO TRZYNASTA

Inna mała tajemnica

1 — Miałem problem w zeszłym tygodniu, powiedział pan Hind do swojego przyjaciela, inspektora.
2 — Kiedy mój ojciec umarł odziedziczyłem jego majątek kilku milionów funtów.
3 Ale w zeszłym tygodniu przyszedł zobaczyć się ze mną Gregg. On był jego ogrodnikiem,
4 dopóki go nie zwolniłem w grudniu.
5 Powiedział mi, że tuż przed tym jak umarł mój ojciec, pracował pod jego oknem
6 i słyszał, jak mój ojciec formułował nowy testament na korzyść mojego brata.
7 Mój ojciec i ja pokłóciliśmy się o coś pod koniec listopada,
8 więc było możliwe, że zdecydował się zmienić testament.
9 Gregg powiedział mi, że dokument jest w jego posiadaniu i że mógłby mi go sprzedać za pięćdziesiąt tysięcy funtów.
10 Powiedział, że jest oznaczony datą trzydziestego pierwszego listopada, trzy dni po pierwszym testamencie.

UWAGI

(4) *To alter* – zmienić, odmienić, przemienić, przerobić. *To alter the will* – zmienić testament.
(5) *To be dated* – datowany, oznaczony datą; *date* – data. randka.

113th Lesson

11 so it was worth a lot of money to me.
12 When I refused, he tried to bargain **(6)** with me. First, he asked for twenty five thousand pounds,
13 and then, finally, ten thousand.
14 — I hope you didn't give* him anything, said* the inspector.
15 — Only my foot in his backside, said* Hind. What was Gregg's mistake? (The answer is in Lesson 119).

PRONUNCIATION

12 ri'fju:zd ... bɑ:gin 13 fainəli 15 'bæk,said

EXERCISES

1 He used to work here until he was fired. – **2** I am used to working until ten o'clock every night. – **3** This carpet is a bargain, only twenty three pounds. – **4** I hope you gave him nothing. – **5** He said he would sell it to me if I wanted it.

FILL IN THE MISSING WORDS:

1 *Jak zamierzasz to zrobić? Poproszę o pomoc.*

How ... ... to do it? – I .... ask ... help.

2 *Mam nadzieję, że nie przebudują tego budynku, jest taki piękny.*

I hope they .... this ...., it's .. beautiful.

3 *On spytał mnie jak się czujesz i ja powiedziałem mu, że cię nie widziałem.*

He asked me ... you .... and I .... him I ... not .... you.

11 więc był dla mnie wart wiele pieniędzy.
12 Kiedy odmówiłem, próbował targować się ze mną. Wpierw prosił o dwadzieścia pięć tysięcy funtów.
13 a potem, w końcu o dziesięć tysięcy.
14 — Mam nadzieję, że mu nic nie dałeś, powiedział inspektor.
15 — Tylko kopniaka w tyłek, powiedział Hind. Jaki był błąd Gregga? (Odpowiedź jest podana w lekcji 119).

UWAGI

(6) *To bargain* – targować się, *bargain* – okazja.

ĆWICZENIA

1 On pracował, nim został zwolniony. – **2** Jestem przyzwyczajona pracować, aż do dziesiątej godziny każdego wieczoru. – **3** Ten dywan jest okazją, tylko dwadzieścia trzy funty. – **4** Mam nadzieję, że mu nic nie dałeś. – **5** On powiedział, że sprzeda to mnie, jeśli będę chciał.

4 *Najpierw on poprosił mnie o trzy tysiące funtów, potem o dwa, a w końcu o tysiąc.*

..... he asked me ... three ...., ... two and

.... thousand.

5 *To jest warte tyle pieniędzy, że nikt tego nie kupi.*

It is .... money that .. ... will buy it.

ODPOWIEDZI

1 are you going – will – for. – **2** won't alter – building – so. – **3** how – were – told – had – seen. – **4** First – for – thousand, then – finally one. – **5** worth so much – no one/nobody.

Second wave: 64th Lesson

113th Lesson

HUNDRED AND FOURTEENTH (114th) LESSON

Make and do (1)

1 Here are a few examples of these two verbs.
2 Try and learn these sentences, but it is really a question of practice.
3 — What is she doing*? — She is making* a birthday-cake for her daughter.
4 Before you go* out, please make your bed and do the washing-up.
5 Is he doing well in his new job? — Yes, he's making a great deal of money.
6 They always make mistakes with this new maths.
7 I speak* English, and enough German to make myself understood*. **(2)**
8 Make him another offer, I think* he will accept.
9 I will have nothing to do with his firm, I don't trust him.
10 If you want something done well, do it yourself.
11 With all this selection, it is difficult to make a choice.
12 He was doing a hundred miles an hour (m.p.h.) on the motorway when the police stopped him.
13 When you have read* this lesson, do the exercises.
14 At the official opening of Parliamanet, the monarch makes a speech.

PRONUNCIATION

2 præktis 5 di:l 7 ˌʌndəˈstu:d 8 əkˈsept 9 trʌst 11 əˈfiʃl ... pɑ:ləmənt ... monək ... spi:tʃ

LEKCJA STO CZTERNASTA

Robić, czynić, wykonywać

1 Oto kilka przykładów tych dwóch czasowników.
2 Spróbujcie i nauczcie się tych zdań, ale to [ich zapamiętanie] jest naprawdę kwestią praktyki.
3 — Co ona robi? – Piecze tort urodzinowy dla swojej córki.
4 Zanim wyjdziesz, proszę pościel łóżko i pozmywaj.
5 Czy dobrze mu idzie w jego nowej pracy? – Tak, zarabia ogromnie dużo pieniędzy.
6 On zawsze robią błędy w tej nowej matematyce.
7 Mówię po angielsku i wystarczająco po niemiecku, by się porozumieć.
8 Przedstaw mu drugą ofertę, myślę, że zaakceptuje.
9 Nie będę miał nic wspólnego z jego firmą, nie ufam mu.
10 Jeśli chcesz, żeby coś było dobrze zrobione, zrób to sam.
11 Z całej tej selekcji, trudno jest dokonać wyboru.
12 On jechał 100 mil na godzinę na autostradzie, gdy zatrzymała go policja.
13 Gdy przeczytacie Państwo tę lekcję, wykonajcie ćwiczenia.
14 Na oficjalnym otwarciu parlamentu, monarcha wygłasza przemówienie.

UWAGI

(1) Oba te czasowniki w języku polskim znaczą to samo – robić, wykonywać, czynić. Nie ma w zasadzie reguł, kiedy należy używać który. Oba funkcjonują w różnych zwrotach i wyrażeniach, a ich poprawne użycie opanujecie Państwo z biegiem czasu. Jest to bowiem kwestią praktyki.

(2) *To make oneself understood* – mówić zrozumiale, dogadać się, porozumieć się. *Can you make yourself understood?* – Czy możesz mówić zrozumiale?

EXERCISES

1 You are not allowed to do a hundred miles and hour on the motorway. – **2** Check this and see if I have made a mistake. – **3** It's unlike him to make a remark like that. – **4** Please make yourself at home. – **5** You should have done your work more quickly.

FILL IN THE MISSING WORDS:

1 *Proszę nie wygłaszaj przemówienia, po prostu podziękuj mu.*

Please .. .. a speech; simply ...... him.

2 *Nie ufam mu, on zawsze podejmuje złe decyzje.*

I don't ...., he always ..... bad decisions.

3 *Co robisz w swojej firmie? Próbuję robić pieniądze.*

.... do you .. in your .... ? – I try to ....

4 *Ja mogę się z łatwością porozumieć: mówię po angielsku.*

I .... myself .... easily: I speak English.

****

HUNDRED AND FIFTEENTH (115th) LESSON

Make and do (continued)

1. Some more examples of "make" and "do":
2. He is making* a film about living conditions in a peasant **(1)** village.
3. I needed his help, but all he could do* was make jokes.
4. They are busy making preparations for their holiday.

PRONUNCIATION

2 peznt vilidʒ **4** pri'peə(r)eiʃnz

ĆWICZENIA

1 Nie wolno Panu jechać sto mil na godzinę na autostradzie. – **2** Sprawdź to i zobacz, czy zrobiłem błąd. – **3** To niepodobne do niego zrobić taką uwagę. – **4** Proszę, czuj się jak u siebie w domu. – **5** Powinieneś był zrobić swoją pracę szybciej.

5 *On robi dużo hałasu. Co on robi?*

He is . . . . . . a lot of noise. What . . . . ?

ODPOWIEDZI

1 do not make – thank. – **2** trust him – makes. – **3** What – do – firm – make money. – **4** make – understood. – **5** making – is he doing?

Second wave: 65th Lesson

****

LEKCJA STO PIĘTNASTA

Robić, czynić, wykonywać (ciąg dalszy)

1 Trochę więcej przykładów z „make" i „do":
2 On robi film o warunkach życiowych w rolniczej wsi.
3 Potrzebowałem jego pomocy, ale wszystko, co on mógł zrobić, to żartować.
4 Są zajęci przygotowywaniem się do swoich wakacji.

UWAGI

(1) Zwróćmy uwagę na wymowę *peasant* [peznt], podobnie jak *head, pleasant, dead*. Połączenie dwóch samogłosek *ea* najczęściej wymawia się [e].

5 The smell of good cooking makes my mouth water. **(2)**
6 You're going* to marry a millionaire? Don't make me laugh!
7 I have no coffee, you'll have to make do with **(3)** tea.
8 He always succeeds **(4)** in making me angry.
9 Please make up your mind, **(5)** we don't have very much time and the shop is going to close.
10 Whatever you look at nowadays, you will see*: "Made in Hong Kong".

11 Mrs Richard's guests were admiring a large stuffed **(6)** shark that was mounted on her wall.
12 — My husband and I caught* it on a fishing trip, said* the proud owner.
13 — What is it stuffed with? asked one lady.
14 — My husband, replied their hostess.

PRONUNCIATION

8 sək'si:dz **10** nauədeiz **11** əd'maiə(r)iŋ ... stʌfd ʃɑ:k mauntid **12** kɔ:t ... fiʃiŋ ... praud **14** həustis

EXERCISES

1 She can never make up her mind when she is shopping. – **2** They are busy making preparations for their departure. – **3** Don't make me laugh! This is a serious play. – **4** What will happen if I don't do my revision? – **5** Why must I always do all the work?

FILL IN THE MISSING WORDS:

1 *Nie ma żadnej kawy, musi cię zadowolić herbata.*

I haven't . . . . . . coffee, you'll have to . . . . tea.

5	Zapach dobrego gotowania powoduje, że idzie mi ślinka do ust.
6	Masz zamiar poślubić milionera? Nie rozśmieszaj mnie.
7	Nie ma żadnej kawy, musi cię zadowolić herbata.
8	Jemu zawsze udaje się mnie rozzłościć.
9	Proszę zdecyduj się, nie mamy zbyt dużo czasu, a sklep zamierzają zamknąć.
10	Na cokolwiek popatrzysz teraz, zobaczysz: „Zrobione w Hongkongu".
11	Goście Pani Richards podziwiali dużego wypchanego rekina, który był przyczepiony do jej ściany.
12	— Mój mąż i ja złowiliśmy go podczas wycieczki wędkarskiej powiedziała dumna właścicielka.
13	— Czym on jest wypchany? spytała jedna z pań.
14	— Moim mężem, odpowiedziała gospodyni.

UWAGI

(2) *To make one's mouth water* — tłumaczymy naszym wyrażeniem potocznym „idzie mi ślinka do ust".
(3) *To make do with* — zadowolić.
(4) *To succeed* — następować, odziedziczyć, mieć powodzenie, udać się, powieść się.
(5) *To make up one's mind* — zdecydować się.
(6) *To stuff* — wypchać, uszczelnić, napychać; *stuffed* — wypchany, nafaszerowany; *stuffing* — nadzienie, farsz. *Do your stuff.* — Rób co do ciebie należy. *Hurry up and move your stuff.* — Pośpiesz się i rusz się.

ĆWICZENIA

1 Ona nigdy nie może się zdecydować, kiedy robi zakupy. — **2** Oni są zajęci przygotowaniam do odjazdu. — **3** Nie rozśmieszaj mnie! To jest poważna sztuka. — **4** Co się stanie, jeśli nie zrobię swojego powtórzenia? — **5** Dlaczego ja zawsze muszę robić całą pracę?

2 *Cokolwiek próbuję robić, udaje mi się.*

.... I try .. .. I ....

3 *Musisz się zdecydować: nie ma więcej czasu.*

You must ...... your mind; there is .. .... time.

115th Lesson

379 three hundred and seventy-nine

4 *Czy zawsze jest zimno w Anglii w zimie?*

.. .. always cold .. England .. .. ?

5 *Z czego to jest zrobione? – Z mąki, jajek i masła.*

.... is this made .... ? – With ....., ... and ....

ODPOWIEDZI

1 got any – make do with. – **2** Whatever – to do – succed. – **3** make up – no more. – **4** Is it – in – in winter. – **5** What – with – flour eggs – butter.

****

HUNDRED AND SIXTEENTH (116th) LESSON

Let's go to Oxford

1   On Sunday, David decided he would go and see* his parents who lived in Oxford.
2   They wanted to leave* early to avoid the crowds, so they got* up at half past six.
3   By seven o'clock, they were ready. They go* into the car and set* off **(1)**.
4   — Have you got* everything? Said* Joan.
5   — Of course I have. I rang* **(2)** Dad last night and told* him we would arrive at about ten.
6   They took* the motorway and were soon driving* quickly towards Oxford.
7   — I'm sure we've forgotten* something, said Joan.
8   — No, the presents are on the back seat and the book Dad wanted is in the glove compartment,

PRONUNCIATION

2 ɜːli **3** redi ... set əv **5** ræŋ **6** ˈməʊtə(r),weɪ ... təˈwɔːdz **8** prezənts ... siːt ... glʌv

Second wave: 66th Lesson

****

LEKCJA STO SZESNASTA

Jedźmy do Oksfordu

1 W niedzielę Dawid postanowił, że pojedzie zobaczyć swoich rodziców, którzy mieszkają w Oksfordzie.
2 Chcieli wyjechać wcześnie, żeby uniknąć tłumów, więc wstali o pół do siódmej.
3 Około godziny siódmej byli gotowi. Wsiedli do samochodu i wyruszyli.
4 — Czy masz wszystko?, spytała Joanna.
5 — Oczywiście, że mam. Zadzwoniłem do taty wczoraj i powiedziałem, że przyjedziemy około dziesiątej.
6 Oni wybrali drogę autostradą i wkrótce jechali szybko w kierunku Oksfordu.
7 — Jestem pewna, że czegoś zapomnieliśmy, powiedziała Joanna.
8 — Nie, prezenty są na tylnym siedzeniu, a książka, którą chciał tata jest w schowku,

UWAGI

(1) *To set off* – wyruszyć.
(2) *To ring, rang, rung* – dzwonić, zadzwonić, zatelefonować. *Ring* – pierścionek; – *ear-ring* – kolczyk.

9 our over-night bag **(3)** is in the boot – what could we have forgotten*?

10 They drove* on in silence. Joan looked at the countryside, **(4)**

11 and from time to time glanced at the speedometer to make* sure they were not breaking* **(5)** the speed-limit.

12 — How far to go*? **(6)** – Only another fifty miles. We'll be there in an hour.

13 Suddenly, the motor coughed and the car began* to slow down.

14 — Damn! I know what I forgot*, I forgot* to fill the tank before leaving*.

PRONUNCIATION

9 əuvə(r)nait bæg ... bu:t **10** drəuv ... sailəns ... 'kʌntri,said **11** glænsd ... spi:domitə(r) ... spi:t limit **13** sʌdənli ... məutə ... koft ... bi'gæn

EXERCISES

1 What time did he ring last night? – **2** How far to go? – **3** Only about twenty miles. – **4** You shouldn't arrive at the theatre during the performance. – **5** They stopped to fill the tank, then drove on. – **6** Before leaving, please lock all the doors and close all the windows.

FILL IN THE MISSING WORDS:

1 *Podczas gdy Dawid prowadził, Joanna patrzyła na okolicę.*

While David ... . Joan ... . the
....

2 *Zadzwoniłem do niego wczoraj, by mu powiedzieć, że przyjedziemy około ósmej.*

I .... yesterday .. ... that we ..... arrive .. .. eight.

9 nasza torba z rzeczami podróżnymi jest w bagażniku – czego mogliśmy zapomnieć?

10 Jechali w ciszy. Joanna patrzyła na okolicę,

11 i od czasu co czasu zerkała na licznik, upewniając się, że nie przekraczają ograniczenia prędkości.

12 — Jak daleko jeszcze? – Tylko następne pięćdziesiąt mil. Będziemy tam za godzinę.

13 Nagle silnik kaszlnął i samochód zaczął zwalniać.

14 — Do diabła! Wiem, czego zapomniałem. Zapomniałem napełnić bak przed wyjazdem.

UWAGI

(3) *Over-night bag* – torba z rzeczami podróżnymi (dosłownie: na noc).

(4) *Countryside* – krajobraz, okolica.

(5) *To break, broke, broken* – złamać, zbić, rozbić. *To break the speed limit* – przekroczyć ograniczenie prędkości. *To break the law* – złamać prawo. *To break a promise* – nie dotrzymać obietnicy.

(6) *How far to go?* – Jak daleko jeszcze.

ĆWICZENIA

1 O której godzinie on zadzwonił zeszłej nocy? – **2** Jak daleko jeszcze? – **3** Tylko około dwudziestu mil. – **4** Nie powinnaś wchodzić do teatru podczas przedstawienia. – **5** Zatrzymali się, żeby napełnić bak, poczym odjechali – **6** Przed wyjazdem, proszę zamknij wszystkie drzwi i zamknij wszystkie okna.

3 *Czy masz wszystko? – Oczywiście, czego mógłbym zapomnieć.*

. . . . you . . . . ? – Of course, what . . . . . have forgotten?

4 *W ciągu tygodnia, on czyta przez trzy godziny dziennie.*

. . . . . . the week, he reads . . . three hours . day.

116th Lesson

5 *Upewnij się, że niczego nie zapomniałeś.*

. . . . that you . . . . nothing.

ODPOWIEDZI

1 was driving – was looking at – countryside. – **2** rang him – to say – would – at about. – **3** Have – got everything – could I. – **4** During – for – a. – **5** Make sure – have forgotten.

****

HUNDRED AND SEVENTEENTH (117th) LESSON

A slight misunderstanding

1. Fortunately, there was a can of petrol in the boot.
2. David put* that into the tank and they drove* on to a service station. **(1)**
3. — Fill her up, said* David, and you had better check the oil.
4. — Why don't we go* and have a cup of coffee? said* Joan.
5. — Okay, fine. When he's finished, I'll join you.
6. Joan got* out of the car and walked towards the cafetereia.
7. She stopped at a kiosk to buy* a magazine and then went into the cafe and bought* two coffees.
8. David arrived five minutes later and sat* down.

PRONUNCIATION

slait mis'ʌndə(r)stændiŋ **1** fɔ:tʃu:nətli ... kæn ... petrəl ... bu:t **2** tæŋk **3** əil **6** kæfi'tiəriə **7** kio:sk ... kæfei

UWAGI

(1) *Service station* – stacja obsługi; *filling station, patrol station* – stacja benzynowa.

Stopniowo wprowadzamy coraz więcej wyrażeń idiomatycznych. Oczywiście, im więcej ich Państwo zapamiętacie tym lepiej, ale nie musicie od razu uczyć się ich wszystkich. Wystarczy, że rozumiecie Państwo, co one znaczą.
Jeśli Państwo chcecie, możecie również wykonywać ćwiczenia pisemnie. Jest to dobry sposób nauczenia się poprawnej pisowni.

Second wave: 67th Lesson

****

LEKCJA STO SIEDEMNASTA

Drobne nieporozumienie

1 Na szczęście, kanister z benzyną był w bagażniku.
2 Dawid wlał ją do baku i pojechali na stację obsługi [benzynową].
3 — Proszę go napełnić, powiedział Dawid i lepiej sprawdzić olej.
4 — Dlaczego nie pójdziemy i nie napijemy się filiżanki kawy? powiedziała Joanna.
5 — OK, dobrze. Gdy on skończy, dołączę do Ciebie.
6 Joanna wysiadła z samochodu i poszła w stronę kawiarni.
7 Zatrzymała się przy kiosku, by kupić magazyn, a następnie weszła do kawiarni i kupiła dwie kawy.
8 Dawid przyszedł pięć minut później i usiadł.

FORTUNATELY, THERE WAS A CAN OF PETROL IN THE BOOT

9 — I'm sorry, love, I should have listened to you,
10   you said* we had forgotten* something and you were right.
11 — Yes, it's silly to run* out of petrol **(2)** on the motorway. You ought **(3)** to have checked before.
12 — Alright! I said* I was sorry, didn't I? Let's finish our coffee and leave*.
13   They got* back into the car and continued their journey in silence.
14   Joan read* her magazine and an hour later they arrived in Oxford.

PRONUNCIATION

13 kən'tinju:

EXERCISES

1 What's the matter? – I think we've run out of petrol. – **2** When they were bored with driving, they stopped at a service station. – **3** You ought to have checked before leaving. – **4** It is forbidden to break the speed limit. – **5** When he's finished I'll buy you a cup of coffee.

FILL IN THE MISSING WORDS:

1 *Powinniśmy pojechać i zobaczyć moich rodziców, nie widziałem ich od dawna.*

   We . . . . go and see . . parents, I haven't . . . . them . . . a long time.

2 *Bardzo lubię czytać. Kupuję powieść każdego miesiąca.*

   I'm very . . . . reading. I buy a . . . . month.

3 *Zabrakło nam benzyny, ale jest kanister z benzyną w bagażniku.*

   We've . . . . patrol but . . . . a . . . in the boot.

9 — Przepraszam kochanie, powinienem był Cię posłuchać,
10 powiedziałaś, że czegoś zapomnieliśmy i miałaś rację.
11 — Tak, to głupio, jak zabraknie benzyny na autostradzie. Powinieneś był sprawdzić przedtem.
12 — W porządku, powiedziałem, że przepraszam, czyż nie? Skończmy nasze kawy i jedźmy.
13 Wrócili do samochodu i kontynuowali podróż w ciszy.
14 Joanna czytała swój magazyn, a godzinę później oni przybyli do Oksfordu.

UWAGI

(2) *To run out of* – zabraknąć.
(3) Przypomnijmy *ought to* znaczy to samo co *should*, czyli powinieneś/nnaś. *She should go; she ought to go* – powinnaś iść.

ĆWICZEN A

1 Co się stało? – Sądzę, że zabrakło nam benzyny. – 2 Kiedy znudzili się jazdą, zatrzymali się na stacji obsługi. – 3 Powinieneś był sprawdzić przed wyjazdem. – 4 Jest zabronione przekraczanie ograniczenia prędkości. – 5 Kiedy on skończy, kupię ci filiżankę kawy.

4 *Lepiej sprawdź olej. Nie chcę zepsuć (zatrzeć) silnika.*

You ... . check the ..., I don't want to break down.

5 *On zarabia dużo pieniędzy, ale jego praca jest bardzo nudna.*

He .... money but ... job is very ....

ODPOWIEDZI

1 ought to – my – see – for. – 2 fond of – novel every. – 3 run out of – there is – can. – 4 had better – oil. – 5 earns a lot of – his – boring.

Second wave: 68th Lesson

HUNDRED AND EIGHTEENTH (118th) LESSON

At the Wilson's

1 Oxford looked very beautiful that morning. It is not for nothing **(1)** that it is called "The City of Spires".
2 They drove* through the centre and soon arrived at the quiet street where David's parents lived.
3 David's father greeted **(2)** them at the door. — Hello, you look well. Come* in!
4 Did you have a good trip? David and Joan looked at one another uncomfortably. **(3)**
5 — Er, yes thanks, it was* alright.
6 — Put* your bags down there and come* into the front room. **(4)**
7 David's mother was sitting in front of the fire.
8 She stood* up as they came* in and kissed them both.
9 Joan took* a parcel from behind her back and gave* it to Mrs Wilson.
10 — It's just a little something I found* in a junk... **(5)** I mean*, in an antique shop.
11 Mrs Wilson opened the parcel and took* out a small silver box.
12 — Oh, it's lovely! she cried, but what is it?
13 — Well, it's Victorian. It's a ... thing.
14 — Oh good, you don't know* either. I can't offend you, can I?
15 I think* I'll put* my ear-rings in it.

PRONUNCIATION
1 spəiə(r)z **3** griːtid **6** frʌnt **7** faiə **8** kist bəuθ **9** pɑːsl ... bæk **10** dʒʌŋk ... ænˈtiːk **11** silvə **12** kraid **13** vikˈtɔːriən **14** əˈfend **15** ˈə(r)riŋgz

LEKCJA STO OSIEMNASTA

U Państwa Wilsonów

1. Oksford wyglądał bardzo pięknie tego ranka. Nie na próżno nazywa się go „miastem iglic".
2. Przejechali przez centrum i wkrótce przybyli na spokojną uliczkę, gdzie mieszkali rodzice Dawida.
3. Ojciec Dawida przywitał ich w drzwiach. – Dzień dobry, dobrze wyglądacie. Wejdźcie.
4. Czy mieliście dobrą podróż? Dawid i Joanna popatrzyli na siebie skrępowani.
5. — E ..., o tak, dziękujemy, było w porządku.
6. — Połóżcie swoje torby tam i wejdźcie do frontowego pokoju.
7. Matka Dawida siedziała przed kominkiem.
8. Wstała jak weszli i ucałowała ich oboje.
9. Joanna wyjęła paczuszkę zza pleców i dała ją Pani Wilson.
10. — To coś niewielkiego, co znalazłam w starociach, to znaczy w sklepie z antykami.
11. Pani Wilson otworzyła paczuszkę i wyjęła małe srebrne pudełko.
12. — O, to jest cudowne!, ona zawołała, ale co to jest?
13. — Więc, to jest wiktoriańskie. To jest ... rzecz.
14. — Już dobrze, ty też nie wiesz. Nie mogę Cię obrazić, prawda?
15. Myślę, że włożę do niego moje kolczyki.

UWAGI

(1) *It is not for nothing* – nie na próżno.
(2) *To greet* – powitać, przywitać. *He greeted me with a smile.* – Powitał mnie z uśmiechem. *Greetings* – życzenia, pozdrowienia. *Christmas greetings* – życzenia świąteczne (na Boże Narodzenie).
(3) *Uncomfortably* – skrępowanie, z zakłopotaniem. *To feel uncomfortable* – czuć się niezręcznie. *An uncomfortable silence* – kłopotliwa cisza.
(4) *Front room, sitting room, lounge* – pokój frontowy, salon.
(5) *Junk* – starocie, rupiecie.

EXERCISES

1 I've bought you a present but I don't know what it is. – **2** I can't afford a new car; I'll have to buy a second-hand one. – **3** She stood up and kissed them both. – **4** I've never bought a cow in my life. – **5** They spoke to one another for the first time for months.

FILL IN THE MISSING WORDS:

1 *Gdzie położyłeś moje kapcie? – Tam, za fotelem.*

Where have you ... .. slippers? – Over there, ... the armchair.

2 *Autobus zatrzymuje się przed muzeum. Wysiądź tam.*

The bus stops .. .. the museum. .... there.

3 *Połóżcie swoje rzeczy tam i chodźcie do frontowego pokoju ze mną.*

... your things .... there and .... the front room with ... .

4 *Jak się nazywa ta rzecz tam? – Nie mam pojęcia.*

What is that ..... over there ...... ? – I have .. idea.

****

HUNDRED AND NINETEENTH (119th) LESSON

Revisions and Notes

Jak zwykle wracamy do objaśnień z lekcji 113–118. Przejrzyjcie je Państwo jeszcze raz i sprawdźcie, czy pamiętacie większość wyjaśnionego tam słownictwa. Zajrzyjcie również na koniec podręcznika, tam, gdzie są czasowniki nieregularne. Przeczytajcie je i zobaczcie jak dużo form już pamiętacie.

ĆWICZENIA

1 Kupiłam ci prezent, ale nie wiem co to jest. – **2** Nie stać mnie na nowy samochód; muszę kupić używany. – **3** Ona wstała i ucałowała ich oboje. – **4** Nigdy w życiu nie kupiłem krowy. – **5** Oni rozmawiali z sobą po raz pierwszy od miesięcy.

5 *Czy miałeś dobrą podróż? Nie, byłem niespokojny w samolocie.*

Did you have . . . . ? – No, I was . . . . in the plane.

ODPOWIEDZI

1 put my – behind. – **2** in front of – Get off. – **3** Put – down – come into – me. – **4** thing – called – no. – **5** a good trip – uncomfortable.

Second wave: 69th Lesson

***********=*************************************

LEKCJA STO DZIEWIĘTNASTA

Powtórzenie i objaśnienia

1 Wróćmy jeszcze raz do konstrukcji *should/ would/ could/must* + *have* + trzecia forma czasownika – lekcja 112 (2). Jej odpowiednik nie występuje w języku polskim. W związku z tym nie zawsze w tłumaczeniu polskim da się odzwierciedlić tę konstrukcję. *I should have gone* – powinienem był pójść/powinienem pójść; *I should go* – powinienem pójść. Pamiętamy, że w pierwszym zdaniu, są to nasze rozważania co powinniśmy byli wtedy zrobić, natomiast w drugim czynność jest możliwa do zrealizowania.

2 Przypomnijmy czasownik *to drive, drove, driven* – jechać, prowadzić samochód. *To drive along* – jechać sobie; *to drive around* – jeździć wokół; *to drive back* – odwieźć kogoś, wrócić (samochodem, motocyklem); *to drive down* – zawieźć, odwieźć, pojechać; *to drive on* – jechać dalej, nie zatrzymywać się; *to drive through* – przejeżdżać; *to drive up* – podjechać.

Inne czasowniki związane z przemieszczaniem się to: *to walk* – spacerować, chodzić; *to run* – biec; *to ride* – jechać (rowerem, konno); *to fly* – latać (samolotem).

3 Wyraz *back* – tył, z powrotem, często występuje w połączeniu z czasownikami zmieniając ich znaczenie. *To go back* – wrócić; *to put back* – odłożyć; *to give back* – oddać; *to take back* – zwrócić.

4 Zwróćmy jeszcze uwagę na czasowniki wyrażające czynność patrzenia. *To look at* – patrzeć na; *to glance* – spojrzeć, rzucić spojrzenie; *to wink* – patrzeć przez palce na czyjeś postępowanie, mrugnąć; *to frown* – krzywo patrzeć, zmarszczyć brwi, zrobić niezadowoloną minę.

5 Wyjaśnienie zagadki z lekcji 113. Gregg powiedział, że testament jest z 31 listopada, a listopad ma tylko 30 dni. Przeczytajcie Państwo ten wierszyk, który przypomni Wam nazwy miesięcy: *Thirty days has September, April, June and November, All the rest have thirty-one, Except February alone, Which has twenty-eight days clear, And twenty-nine in each leap year.*

Leap year – rok przestępny.

6 Zdania do zapamiętania:
1. *He tried to bargain with the shopkeeper.*
2. *It's worth a lot of money.*
3. *Please make up your mind quickly.*

4 *I don't trust you.*
5 *She can make herself understood.*
6 *Don't make me laugh.*
7 *Please ring back later.*
8 *What could we have forgotten?*
9 *How far to go?*
10 *Fill her up and check the oil.*
11 *You look well.*

7 Tłumaczenie:

1 On próbował się targować z właścicielem sklepu.
2 To jest warte dużo pieniędzy.
3 Proszę zdecyduj się szybko.
4 Nie ufam ci.
5 Ona może się porozumieć.
6 Nie rozśmieszaj mnie.
7 Proszę, zadzwoń później.
8 Co mogliśmy zapomnieć?
9 Jak daleko jeszcze?
10 Napełnij ją i sprawdź olej.
11 Wyglądasz dobrze.

Second wave: 70th Lesson

HUNDRED AND TWENTIETH (120th) LESSON

Some traditions

1 If is often said* **(1)** that the English are conservative.
2 I prefer to hear* it said* that they are tradionalist.
3 There are many traditions and customs in Britain and some may appear strange to foreigners.
4 For example, on October the thirty-first, one can see **(2)** children making masks from pumpkins
5 and putting* candles inside to frighten witches.
6 This is called Hallowe'en **(3)** and is the day before All Saints' Day.
7 Just before Easter, on Good Friday, you can buy* Hot Cross Buns. **(4)**
8 These are delicious spicy cakes, with a cross on them, to remind us of the Crucifixion.
9 The day after Christmas is called Boxing Day.
10 This is because householders used to give little presents or "boxes" to the tradesmen who had served them.
11 Nowadays, it is usual to give* **(5)** money.
12 Perhaps the most spectacular tradition is "Bonfire Night" or "Guy Fawkes Night".

PRONUNCIATION

1 kən'sɜ:vətiv **2** pri'fɜ:(r) ... trə'diʃənəlist **3** trə'diʃnz ... kʌstəmz ... ə'piə(r) ... forənə(r)z **4** mɑ:sks ... pʌmpkinz **5** kændlz in'said fraitn witʃiz **6** hæləu 'i:n ... seintz **8** di'liʃəs spaisi ... kros kru:si'fikʃn **9** krisməs ... boksiŋ **10** 'haus,həuldə(r)z ... prezənts **12** spek'tækjulə(r) ... bonfaiə

LEKCJA STO DWUDZIESTA

Kilka tradycji

1 Często mówi się, że Anglicy są konserwatywni.
2 Ja wolę słyszeć, jak mówi się o nich, że są tradycyjni.
3 Istnieje wiele tradycji i zwyczajów w Wielkiej Brytanii, i niektóre mogą się wydawać dziwne cudzoziemcom.
4 Na przykład, trzydziestego pierwszego października można zobaczyć dzieci robiące maski z dyń
5 i wkładające świeczki do wewnątrz, żeby przestraszyć czarownice.
6 Nazywa się to Hallowe'en [Wigilia Wszystkich Świętych] i jest dniem przed Wszystkimi Świętymi.
7 Tuż przed Wielkanocą, w Wielki Piątek, można kupić „Hot Cross Buns" – gorące bułeczki z krzyżem.
8 To są wyśmienite, ostre bułeczki z krzyżem na nich, żeby przypomnieć nam o ukrzyżowaniu.
9 Dzień po Bożym Narodzeniu nazywa się „Boxing Day".
10 Jest tak nazwany dlatego, iż właściciele domów mieli zwyczaj dawania małych prezentów albo „pudełek" sprzedawcom, którzy ich obsługiwali.
11 W dzisiejszych czasów przyjęte jest dawanie pieniędzy.
12 Chyba, najbardziej widowiskową tradycją jest „Noc ognisk" czy „Noc Guy'a Fawkes'a".

UWAGI

(1) *It is said* – tłumaczymy jako mówi się. *He is said* – mówią o nim.
(2) *One can see* – można zobaczyć. *One* podobnie jak *you* – wyraża formę bezosobową – patrz lekcja 61 (3), 65 (3).
(3) *To hallow* – święcić, poświęcić, podnieść alarm,
(4) *Bun* – to słodka bułeczka z rodzynkami.
(5) *It is usual to* – taki jest zwyczaj, że ..., przyjęte jest.

13 This takes place on the fifth of November and celebrates **(6)** the arrest, in sixteen-oh-five (1605),
14 of Guy Fawkes, who attempted to blow up to Houses of Parliament.
15 Today, people celebrate by lighting bonfires, setting off fireworks and burning* effigies called "guys".

PRONUNCIATION

13 seləbreits ... ə'rest **14** gai fəukz ... ə'temptid **15** laitiŋ ... faiə(r)wɜ:ks ... bɜ:niŋ ... efidʒiz

UWAGI

(6) *To celebrate* – obchodzić, świętować.

EXERCISES

1 One can still see this custom in certain parts of the country. – **2** He does that to frighten his sister. – **3** This painting reminds me of Turner. – **4** He was lighting a fire when he was arrested. – **5** How much must we pay to get in?

FILL IN THE MISSING WORDS:

1 *Dawno temu ludzie dawali prezenty, ale w dzisiejszych czasach dają pieniądze.*

A long time . . . , people . . . . presents but . . . . give money.

2 *On wstał, zamknął okno i kontynuował czytanie.*

He . . . . , ... the window and continued . . . .

3 *Mówi się, że Anglicy są konserwatywni, ale ja tak nie myślę.*

It . . . . . . that the English are . . . . , but

I . . . . so.

13 Odbywa się ona piątego listopada i świętuje aresztowanie w tysiąc sześćset piątym roku,
14 Guy'a Fawkes'a, który zamierzał wysadzić w powietrze parlament.
15 Dzisiaj, ludzie świętują to poprzez palenie ognisk, puszczanie fajerwerków i palenie kukieł zwanych „guys".

ĆWICZENIA

1 Można wciąż zaobserwować ten zwyczaj w niektórych częściach kraju. – **2** On robi to, by przestraszyć swoją siostrę. – **3** Ten obraz przypomina mi Turner'a. – **4** On rozpalał ogień, gdy został aresztowany. – **5** Ile musimy zapłacić, by wejść?

4 *Istnieje wiele zwyczajów, które mogą wydawać się dziwne cudzoziemcom.*

. . . . many customs which . . . appear . . . .

. . . .

5 *On zaczął od jedzenia słodyczy, a skończył pijąc [jedząc] zupę.*

He . . . . . by . . . . . . the sweet and finished . . . . the soup.

ODPOWIEDZI

1 ago – gave – nowadays they. – **2** stood up, closed/shut – reading. – **3** is said – conservative – don't think. – **4** There are – may – strange to foreigners. – **5** began/started – eating – by drinking.

Second wave: 71st Lesson

HUNDRED AND TWENTY-FIRST (121st) LESSON

Some more traditions

1 If you go* to the Tower of London, **(1)** you will see* six ravens.
2 These birds – or rather **(2)** their ancestors – have been there since the eleventh century.
3 But, today, they are there for a very important reason.
4 According to tradition, the British Empire will remain only as long as **(3)** there are ravens in the Tower.
5 No one knows* the reason for this legend, but there are many suggestions.
6 One is that a gang of thieves broke* into **(4)** the Tower while the sentries were asleep,
7 but the ravens made so much noise that the sentries woke* up and were able to kill the thieves.
8 Whatever the reason, the birds are fed* every day and receive a State pension.
9 Scotland and Ireland, too, are full of legend and tradition.

PRONUNCIATION

1 tavə ... revnz **2** bɜ:dz ... ænsestə(r)z ... sentʃəri **3** ri:zn **4** ə'kɔ:diŋ ... trə'diʃn ... empaiə ... ri'mein **5** ledʒnd sʌdʒestinz **6** gæŋg ... θi:vz ... sentriz **8** fed ... penʃn **9** ledʒnd

UWAGI

(1) *The Tower of London* – średniowieczny zamek londyński, późniejsze więzienie, obecnie muzeum. *Tower* – wieża, baszta.
(2) *Rather* – raczej, często zastępuje wyraz *quite* – całkiem, zupełnie. *It's rather important = It's quite important.* – To raczej/całkiem ważne.

LEKCJA STO DWUDZIESTA PIERWSZA

Trochę więcej tradycji

1 Jeśli pójdziesz do „Tower of London", zobaczysz sześć kruków.
2 Te ptaki – czy raczej ich przodkowie – są tam od jedenastego wieku.
3 Ale dzisiaj są tam z bardzo ważnego powodu.
4 Zgodnie z tradycją, Brytyjskie Imperium przetrwa tak długo, jak kruki będą w wieży.
5 Nikt nie zna początków tej legendy, ale jest wiele sugestii.
6 Jedną jest to, banda złodziei wdarła się do twierdzy, gdy strażnicy spali,
7 ale kruki narobiły tak dużo hałasu, że strażnicy obudzili się i byli w stanie zabić złodziei.
8 Bez względu na przyczynę, kruki są karmione każdego dnia i otrzymują państwową rentę.
9 Szkocja i Irlandia także mają dużo legend i tradycji.

UWAGI

(3) *As long as* – tak długo jak, o ile, dopóki. *The ship is as long as a house.* – Statek jest tak długi jak dom. *You can go out as long as you are back by ten.* – Możesz iść, o ile wrócisz przed dziesiątą.

(4) *to break into* – włamać się, wedrzeć. *Our house was broken into last night.* – Włamano się do naszego domu zeszłej nocy.

10 In Scotland, Christmas is not a big feast. For the Scots, New Year's Day is more important.

11 This is called "Hogmanay". At midnight, a tall dark man must cross the threshold of your house

12 carrying a lump of coal, a piece of bread and a bottle of whisky.

13 These items symbolise warmth, food and drink for the coming year.

PRONUNCIATION

10 krisməs ... fi:st **11** ˈmid͵nait ... θreʃhəuld **12** lʌmp kəul **13** aitemz simbəlaiz wɔ:mθ

EXERCISES

1 So long as the birds are there, the Empire will remain. – **2** Whatever the reason, you shouldn't have done it. – **3** The burglar broke into the house while everyone was asleep. – **4** The birds have been in the Tower for eleven hundred years. – **5** He pretended to be asleep in order not to answer.

FILL IN THE MISSING WORDS:

1 *O ile się nie spóźniasz, możesz przychodzić kiedy chcesz.*

.. .. you ... not ...., you can come when you like.

2 *Mężczyzna był wysoki, przynajmniej sześć stóp i cztery cale [wzrostu].*

The man was ...., ... six feet four.

10 W Szkocji, Boże Narodzenie nie jest wielkim świętem. Dla Szkotów Nowy Rok jest ważniejszy.

11 Nazywa się „Hogmanay". O północy wysoki, ciemny mężczyzna musi przejść próg twojego domu

12 niosąc bryłkę węgla, kawałek chleba i butelkę whisky.

13 Te rzeczy symbolizują ciepło, jedzenie i picie na nadchodzący rok.

ĆWICZENIA

1 Tak długo jak są tam ptaki, imperium przetrwa [pozostanie]. – **2** Bez względu na przyczynę, nie powinieneś był tego zrobić. – **3** Włamywacz dostał się do domu, jak wszyscy spali. – **4** Ptaki są w wieży od tysiąca dziesięciu lat. – **5** On udawał, że śpi po to, by nie odpowiadać.

3 *Oni obudzili się i byli w stanie zabić złodziei.*

They . . . . . . and . . . . to kill the . . . .

4 *Cokolwiek on mówi, nie zgadzam się z nim.*

. . . . he says, I don't . . . . . with . . . .

5 *W nadchodzącym roku, mam nadzieję, że usprawnimy naszą obsługę.*

In the . . . . . . year, we . . . . . . improve our service.

ODPOWIEDZI

1 So (As) long as – are – late. – **2** tall, at least. – **3** woke up – were able – thieves. – **4** Whatever – agree – him. – **5** coming – hope to.

Second wave: 72nd Lesson

HUNDRED AND TWENTY-SECOND (122nd) LESSON

Meeting a client at the airport

1 David was waiting near the arrival lounge at Heathrow's **(1)** Terminal One.
2 He was waiting for a client who was coming* from Geneva.
3 The loudspeaker crackled and he heard* a voice say; "British Airways announce the arrival of Flight One Ou Seven (107) from Geneva".
4 David started looking for his client. He knew* that the man would be wearing* a carnation in his button-hole,
5 and carrying a copy of the "Sunday Times" under his arm.
6 He caught* sight **(2)** of the man, who was tall and grey-haired **(3)** with long side-boards.
7 He went forward **(4)** and said: "You must be Mr Legarde? I'm David Wilson. How do you do?"
8 They shook* hands. David picked up the man's case and said:
9 "Follow me, will you: My car is in the car-park, it's just outside".

PRONUNCIATION

klaiənt **1** laundʒ ... hi:θrəu tɜ:mini **2** dʒi'ni:və **3** ˌləud'spi:kə krækld ... 'eə(r),weiz ə'nauns ... ə'raivl ... flait **4** weə(r)iŋ ... kɑ:'neiʃn ... bʌtn həul **5** kopi **6** grei heə(r)d ... saidbɜ:nz **7** siŋgl ... ri'zɜ:vd

UWAGI

(1) *Heathrow* – miejscowość tuż pod Londynem, w której jest lotnisko.
(2) *To catch sight of* – dojrzeć, zobaczyć. *Sight* – widok; *to catch, caught, caught* – chwycić, uchwycić, złapać.

LEKCJA STO DWUDZIESTA DRUGA

Spotkanie klienta na lotnisku

1. Dawid czekał w pobliżu hali przylotów na terminalu pierwszym w Heathrow.
2. Czekał na klienta, który przylatywał z Genewy.
3. Głośnik zazgrzytał i usłyszał głos mówiący: brytyjskie linie lotnicze oznajmiają przylot lotu 107 z Genewy.
4. Dawid zaczął szukać swojego klienta. Wiedział, że mężczyzna będzie miał goździk w butonierce,
5. i będzie niósł pod pachą egzemplarz Sunday Times'a.
6. Dojrzał mężczyznę, który był wysoki i siwy z długimi bokobrodami.
7. Podszedł i spytał: „Pan pewnie jest panem Legarde. Jestem Dawid Wilson. Dzień dobry".
8. Podali sobie ręce. Dawid podniósł walizkę mężczyzny i powiedział:
9. „Proszę iść za mną, dobrze? Mój samochód jest na parkingu, tuż na zewnątrz".

UWAGI

(3) *Hair* – włos, włosek, włosy. Rzeczownik nie ma liczby mnogiej. *His hair is long* – jego włosy są długie. *Long haired* – długowłosy; *grey-haired* – siwy; *hair-cut* – ostrzyżenie; *to have a hair-cut* – ostrzyc się.
(4) *To go forward* – iść naprzód, podejść.

122nd Lesson

10 When they were driving* towards London, David said: "I'll take* you to your hotel first, then we'll get some lunch".

11 Mr Legarde replied: "Thank you. I'm staying at the Churchill. My secretary booked the room by telex".

12 At the hotel, the doorman took* Mr Legarde's case and another servant parked the car.

13 The two men went to the reception desk: "My name's Legarde, I have a single **(5)** room reserved".

14 "Yes sir, room two three seven (237). The hall-porter will show you up". **(6)**

PRONUNCIATION

14 hɔːl pɔːtə

EXERCISES

1 I knew he would be wearing a grey hat. – **2** Follow me, will you. I'll take you to your hotel. – **3** You should have booked the room earlier. – **4** He caught sight of his friend in the crowd. – **5** She couldn't hear the voice of the loud-speaker.

FILL IN THE MISSING WORDS:

1 *Nie znając jego nazwiska rozpoznałam go po jego ubraniu.*

.... his name, I recognised him .... his clothes.

2 *Weź moją walizkę, proszę i zaprowadź mnie do mojego pokoju.*

Take my case, ..., and .... to my room.

3 *Pomógłbym ci gdybym mógł, ale się spieszę.*

I .... you if I .... but I am in a ....

10 Gdy jechali w stronę Londynu, Dawid powiedział: „Najpierw zawiozę pana do pana hotelu, a potem kupimy jakiś lunch".

11 Pan Legarde odpowiedział: „Dziękuję Mieszkam w [hotelu] Churchill. Moja sekretarka zarezerwowała pokój przez telefax".

12 W hotelu odźwierny wziął walizkę pana Legarde'a, a inny pracownik zaparkował samochód.

13 Dwaj mężczyźni podeszli do recepcji: „Nazywam się Legarde mam zarezerwowany jednoosobowy pokój".

14 „Tak, proszę pana, pokój dwieście trzydzieści siedem. Odźwierny z holu zaprowadzi Pana".

UWAGI

(5) *Single room* – pokój jednoosobowy; *double room* – pokój dwuosobowy.
(6) *To show up* – pokazać, wskazać, zaprowadzić.

ĆWICZENIA

1 Wiedziałem, że będzie nosił szary kapelusz. – **2** Proszę iść za mną, dobrze? Zaprowadzę pana do pana hotelu. – **3** Powinieneś był zarezerwować pokój wcześniej. – **4** Dostrzegł swojego przyjaciela w tłumie. – **5** Nie mogłe usłyszeć głosu z głośnika.

4 *Pan pewnie jest panem Legarde? Ja jestem Dawid Wilson. Dzień dobry.*

You . . . . . Mr Legarde? . . . David Wilson, how . .

. . . . . ?

5 *Setki i tysiące ludzi wylatuje i ląduje w Heathrow.*

. . . . and . . . . of . . . . . . take off and land at Heathrow.

ODPOWIEDZI

1 Without knowing – because of. – **2** will you – show me up. – **3** would help – could – hurry. – **4** must be – I'm – do you do? – **5** Hundreds – thousands – people.

Second wave: 73rd Lesson

HUNDRED AND TWENTY-THIRD (123rd) LESSON

How is your English getting on? (1)

1 Have you noticed that every day you are learning new words and expressions?
2 You can now hold* conversations, (2) read* notices, ask your way – even argue with someone!
3 We must continue to add new material every day,
4 so that, at the end of the course, you will be able to understand* English as it is spoken* by the English.
5 We hope that you find* time to revise the past lessons, and that, above all, you do it aloud. (3)
6 This is vital, because it helps you to remember and to improve your pronunciation.
7 You will always have a slight accent,
8 but don't worry: people will be able to understand you, which is most important.
9 And, besides, a slight foreign accent is charming.
10 There are certain expressions which you cannot really translate,
11 so you can say them in your own language and people will say: "How charming!"
12 So revise and read* aloud every day as much as you can.
13 You will find* that your English is becoming* more and more natural.

PRONUNCIATION

1 nəutist ... ik'spreʃinz 2 ˌkɔnvə'seiʃnz ... ɑ:gju: 3 kən'tinju: ... æd ... mə'tiəriəl 4 kɔ:s 5 ə'laud 6 vaitl ... im'pru:v ... proˌnʌnsi'eiʃn 7 slait æksənt 8 wʌri 9 bi'saidz ... tʃɑ:miŋ 10 sɜ:tn ... tranz'leit 13 nætʃrəl

LEKCJA STO DWUDZIESTA TRZECIA

Jak z Państwa angielskim?

1 Czy zauważyliście Państwo, że każdego dnia uczycie się nowych słów i wyrażeń?
2 Możecie teraz prowadzić rozmowy, czytać zawiadomienia, spytać się o drogę – nawet sprzeczać się z kimś!
3 Musimy kontynuować dokładanie nowego materiału każdego dnia,
4 tak, by na końcu kursu, byliście Państwo w stanie rozumieć angielski taki, jaki jest mówiony przez Anglików.
5 Mamy nadzieję, że znajdujecie Państwo czas, by powtarzać poprzednie lekcje, i że przede wszystkim, robicie to na głos.
6 To jest konieczne, ponieważ pozwoli Wam zapamiętać poprawić Waszą wymowę.
7 Zawsze będziecie mieli nieznaczny akcent,
8 ale nie martwcie się, ludzie będą w stanie Was zrozumieć, co jest najważniejsze.
9 A poza tym, nieznaczny cudzoziemski akcent jest czarujący.
10 Istnieją pewne wyrażenia, których nie można przetłumaczyć,
11 więc możecie je powiedzieć w swoim własnym języku i ludzie powiedzą: „Jakie czarujące!".
12 Więc powtarzajcie i czytajcie na głos każdego dnia tak dużo jak możecie.
13 Stwierdzicie, że Wasz angielski staje się coraz bardziej naturalny.

UWAGI

(1) *To get on* – posuwać się naprzód, mieć powodzenie, robić postępy. *Haw are you getting on?* – Jak się masz?/Jak ci się powodzi?
(2) *To hold conversations* – prowadzić rozmowy/konwersacje, rozmawiać.
(3) *Aloud* – na głos; *loud* – głośny; *speak louder* – mów głośniej; *loudspeaker* – głośnik.

123rd Lesson

EXERCISES

1 Let me help you with your homework. – No thank you. – **2** It is becoming more and more vital to speak English. – **3** Let me introduce David Hide. – Pleased to meet you. – **4** Above all, don't forget to take your umbrella. – **5** Did you notice her new dress?

FILL IN THE MISSING WORDS:

1 *Jego angielski staje się coraz bardziej naturalny. Wkrótce on będzie w stanie mówić płynnie.*

   His English is . . . . and . . . . natural. Soon he . . . . speak fluently.

2 *Masz nieznaczny akcent, ale nie martw się. Będziesz zrozumiały.*

   You have a . . . . . . accent, but . . . . You will . . . .

3 *Ludzie rzadko podają sobie ręce w Anglii. To robi się tylko raz.*

   People rarely . . . . in England. It is done . . . . only.

4 *Czytaj tak dużo, jak możesz. Czytanie jest niezwykle ważne.*

   Read as . . . . can. . . . . is extremely important.

****

HUNDRED AND TWENTY-FOURTH (124th) LESSON

A little revision

1 In order to thelp you with your task **(1)** of revision, today and tomorrow, we will look again at some of the words

2 we have seen* recently, together with **(2)** a few new ones.

PRONUNCIATION
1 tɑ:sk

ĆWICZENIA

1 Pozwól mi sobie pomóc z twoją pracą domową. Nie, dziękuję. –
2 Mówienie po angielsku staje się coraz bardziej konieczne. –
3 Pozwól mi przedstawić Dawida Hide'a. To przyjemność spotkać Pana. – 4 Przede wszystkim, nie zapomnij zabrać swojej parasolki. –
5 Czy zauważyłeś jej nową sukienkę?

5   *Przede wszystkim mów, tak często jak to jest możliwe.*

  . . . . speak . often . . possible.

ODPOWIEDZI

1 becoming more – more – will be able to. – 2 slight – don't worry – be understood. – 3 shake hands – once. – 4 much as you – Reading. – 5 Above all – as – as.

Second wave: 74th Lesson

****

LEKCJA STO DWUDZIESTA CZWARTA

Mała powtórka

1   Po to, żeby Państwu pomóc z pracą powtórzeniową, dzisiaj i jutro, popatrzymy ponownie na niektóre z wyrazów,
2   które spotkaliśmy ostatnio wraz z kilkoma nowymi.

UWAGI
(1) *Task* – zadanie, przedsięwzięcie, zadana praca.
(2) *Together* – razem; *together with* – wraz z, razem z. *They always go out together.* – Oni zawsze wychodzą razem.

3 This sentence may appear difficult to you, but actually it is simple.
4 From the top of the Post Office Tower, **(3)** you can see* the whole of London.
5 Indian cooking **(4)** is delicious but it can be very spicy. **(5)**
6 I bought* this overcoat second-hand. Does it suit me? **(6)**
7 So long as you warn me first, you can take* the lawn-mower when you like.
8 On November the fifth, people set* off fireworks, light* bonfires and burn* guys.
9 Although he's very intelligent, he won't pass the exam, **(7)** he hasn't worked.
10 My car is parked just outside the cinema.
11 I have a room reserved in the name of Wilson.
12 Whatever he wants, tell* him to go* away, I'm far too busy. **(8)**
13 Inside the Tower, ravens could be seen* eating from silver bowls.
14 Would you mind waiting for ten minutes, Mr Wilson is not back yet.

PRONUNCIATION

3 ə'piə(r) ... æktʃuəli 5 di'liʃəs ... spaisi 6 auvəkəut ... su:t 7 wɔ:n ... lɔ:n məvə 9 pɑ:s ... i'gzæm

UWAGI

(3) *Post Office Tower* – wieża w centrum Londynu z pocztą i dość ekskluzywną restauracją.
(4) *Indian cooking* – tu: indyjska kuchnia.
(5) *Spice* – przyprawa, pikantność, dodatek; *spicy* – ostre, przyprawione. *Hot* – to gorący, ale i również ostry, pikantny.

EXERCISES

1 The whole family came to the wedding. – **2** Although he hadn't worked, he passed the exam. – **3** As it was raining, I had to borrow an overcoat. – **4** He tried to light the bonfire but it didn't burn. – **5** I'm far too busy; tell him to come back tomorrow.

3   To zdanie może się Państwu wydać trudne, ale w rzeczywistości jest proste.
4   Z góry Post Office Tower można zobaczyć cały Londyn.
5   Indyjska kuchnia jest wyborna, ale może być bardzo ostra.
6   Kupiłam ten płaszcz używany. Czy mi ładnie?
7   Tak długo jak mnie najpierw uprzedzasz, możesz brać kosiarkę kiedy ci się podoba.
8   Piątego listopada ludzie puszczają fajerwerki, rozpalają ogniska i palą kukły.
9   Chociaż on jest inteligentny. nie zda egzaminu, on nie pracowałuje.
10 Mój samochód jest zaparkowany tuż na zewnątrz kina.
11 Mam zarezerwowany pokój na nazwisko Wilson.
12 Cokolwiek on chce, powiedz mu, żeby poszedł, jestem zbyt zajęty.
13 Wewnątrz wieży można zobaczyć kruki jedzące ze srebrnych misek.
14 Czy zechce Pan poczekać przez dziesięć minut, Pan Wilson jeszcze nie wrócił.

UWAGI

(6) *To suit* – odpowiadać, pasować, być do twarzy. *This hat suits you.* – Dobrze ci w tym kapeluszu. *Would the twenty-fifth suit you?* – Czy odpowiadałby ci dwudziesty piąty.

(7) *To pass the exam* – zdać egzamin; *to fail the exam* – nie zdać egzaminu; *to take the exam* – przystąpić do egzaminu.

(8) *Far* – daleko; *far too* – zbyt. *He smokes far too many cigarettes.* – On pali zbyt dużo papierosów. *How far to go?* – jak daleko jeszcze?

W tej lekcji powtórzeniowej postarajcie się Państwo zapamiętać wszystkie te wyrażenia, których do tej pory nie zapamiętaliście lub które się Wam mylą.

ĆWICZENIA

1 Cała rodzina przyszła na ślub. – **2** Chociaż on nie pracował, zdał egzamin, – **3** Ponieważ padało, musiałam pożyczyć płaszcz. – **4** On próbował rozpalić ognisko, ale nie rozpaliło się. – **5** Jestem zbyt zajęty; powiedz mu, żeby przyszedł z powrotem jutro.

FILL IN THE MISSING WORDS:

1 *Chociaż oni są kolegami, nienawidzą się nawzajem.*

.... they are colleagues, they hat... ....

2 *Z góry wieży można zobaczyć cały Londyn.*

From ... . the tower, you can see the .... London.

3 *W tej zielonej sukience jest ci ładnie.*

That green dress ....

4 *Czy zechcesz poczekać przez pięć minut, on jeszcze nie wrócił.*

..... you .... for five minutes, he's not ....

****

HUNDRED AND TWENTY-FIFTH (125th) LESSON

A little revision (continued)

1 According to my dictionary, this word means* "carefree".
2 During the night, a burglar broke* into the castle and stole* all her jewels.
3 You erase it with a "rubber", not a "robber", you silly thing. **(1)**
4 The advertisement says that if you pour milk into this cereal, **(2)** it will crackle.

PRONUNCIATION

1 keə(r)fri: **2** bɜːglə ... kɑːsl ... stəul ... dʒuːəlz **3** iˈreiz ... rʌbə **4** ədˈvɜːtismənt ... pɔːr ... ˈsiəriəl ... krækl

5 *Muszę się umówić. – Czy dwudziesty trzeci odpowiada ci?*

I . . . . . . make an appointment. – Does the twenty-third . . . . . . ?

ODPOWIEDZI
1 Although – one another. – **2** the top of – whole of. – **3** suits you. – **4** Would – mind waiting – back yet. – **5** have to – suit you?

Second wave: 75th Lesson

****

LEKCJA STO DWUDZIESTA PIĄTA

Drobne powtórzenie (ciąg dalszy)

1 Według mojego słownika, ten wyraz znaczy „beztroski".

2 W ciągu nocy, włamywacz włamał się do zamku i ukradł wszystkie jej klejnoty.

3 Ty wycierasz to gumką, a nie „włamywaczem", głuptasie.

4 Ta reklama mówi, że jeśli wlejesz mleka do tych płatków będą chrupały.

UWAGI

(1) *You silly thing* – głuptasie, głuptasku; *you poor thing* – biedaku, biedactwo.

(2) *Cereal* – zupy mleczne z wszelkiego rodzaju płatków, które tylko zalewa się zimnym lub ciepłym mlekiem.

125th Lesson

5 He bought two second-hand loudspeakers for his stereo, but they didn't work. It was a bad bargain.

6 There is a button missing from this jacket, or else **(3)** I've got* an extra button-hole!

7 I have no change **(4)** for the cigarette-machine. Lend* me fifty pence will you?

8 You ought to stop smoking, it's bad for your health.

9 "Your health!", said* the barman. "Cheers!", said* the customer.

10 Let me introduce you to Mr Legarde; he has just arrived from Geneva.

11 He seems a pleasant man. What does he do? – He's a dentist. – Then I was wrong, he's an unpleasant man.

12 You will speak* English more and more fluently if you revise a little every day.

PRONUNCIATION

5 steriəu ... ba:gin **6** bʌtn ... ekstrə **7** tʃeindʒ ... məˈʃi:n **8** helθ **9** ba:(r)man ... tʃiə(r)z **11** plezənt ... dentist ... ʌnplezənt

EXERCISES

1 I wouldn't like to be a dentist, no one likes them. – **2** You should never believe advertisements. – **3** If you said that, you would be wrong. – **4** There is a button missing from my shirt. – **5** Pour the boiling water onto the coffee.

FILL IN THE MISSING WORDS:

1 *Gdybyś nie zamknęła drzwi, byłabyś obrabowana.*

If you ...... locked the doors you ....
burgled.

5 On kupił dwa używane głośniki do swojego stereo, ale one nie działają. To był zły zakup.

6 Brakuje guzika w tej marynarce, albo mam dodatkową dziurkę od guzika!

7 Nie mam drobnych do automatu z papierosami. Pożycz mi pięćdziesiąt pensów, dobrze?

8 Powinieneś przestać palić, to jest szkodliwe dla twojego zdrowia.

9 „Na zdrowie!", powiedział barman. „Na zdrowie [niech żyje]!", odpowiedział klient.

10 Pozwól mi przedstawić cię panu Legarde; on właśnie przyjechał z Genewy.

11 Or wydaje się być miłym człowiekiem. Co on robi? – Jest dentystą. – Więc się myliłem, on jest niemiłym człowiekiem.

12 Będziesz mówił po angielsku coraz bardziej płynnie, jeśli powtarzasz każdego dnia.

UWAGI

(3) *or else* – inaczej bowiem, w przeciwnym razie, bo, albo. *Do this or else I'll hit you.* – Zrób to, albo cię uderzę. *Something else* – coś innego. *Elsewhere* – gdzie indziej.

(4) *Change* – drobne, reszta. *To change* – zmienić zamienić. *Exchange* – wymiana (pieniędzy); *exchange rate* – kurs wymiany.

ĆWICZENIA

1 Nie chciałbym być dentystą, nikt ich nie lubi. – **2** Nigdy nie powinieneś wierzyć reklamom. – **3** Gdybyś to powiedział, nie miałbyś racji. – **4** Brakuje guzika u mojej koszuli. – **5** Wlej gotującą wodę do kawy.

2 *Czegoś brakuje. Co to może [mogłoby] być?*

. . . . . is something . . . . What . . . . . it . . ?

3 *Mam tylko banknot pięcio-funtowy. – Przykro mi, nie mam reszty (żadnych drobnych).*

I've . . . . got a five-pound note. – I'm . . . . . I haven't got any

. . . .

125th Lesson

4 *Co znaczy to słowo? – Nie wiem, nigdy nie uczyłam się rosyjskiego.*

.... does this word .... ? – I don't know, I have

.... Russian.

5 *Ile kosztowałoby nowe stereo? – Zbyt dużo dla mnie.*

... much ..... a new stereo .... ? – Far ... . for me.

ODPOWIEDZI

1 hadn't – would have been. – **2** There – missing – could – be? – **3** only – sorry – change. – **4** What – mean – never learned (vagy: learnt). – **5** How – would – cost – too much.

****

HUNDRED AND TWENTY-SIXTH (126th) LESSON

Revisions and Notes

Jak zwykle czytamy objaśnienia z lekcji 120–125. Te objaśnienia również dotyczą słownictwa, które najprawdopodobniej Państwo pamiętacie. Możecie się poczuć dumni, jak już dużo umiecie.

1 Wróćmy jeszcze raz do form bezosobowych. – Patrz lekcja 20 (2). *One* jest bardziej bezosobowe niż *you*. *One must obey one's parents.* – Trzeba się słuchać rodziców. *You must obey your parents.* – Trzeba słuchać się swoich rodziców./ Musisz słuchać się swoich rodziców.

Formy bezosobowe można również wyrażać stroną bierną. *His briefcase was stolen.* – Skradziono jego teczkę. *He was called the „Swan of Avon" (Shakespeare)* – Nazywano go łabędziem Awonu.

Można je również wyrazić takimi zwrotami: *I was told that ..* – mówiono mi. *I have heard that ...* – słyszałem (ktoś mówił, że). *I was told that I could phone from here.* – Powiedziano mi, że mogę stąd zadzwonić. *I have heard that he's a robber.* – Słyszałem, że on jest włamywaczem.

Spotyka się również zwroty: *English spoken* – Mówi się po

Second wave: 76th Lesson

****

LEKCJA STO DWUDZIESTA SZÓSTA

Powtórzenie i objaśnienia

angielsku. *Wanted – a shorthand typist* – Potrzebna maszynistka stenotypistka. *It looks like a palace.* – To wygląda na pałac.
Nie ma właściwie reguł, kiedy użyć takiego, a nie innego sformułowania. Postarajcie się Państwo zapamiętać je wszystkie.

2 Zdania wykrzyknikowe tworzymy przez *How ...!* i *What ...! How lucky you are!* – Ale ty masz szczęście! *How happy she was!* – Jaka ona była szczęśliwa! *What a noisy child!* – Co za głośne dziecko! *What a miserable day!* – Co za ponury dzień! *What a lot of people!* – Co za mnóstwo ludzi! *What a lot of noise!* – Co za hałas.

3 Istnieje wiele użyć czasownika *to miss* – stracić, zgubić. *He missed the train.* – On spóźnił się na pociąg. *She shot, but missed the target* – Ona strzeliła, ale nie trafiła do celu. *I miss you* – tęsknię za Tobą. *They miss Paris.* – Oni tęsknią za Paryżem. *The man with a missing arm* – mężczyzna bez ręki. *The jacket has a button missing.* –

Brakuje guzika przy marynarce. Brak to również .. *a lack of. There is a lack of respect in this class.* – W tej klasie jest brak szacunku, ale w herbacie brakuje cukru to – *this tea needs sugar.*

4 *Care* – to troska opieka. *To care* – troszczyć, opiekować się, ale wyraz ten ma również inne znaczenia. *I don't care what he says.* – Nie obchodzi mnie, co on mówi.
Careless – nieważny, niechlujny, niedbały. *His work is terribly careless.* – Jego praca jest okropnie niechlujna.
Careful – ostrożny, uważny, dbały. *Be careful* – bądź ostrożny, uważaj.

5 Popatrzmy na użycie tych dwóch czasowników: *to suit* i *to fit*. Oba używa się mówiąc o ubraniach i oba znaczą pasować. *The trousers don't suit me.* – W tych spodniach mi nie jest ładnie (nie pasują mi, bo mi się nie podobają). *This coat doesn't fit me.* – To palto mi nie pasuje (jest albo za duże, albo za małe).
To suit używa się również w odniesieniu do terminu. *Any day will suit me fine.* – Każdy dzień będzie mi pasował. *Would Tuesday suit you?* – *Czy wtorek byłby dobry?*

6 Popatrzmy jeszcze na *to look like* i *to sound like* – *She looks exactly loke her mother.* – Ona wygląda dokładnie tak, jak jej matka. *You look like a clown.* – Wyglądasz jak błazen. *On the telephone, he sounds like his father.* – Przez telefon, on ma taki głos jak jego ojciec. *The singer sounds like a dying cat.* Piosenkarz śpiewa jak umierający kot.

7 Przypomnijmy jak czytamy daty: 1723 czytamy 17 i 23: *seventeen and twenty three.* 1995 czytamy 19 i 95: *nineteen and ninety five.*
Wyjątki: Rok 1800 – *eighteen hundred.* 1902: *nineteen hundred and two* albo, zwłaszcza w rozmowie *nineteen ou two*. Lata dwudzieste: *the 20s – the twenties,* itd. 800 B.C. *eight hundred bi:si: (before Christ* – przed Chrystusem). 1260 A.D. – *twelve sixty ei di:.*

8 Pamiętajmy również, że numery telefonów i pokoi hotelowych czytamy cyfra po cyfrze. 70556: *seven ou five five* (albo *double five*) *six.*

9 Zdania do zapamiętania:
1. *It may appear strange to you.*
2. *We've been here for three and a half hours.*
3. *No one knows the reason.*
4. *Follow me, will you?*
5. *Let's go and get some lunch.*
6. *The porter will show you up.*
7. *How charming you look tonight!*
8. *When he sings he sounds like a nightingale... with toothache.*
9. *Your hair is too long.*
10. *He's far too busy.*
11. *You ought to stop smoking.*

10 Tłumaczenie:
1. Może ci się to wydać dziwne.
2. Byliśmy tu przez trzy i pół godziny.
3. Nikt nie zna przyczyny.
4. Proszę za mną.
5. Chodźmy i zjedzmy lunch.
6. Portier Pana zaprowadzi.
7. Jak czarująco dzisiaj wyglądasz!
8. Gdy on śpiewa, śpiewa jak słowik... z bólem zęba.
9. Twoje włosy są zbyt długie.
10. On jest zbyt zajęty.
11. Powinieneś przestać palić.

Languages are the pedigree of nations (Samuel Johnson): Języki są rodowodem narodów.

Second wave: 77th Lesson

HUNDRED AND TWENTY-SEVENTH (127th) LESSON

The news

1 — Would you mind if I turned on **(1)** the television, David? I want to listen to the news. – Of course not.
2 This is the B.B.C. **(2)** It is six o'clock and here is the news.
3 The Government today announced that it would resign.
4 The Prime Minister made the announcement in a speech to the Commons **(3)** this afternoon.
5 The decision was taken* in the light of **(4)** the recent defeat of the Government's prices and incomes policy, **(5)**
6 and also recent defeats in local by-elections. A General Election is expected next **(6)** month.
7 The civil war in Rutania continues. The military junta which last month overthrew* the Government,
8 appealed today to America for military aid.
9 At home again, the recent strike by toolmakers at Dagwood's Car Plant has finished.

PRONUNCIATION

1 tɜ:n ... nju:z 3 gʌvənmənt ... əˈnaunst ... riˈzain 4 praim ... əˈmaunsmənt ... spi:tʃ ... kɔmənz 5 lait ... riˈsent ... diˈfi:t ... praisiz ... imkʌmz polisi ... ləukl baiiˈlekʃinz 7 sivil ... militəri dʒʌntə ... əuvəθru: 8 əˈpi:ld ... æid 9 tu:lmeikə(r)z

UWAGI

(1) *To turn* – skręcić, zakręcić, obrócić; *to turn on* – zapalić, nastawić (radio, telewizor); *to turn off* – zgasić, wyłączyć. *To switch on* – zapalić światło, *to switch off* – zgasić światło.

LEKCJA STO DWUDZIESTA SIÓDMA

Wiadomości

1 — Czy masz coś przeciwko temu, żebym włączyła telewizor, Dawidzie? Chcę posłuchać wiadomości.
   — Oczywiście, że nie.
2 Tu B.B.C. Jest godzina szósta i nadajemy wiadomości.
3 Rząd oznajmił dzisiaj, że poddaje się do dymisji.
4 Premier oznajmił to w przemówieniu w Izbie Gmin tego popołudnia.
5 Decyzja została podjęta w obliczu niedawnej klęski cenowej i budżetowej polityki rządu,
6 a także niedawnej przegranej w lokalnych wyborach. Przypuszczalnie powszechne wybory odbędą się w przyszłym miesiącu.
7 Wojna domowa w Rutanii trwa. Hunta wojskowa, która w zeszłym miesiącu obaliła rząd,
8 zaapelowała dzisiaj do Ameryki o pomoc wojskową.
9 Ponownie w kraju; zakończył się niedawny strajk robotników w fabryce samochodów w Dagwood.

UWAGI

(2) *B.B.C [bi: bi: si:] – British Broadcasting Corporation* – jeden z programów telewizyjnych w brytyjskiej telewizji i stacja nadawcza.
(3) *the Commons*, skrót od *the House of Commons* – Izba Gmin jest jedną izbą angielskiego parlamentu, drugą jest Izba Lordów – *the House of Lords*.
(4) *In the light of* – w świetle, w obliczu, wobec.
(5) *Policy* – polityka jako linia postępowania, dążenie, dyplomacja. *It's bad policy* – to zła taktyka. *Policy* to również polisa ubezpieczeniowa – *insurance policy; to take out a policy* – ubezpieczyć się. *Politics* – polityk, *to politicize* – upolitycznić.
(6) *To expect* – oczekiwać, przypuszczać. *To be expected* – oczekiwany, spodziewany; *He is expected to come.* – On przypuszczalnie przyjdzie.

421 four hundred and twenty-one

10 The men are expected to return to work on Wednesday.
11 A gorilla escaped from London Zoo and attacked four passers-by.
12 It was later recaptured safely **(7)** and returned to its cage.
13 A spokesman for London Zoo said* that the animal probably felt* lonely.
14 Finally, the weather forecast: the night will be fine with scattered showers **(8)** in the North.
15 And that is the end of the news. **(9)**

PRONUNCIATION

10 ri'tɜ:n **11** gə'rilə is'keipt ... ə'tækt ... pasə'bai **12** ri'kæptʃə(r)d səifli ... keidʒ **13** spəuksmən ... zu: lənli **14** fɔ:kɑ:st skætə(r)d ʃauə(r)z

EXERCISES

1 Would you mind turning off the television, I want to go to bed. – **2** In the light of recent problems, the director has resigned. – **3** A General Election is expected next month. – **4** Are you worried about the strike? – **5** You already know enough English to answer these questions.

FILL IN THE MISSING WORDS:

1 *Często oglądam telewizję, ale nigdy nie słucham wiadomości.*

I often ..... the television, but I .... the ..... .

2 *Jeśli rząd zostanie obalony, możemy się spodziewać ostrej polityki.*

If the Government is ...., we can ...... strict

....

10 Przypuszczalnie pracownicy wrócą do pracy w środę.
11 Goryl uciekł z londyńskiego ZOO i zaatakował czterech przechodniów.
12 Został później bez szwanku złapany i powrócił do swojej klatki.
13 Rzecznik londyńskiego ZOO powiedział, że zwierzę prawdopodobnie czuło się samotne.
14 W końcu prognoza pogody: noc będzie pogodna z przelotnymi deszczami na północy.
15 I to już koniec wiadomości.

UWAGI

(7) *Safely* – bez szwanku, cało w porządku, bezpiecznie. *Did he arrive safely?* – Czy on dojechał bezpiecznie? *Safe* – bezpieczny. *It this cliff safe?* – Czy to urwisko jest bezpieczne?

(8) *Shower* – prysznic, *showers* – przelotne deszcze.

(9) Czy pamiętacie Państwo, że *news* – wiadomości, wieści – jest liczbą pojedynczą.

ĆWICZENIA

1 Czy zechcesz zgasić telewizor, chcę iść spać. – **2** W obliczu ostatnich problemów dyrektor zrezygnował. – **3** Przypuszczalnie wybory powszechne odbędą się w przyszłym miesiącu. – **4** Czy martwisz się strajkiem? – **5** Znasz już wystarczająco [dużo] angielski, by odpowiedzieć na te pytania.

3 *Musisz się nauczyć chodzić, nim zechcesz biegać.*

You .... learn ..... before .... to run.

127th Lesson

4 *Jeśli kiedykolwiek poczujesz się samotny/a, natychmiast przyjdź zobaczyć się ze mną.*

If . . . . you . . . . , come and see me straight . . . . .

ODPOWIEDZI

1 watch – never listen to – news. – **2** overthrown – expect – policies. – **3** must – to walk – wanting. – **4** ever – feel lonely – away. – **5** Making – easy – wouldn't – one.

****

HUNDRED AND TWENTY-EIGHT (128th) LESSON

Problems

1 *Patient.* – Doctor, help me. I keep talking to myself.
2 *Psychiatrist.* – Don't worry sir, it's not uncommon. In fact, thousands of people do it.
3 *Patients.* – Yes, but doctor, you don't realise how stupid I sound!
4 At their first meeting, a psychiatrist asked his patient a few standard questions.
5 — What is the difference between a little boy and a dwarf? he asked.
6 — There could be a lot of difference, replied the patient.
7 — What, for example?
8 — Well, the dwarf could be a girl, came* the reply.
9 — Hello, I haven't seen* you for ages. Have a drink.
10 — No thanks, I never drink*. – Really, why not?
11 — Well I don't believe in drinking* in front of my children, **(1)**

PRONUNCIATION

2 sai'kaitrist **4** peiʃnt ... stændəd **5** dwɔ:f

5 *Przemawianie jest łatwe, ale nie chciałbym przemawiać.*

...... a speech is .... but I .... like to make ... .

Spróbujcie Państwo słuchać nagrania nie zaglądając do książki. Spróbujcie również powtarzać głośno nagrania za lektorami. Koniecznie również czytajcie głośno teksty z podręcznika. Osłuchanie się z własnym głosem pozwoli Wam szybciej opanować płynne mówienie.

Second wave: 78th Lesson

****

LEKCJA STO DWUDZIESTA ÓSMA

Problemy

1. *Pacjent:* – Doktorze, niech mi Pan pomoże. Rozmawiam z sobą.
2. *Psychiatra:* – Proszę się nie martwić, proszę Pana, to nie jest niezwykłe. W rzeczywistości tysiące ludzi to robi.
3. *Pacjent:* – Tak, ale Panie doktorze, Pan nie zdaje sobie sprawy, jak ja głupio mówię.
4. Na ich pierwszym spotkaniu, psychiatra zadał pacjentowi kilka standardowych pytań.
5. — Jaka jest różnica między małym chłopcem a krasnoludkiem, spytał.
6. — Może być wiele różnic, odpowiedział pacjent.
7. — Jakie, na przykład?
8. — Ech, krasnoludek może być dziewczynką, usłyszał odpowiedź.
9. — Dzień dobry, nie widziałem cię od wieków. Napij się.
10. — Nie, dziękuję, nigdy nie piję. – Naprawdę, dlaczego nie?
11. — Cóż, nie jestem zwolennikiem picia w obecności moich dzieci,

UWAGI

(1) *To believe* – wierzyć, dawać wiarę, mieć zaufanie, sądzić, przypuszczać, być zwolennikiem czegoś. *I don't believe in drinking* – nie jestem zwolennikiem picia. *I don't believe in talking to strangers.* – Nie sądzę, że dobrze jest rozmawiać z obcymi.

12 and when I'm away **(2)** from them I don't need to drink!

13 — Your girl-friend is good-looking, but she limps.

14 — Only when she walks!

PRONUNCIATION

13 limps

EXERCISES

1 Haven't you ever been to see a psychatrist? You should. – **2** He sounds intelligent, but he isn't really. – **3** I'm sorry, but I don't believe in lending money. – **4** We've just drunk all your whisky. What a pity! – **5** I haven't seen him for ages, is he well?

FILL IN THE MISSING WORDS:

1 *Jak pięknie ona wygląda! i jak inteligentnie mówi.*

How . . . . . . she looks! and . . . intelligent she . . . . . . !

2 *On nie wierzy w picie, a ona nie potrzebuje pić?*

He . . . . in drinking and she doesn't . . . . ..

. . . .

3 *Czy go ostatnio widziałeś? – Oczywiście, widziałem go w zeszły czwartek.*

. . . . you . . . . recently? – Of . . . . . . , I . . . . . . last

. . . .

4 *Kto będzie się opiekował domem, jak my wyjedziemy.*

Who .. . . to look . . . . . the house . . . . . we are . . . . ?

5 *Jaka jest różnica między „gumką" i „włamywaczem"?*

. . . . is the difference . . . . a ". . . . . . " and a ". . . . . . "?

12 a kiedy jestem z dala od nich, nie potrzebuję pić.
13 — Twoja dziewczyna jest ładna, ale kuleje.
14 — Tylko, kiedy chodzi.

UWAGI

(2) *Away* – z dala, daleko. *Go away* – odejdź. *When the cats are away, the mice will play.* – Myszy tańcują, gdy kota nie czują.

ĆWICZENIA

1 Czy nigdy nie byłeś u psychiatry? Powinieneś. – **2** On mówi inteligentnie, ale naprawdę nie jest [inteligentny]. – **3** Przykro mi, ale nie jestem zwolennikiem pożyczania pieniędzy. – **4** Właśnie wypiliśmy całą Twoją whisky. Co za szkoda? – **5** Nie widziałam go od wieków, czy on się dobrze czuje?

ODPOWIEDZI

1 pretty – how – sounds. – **2** doesn't believe – need to drink. – **3** Have – seen him – course – saw him – Thursday. – **4** is going – after – while – away. – **5** What – between – "rubber" – "robber".

Powtarzając lekcje poprzednie starajcie się Państwo zapamiętać możliwie dużo słówek. Część z nich powtarza się w nowych lekcjach, więc chyba dość często je przypominamy i łatwiej je Państwu zapamiętać.

Second wave: 79th Lesson

128th Lesson

HUNDRED AND TWENTY-NINTH (129th) LESSON

A few idioms

1 Here are a few idiomatic expressions you might meet when you go* to England.
2 I've been sitting* down for too long; I've got* pins and needles in my foot.
3 He put* on **(1)** his new coat inside-out and you could see the price-tag.
4 He was a very blunt **(2)** man who called a spade a spade.
5 It's not difficult to do, but there's a knack to it. **(3)**
6 If you wait for a bus at a request-stop, you must put* out your hand to make* the bus stop.
7 My husband doesn't understand* me, he takes* me for granted. **(4)**
8 When you buy* on hire-purchase, you make* a down-payment of fifty pounds and then sixteen monthly instalments **(5)** of eight pounds.
9 All the fruit had gone bad, **(6)** but she couldn't stand* the idea of throwing* **(7)** it away.

PRONUNCIATION
2 pinz ... ni:dlz 3 insaidaut ... prais tæg 4 blʌnt ... speid 5 næk 6 ri'kwest 7 grɑ:ntid 8 haiə(r) pɜ:tʃəs ... daun peimənt ... in'stɔ:lmənts 9 stænd ... θrəuiŋ

UWAGI

(1) Przypomnijmy wyrażenia z czasownikiem *to put*. *To put on* – włożyć, założyć ubranie, położyć coś na coś; *to put out* – wyciągnąć, podnieść (wiersz 7); *to put off* – odłożyć, przełożyć (wiersz 11).

LEKCJA STO DWUDZIESTA DZIEWIĄTA

Kilka idiomów

1 Oto kilka wyrażeń idiomatycznych, które możecie Państwo spotkać, kiedy pojedziecie do Anglii.
2 Siedziałem zbyt długo: ścierpła mi noga.
3 Włożył swoje nowe palto na lewą stronę i można było zobaczyć metkę z ceną.
4 On był bardzo otwartym mężczyzną, który nazywał rzeczy po imieniu.
5 To nie jest trudne do zrobienia, ale trzeba się tego wyuczyć.
6 Jeśli czekasz na autobus na przystanku na żądanie, musisz podnieść rękę, żeby autobus zatrzymał się.
7 Mój mąż mnie nie rozumie, traktuje mnie jako coś oczywistego [co mu się należy].
8 Kiedy kupujesz na raty, płacisz z dołu pięćdziesiąt funtów, a potem [wpłacasz] szesnaście miesięcznych rat po osiem funtów.
9 Wszystkie owoce zepsuły się, ale ona nie mogła znieść myśli o wyrzuceniu ich.

UWAGI

(2) *Blunt* – tępy; *sharp* – ostry; *a blunt man* – człowiek otwarty, mówiący bez ogródek; *a sharp man* – człowiek chytry, przebiegły, pozbawiony skrupułów, ale również bystry, inteligentny; *sharp practice* – oszustwo.
(3) *Knack* – talent, sztuka robienia czegoś, zręczność. *There's a knack in it* – trzeba się tego wyuczyć.
(4) *Grant* – darowizna, zasiłek, dotacja; *to take for granted* – przesądzać z góry, zakładać coś, przyjąć coś jako rzecz naturalną.
(5) *To install* – instalować, montować, urządzić; *instalment* – rata, zaliczka; *to pay by instalments* – płacić ratami; *to buy on hire-purchase* – kupić ratalnie.
(6) *To go bad, to rot* – popsuć się.
(7) *To throw, threw, thrown* – rzucić, przewrócić; *to throw away* – wyrzucić; *to overthrow* – obalić, zburzyć, doprowadzić do upadku.

129th Lesson

10 He pretended to be a millionaire, but actually he was broke.

11 We will have to put* off the meeting until next Thurdsay since nobody is free.

12 I hope we can eat* soon. I'm starved! **(8)**

13 Daddy asked me if I wanted a sports-car or a yacht. I couldn't care less.

14 What's on **(9)** at the Gaumont this week? – It doesn't make* any difference to me, I'm. hard up.

PRONUNCIATION

10 læktʃuli ... brəuk **12** sta:viŋ **13** spɔ:ts

EXERCISES

1 This knife is so blunt that it won't cut. – **2** After a week all the fruit had gone bad. – **3** I haven't eaten for weeks. I'm broke. – **4** He always puts off his dentist's appointments. – **5** I can't stand up, I've got pins and needles in my foot.

FILL IN THE MISSING WORDS:

1 *Nie mogę znieść tego człowieka, kiedy udaje, że jest ekspertem.*

I can't . . . . . that man when he . . . . to be an expert.

2 *Jestem zawsze bez pieniędzy pod koniec miesiąca. – Ja też.*

I'm always . . . . . . at . . . . . of the month. – Me . . . .

3 *To nie jest trudne, ale trzeba się [tego] wyuczyć.*

It's not difficult but . . . . (to it).

4 *Uważaj, nie wkładaj rękawiczek na lewą stronę.*

. . careful! Don't . . . your gloves on . . . .

5 *Możesz zbić co chcesz, nie obchodzi mnie.*

You can break . . . ., I couldn't . . . .

four hundred and thirty 430

10 On udawał że jest milionerem, ale w rzeczywistości był bez grosza.
11 Musimy odłożyć spotkanie aż do przyszłego czwartku, ponieważ nikt nie ma czasu.
12 Mam nadzieję, że wkrótce będziemy jeść. Umieram z głodu.
13 Tata spytał się mnie, czy chcę sportowy samochód, czy jacht. Nie obchodziło mnie to.
14 Co w Gaumont w tym tygodniu? – Dla mnie to bez znaczenia, nie mam pieniędzy.

UWAGI

(8) *To starve* – głodować, cierpieć głód, nie dojadać, przymierać głodem. *To be starving* – umierać z głodu, być głodnym jak wilk.
(9) *What's on?* – co słychać, co się dzieje, co grają?

ĆWICZENIA

1 Ten nóż jest tak tępy, że nie pokroi. – **2** Po tygodniu wszystkie owoce popsuły się. – **3** Nie jadłem od tygodni, jestem bez grosza. – **4** On zawsze odkłada swoją wizytę u dentysty. – **5** Nie mogę wstać, ścierpła mi noga.

ODPOWIEDZI

1 stand – pretends. – **2** hard up – the end – too. – **3** there's a knack. – **4** Be – put – inside out. – **5** what you like/want – care less.

Odpowiednikiem przysłowia *Birds of feather flock together* jest: Ciągnie swój do swego. *Feather* – piórko; *to flock* – gromadzić się w stado.

Second wave: 80th Lesson

HUNDRED AND THIRTIETH (130th) LESSON

Letters

1 In this lesson and the next one, we will look at different sorts of letter.
2 Dear Mike, I'm writing* to thank you and your wife for having us **(1)** last weekend.
3 We thoroughly enjoyed ourselves, and it was so nice to see* you and Mary again.
4 It was nice, too, to see* London after all this time.
5 Life in the suburbs is quiet, but sometimes a bit too quiet.
6 On the way home, we gave* a lift **(2)** to a hitch-hiker – a young student going back to university.
7 We had a long chat **(3)** – you know* what Joan is like –
8 and it seems that student life has changed from the life you and I knew*.
9 For start, **(4)** the kid was studying "Social Antropology", which I always thought* had something to do with monkeys.
10 Then the told* us that he didn't attend lectures but spent* his time preparing political meetings.
11 At the weekend, he goes to demonstrations.
12 In our day, it wouldn't have been allowed, would it?

PRONUNCIATION

1 sɔ:ts **3** θʌrəli **5** sʌbɜ:bz **6** lift ... hitʃhaikə **7** tʃæt **9** səufiəl ˌænθrə'polədʒi ... mʌnkiz **10** ə'tend lektʃə(r)z ... politikəl **11** demən'streiʃnz **12** ə'laud in'tolə(r)ənt

LEKCJA STO TRZYDZIESTA

Listy

1 W tej lekcji i w następnej popatrzymy na różne rodzaje listów.
2 Kochany Michale. Piszę, żeby podziękować Tobie i Twojej żonie za przyjęcie nas w zeszłym tygodniu.
3 My świetnie się bawiliśmy, i było tak miło znowu zobaczyć Ciebie i Marysię.
4 Było również miło zobaczyć Londyn po tak długim czasie.
5 Życie na przedmieściach jest spokojne, ale czasami zbyt spokojne.
6 W drodze do domu podwieźliśmy autostopowicza – młodego studenta wracającego na uniwersytet.
7 Długo rozmawialiśmy – wiesz jaka jest Joanna –
8 i wydaje się, że życie studenckie zmieniło się od życia, które my znamy.
9 Po pierwsze dziecko studiowało „społeczną antropologię", o której zawsze sądziłem, że odnosi się do małp.
10 Potem on nam powiedział, że nie chodził na wykłady, ale poświęcał swój czas na przygotowywanie spotkań politycznych.
11 Podczas weekendów, chodził na manifestacje.
12 W naszych czasach nie pozwolono by nam, prawda?

UWAGI

(1) *To have someone* – podejmować kogoś, przyjmować. *Thank you for having us.* – Dziękujemy za przyjęcie nas.
(2) *To give a lift* – podwieźć kogoś. *Lift* – winda; *to lift* – **podnieść**, podnosić. *I'll give you a lift to the station.* – Podwiozę cię na stację.
(3) *Chat* – rozmowa, pogawędka; *to chat* – rozmawiać, **gawędzić**.
(4) *For a start* – na początek, po pierwsze.

13 Do I sound old and intolerant? I suppose I am really...

14 Thanks again for your hospitality, and I look forward to seeing* you both again soon.

15 Kindest regards to you and your wife, Yours, David.

PRONUNCIATION

14 ˌhɔspiˈtæliti ... ˈfɔːwəd **15** riˈgɑːdz

EXERCISES

1 On the way home we had to stop at a service station. – **2** It has nothing to do with you. – **3** When I was at school, that would not have been allowed. – **4** He owns three houses and two sports-cars. – **5** We will put off the meeting since nobody can attend.

FILL IN THE MISSING WORDS:

1 *Napisaliśmy trzy listy, z których dwa były do przyjaciół.*

We ..... three letters, two .. .. were to friends.

2 *W drodze do domu podwieźliśmy autostopowicza.*

On ... ..., we gave . .... to a..... - ..... .

3 *Czy mówię jak zmęczony? Ostatnio nie dużo spałem.*

Do I ..... tired? I .... much recently.

4 *My świetnie się bawiliśmy i z niecierpliwością oczekujemy na ponowne spotkanie z Wami.*

We .... ourselves and we .... to

seeing you ..... .

13 Czy mówię staroświecko i nietolerancyjnie? Przypuszczam, że naprawdę jestem...
14 Dziękujemy raz jeszcze za Waszą gościnność, i czekamy z niecierpliwością na ponowne spotkanie z Wami wkrótce.
15 Najserdeczniejsze pozdrowienia dla Ciebie i Twojej żony, Twój Dawid.

ĆWICZENIA

1 W drodze do domu zatrzymaliśmy się na stacji obsługi. – **2** To nie ma nic wspólnego z Tobą. – **3** Kiedy ja byłem w szkole to nie byłoby dozwolone. – **4** On posiada trzy domy i dwa sportowe samochody. – **5** Odłożymy to spotkanie, bo nikt nie może sobie na nie pozwolić.

5 *Jego autobiografia nie ma nic wspólnego z powieściami, które on napisał.*

... autobiography has nothing .. .. the ...... he

... .

ODPOWIEDZI

1 wrote – of which. – **2** the way home – a lift – hitch-hiker. – **3** sound – haven't slept. – **4** thoroughly enjoyed – look forward – again. – **5** His – to do with – novels – has written.

Second wave: 81st Lesson

HUNDRED AND THIRTY-FIRST (131st) LESSON

A business letter

1   Today we see* a letter from someone who is applying for a job: **(1)**
2   Dear Sir,
    I have just read* your advertisement in the "Situations **(2)** Vacant" column of the Times.
3   I wish to apply for the post of bilingual secretary which you are offering.
4   I am twenty-three years old **(3)** and single, live in London and own a car.
5   After qualifying from St Dunstan's Secretarial College in nineteen seventy four (1974), I worked for two years in France.
6   I was based in the Bordeaux **(4)** region and was working for an import-export firm.
7   While there, I perfected my French, which I write* and speak* perfectly.
8   I also type and know* both English and French shorthand.
9   I will be free **(5)** from March the twenty-third, as my firm is being taken* over **(6)** by a French company.
10 I hope I may be granted an interview. **(7)** Your faithfully,

   Marjorie Watson (Miss)

PRONUNCIATION

1 ə'plaiŋ **2** əd'vɜ:tismənt ... ˌsitu'eiʃnz veikənt **3** pəust ... bai'loŋwəl **5** kwolifaiŋ **6** beizd ... ri:dʒn ... im'pɔ:t eks'pɔ:t **7** pə'fektid **8** kəuri'spondens ... sin'siərli

UWAGI

(1) *To apply* – przyłożyć, kłaść, zastosować, zwrócić, zgłosić; *to apply for a job* – zgłosić swoją kandydaturę, wnieść podanie, starać się o pracę. *Application* – podanie, zgłoszenie.

LEKCJA STO TRZYDZIESTA PIERWSZA

Służbowy list

1 Dzisiaj popatrzmy na list od kogoś, kto pisze podanie o pracę:
2 Szanowny Panie, Właśnie przeczytałam Pańskie ogłoszenie w kolumnie Times'a „Wolne posady".
3 Chciałabym zgłosić się na stanowisko dwujęzycznej sekretarki, które Pan oferuje.
4 Mam dwadzieścia trzy lata i jestem samotna, mieszkam w Londynie i posiadam samochód.
5 Po zdobyciu kwalifikacji w Kolegium dla Sekretarek St Dunstan w tysiąc dziewięćset siedemdziesiątym czwartym roku, pracowałam dwa lata we Francji.
6 Byłam w okolicach Bordeaux i pracowałam dla firmy eksportowo-importowej.
7 Będąc tam, doskonaliłam swój francuski, którym teraz doskonale piszę i mówię.
8 Również piszę na maszynie i znam zarówno angielską jak i francuską stenografię.
9 Będę mogła pracować od dwudziestego trzeciego marca, ponieważ moja firma jest przejmowana przez firmę francuską.
10 Mam nadzieję, że będę mogła przyjść na rozmowę. Z wyrazami szacunku,

Marjorie Watson (Panna).

UWAGI

(2) *Situation* – sytuacja, położenie, stanowisko, posada, zajęcie.
(3) *I'm twenty three years old* – to zdanie bardzo formalne. W mowie potocznej mówi się: *I'm twenty three.*
(4) *To be based* – tu: pracowałam, byłam. *To base* – oprzeć, zasadzić, ugruntować. *Base* – baza, podstawa, podłoże.
(5) *I will be free* – tu: będę mogła pracować; dosłownie będę wolna.
(6) *To take over* – przejąć.
(7) *To grant* – przyznać, spełnić prośbę, wysłuchać. *I my be granted an interview* – tu: będę mogła [będzie mi umożliwione] przyjść na rozmowę. *Interview* – wywiad, rozmowa z kandydatem do pracy.

131st Lesson

11 Perhaps she will be lucky. Here is the reply she received:

12 Dear Miss Watson, Thank you for replying to our advertisement so promptly. **(8)**

13 If you would like to come* to my office on the twenty-third of March at ten o'clock,

14 I will be glad to give* you an interview and a short test in biligual correspondence.

15 Please confirm this appointment by return of post **(9)** or by telephoning my secretary.
Your sincerely, **(10)**

John Hind

UWAGI

(8) *Prompt* – bystry, szybki, natychmiastowy, bezzwłoczny, *promptly* – szybko.

(9) *By return of post* – tu: listownie, listy, które wymagają odpowiedzi zwykle zawierają skrót *R.S.V.P – proszę odpowiedzieć [z francuskiego* repondez, s'il vousplait], odsyła się więc z reguły od razu odpowiedź.

EXERCISES

1 I want you to reply by return of post. – **2** Are you single or married? – **3** He wanted me to come at ten o'clock but I couldn't. – **4** I will be glad when this lesson is finished. – **5** Do you know English or French shorthand? – Both.

FILL IN THE MISSING WORDS:

1 *Po przeczytaniu Twojego/Pańskiego ogłoszenia zdecydowałam, że chcę z Tobą/Panem pracować.*

After . . . . your . . . . I have decided . . . . I want to work with you.

2 *Każdy zaczął pisać, z wyjątkiem Joanny, która wyglądała przez okno.*

. . . . started . . . . , ... Joan who looked . . . . . the window.

11 Może ona będzie miała szczęście. Oto odpowiedź jaką otrzymała:
12 Szanowna Pani Watson, Dziękuję za tak szybkie odpowiedzenie na nasze ogłoszenie.
13 Gdyby zechciała Pani przyjść do mojego biura dwudziestego trzeciego marca o godzinie dziesiątej,
14 będę miał przyjemność odbyć z Panią rozmowę i przeprowadzić Pani test z dwujęzycznej korespondencji.
15 Proszę potwierdzić spotkanie listownie lub dzwoniąc do mojej sekretarki. Z wyrazami szacunku,

John Hind

UWAGI

(10) Kończąc list, piszemy *Yours sincerely* albo *Yours faithfully*. Oba te zwroty możemy przetłumaczyć: Z wyrazami szacunku, Z poważaniem. Pierwszy jest mniej formalny, drugi bardzo formalny i zwykle podpisujemy się pod nim pisząc do osób, od których w jakiś sposób zależymy lub zbyt dobrze ich nie znamy.

ĆWICZENIA

1 Chcę, żebyś odpowiedziała listownie. **2** Czy jesteś osobą samotną czy zamężną/żonatą? **3** On chciał, żebym przyszła o godzinie dziesiątej, ale nie mogłam. **4** Będę zadowolona, jak ta lekcja skończy się. **5** Czy znasz angielską albo francuską stenografię? – Obydwie.

439 four hundred and thirty-nine

3 *Będę mogła pracować od trzydziestego pierwszego – nasza firma zbankrutowała/bankrutuje.*

I .... be .... from the ...... - ....., our .... has gone bankrupt.

4 *Dziękuję za tak szybkie odpowiedzenie na nasze ogłoszenie.*

Thank you for .... so .... to our ....

5 *Zgłoś swoją kandydaturę, przyjdź na rozmowę i dostaniesz pracę.*

.... the job, ... the interview, and you'll ... the job.

****

HUNDRED AND THIRTY-SECOND (132nd) LESSON

More about letters

1 Did you notice how simple the style of the last letter was?
2 In an English letter, and especially a business letter, it is better to be as direct as possible.
3 There are not frills **(1)** or extravagant **(2)** salutations and the style is plain.
4 Our Miss Watson could have written* her life history or talked about her brother-in-law,
5 but she did not, and it worked. Simplicity always pays*.
6 In official correspondence, the English use many abbreviations. "For example" is written* "e.g.";
7 "That is to say" is written* "i.e." (from the Latin id est).

PRONUNCIATION
1 stail **2** biznis ... di'rekt **3** frilz ... ik'stævəgənt ,sælju:'teiʃnz ... plein
5 sim'plisiti **6** ə'fiʃl ... ə'bri:vi'eiʃnz

ODPOWIEDZI

1 reading – advertisement – that. – **2** Everybody/everyone – writing, except – out of. – **3** will – free – thirty-first – company/firm. – **4** replying – promptly – advertisement. – **5** Apply for – attend – get/have.

Czy pamiętacie Państwo o czasownikach nieregularnych? Stale zaznaczamy je gwiazdkami. Upewnijcie się Państwo, że znacie ich znaczenie i wszystkie formy.

Second wave: 82nd Lesson

****

LEKCJA STO TRZYDZIESTA DRUGA

Więcej o listach

1 Czy zauważyliście Państwo jak prosty jest styl ostatniego listu?

2 W angielskim liście, a szczególnie w liście służbowym, lepiej jest być tak bezpośrednim [pisać tak prosto], jak tylko to jest możliwe.

3 Nie ma ozdób, przesadnych pozdrowień, a styl jest prosty.

4 Nasza Panna Watson mogłaby napisać swój życiorys, albo mówić o swoim szwagrze,

5 ale ona tego nie zrobiła i to zadziałało. Prostota zawsze popłaca.

6 W oficjalnej korespondencji Anglicy używają wielu skrótów „Na przykład" jest pisane „e.g.".

7 „To znaczy" jest pisane „i.e." (Z łaciny *id est*).

UWAGI

(1) *Frill* – falbanka, kryza, żabot, ozdoba.
(2) *Extravagant* – nadmierny, przesadny, rozrzutny, marnotrawny, lekkomyślny, wygórowany.

8 The twenty-four hour clock is not widely **(3)** used in Britain.
9 (It is used mainly on the railways, which might explain why the trains are so often late!)
10 So instead, English people write* "a.m." to indicate the morning and "p.m." for the afternoon and evening.
11 e.g.: 10.00 a.m., 9.30 p.m.
12 Other abbreviations you might find* come* after peoples' names, like "B.A." (Bachelor of Arts) or "M.Sc." (Master of Science).
13 You could also come* across "V.C." or "D.S.O." **(4)** or any of the numerous military or civilian decorations.
14 Twice a year, the Queen draws* up an "Honours List" which decorates people who have given* service to the nation.

PRONUNCIATION

8 waidli **9** meinli **10** in'sted ... 'indikeit **12** bætʃələ(r) ...ɑːts ... mɑːstə ... saiəns **13** njuːmərəs ... militri ... siviliən dekəreiʃnz **14** twais ... onə(r)z ... dekəreits ... neiʃn

EXERCISES

1 You must never use abbreaviations when speaking. – **2** She could have helped him, but she did not. – **3** You should have been more simple, it always works. – **4** Pastis is not widely drunk in England. – **5** If you want me to send you a postcard, you must buy me a stamp.

FILL IN THE MISSING WORDS (and abbreviations):

1 *Jesteś proszony o punktualne przybycie, tzn. o 8.30 wieczorem.*

    You are requested to arrive .. ...., ... 8.30 .... .

8 Dwudziesto-cztero godzinny zegar nie jest powszechnie używany w Wielkiej Brytanii.

9 (Jest używany głównie na stacjach kolejowych, co może wyjaśnić dlaczego pociągi się tak często spóźniają!)

10 Więc zamiast tego, Anglicy piszą „a.m.", by zaznaczyć ranek i „p.m." by zaznaczyć popołudnie i wieczór,

11 np.: 10.00 a.m., 9.30 p.m.

12 Inne skróty, które możecie Państwo spotkać stawia się po nazwiskach, np.: „B.A." (*Bachelor of Arts* – bakalaureus nauk podstawowych) albo „M.S.C." (*Master of Science* – magister nauk przyrodniczych).

13 Można również spotkać „V.C." (Vistoria Cross – Krzyż Wiktorii) albo „D.S.O." (Distinguished Service Order) lub inne z licznych wojskowych lub cywilnych odznak.

14 Dwa razy do roku Królowa redaguje Listę Zasłużonych, którą odznacza ludzi, którzy oddali zasługi dla narodu.

UWAGI

(3) *Widely* – powszechnie, szeroko; *widespread* – rozpowszechniony, rozpostarty, ogólny, utarty.

(4) *D.S.O* – medal przyznawany oficerom w wojsku i marynarce wojennej.

ĆWICZENIA

1 Nie wolno nigdy używać skrótów rozmawiając. – **2** Ona mogła mu pomóc, ale nie pomogła. – **3** Powinieneś był być bardziej naturalny, to zawsze przynosi rezultaty. – **4** Pastis nie jest powszechnie pity w Anglii. – **5** Jeśli chcesz, żebym ci przysłał pocztówkę, musisz mi kupić znaczek.

2 *Istnieje wiele licznych odznaczeń, np.: Krzyż Wiktorii.*

There . . . . decorations, ... the Victoria Cross (V.C.)

3 *Jakiego rodzaju chcesz koszulę? Gładką czy w paski?*

. . . . of shirt do you . . . . ? . . . . . or striped?

132nd Lesson

4 *Kiedy skończysz redagowanie sprawozdania, przyjdź zobaczyć się ze mną w biurze.*

When you .... finished .... the report, ...

... me in my office.

5 *Podczas robienia zakupów natknąłem się na tę starą strzelbę.*

..... I ... shopping, I .... this old gun.

ODPOWIEDZI

1 on time, i.e. – p.m. – **2** are numerous – e.g. – **3** What sort – want? – Plain. – **4** have – drawing up – come and see. – **5** While – was – came across.

****

HUNDRED AND THIRTY-THIRD (133rd) LESSON

Revisions and Notes

Jak zwykle wracamy do uwag z lekcji 127–132. Przypomnijcie sobie Państwo wyjaśnione w nich słownictwo. Jeśli o czymś zapomnieliście, wróćcie ponownie do danej lekcji. Powtarzajcie ją sobie głośno czytając.

1 Przypomnijmy czasownik *to keep, kept, kept* – trzymać, utrzymać.

Please keep it, it is a present. – Proszę zatrzymaj to, to jest prezent.

Czasownik *to keep* podkreśla również ciągłość danej czynności. *Keep trying* – próbuj; *I keep talking to myself.* – rozmawiam z sobą.

Funkcjonuje również w wielu zwrotach: *Keep quiet* – bądź cicho. *Keep out* – trzymaj się z dala; *keep off grass* – nie wchodź na trawnik; *Please keep on the footpaths* – proszę chodzić po ścieżkach.

Second wave: 83rd Lesson

****

LEKCJA STO TRZYDZIESTA TRZECIA

Powtórzenie i objaśnienia

2 Wróćmy do lekcji 63 (2). Popatrzmy jeszcze raz na czasowniki *can* i *may*. Zdania *He can read it* i *He may read it* tłumaczymy tak samo. – On może to przeczytać. Tyle tylko, że *can* zawiera w sobie element umiejętności (może tzn. umie), a *may* zezwolenia i niepewności (może tzn. zezwolono mu). *He may come tomorrow, but I am not sure*. – On może przyjść jutro, ale nie jest pewien. *He might come but I doubt it*. – On może przyjść, ale wątpię.

3 Czasownik *to make, made, made* – robić, wyraża również znaczenie przymuszania, wywierania presji i sprowokowania kogoś do czegoś 34 (1). *He makes me laugh.* – On zmusza mnie do śmiechu (rozśmiesza mnie). *They made me buy something I didn't know.* – Zmusili mnie do kupienia czegoś, czego nie znałem. *We'll make him understand.* – Zmusimy go do zrozumienia. Zwróćmy uwagę, że takie znaczenie osiągamy wtedy, gdy po *make* występuje zaimek w formie dopełnienia (*me, you, him, her, its, us, you, them*) i bezokolicznik bez *to*.

W podobnej konstrukcji występuje czasownik *to have*, tyle, że zamiast bezokolicznika używamy trzeciej formy czasownika, czyli imiesłowu biernego. Konstrukcja z *have* wyraża sytuację zlecenia czegoś do wykonania innej osobie. *He had a house built.* – Kazał zbudować sobie dom. *She must have the dinner cooked.* – Ona musi kazać (komuś) ugotować obiad.

4 Popatrzmy jeszcze na czasownik *to realise* – zrealizować, urzeczywistnić, spełnić, zdawać sobie sprawę. *Do you realise what it means? I'm sorry I didn't realise.* – Czy zdajesz sobie sprawę, co to znaczy? Przykro mi, nie zdawałam sobie sprawy. Czasownik *to produce* również znaczy z/realizować, ale w znaczeniu wyprodukować zrobić, np.: *He produced twenty films. He is a film producer.*

5 Zbierzmy jeszcze informacje o pisaniu listów. Zaczynamy list wyrażeniem *Dear ... Mary, John, Sir, Madam,* itd. Kończymy zwrotami *Yours sincerely,* albo *Yours faithfully.* Jak pamiętamy [lekcja 131 (10)] oba te zwroty możemy przetłumaczyć: Z wyrazami szacunku, Z poważaniem. Pierwszy jest mniej formalny, drugi bardzo formalny i zwykle podpisujemy się pod nim pisząc do osób, od których w jakiś sposób zależymy lub zbyt dobrze ich nie znamy. Istnieje jeszcze trzeci bardzo formalny zwrot *Yours truly*, który również tłumaczymy jak dwa poprzednie. Możemy również listy osobiste kończyć wyrażeniami *Yours, Your friend, Love from, Best wishes,* itp.

W listach służbowych podajemy również nasz adres, zwykle w prawym, górnym rogu, a nazwisko i adres osoby, do której piszemy, poniżej z lewej strony:

6 Zdania do zapamiętania:
1 *Please don't turn on the television.*
2 *We were expecting them at a quarter past two.*
3 *Hello! I haven't seen you for ages.*
4 *I feel lonely when she's away.*
5 *He always puts it on inside out.*
6 *We couldn't bear the thought of having him shot.*
7 *I'm starved, aren't you?*

8 *I couldn't care less.*
9 *We gave him a lift to Bath.*
10 *It wouldn't have been allowed, would it?*
11 *I hope I may be granted an interview.*
12 *Please confirm by return of post.*

7 Tłumaczenie:
1 Proszę nie włączaj telewizora.
2 Spodziewaliśmy się ich kwadrans po drugiej.
3 Dzień dobry! Nie widziałem ciebie od lat.
4 Czuję się samotny, gdy jej nie ma.
5 On zawsze to zakłada na lewą stronę.
6 Nie mogliśmy znieść myśli o zastrzeleniu go.
7 Umieram z głodu, ty nie?
8 Nie obchodzi mnie.
9 Podwieźliśmy go do Bath.
10 To nie byłoby dozwolone, prawda?
11 Mam nadzieję, że będę mogła pójść na rozmowę.
12 Proszę potwierdź listownie.

```
                                    32, Mount Drive
                                    LONDON SE2

Mr Peter JOHNSON
31, Crescent Drive
```

Second wave: 84th Lesson

33rd Lesson

HUNDRED AND THIRTY-FOURTH (134th) LESSON

A visit to England

1   Pierre has met* his English friend Tony, and they are drinking* beer together on the Champs-Elysees.
2 — So, I hear* you've been to England recently. Tell* me about your trip.
3 — Well, as I had a long weekend. I decided to take* advantage of it. **(1)**
4   I was going to travel by boat, but then I read* an advertisement for the hovercraft.
5   I'd **(2)** never taken* one before, so I thought* it would be an adventure.
6   I went by train to Boulogne. At the hoverport, I bought some duty-free cigarettes.
7   Then the hovercraft arrived. It was very impressive. Like a huge seamonster.
8   Not only does it carry passengers, but also **(3)** cars, coaches and even lorries.
9   Eventually, when everyone was on board, the thing rose* up on a cushion of air and set* off.
10 You couldn't see* anything through the windows, because there was too much spray.

PRONUNCIATION

3 əd'vɑ:ntidʒ 4 bəut ... 'hovə(r)krɑ:ft 5 əd'ventʃə(r) 6 dju:ti
7 im'presiv ... hju:dʒ si:monstə 8 pæsindʒ(r)z ... kəutʃiz ... loriz
9 i'ventʃuali ... bɔ:d ... rauz ... kʌfin eə(r) 10 sprei

UWAGI

(1) *To take advantage of* – skorzystać z czegoś, wykorzystać kogoś, coś; *advantage* – przewaga, korzyść, pożytek; *disadvantage* – wada, ujemna strona, niekorzyść.
(2) *I'd* – jest skrótem od *I had* i *I would*. Tylko z treści zdania wiemy, że tu jest skrótem od *I had*. Podobnie *he's = he is, he has; they're = they are, they were*.

LEKCJA STO TRZYDZIESTA CZWARTA

Wizyta w Anglii

1 Pierre spotkał swojego angielskiego przyjaciela Toniego i piją razem piwo na Champs-Elysees.
2 — Cóż, słyszałem, że byłeś ostatnio w Anglii. Opowiedz mi o swojej podróży.
3 — Więc, ponieważ miałem długi weekend postanowiłem go wykorzystać.
4 Zamierzałem pojechać statkiem, ale potem przeczytałem ogłoszenie o poduszkowcu.
5 Nigdy nie jechałem nim poprzednio, więc pomyślałem, że to może być przygoda.
6 Pojechałem pociągiem do Boulogne. W porcie poduszkowców kupiłem bezcłowe papierosy.
7 Potem przypłynął poduszkowiec. Wywierał duże wrażenie. Jak ogromny morski potwór.
8 On nie tylko przewozi pasażerów, ale i autokary i nawet ciężarówki.
9 W końcu, kiedy wszyscy byli na pokładzie, [ta rzecz] uniósł się na poduszce powietrznej i wyruszył.
10 Nic nie można było zobaczyć przez okna, bo za bardzo pryskało.

UWAGI

(3) *Not only ... but also* – nie tylko ..., ale *It carries not only passangers but also lorries*. On przewozi nie tylko pasażerów, ale i ciężarówki. *Not only does it carry* – jest formą podkreślającą.

11 It was fantastic! In only half an hour we were in Dover.
12 My first impressions weren't marvellous. It was raining!
13 As I got* out of the hovercraft and headed for the Customs, I suddenly realised that I was in a foreign country.
14 Everything was in English and I suddenly began* to panic.
15 I went through the "nothing to declare" lane **(4)** and got* onto a coach to go* to the station.
16 I hadn't spoken* a word and no one had spoken* to me.

PRONUNCIATION

11 fæn'tæstik **12** im'preʃnz ... mɑːvələs **13** kʌstəmz ... riəlaizd **14** pænik **15** diˈkleə(r) lein

EXERCISES

1 He got out of the coach and headed for the Customs building. – **2** The monster rose up from the loch. – **3** You couldn't see anything through the windows because of the spray. – **4** Let's take advantage of the fine weather. – **5** We can go for a picnic if you like.

FILL IN THE MISSING WORDS:

1 *Po kupieniu papierosów i wypiciu kawy, on wsiadł do autokaru.*

After . . . . . . some cigarettes and . . . . a coffee

he . . . . the coach.

2 *Ona pokonała swoją chorobę (wyzdrowiała) i pojechała do Szwajcarii.*

She has . . . . her illness and . . . . to Switzerland.

11 To było fantastyczne! W zaledwie pół godziny byliśmy w Dover.
12 Moje pierwsze wrażenia nie były cudowne. Padało.
13 Jak wyszedłem z poduszkowca i kierowałem się do odprawy celnej, nagle zdałem sobie sprawę, że jestem w obcym kraju.
14 Wszystko było po angielsku i nagle zacząłem wpadać w panikę.
15 Przeszedłem przejściem „nic do oclenia" i wsiadłem w autobus, by dostać się na stację.
16 Nie powiedziałem słowa do nikogo i nikt nie odezwał się do mnie.

UWAGI

(4) *Lane* – dróżka, droga, pas ruchu, zaułek, aleja.

ĆWICZENIA

1 On wysiadł z autokaru i skierował się do odprawy celnej. – **2** Potwór wynurzył się z jeziora. – **3** Nie można było nic zobaczyć przez okna z powodu pryskania [wody]. – **4** Skorzystajmy z ładnej pogody. – **5** Możemy pojechać na piknik, jeśli chcesz.

3 *On nie tylko pije za dużo, ale i posiada browar.*

..... does he .... but he .... a brewery!

4 *W końcu, kiedy wszyscy byli na pokładzie, samolot wystartował.*

.........., when everyone was .. .., the plane took ... .

5 *Nie szkodzi, możemy pojechać poduszkowcem, jest szybszy.*

Never ...., we can .... the ...., it's ....

ODPOWIEDZI

1 buying – drinking – got into. – **2** got over – has gone – **3** Not only – drink too much – owns. – **4** Eventually – on board – off. – **5** mind – take – hovercraft – quicker/faster.

134th Lesson

Być może nasze nagrania są dla Państwa za szybkie. Może nie nadążacie za nimi? Ale jednak próbujcie. Zwróćcie Państwo uwagę, że im więcej razy słuchacie danego tekstu, tym bardziej go rozumiecie. Starajcie się

****

HUNDRED AND THIRTY-FIFTH (135th) LESSON

Arrival in London

1 On the train, I managed **(1)** to relax a little and look at the countryside.
2 It's true **(2)** what they say*, **(3)** England is beautiful and green, even in the rain.
3 I started reading* my guide-book and looking for addresses of hotels and "Bed and Breakfasts".
4 The door of my compartment suddenly opened and a man in uniform said: "Tickets, please".
5 The first words someone had spoken* to me, and I had understood* them!
6 I took* my courage in both hands **(4)** and asked: "What time do we arrive in London?"

PRONUNCIATION

1 mænidʒd ... rilæks 3 gaid buk ... ə;dresiz 4 kəm'pɑːtmənt sʌndli ... juːnifɔːm 6 kʌridʒ

UWAGI

(1) *To manage* – dać radę, podołać, pokierować, zarządzać. *He managed to improve his English in only three months.* – Udało mu się poprawić jego angielski w niespełna trzy miesiące. *I could manage another piece.* – Jeszcze bym zjadł kawałek.
(2) *True* – prawdziwe; *truth* – prawda. *Tell me the truth* – powiedz mi prawdę, *A truthful person* – prawdomówna osoba.
(3) *They say* – oni mówią – można również przetłumaczyć w formie bezosobowej, gdy nie bardzo wiadomo, o jakie osoby chodzi.

więc zrozumieć możliwie dużo bez zaglądania do książki i dopiero po kilku przesłuchaniach tekstu otwórzcie podręczniki.

Second wave: 85th Lesson
****

LEKCJA STO TRZYDZIESTA PIĄTA

Przyjazd do Londynu

1 W pociągu udało mi się trochę odprężyć i popatrzeć na krajobraz.
2 To prawda, gdy mówi się, że Anglia jest piękna i zielona, nawet w deszczu.
3 Zacząłem czytać mój przewodnik, szukałem adresów hoteli i noclegów ze śniadaniem.
4 Drzwi mojego przedziału nagle otworzyły się i mężczyzna w mundurze powiedział: „Bilety proszę".
5 Pierwsze słowa, które ktoś do mnie powiedział i ja je zrozumiałem.
6 Zdobyłem się na odwagę i spytałem: „O której godzinie przybędziemy do Londynu"?

UWAGI

(4) *To take one's courage in both hands* – zebrać/zdobyć się na odwagę, odważyć się.

7 — "We'll be at Charing Cross in about an hour, sir". I still understood*.
8 I was now very excited. I had found* the address of a cheap hotel
9 and I couldn't wait to arrive.
10 Charing Cross is like any big railway station, big, noisy and crowded.
11 Outside, I found* a taxi, sorry, a "cab" **(5)** and gave* the driver the address.
12 Driving* in London was heaven compared to Paris.
13 Everyone was much more polite and calm, but they were driving* on the wrong side of the road!
14 The hotel I had chosen* was in Kensington, so I saw* quite a lot of London from the cab.
15 At last, we arrived at the hotel. I paid the driver and gave* him a tip.

PRONUNCIATION

8 ik'saitid 10 kraudid 11 kæb 12 hevn kəm'peə(r)d 13 kɑ:m 14 tʃəuzn 15 tip

EXERCISES

1 I took my courage in both hands and said "No". – **2** Don't take a taxi, it's too crowded. – **3** Is it true what they say, it rains all the time? – **4** We'll be there in about an hour. – **5** Pay the driver and give him a tip.

FILL IN THE MISSING WORDS:

1 *Chociaż on mówił szybko, udało mi się go zrozumieć.*

. . . . he was speaking quickly, I . . . . understand . . . .

7 — Będziemy na Charring Cross za około godzinę, proszę Pana.
8 Byłem teraz bardzo podekscytowany. Znalazłem adres taniego hotelu,
9 i nie mogłem się doczekać przyjazdu.
10 Charing Cross jest jak każda inna stacja kolejowa, duża, hałaśliwa i zatłoczona.
11 Na zewnątrz znalazłem taksówkę, przepraszam, „cab" i dałem kierowcy adres.
12 Jazda w Londynie była rajem w porównaniu z Paryżem.
13 Każdy był grzeczniejszy i spokojniejszy, ale jeździło się po złej stronie.
14 Hotel, który wybrałem był w Kensingtonie, więc widziałem dość dużo Londynu z taksówki.
15 W końcu przybyliśmy do hotelu, zapłaciłem kierowcy i dałem mu napiwek.

UWAGI

(5) W Londynie na czarne taksówki mówi się „cab".

Paris was built by the French for everybody whereas London was built by the English for themselves (Ralph Waldo Emerson).
Paryż został zbudowany przez Francuzów dla wszystkich, podczas gdy Londyn został zbudowany przez Anglików dla nich samych.

ĆWICZENIA

1 Zdobyłem się na odwagę i powiedziałem „Nie". – 2 Nie bierz taksówki jest za duży tłok. – 3 Czy to prawda co mówią, że pada cały czas? – 4 Będziemy tam za około godzinę? – 5 Zapłać kierowcy i daj mu napiwek.

2 *Byliśmy obydwoje bardzo podekscytowani i nie mogliśmy doczekać się przyjazdu.*

   We were .... very .... and .... wait .. ..

3 *Daj kierowcy adres i pozwól mu go znaleźć.*

   Give the ...... the .... and .. him find ... .

455 four hundred and fifty-five

4 *Chcę, żebyś mi dał adres taniego hotelu.*

I want ... to .... .. the address of a ....

5 *Mam dosyć! Chociaż Anglia jest bardzo piękna, cały czas pada.*

I'm ... up! Although England .. very beautiful, it rains ...

... .

****

HUNDRED AND THIRTY-SIXTH (136th) LESSON

Conversions

1 The hotel was fine: small but comfortable and only thirty-five pounds a night **(1)** with breakfast.

2 I checked in, put* my case in my room and set* out to discover London.

3 Tony interrupted: "You were lucky, you know. Thirty-five pounds a night is very cheap.

4 You could have paid up to sixty pounds – and for a small room, too".

5 "I know*", said* Pierre, "but London is cheaper than Paris.

6 Except the tube: that's much dearer, and far less modern than our Metro.

7 I decided straight away to walk everywhere. **(2)** I even bought* a pair of shoes.

8 That was a bit of a problem. The salesman asked: "What size do you take*?"

9 I had no idea. Fortunately he had a conversion table.

PRONUNCIATION

kən'vɜːʃnz **2** tʃekt in ... dis'kʌvə **3** ˌintə'rʌptid **6** ik'sept **8** seilzmən ... saiz

ODPOWIEDZI

1 Although – managed to – him. – **2** both – excited – couldn't – to arrive. – **3** driver – address – let – it. – **4** you – give me – cheap hotel. – **5** fed – is – all the time.

Second wave: 86th Lesson

****

LEKCJA STO TRZYDZIESTA SZÓSTA

Przeliczenia

1 Hotel był ładny; mały, ale wygodny i tylko za trzydzieści pięć funtów dziennie ze śniadaniem

2 Zarejestrowałem się, zaniosłem walizkę do pokoju i wyruszyłem odkrywać Londyn.

3 Tony przerwał: „Wiesz, miałeś szczęście. Trzydzieści pięć funtów za noc to bardzo tanio.

4 Mógłbyś zapłacić i do sześćdziesięciu funtów – i także za mały pokój".

5 „Wiem", powiedział Pierre, „ale Londyn jest tańszy od Paryża.

6 Z wyjątkiem metra, które jest znacznie droższe i znacznie mniej nowoczesne niż nasze metro".

7 Zdecydowałem natychmiast wszędzie chodzić. Nawet kupiłem parę butów.

8 To było niewielkim problemem. Sprzedawca spytał mi się: „Jaki rozmiar Pan nosi?"

9 Nie miałem pojęcia. Na szczęście on miał tabelę przeliczeń.

UWAGI

(1) W angielskim mówimy *thirty five pounds a night,* a w polskim trzydzieści pięć funtów dziennie.

(2) *Everywhere* – wszędzie; *nowhere* – nigdzie.

136th Lesson

10 "You take* a size forty-two! that makes* you nine and a half.

11 We have a nice pair in the sales: **(3)** only fifty pounds reduced from one hundred pounds."

12 I got* a bargain. I put* my old shoes in a bag and walked out in my new ones.

13 I had no idea London was so large. It took* me an hour to walk to Trafalgar Square.

14 I wanted to look at the paintings in the National Gallery.

15 I had another nice surprise: it was free.

PRONUNCIATION

11 seilz ... ri'dju:st **12** bɑ:gin **13** lɑ:dʒ **14** nəʃnəl gæləri **15** sə'praiz

EXERCISES

1 I like all the paintings except one. – **2** She should have walked around London. You see more. – **3** I couldn't remember what size I took. – **4** I can't afford de luxe hotels, I have to stay in "Bed and Breakfasts". – **5** There is a nice pair of shoes in the sales.

FILL IN THE MISSING WORDS:

1 *Nie mam pojęcia, który rozmiar noszę. Może dziewiątkę.*

I have .. .... what .... I take .... a nine.

2 *Nie mieli więcej butów na wyprzedaży, musiałem się zadowolić kozaczkami.*

They had .. .... shoes .. ... sales, I had to .... .. with boots.

3 *Mieliśmy szczęścia, dostaliśmy się natychmiast.*

We ...., we went in ....

four hundred and fifty-eight 458

10 Nosi Pan rozmiar czterdzieści dwa, co daje dziewięć i pół.
11 Mamy ładną parę na wyprzedaży: tylko pięćdziesiąt funtów obniżone ze stu".
12 Kupiłem okazję. Włożyłem moje stare buty do torby i wyszedłem w nowych.
13 Nie miałem pojęcia, że Londyn jest taki duży. Dojście do Placu Trfalgar zajęło mi godzinę.
14 Chciałem popatrzyć na obrazy w Narodowej Galerii.
15 Znowu się miło zdziwiłem: była za darmo.

UWAGI

(3) *Sale* – wyprzedaż; *sales* – wyprzedaże. *To sell, sold, sold* – sprzedawać. *To be sold out* – sprzedane.

ĆWICZENIA

1 Podobały mi się wszystkie obrazy z wyjątkiem jednego. – **2** Ona powinna była chodzić po Londynie. Widzieć/widać więcej. – **3** Nie pamiętałem, jaki noszę rozmiar. – **4** Nie stać mnie na luksusowe hotele, muszę zostać w „noclegach ze śniadaniem". – **5** Jest ładna para butów na wyprzedaży.

4 *Mieliśmy niewielki kłopot: zgubiłem mój paszport i mój portfel.*

We have a . . . of a problem: I've . . . . my . . . . . . and my

. . . .

136th Lesson

5 *Mogłeś zapłacić znacznie więcej niż zapłaciłeś. Aż do trzynastu funtów.*

You .... paid .... than that... .. ..
pounds.

****

HUNDRED AND THIRTY-SEVENTH (137th) LESSON

1. After an hour's walking and an hour's culture, I felt* hungry.
2. I looked in vain for an English restaurant but there wasn't one in sight. **(1)**
3. I could have eaten* pizza, crepes, hamburgers, but no English food.
4. So I went into a pub and had a pint of beer and a sandwich.
5. Then I continued my explorations. One thing struck* me.
6. The theatres and cinemas were all cheaper than at home.
7. A good seat in a theatre was about ten pounds.
8. I made* up my mind to go* and see a play before leaving*.
9. My first day was exhausting. **(2)** I saw* so much that I can't remember everything.
10. I noticed how the Londoners I saw seemed calmer, even at five o'clock during the rush hour.
11. Another thing that impressed me was the number of parks:

PRONUNCIATION

1 ˈkʌltʃə(r) **2** vein ... sait **3** hæmbɜːgə(r) **4** paint ... sænwidʒ **6** kənˈtinjuːd ... ekspəˈreiʃnz ... stʌk **9** igˈzɔːstiŋ **10** kɑːmə

ODPOWIEDZI

1 no idea – size – Perhaps. – **2** no more – in the – make do. – **3** were lucky – straight away. – **4** bit – lost – wallet – passport. – **5** could have – much (far) more – Up to thirteen.

Second wave: 87th Lesson

****

LEKCJA STO TRZYDZIESTA SIÓDMA

1. Po godzinie chodzenia i godzinie kultury poczułem się głodny.
2. Na próżno szukałem angielskiej restauracji, ale nie było żadnej w pobliżu.
3. Mogłem zjeść pizzę, hamburgery, naleśniki, ale nie angielskie jedzenie.
4. Więc wszedłem do pubu i wypiłem pół kwarty piwa i zjadłem kanapkę.
5. Potem kontynuowałem moje odkrycia. Jedna rzecz mnie uderzyła.
6. Teatry i kina były wszystkie tańsze niż w domu.
7. Dobre miejsce w teatrze kosztowało około dziesięciu funtów.
8. Zdecydowałem się iść i obejrzeć sztukę przed wyjazdem
9. Mój pierwszy dzień był wyczerpujący. Widziałem tak dużo, że nie pamiętam wszystkiego.
10. Zauważyłem jak Londyńczycy, których widziałem wydawali się być spokojniejsi, nawet o godzinie piątej w godzinach szczytu.
11. Inną rzeczą, która wywarła na mnie wrażenie była liczba parków.

UWAGI

(1) *To be in sight* – być bliskim, niedalekim, w pobliżu. *Sight* – wzrok.
(2) *Exhausting* – męczący, wyczerpujący; *exhausted* – wyczerpany, bez sił. *To exhaust* – wyciągać, wypompowywać, wysysać. *An exhaust pipe* – rura wydechowa.

12 St James, Hyde Park, Green Park – and you were allowed to walk on the grass. **(3)**

13 I went* to Speakers' Corner and listened to somebody talking about immigration.

14 He said* the country was full of foreigners, so I went away quietly.

PRONUNCIATION

12 ə'laud ... grɑ:s **13** imi'greiʃn **14** forinə(r)z

EXERCISES

1 I feel a bit ill. May I sit down please? – **2** I'm exhausted, I have been walking all day. – **3** What struck me was the number of parks. – **4** You can choose either pizza or hamburger, but not both. – **5** She likes living abroad: she meets many different people.

FILL IN THE MISSING WORDS:

1 *On chodził przez godzinę w deszczu i czuje się zmęczony.*

He ... . walking ... an hour .. the rain and he ..... tired.

2 *Szukali na próżno budki telefonicznej: nie było żadnej.*

.... looked .. .... for a telephone box: there ...... one.

3 *On westchnął, kiedy powiedzieli mu, że nie mogli zarezerwować jego miejsc.*

He ...... when .... told him he .... his ....

4 *Londyńczycy są przeważnie spokojni, ale Londyńczycy, których widziałem byli głośni.*

.... are .... calm, but ... Londoners I ...

were ..... .

12 St James, Hyde Park, Green Park – i można było chodzić po trawie.
13 Poszedłem do Speaker's Corner i słuchałem, jak ktoś przemawiał o imigracji.
14 On powiedział, że kraj jest pełen cudzoziemców, więc spokojnie odszedłem.

UWAGI

(3) *Grass* – trawa; *lawn* – trawnik.

ĆWICZENIA

1 Czuję się trochę chory. Czy mogę usiąść, proszę? – **2** Jestem wyczerpany, chodziłem cały dzień. – **3** Co mnie uderzyło, to liczba parków. – **4** Możesz wybrać albo pizzę, albo hamburgera, ale nie jedno i drugie. – **5** Ona lubi mieszkać za granicą: spotyka dużo różnych ludzi.

5 *Metro jest drogie, więc weź taksówkę; nie jest [kosztuje] znacznie więcej.*

The tube is . . . . , so take a taxi; . . . . not . . . .

ODPOWIEDZI

1 has been – for – in – feels. – **2** They – in vain – wasn't. – **3** sighed – they – couldn't book – seats. – **4** Londoners – generally – the – saw – noisy. – **5** dear/expensive – it's – much more.

Second wave: 88th Lesson

137th Lesson

HUNDRED AND THIRTY-EIGHTH (138th) LESSON

1. I had changed my money in England and had got* a good rate **(1)** for my francs.
2. I did some shopping and bought* all the traditional things that tourists buy*.
3. Shetland pullovers, a tweed jacket. I was even going to buy* a dinner-jacket,
4. but it would have been a little too extravagant.
5. The night before I left*, I went to see a musical.
6. As you know*, we don't have many in Paris, so I was looking forward to it very much.
7. I throroughly enjoyed it. The acting, the singing and the costumes were all so professional!
8. Leaving* the theatre was like coming* out into another world.
9. I had a late supper, this time in an excellent Chinese restaurant.
10. The next day, I packed my bags and my souvenirs,
11. said goodbye to everybody and strolled to the station.
12. The journey back was less pleasant. I was unhappy to leave
13. and the Channel was very rough **(2)** that day.
14. If you are in a boat on a rough sea, you roll;
15. but in a hovercraft you go* up and down as in a lift. **(3)**
16. Several people were sick, so I had a large brandy to strengthen myself.

PRONUNCIATION

1 reit ... fræŋks **2** trə'diʃənl ... tuə(r)ist **3** ʃetland puləuvə(r)z ... twi:d dʒækit **4** ik'strævəgənt **5** mju:zikl **7** θʌrəli ... æktiŋ ... kostju:mz ... prə'feʃnəl **9** sʌpə ... eksələnt **10** ˌsu:və'niə(r)z **11** strəuld **12** dʒɜ:ni ... pleznt **13** tʃænl ... rʌf ... rəul **16** sevrəl ... sik ... streŋθən

LEKCJA STO TRZYDZIESTA ÓSMA

1. Wymieniłem pieniądze w Anglii i dostałem dobrą stawkę za moje franki.
2. Zrobiłem zakupy i kupiłem wszystkie tradycyjne rzeczy, jakie kupują turyści.
3. Swetry szetlandzkie, tweedową marynarkę. Miałem zamiar nawet kupić smoking,
4. ale to byłoby trochę za rozrzutne.
5. Wieczór przed wyjazdem poszedłem obejrzeć musical.
6. Jak wiesz, nie mamy ich wiele w Paryżu, więc czekałem na niego z dużą niecierpliwością.
7. Całkowicie mi się podobał. Aktorstwo, śpiew i kostiumy były takie profesjonalne.
8. Opuszczenie teatru było jak wejście w inny świat.
9. Zjadłem późną kolację, tym razem w doskonałej chińskiej restauracji.
10. Następnego dnia spakowałem swoje torby i swoje upominki
11. powiedziałem wszystkim do widzenia i poszedłem na stację.
12. Podróż powrotna była mniej przyjemna. Byłem nieszczęśliwy, że wyjeżdżam
13. i kanał był bardzo wzburzony tego dnia.
14. Jeśli jesteś na statku na wzburzonym morzu, zataczasz się,
15. ale w poduszkowcu leci się do góry i w dół jak w windzie.
16. Wiele osób było chorych, więc wypiłem dużą brandy, by się wzmocnić.

UWAGI

(1) *Rate* – stawka, cena, kurs (wymiany). *The rate of exchange* – kurs wymiany.
(2) *Rough* – szorstki, chropowaty, nierówny, wzburzony. *A rough copy* – brudnopis.
(3) Porównując czynności używamy wyrazu *as* – jak. *He changes cars as I change my socks.* – On zmienia samochody, jak ja zmieniam skarpetki. Porównując rzeczy używamy wyrazu *like* – jak. *This meat is like rubber.* – To mięso jest jak guma.

EXERCISES

1 I was in a bad mood because I had to leave. –
2 These souvenirs remind me of my stay in Europe.
– **3** It was such a rough day that the ship was rolling.
– **4** It would have been amusing to buy a bowler-hat.
– **5** Throughout the musical the acting was superb.

FILL IN THE MISSING WORDS:

1 *Ona nie lubi pływać łodzią podczas złej pogody.*

She doesn't .... the boat .. ... weather.

2 *Dzień przed odjazdem byłem w złym humorze.*

They day ...... I ...., I was in a very ... .

3 *Podróż powrotna jest zawsze smutniejsza. Czy się zgadzasz?*

The .... is always .... Do you ..... ?

4 *Popłynąłeś poduszkowcem! Jak to jest?*

You've ..... the hovercraft! What's .. .. ?

****

HUNDRED AND THIRTY-NINTH (139th) LESSON

Mothers

1 — My son Thomas is doing* very well **(1)** on the stage.
2 He writes* and says* that every night he plays a villager, a gypsy and two soldiers,
3 whereas the star of the play – a Mr Hamlet – only plays one part.
4 A young man was sitting* in the lounge of a large hotel sipping **(2)** a glass of punch.

PRONUNCIATION

1 steidʒ 2 vilidʒə(r) ... dʒipsi ... soldʒə(r)z weə(r)əs ... sta:(r)
4 laundʒ ... sipiŋ ... pʌntʃ

ĆWICZENIE

1 Byłem w złym humorze, bo musiałem wyjechać. – **2** Te upominki przypominają mi o moim pobycie w Europie. – **3** To był taki wzburzony dzień, że statek kołysał się. – **4** Byłoby zabawne kupić melonik. – **5** Przez cały musical była wspaniała akcja.

5 *Nie znoszę musicali. – Ani ja.*

I can't . . . . – Neither . . . .

ODPOWIEDZI

1 like taking – in bad/rough. – **2** before – left – bad mood. – **3** journey back – sadder – agree – **4** taken – it like. – **5** stand musicals – can I.

Second wave: 89th Lesson

****

LEKCJA STO TRZYDZIESTA DZIEWIĄTA

Matki

1 — Mój syn, Tomasz, świetnie sobie radzi na scenie.
2   On pisze i mówi, że każdej nocy gra wieśniaka, cygana i dwóch żołnierzy,
3   podczas, gdy gwiazda przedstawienia – jakiś Pan Hamlet – gra tylko jedną rolę.
4   Młody człowiek siedział w hallu dużego hotelu popijając małymi łykami szklankę ponczu.

UWAGI

(1) *To do well* – radzić sobie dobrze/świetnie, prosperować, cieszyć się powodzeniem. Przeciwieństwo: *to do badly*.

(2) *To sip* – popijać małymi łykami; *sip* – mały łyk.

5 A little girl came* up to him and said: "What's your name?"
6 The young man told* her his name.
7 — Are you married? she asked. – No, said* the man.
8 The little girl was quiet for a moment, then he turned to a woman standing* nearby **(3)** an shouted:
9 — What else did you tell* me to ask him, Mummy?
10 Young Jimmy was greedily eating* a bar of chocolate.
11 His father said* angrily: "I've told* you not to eat* between meals. Did you ask Mum if you could have that chocolate?"
12 — Yes, said* Jimmy. – Come on, **(4)** I want the truth.
13 A pause. – Yes, I did, and she said* "No".
14 "The man who is tired of London is tired of life". Dr Johnson **(5)**

PRONUNCIATION

8 kwaiət ... məumənt ... tɜ:nd ... niə(r)bai ... ʃautid **10** gri:dili ... bɑ:(r) ... tʃɔklət **11** æŋgrili ... bi'twi:n mi:lz **12** tru:θ **13** pɔ:z

EXERCISES

1 I hear he is doing very well in his new job. – **2** What a greedy little boy! That is your fourth bar of chocolate. – **3** He might be an actor. I've seen him on stage. – **4** Try not to ask too many questions. – **5** There is a church nearby.

FILL IN THE MISSING WORDS:

1 *Byłabym wdzięczna, gdybyś udzielił mi trochę informacji.*

I . . . . . be very . . . . if you . . . . . give me some

. . . .

5 Podeszła do niego mała dziewczynka i spytała: „Jak się nazywasz?"
6 Młody człowiek powiedział jej swoje imię.
7 — Czy jesteś żonaty? spytała. – Nie, odpowiedział mężczyzna.
8 Mała dziewczynka przez chwilę była cicho, potem odwróciła się do kobiety stojącej obok i krzyknęła:
9 — Co jeszcze mówiłaś mi, żebym się go spytała, mamusiu?
10 Mały Zbyszek jadł łakomie tabliczkę czekolady.
11 Jego ojciec powiedział ze złością: „Mówiłem ci, żebyś nie jadł między posiłkami. Czy spytałeś się mamy, czy możesz zjeść tę czekoladę?
12 — Tak, odpowiedział Zbyszek. – No, chcę [znać] prawdę.
13 [Chwila] ciszy. – Tak spytałem się i ona powiedziała „Nie".
14 „Człowiek, który jest zmęczony Londynem, jest zmęczony życiem". Dr Johnson.

UWAGI

(3) *Nearby* – w pobliżu.
(4) *Come on* – choć, dalejże, spróbuj, no.
(5) *Dr Samuel Johnson* – (1709–1784) autor słynnego *Dictionary of English Language* (1755) – normatywnego słownika wymowy, pisowni i znaczeń w języku angielskim.

ĆWICZENIA

1 Słyszałem, że on świetnie sobie radzi w nowej pracy. – 2 Co za łakomy mały chłopiec! To jest twoja czwarta tabliczka czekolady. – 3 On może być aktorem. Widziałam go na scenie. – 4 Spróbuj nie zadawać zbyt dużo pytań. – 5 W pobliżu jest kościół.

139th Lesson

2 *Czy spytałeś się Mamy, czy możesz pożyczyć nożyczki?*

Did you ... Mum if you .... the scissors?

3 *Co jeszcze potrzebujemy?*

.... do we ....?

4 *Chcę, żebyś mi powiedział prawdę. Gdzie położyłeś drabinę?*

I .... you .. .... me the ...... Where did you ... the ladder?

****

HUNDRED AND FORTIETH (140th) LESSON

Revisions and Notes

Dotrwaliście Państwo do naszej ostatniej lekcji powtórzeniowej. Gratulujemy! Prawda, że dużo się nauczyliście? Wróćcie jeszcze raz do uwag z lekcji 134–139 i upewnijcie się, że wszystko rozumiecie.

1 Przypomnijmy jeszcze raz porównania za pomocą *as* i *like*.
London, like Paris, is a capital – Londyn, jak Paryż, jest stolicą. *His house is like a palace.* – Jego dom jest jak pałac. *Mary, like Jane, likes sweets.* – Marysia, jak Janka lubi owoce. W zdaniach powyższych porównujemy dwie rzeczy lub dwie osoby. Wówczas używamy wyrazu *like*. Porównując dwie czynności używamy *as: They dress as they did two hundred years ago.* – Ubierają się, jak się ubierali dwieście lat temu.
Pamiętajmy również o *as ... as; not so (as) ... as. She's as big as her mother.* – Ona jest tak duża jak jej matka. *They are not as (so) important as us.* – Oni nie są tak ważni jak my.

2 Przypomnijmy zdania: *I can do it.* – Mogę to zrobić. *I could do it.* – Mógłbym to zrobić (i jeszcze jest to możliwe). *I could have done it.* – Mógłbym to zrobić (ale już nie jest to możliwe). Ostatnie zdanie dotyczy naszych rozważań o przeszłości.

5   On podszedł do mnie i poprosił mnie o ogień.

He . . . . me and asked me for a . . . . . .

ODPOWIEDZI

1 would – grateful – could – information. – **2** ask – could borrow. – **3** What else – need. – **4** want – to tell – truth – put. – **5** came up to – light.

Second wave: 90th Lesson

****

LEKCJA STO CZTERDZIESTA

Powtórzenie i objaśnienia

3 Przypomnijmy również pytania z przyimkiem na końcu. *What are you looking at?* – Na co patrzysz? *Who did you buy it from?* – Od kogo to kupiłeś? *What did he come for?* – Po co on przyszedł? *What should I do it with?* – Co powinnam z tym zrobić?

4 Czy pamiętacie Państwo znaczenie tych zdań? Sprawdźcie porównując z tłumaczeniem z punktu 8.
1   *I am looking forward to seeing you.*
2   *We throroughly enjoyed ourselves.*
3   *We took advantage of the long weekend.*
4   *Please make up your mind quickly.*
5   *He glanced over his shoulder.*
6   *You'll have to make do with tea.*

5 Zapamiętajmy te słówka: *patient* – pacjent; *a sick person* – chora osoba. *The sick* – chorzy. *Deaf* – głuchy, *dumb* – niemy, *blind* – niewidomy; *lame* – kulawy; *cripple* – kaleka.

6 Te wyrazy są zawsze liczbą pojedynczą: *hair* – włosy; *news* – wiadomości, nowiny; *information* – informacje; *furniture* – meble.
A te liczbą mnogą: *trousers* – spodnie; *pyjamas* – piżama; *the cattle* – bydło.

7 Wyrazy *if, whether* – znaczą jeśli, jeżeli, ale *whether* sugeruje wybór. *If he comes, tell him to meet me at ten.* – Jeśli (jeżeli) on przyjdzie, powiedz mu, żeby spotkał się ze mną o dziesiątej. *I don't know whether he will come.* – Nie wiem czy on przyjdzie (albo przyjdzie, albo nie).

8 Tłumaczenie zdań z punktu 4.:

1. Czekam z niecierpliwością na zobaczenie Ciebie.
2. Całkiem nam się podobało.
3. Skorzystaliśmy z długiego weekendu.
4. Proszę, zdecyduj się szybko.
5. On spojrzał zza jej ramienia.
6. Musisz się zadowolić herbatą.

9 Zdania do zapamiętania:

1. *Tell me about your trip.*
2. *It carries not only passengers, but also cars and lorries.*
3. *I managed to relax.*
4. *I can't wait to arrive.*
5. *England is beautiful, even in the rain.*
6. *Driving in Paris is a bit dangerous.*
7. *We gave the driver a tip.*
8. *You can pay up to ten pounds a night.*
9. *They walked everywhere.*
10. *What size do you take?*
11. *It took me an hour on foot.*
12. *Did you listen to that man talking about politics?*
13. *It would have been a little too extravagant.*
14. *There was a tall woman standing nearby.*

10 Tłumaczenie:

1. Opowiedz mi o swojej podróży.
2. Przewozi nie tylko pasażerów, ale również samochody i ciężarówki.

3 Udało mi się odpocząć.
4 Nie mogę się doczekać przyjazdu.
5 Anglia jest piękna, nawet w deszczu.
6 Jazda samochodem w Paryżu jest trochę niebezpieczna.
7 Daliśmy kierowcy napiwek.
8 Możesz zapłacić do dziesięciu funtów za noc.
9 Oni wszędzie chodzili.
10 Jaki rozmiar nosisz?
11 Pieszo, zabrało mi to godzinę.
12 Czy słuchałaś tego mężczyzny mówiącego o polityce?
13 To byłoby trochę za rozrzutne.
14 W pobliżu stała wysoka kobieta.

Second wave: 91st Lesson

HUNDRED AND FORTY-FIRST (141st) LESSON

Do you remember?

1 — Ask him if you can borrow the lawnmower. – I did, and he said* no.
2 — He told* me that he needed it today. What could I say*?
3 — You could have said* that the grass needed cutting*. **(1)** Well, never mind.
4   I was struck* by the calm of the Londoners I met*.
5   Nelson's Column is very impressive. The bronze lions at the foot are made* from French cannons.
6   I like paintings, and the paintings **(2)** in the National Gallery were marvellous.
7   I hardly **(3)** spoke* any English Would you believe it? Everyone I met* was French.
8   He said* he couldn't wait. He had an urgent appointment and had to leave*.

PRONUNCIATION

1 lɔːnmuvə 3 grɑːs 4 strʌk 5 kɑːm 5 laiənz ... kænənz 6 mɑːvələs
7 hɑːdli 8 ɜːdʒənt

UWAGI

(1) Zapamiętajcie Państwo te wyrażenia: *the grass needs cutting* – trzeba ściąć trawę; *this house needs repairing* – trzeba nareperować ten dom; *your hair wants cutting* – twoje włosy wymagają obcięcia.

(2) Popatrzmy na użycie przedimków w tym zdaniu. *I like paintings* – lubię obrazy – nie wiadomo konkretnie jakie, więc bez przedimka *the*. A, *an* używane są, gdy rzeczownik jest w liczbie pojedynczej. *The paintings in the National Gallery* – obrazy w Galerii Narodowej. Tu obrazy są określone – te, które są w Galerii, w związku z tym używa się przedimka *the*.

LEKCJA STO CZTERDZIESTA PIERWSZA

Czy pamiętasz?

1 — Spytaj się go, czy możesz pożyczyć kosiarkę? – Spytałem i on powiedział nie.
2 — Powiedział, że potrzebuje jej dzisiaj. Co mogłem powiedzieć?
3 — Mogłeś powiedzieć, że trzeba ściąć trawę. Nie ważne.

4   Byłem porażony spokojem Londyńczyków, których spotkałem.
5   Kolumna Nelsona wywiera wrażenie. Brązowe lwy u podnóży są zrobione z francuskich armat.
6   Lubię obrazy, a obrazy w Galerii Narodowej były cudowne.
7   Prawie wcale nie mówiłem po angielsku. Czy uwierzyłbyś? Każdy, kogo spotkałem był Francuzem.
8   On powiedział, że nie może czekać. Miał ważne spotkanie i musiał wyjść.

UWAGI

(3) *Hardly* – z ledwością, ledwie; *hard* – ciężki/a. *We hardly saw him.* – Ledwo go zobaczyliśmy.

9 She must have left*, because her car isn't in the garage.

10 If we had thought* of it earlier, you could have come* with us.

11 He might have come* while I was out, but he would have left* a message.

12 I was able to understand* everything they said, despite the fact that most of them had heavy accents.

13 You bought* so many souvenirs. You must have spent* a fortune!

14 She made* up her mind to study medicine, despite her father's advice.

15 Tell him to come* straight away. We're late already and I don't want to miss the beginning.

PRONUNCIATION

9 gærɪdʒ **11** mesɪdʒ **12** dɪ'spaɪt ... fækt ... hevi æksənts **13** fɔːtʃuːn **14** medsn əd'vaɪs

EXERCISES

1 Would you like to come round for drinks this evening? – **2** I hardly recognised him dressed like that. – **3** They must have left: their coats have gone. – **4** The oil needs changing. – **5** What time do you want me to come?

FILL IN THE MISSING WORDS:

1 *Mogłeś jej/jemu powiedzieć, że trzeba ściąć trawę.*

You ..... have .... that the grass ....

2 *Ona chce, żebyśmy się pospieszyli, ona nie lubi czekać.*

She wants .. .. (up), she .... like ....

3 *Oni musieli to wziąć, nie mogę tego nigdzie znaleźć.*

They .... have ..... it, I can't find it ....

9 Ona pewnie musiała wyjść, bo jej samochodu nie ma w garażu.

10 Gdybyśmy pomyśleli o tym wcześniej, mógłbyś pojechać z nami.

11 On mógł przyjść, gdy mnie nie było, ale zostawiłby wiadomość.

12 Byłem w stanie zrozumieć wszystko, co oni mówili, pomimo faktu, iż większość z nich miała silny akcent.

13 Kupiłeś tak dużo upominków. Pewnie wydałeś majątek!

14 Ona zdecydowała się na studiowanie medycyny, mimo rady swojego ojca.

15 Powiedz mu, żeby przyszedł natychmiast. Jesteśmy już spóźnieni, a ja nie chcę stracić początku.

ĆWICZENIA

1 Czy zechciałbyś wpaść na drinka dziś wieczorem? – **2** Z ledwością go poznałam tak ubranego. – **3** Oni pewnie wyszli: nie ma ich palt. – **4** Trzeba zmienić olej. – **5** O której godzinie chcesz, żebym przyszedł?

4 *Gdybym pomyślał o tym wcześniej, mógłbyś wyjść z nami.*

If I . . . . it . . . . you . . . . left with . . .

5 *Ona mogła przyjść wczoraj wieczorem, nikogo nie było w domu.*

She . . . . come last night, there was . . . . . . at . . . . .

ODPOWIEDZI

1 could – told him/her – needed cutting. – **2** us to hurry – doesn't – waiting. – **3** must – taken – anywhere. – **4** had thought of – earlier – could have – us. – **5** might have – no one/nobody – home.

Second wave: 92nd Lesson

HUNDRED AND FORTY-SECOND (142nd) LESSON

English or American?

1 It was either Oscar Wilde or George Bernard Shaw who said* that England and America are divided by the same language.
2 Whoever it was ought to have said*: "American and English are two similar languages".
3 An Englishman can feel* more disorientated in the United States than a Frenchman or a German.
4 For example, he will be told* he is walking on a "sidewalk" instead of a "pavement".
5 To go* up to the third floor of this hotel, he takes* the "elevator" and not the lift.
6 If he wishes **(1)** to travel around new York he must take* the "subway" and not the underground,
7 (whereas in London, the subway is a passage under a busy street).
8 He must never ask for the toilet, but always the "bathroom" or the "restroom".
9 In some public places he might even hear* it called the "comfort station"!
10 To wash his hands he "opens a faucet" instead of turning on a tap.
11 Thanks to the television, however, many English people, and especially teenagers, **(2)** are familiar **(3)** with these words.

PRONUNCIATION

1 di'vaidid **2** hu:'evə **3** dis'ɔ:riəntid **4** saidwɔ:k **5** eliveitə **6** wiʃiz ... sʌbwei **7** weə(r)es ... pæsidʒ **8** toilit ... restru:m **9** pʌblik ... kʌmfət **10** fɔ:sit ... tæp **11** ti:neidʒə(r)z ... fə'miliə(r)

LEKCJA STO CZTERDZIESTA DRUGA

Angielski czy amerykański?

1 To był albo Oscar Wilde, albo George Bernard Shaw, który powiedział, że Anglia i Ameryka są podzielone tym samym językiem.
2 Ktokolwiek to był, powinien powiedzieć: „amerykański i angielski są dwoma podobnymi językami".
3 Anglik może się czuć bardziej zdezorientowany w Stanach Zjednoczonych niż Francuz albo Niemiec.
4 Na przykład powiedzą mu, że idzie po „sidewalk" zamiast po „pavement" – chodniku,
5 żeby dostać się na trzecie piętro tego hotelu musi jechać „elevator", a nie „lift" – windą.
6 Jeśli życzy sobie pojeździć po Nowym Yorku, musi jechać „subway", a nie „underground" – metrem
7 (podczas, gdy w Anglii „subway" jest przejściem podziemnym pod ruchliwą ulicą".)
8 Nigdy nie wolno mu się pytać o „toilet", ale o „bathroom" albo „rest-room" – toaletę.
9 W niektórych miejscach publicznych, on może nawet usłyszeć, że jest nazywana „comfort station"!
10 Żeby umyć swoje ręce on „opens a faucet" zamiast „turning on a tap" odkręcania kurka.
11 Dzięki telewizji jednakże, wielu Anglików, a zwłaszcza nastolatków zna te wyrazy.

UWAGI

(1) *To wish* – życzyć (sobie), pragnąć. *If you wish to leave, please tell me.* – Jeśli życzysz sobie wyjść, proszę powiedz mi. *Wish* – życzenie.
(2) *Teenager* – nastolatek – pomiędzy 13 a 20 rokiem życia, bo te liczebniki kończą na *teen (thirteen, fourteen,* itd.).
(3) *To be familiar with* – być zaznajomionym z czymś, znać coś, umieć obchodzić się z; *familiar* – poufały, familiarny, rodzinny, domowy.

142nd Lesson

12 Spelling, **(4)** too, is different, thanks to a New York teacher called Noah Webster.

13 In eighteen twenty-eight (1828) he published his "American Dictionary of the English Language".

14 Not all his reforms **(5)** were adopted, but certain spellings were accepted and exist today.

15 English words that end in "-our" (e.g.* neighbour, favour, honour) are written* without the "u" in American

16 and words that end in "-re" (theatre, centre) are written* as they are pronounced (i.e., theater, center) in American.

PRONUNCIATION

12 spelɪŋ **14** rɪˈfɔːmz ... əkˈseptɪd **15** prəˈnaʊnst

EXERCISES

1 It is worth learning to speak American if you go to America. – **2** Thanks to the Assimil books, it is easy. – **3** Whoever wants to can be a pop-star. – **4** Take the lift up to the third floor and ask for room one-oh-one. – **5** Whose is this dictionary? I think it's David's.

FILL IN THE MISSING WORDS:

1 *Pomimo jego rady, nie powinniśmy kupować tych udziałów.*

.... his advice, we .... buy these shares.

2 *Zawsze udaje mi się uniknąć powodowania kłótni.*

I always ...... to avoid .... an ....

3 *Nie zapomnij wyłączyć telewizora przed pójściem spać.*

..... forget to turn ... the television before ..... to bed.

four hundred and eighty 480

12 Także ortografia jest inna, dzięki nauczycielowi z Nowego Yorku, zwanego Noah Webster.
13 W tysiąc osiemset dwudziestym ósmym roku opublikował swój „Amerykański słownik języka angielskiego".
14 Nie wszystkie jego zmiany zostały wprowadzone, ale niektóra ortografia została zaakceptowana i istnieje do dzisiaj.
15 Angielskie wyrazy, które kończą się na „-our" (na przykład sąsiad, przysługa, honor) są pisane bez „u" w amerykańskim,
16 i wyrazy, które kończą się na „-re" (teatr, centrum) są pisane tak, jak są wymawiane (np.: *theater, center*) w amerykańskim.

UWAGI

(4) *Speling* – literowanie, ortografia.
(5) *Reform* – reforma, zmiana, usprawnienie.

ĆWICZENIE

1 Warto jest uczyć się amerykańskiego, jeśli jedziesz do Ameryki. – **2** Dzięki książce Assimil'a, jest to łatwe. – **3** Ktokolwiek chce, może być gwiazdą muzyki pop. – **4** Pojedź windą na trzecie piętro i spytaj się o pokój sto pierwszy. – **5** Czyj to jest słownik? Sądzę, że jest Dawid'a.

4 *Nie powinieneś był pytać się o toaletę, ale o łazienkę.*

You . . . . . . not . . . asked . . . the toilet but the . . . .

142nd Lesson

5 *Czy warto jest jechać windą? To tylko dwa piętra.*

.. it .... the lift (elevator)? .... only two

....

****

HUNDRED AND FORTY-THIRD (143rd) LESSON

1. When Pierre was* in London he had* with him a list of useful expressions. Let's have a look at them:
2. I beg your pardon – I'm sorry – Please excuse me.
3. I wonder **(1)** if you could help me? – Could you tell* me ...? – Would you repeat that, please?
4. Thank you, I'm very grateful – That is very kind of you.
5. Would you mind...? – Is this seat taken*? – May I sit* down?
6. It doesn't matter – It's not important – I don't mind – Of course – Of course not.
7. I'm delighted to meet* you – Give* my regards **(2)** to your wife.
8. What a pity – I'm afraid I won't be able to come* – I'd love to.
9. Did you have a good trip? – How was the crossing? **(3)** – How was the weather?
10. Could you tell* me the way to...? – Is there a bank near here? Where?

PRONUNCIATION

4 greitful 2 pa:dn 7 di'laitid ... ri'ga:dz 8 piti 9 crosiŋ ... weðə 10 bæŋk

UWAGI

(1) *To wonder* – zastanawiać się, dziwić, być ciekawym. *I wonder* – zastanawiam się, ciekawa jestem, używane jest często w zwrotach grzecznościowych. *I wonder if you could come?* – Zastanawiam się, czy mógłby pan przyjść.

ODPOWIEDZI

1 Despite – should not – 2 manage – causing – argument. – 3 Don't – off – going. – 4 should – have – for – bathroom. – 5 Is – worth taking – There are – floors.

Second wave: 93rd Lesson

****

LEKCJA STO CZTERDZIESTA TRZECIA

1 Kiedy Pierre był w Londynie, miał ze sobą listę przydatnych wyrażeń. Popatrzmy na niektóre z nich:
2 Przepraszam Pana/Panią – przepraszam – proszę mi wybaczyć.
3 Zastanawiam się, czy mógłby mi Pan pomóc? – Czy może mi Pan powiedzieć ...? – Czy mógłby Pan to powtórzyć, proszę?
4 Dziękuję, jestem bardzo wdzięczny. – To bardzo miło z pana strony.
5 Czy pozwoli Pan ...? – Czy to miejsce jest zajęte? – Czy mogę usiąść?
6 To nie ma znaczenia. – To nie jest ważne. – Nie szkodzi. – Oczywiście, że nie.
7 Jestem zachwycony, że cię spotykam. – Pozdrów swoją żonę ode mnie.
8 Co za szkoda! – Obawiam się, że nie będę w stanie przyjść. – Chciałbym.
9 Czy miałeś dobrą podróż? – Jaka była podróż statkiem? – Jaka była pogoda?
10 Czy może mi Pan wskazać drogę do ...? – Czy jest tu w pobliżu bank? Gdzie?

UWAGI

(2) *To give, gave, given* – dać, dawać jest używane w wyrażeniach *Give my love to* – pozdrów, ucałuj; *give my regards to* – pozdrów ode mnie ...

(3) *To cross* – przejść, przechodzić, przekreślać, przepłynąć (morze, jezioro) *To be cross with* – gniewać się na kogoś. *Cross* – krzyż.

143rd Lesson

11 Could you tell* me the time, please? – It's rather late – I seem to be early.

12 Where do you come* from? **(4)** – I'm from Lyons – We've just arrived.

13 Do you know* a good restaurant? – There might be one in Oxford Street.

14 I'm afraid I can't help you. I'm a foreigner – I don't know* London.

EXERCISES

1 Let me introduce you to Peter, whose father is a farmer. – **2** Do you mind if I bring my wife? – Of course not. – **3** Excuse me, what did you say? – It doesn't matter. – **4** We are looking forward to meeting you. – **5** It has been a long time since I last saw you.

FILL IN THE MISSING WORDS:

1 *Czy mógłby mi Pan wskazać drogę do najbliższego banku?*

..... you .... me the ... to the .... bank?

2 *Mam nadzieję, że obydwoje czujecie się dobrze, nie widziałem was od dawna.*

I hope you ... . well, I haven't .... you ... a long time.

3 *Skąd pochodzisz? – Z Marsylii, właśnie przyjechaliśmy.*

..... do you ....? – From Marseilles, we've ....

4 *Bardzo pracowałem przez miesiąc, ale nie znalazłem wystarczających informacji.*

I .... working hard ... a month, but I .... enough information.

11 Czy może mi Pan powiedzieć godzinę, proszę? – Jest raczej późno. – Wydaje mi się, że jestem wcześnie.

12 Skąd Pan jest? – Ja jestem z Lyonu. – Właśnie przyjechaliśmy.

13 Czy zna Pan dobrą restaurację? – Może być jedna na ulicy Oxford.

14 Obawiam się, że nie mogę panu pomóc, jestem cudzoziemcem. – Nie znam Londynu.

UWAGI

(4) *To come from* – pochodzić z, być z, przyjeżdżać z.

ĆWICZENIA

1 Pozwól mi przedstawić cię Piotrowi, którego ojciec jest farmerem. – **2** Czy sprawi panu różnicę, gdy przyprowadzę moją żonę? – Oczywiście, że nie. – **3** Proszę mi wybaczyć, co Pan powiedział? – To nie ma znaczenia – **4** Oczekujemy z niecierpliwością na spotkanie z tobą. – **5** Upłynęło dużo czasu odkąd cię ostatnio widziałem.

5 *Czy to miejsce jest zajęte? – Nie, proszę pana. – Czy mogę usiąść?*

.. this seat . . . . ? – No, sir – . . . I . . . . . . ?

ODPOWIEDZI

1 Could – tell – way – nearest. – **2** are both – seen – for. – **3** Where – come from – just arrived. – **4** have been – for – haven't found. – **5** Is – taken – May – sit down.

Second wave: 94th Lesson

HUNDRED AND FORTY-FOURTH (144th) LESSON

In a bank

1. I'd like to change some money. What is the rate today?
2. Twenty pounds in five-pound notes and ten in one-pound notes. **(1)**
3. Do you have any change? May I use my chequebook?

In a post-office

4. I'd like to send* a telegram. How much per word?
5. I need some stamps. How much is it to send* a post-card to France?
6. I'd like to cash **(2)** this money-order.

At the hotel

7. I'd like a single room please. You only have a double left? **(3)**
8. Does the room have a shower and a toilet?
9. If anyone calls while I'm out, could you take* a message? **(4)**
10. Please prepare my bill, I'm leaving in the morning.

PRONUNCIATION

1 reit 3 tʃeindʒ ... tʃekbu:k 4 teligræm 5 pəustka:d 6 kæʃ 8 ʃauə(r) 9 mesidʒ

UWAGI

(1) Zwróćmy uwagę na pisownię: *five-pound note* – banknot pięciofuntowy, *fifty-pence piece* – pięciopensówka, *a four – star hotel* – hotel czterogwiazdkowy.

LEKCJA STO CZTERDZIESTA CZWARTA

W banku

1. Chciałabym zmienić trochę pieniędzy. Jaki jest dzisiejszy kurs?
2. Dwadzieścia funtów w banknotach pięciofuntowych i dziesięć w banknotach jednofuntowych.
3. Czy ma Pan jakieś drobne? Czy mogę użyć mojej książeczki czekowej?

Na poczcie

4. Chciałabym wysłać telegram? Ile za słowo?
5. Potrzebuję trochę znaczków. Ile kosztuje wysłanie pocztówki do Francji?
6. Chciałabym zrealizować to polecenie wypłaty.

W hotelu

7. Chciałabym pokój jednoosobowy, proszę. Został tylko pokój dwuosobowy?
8. Czy pokój ma prysznic i toaletę?
9. Jeśli ktokolwiek zadzwoni, gdy mnie nie ma, czy mógłbyś przyjąć informację?
10. Proszę przygotować mój rachunek. Odjeżdżam rano.

UWAGI

(2) *Cash* – gotówka; *to cash* – podjąć gotówkę; *cashier* – kasjerka; *cash-desk* – kasa.

(3) Zapamiętajmy te zdania: *You only have a double left.* – Został tylko pokój dwuosobowy. *I've only got two cigarettes left.* – Zostały mi tylko dwa papierosy. *How many do you have left?* – Ile ci zostało?

(4) *To take a message* – przyjąć informację, wiadomość; *to leave a massage* – zostawić informację, wiadomość.

Shopping

11 I'm afraid I don't know* my size. Do you have anything smaller?

12 May I try it on? It doesn't fit very well, it doesn't suit me. **(5)**

13 I'll think* it over. It's a little too expensive. I'll come* back later.

EXERCISES

1 Where can I change my travellers cheques? – **2** Hurry up, there are only five minutes left. – **3** I have been waiting to be served for a quarter of an hour. – **4** We expect you to pay your own bill. – **5** This jacket doesn't fit very well.

FILL IN THE MISSING WORDS:

1 *Jeśli chcesz to kupić, musisz się zdecydować, zostało tylko pięć.*

If you . . . . to buy it you . . . . make . . your . . . . , there are only . . . .

2 *Przemyśl to i zadzwoń do mnie, kiedy podejmiesz decyzję.*

. . . . . it . . . . and . . . . me when you . . . . your decision.

3 *Nie spodziewałam się ciebie przed godziną drugą? Czy miałeś dobrą podróż?*

I didn't . . . . . . you . . . . . . two a'clock. Did you have . . . . .

. . . . ?

4 *Czy ktoś dzwonił, gdy mnie nie było?*

Did . . . . . . call . . . . . I was . . . ?

Zakupy

11 Obawiam się, że nie znam mojego rozmiaru. Czy ma Pan coś mniejszego?

12 Czy mogę to przymierzyć? Nie bardzo dobrze leży. Nie podoba mi się.

13 Przemyślę to. To jest trochę za drogie. Wrócę później.

UWAGI

(5) *To try on* – mierzyć.

ĆWICZENIA

1 Gdzie mogę wymienić moje czeki podróżne? – **2** Pospiesz się, zostało tylko pięć minut. – **3** Czekałem by być obsłużonym przez kwadrans. – **4** Spodziewamy się, że Pan zapłaci swój rachunek. – **5** Ta marynarka nie leży bardzo dobrze.

5 *Ona przyjeżdża do Anglii od czterech lat i wciąż nie zna swojego rozmiaru.*

She has .... to England ... four years and she

..... doesn't know ... size.

ODPOWIEDZI

1 want – must – up – mind – five left. – **2** Think – over – call/ring/phone – have taken/made. – **3** expect – before – a good trip? – **4** anyone/anybody – while – out. – **5** been coming – for – still – her.

Second wave: 95th Lesson

144th Lesson

HUNDRED AND FORTY-FIFTH (145th) LESSON

Signs and notices

1 Way in (Entrance) – Way out (Exit) – No admittance – Private – Admission free – Enquiries.
2 No smoking – Spitting prohibited **(1)** – Do not lean* out of the window.
3 Publich conveniences – Gents – Ladies – House full.
4 The Management is not responsible for loss or damage to guests' property.
5 Early Closing Day **(2)** – Closed for lunch – Closed for repairs.
6 One-way street – Keep* left – Cul-de-sac – No U-turns.

7 Sometimes, notices are a waste of time. This was George Bernard Shaw's opinion.
8 When he saw* a fishmonger, outside his shop, trying to put* up a notice.
9 On the board was written: FRESH FISH SOLD HERE. – Where can I put* it? There's no room. **(3)**
10 — My good man, your sign is useless, said* Shaw. – Why? enquired the other.
11 — FRESH: Would you sell* stale fish? Shaw deleted the word with a piece of chalk.

PRONUNCIATION

1 entrəns ... eksit ... əd'mitns ... əd'miʃn ... praivit ... in'kwaiə(r)i 2 spitiŋ prə'hibitid ... li:n 3 kən'viniənsiz ... dʒents 4 menədʒmənt ... demidʒ ... gests 5 ri'peə(r)z 6 kʌldəsæk 8 fiʃmʌŋgə 9 bɔ:d 10 sain ... in'kwaiə(r)d 11 steil ... di'litid ... tʃɔ:k

LEKCJA STO CZTERDZIESTA PIĄTA

Znaki i obwieszczenia

1. Wejście – Wyjście – Nie ma wyjścia – Prywatne – Wstęp wolny – Informacje.
2. Zakaz palenia – Plucie zabronione – Nie wychylać się przez okno.
3. Toaleta publiczna – Męska – Damska – Miejsc nie ma.
4. Kierownictwo nie odpowiada za zaginięcie lub uszkodzenie własności gości.
5. Wcześnie zamykamy – Zamknięte w porze lunchu – Zamknięte z powodu remontu.
6. Ulica jednokierunkowa – Jazda po lewej stronie – Ślepa uliczka – Zakaz zawracania.

7. Czasami obwieszczenia są stratą czasu. Taka była opinia George'a Bernard'a Shaw'a,
8. kiedy zobaczył sprzedawcę ryb przed swoim sklepem usiłującego powiesić szyld.
9. Na szyldzie było napisane: ŚWIEŻE RYBY SPRZEDAWANE TUTAJ. – Gdzie mam to powiesić? Nie ma miejsca.
10. — Mój drogi człowieku, Pana szyld jest bezużyteczny, powiedział Shaw. – Dlaczego?, dopytywał się sprzedawca.
11. — ŚWIEŻE: Czy sprzedawałby Pan nieświeżą rybę? Shaw wykreślił słowo kawałkiem kredy.

UWAGI
(1) *To prohibit, to forbid, forbade, forbidden* – zabronić. *Betting forbidden* – zakłady zabronione.
(2) W Anglii w środku tygodnia sklepy są wcześniej zamykane. Ten dzień nazywa się *Early Closing Day*.
(3) *There's no room* – nie ma miejsca. *Make room, please.* – Zrób miejsce proszę.

12 — FISH: one can see* – and smell – perfectly well that you do not sell* table-cloths. The second word was crossed out.

13 — SOLD: Since when has a fishmonger given* away his merchandise?

14 And this last word is ridiculous, he said*, putting a line through the word HERE.

15 — It is evident that you do not sell* your fish elsewhere. Good day, sir.

PRONUNCIATION

12 teiblkləʊd **13** mɜːtʃəndaiz **14** riˈdikjuləs **15** evidənt

EXERCISES

1 Whose is this watch? – I think it's hers. – **2** It's a waste of time inviting him. – **3** He gave away all his money and became a priest. – **4** You annoy me sir! Take your bad manners elsewhere. – **5** If the bread is stale, you can throw it away.

FILL IN THE MISSING WORDS:

1 *Czy musimy zapłacić, by wejść do środka? Nie, popatrz: „Wstęp wolny".*

.. we .... .. pay .. go in? – No, look: "......... ....".

2 *Jej/jego dochód jest zbyt mały. – Przynajmniej taka była opinia Jurka.*

... . is much too .... – At least, that was .... opinion.

3 *Kierownictwo nie jest odpowiedzialne za zgubienie własności klientów/gości.*

The .... is not responsible ... the .... of

.... property.

4 *Upewnij się, że twój tekst nie ma żadnych bezużytecznych wyrazów.*

.... that your text .... have any .... words.

12 — RYBY: doskonale widać – i czuć – , że nie sprzedaje Pan obrusów. Drugi wyraz został wykreślony.
13 — SPRZEDAWANE: Od kiedy sprzedawca ryb rozdaje swój towar?
14   A to ostatnie słowo jest śmieszne, powiedział, przekreślając kreską wyraz „TUTAJ".
15 — Jest oczywiste, że nie sprzedaje Pan swoich ryb gdzie indziej. Życzę Panu dobrego dnia.

ĆWICZENIA

1 Czyj jest ten zegarek? – Myślę, że jest jej. – **2** Zapraszanie go jest stratą czasu. – **3** On rozdał swoje pieniądze i został księdzem. – **4** Pan mnie irytuje. Proszę zabrać swoje złe maniery gdzie indziej. – **5** Jeśli chleb jest nieświeży, możesz go wyrzucić.

5 *Nic nie jest dozwolone. Popatrz: „Palenie zabronione", „Nie wychylać się przez okno".*

. . . . . . is . . . . Look: ". . . . .", "Do not . . . . the window".

ODPOWIEDZI

1 Do – have to – to – Admission free. – **2** His/Her income – low – George's. – **3** Management – for – loss – customers'/guests' – **4** Make sure – doesn't – useless. – **5** Nothing – allowed/permitted – No smoking – lean out of.

Second wave: 96th Lesson

HUNDRED AND FORTY-SIXTH (146th) LESSON

Our last LESSON

1 You have reached the last lesson, but not the end!
2 You can congratulate yourself because the bulk **(1)** of the work has been completed.
3 From now on, it will be "plain sailing".
4 Of course, you cannot expect to speak* like an Englishman after only a few months of part-time **(2)** study,
5 but now you know* something about the country and its customs.
6 If you went to England now, you could get by fairly easily. **(3)**
7 But remember the motto of the "Methode Assimil", daily practice.
8 So, do not let* this book collect dust **(4)** at the back of a shelf:
9 pick it up from time to time and read* a paragraph or an anecdote.
10 Repeat them out loud, then do the "second wave" lesson: learn the irregular verbs.
11 In short, keep* in touch! **(5)**

PRONUNCIATION

2 kən'grætjuleit ... bʌlk ...kəmpli:tid 3 plein seiliŋ 6 feə(r)li 7 motəu ... meθəd 8 kə'lekt dʌst 9 pærəgra:f 11 tʌtʃ

UWAGI

(1) *bulk* – masa, duży rozmiar, przeważająca większość. *To sell in bulk* – sprzedawać hurtem.
(2) Przypomnijmy *full-time* – pełnoetatowa, pełna, całkowita i *part-time* – niepełnoetatowa, częściowa. Tłumaczenie tego wyrazu w tym zdaniu można opuścić.

LEKCJA STO CZTERDZIESTA SZÓSTA

Nasza ostatnia lekcja

1 Doszliście Państwo do ostatniej lekcji, ale nie do końca!
2 Możecie sobie pogratulować, ponieważ przeważająca większość pracy została skończona.
3 Od teraz to będzie „proste żeglowanie".
4 Oczywiście nie możecie się Państwo spodziewać, że będziecie mówić jak Anglik, po zaledwie paru miesiącach nauki,
5 ale teraz wiecie coś o kraju i jego zwyczajach.
6 Gdybyście teraz pojechali do Anglii, z łatwością dalibyście sobie radę.
7 Ale zapamiętajcie motto „Metody Assimil'a": codzienne ćwiczenia.
8 Więc nie pozwólcie, by ta książka kurzyła się z tyłu półki:
9 weźcie ją od czasu do czasu i przeczytajcie akapit, albo anegdotkę.
10 Powtórzcie je na głos, potem powtórzcie lekcję, nauczcie się czasowników nieregularnych.
11 Jednym słowem, bądźcie w kontakcie!

UWAGI

(3) *You could get by fairly easily* – tu: z łatwością dalibyście sobie radę.
(4) *To collect dust* – dosłownie: zbierać kurz; potocznie: kurzyć się.
(5) *To keep in touch* – utrzymywać kontakt, być w kontakcie.

146th Lesson

12 By reading* the newspapers, listening to records and the radio, by taking* every opportunity to speak ,
13 and by not being afraid of making* mistakes,
14 you will feel* the language and use it naturally.
15 We hope you have enjoyed using this method, and that you will enjoy speaking* English, "painlessly".

PRONUNCIATION

12 opə'tju:nəti **14** nætʃrəli **15** peinləsli

EXERCISES

1 My tailor is still rich. – **2** From now on, you will be able to speak English. – **3** The bulk of the work has been completed. – **4** Don't be afraid of making mistakes. – **5** I'm afraid I had to cancel the appointment.

FILL IN THE MISSING WORDS:

1 *Gdybyś pojechał do Anglii, z łatwością dałbyś sobie radę.*

If you .... .. England you .... fairly easily.

2 *Poprzez czytanie gazet i słuchanie radia powinieneś robić postępy.*

By .... the ...... and .. listening .. the radio, you

...... be able to make progress.

3 *Jeśli wyjedziesz, nie zapomnij pozostać w kontakcie.*

When ... . don't forget to ....

12 Poprzez czytanie gazet, słuchanie płyt i radia, korzystanie z każdej okazji, by mówić
13 i nie bojąc się popełniania błędów
14 wyczujecie język i będziecie go swobodnie używać.
15 Mamy nadzieję, że podobało się Państwu uczenie tą metodą, że będzie Wam się podobało używanie języka „bez wysiłku".

ĆWICZENIA

1 Mój krawiec wciąż jest bogaty. – **2** Od teraz będziesz w stanie mówić o angielsku. – **3** Przeważająca część pracy została skończona. – **4** Nie bójcie się popełniania błędów. – **5** Obawiam się, że muszę odwołać spotkanie.

4 *Pozwól mi pogratulować sobie swojego sukcesu, dobrze pracowałeś.*

... me .... you on your .... you have ......
.... .

5 *Nie pozwól, by te książki kurzyły się; czytaj je od czasu do czasu.*

Don't ... . took collect ....; read it .... to .... .

ODPOWIEDZI

1 went to – could get by. – **2** reading – (news) papers – by – to – should. – **3** you leave (go) – keep in touch. – **4** Let – congratulate – success – worked well. – **5** let this – dust – from time – time.

Second wave: 97th Lesson

146th Lesson

IRREGULAR VERBS
CZASOWNIKI NIEREGULARNE

Angielskie czasowniki dzielą się na regularne i nieregularne ze względu na sposób w jaki tworzą formę czasu *Past Simple* (przeszłego prostego) i formę *Past Participle* (imiesłowu biernego). Formy te są używane w następujących poznanych przez Państwa konstrukcjach:

I forma	II forma	III forma
forma podstawowa czasownika **write**	forma czasu przeszłego (*Past Simple*) **wrote**	forma imiesłowu biernego (*Past Participle*) **written**

występuje w:
– *bezokoliczniku*
  I want to **write** it.
– czasie *Present Simple*
  I **write** a letter.
  i *Future Simple*
  I will **write** it.
– w zdaniach rozkazujących
  Write it at once.
	występuje w:
	– czasie *Past Simple*
	  I **wrote** a letter.
		występuje w:
		– czasie *Present Perfect*
		  I have **written** a letter.
		  i *Past Perfect*
		  I had **written** a letter.
		– *konstrukcjach z czasownikiem modalnym*
		  I should have **written** it.
		– w zdaniach w stronie biernej
		  The letter was **written**.

A

arise, arose, arisen	*powstawać*
awake, awoke, awakened	*budzić się*

B

be, was, been	*być*
bear, bore, borne	*podnieść, znieść, urodzić się*
beat, beat, beaten	*uderzać*
become, became, become	*stawać się*
begin, began, begun	*zaczynać*
bend, bent, bent	*skręcić, zgiąć, schylać się*
bid, bade, bid vagy bidden	*kazać, zapraszać, zaofiarować*
bind, bound, bound	*związać, uwiązać*
bite, bit, bitten	*gryźć*
bleed, bled, bled	*krwawić*
blow, blew, blown	*dmuchnąć, dąć, wiać*
break, broke, broken	*łamać, rozbić, potłuc*
breed, bred, bred	*hodować, urodzić*
bring, brought, brought	*przynieść*
build, built, built	*budować*
burn, burnt, burnt	*spalić, płonąć, palić*
burst, burst, burst	*wysadzić, wybuchnąć*
buy, bought, bought	*kupować*

C

catch, caught, caught	*łapać, chwytać*
choose, chose, chosen	*wybierać*
cling, clung, clung	*przylgnąć, przywrzeć*
come, came, come	*przybywać, przychodzić*
cost, cost, cost	*kosztować*
creep, crept, crept	*pełzać, czołgać, składać się*
cut, cut, cut	*ciąć, kroić, naciąć*

D

deal, dealt, dealt	*postępować, traktować, zajmować się*
dig, dug, dug	*kopać*
do, did, done	*robić, wykonywać*
draw, drew, drawn	*rysować*
dream, dreamt, dreamt	*śnić, marzyć*
drink, drank, drunk	*pić*
drive, drove, driven	*prowadzić (pojazd)*
dwell, dwelt, dwelt	*mieszkać, zabawić przebywać*

E

eat, ate, eaten	*jeść*

F

fall, fell, fallen	*upadać, spadać*
feed, fed, fed	*karmić, nakarmić*
feel, felt, felt	*czuć*
fight, fought, fought	*walczyć*
find, found, found	*znaleźć, znajdować*
flee, fled, fled	*uciekać, uratować się*
fling, flung, flung	*rzucić, cisnąć*
fly, flew, flown	*latać, odlecieć, polecieć*
forbid, forbade, forbidden	*zabronić, zabraniać*
forget, forgot, forgotten	*zapomnieć, zapominać*
forgive, forgave, forgiven	*wybaczać, wybaczyć*
freeze, froze, frozen	*marznąć*

G

get, got, got	*dostać, otrzymać, nabyć*
give, gave, given	*dawać*
go, went, gone	*iść*
grind, ground, ground	*zemleć, utrzeć*
grow, grew, grown	*rosnąć*
hang, hung, hung	*wisieć, powiesić*
have, had, had	*mieć, posiadać*
hear, heard, heard	*u/słyszeć, posłuchać*
hide, hid, hidden	*ukrywać, schować (się)*
hit, hit, hit	*uderzać, stukać*
hold, held, held	*trzymać, utrzymać*
hurt, hurt, hurt	*ranić, skaleczyć*

K

keep, kept, kept	*utrzymać, trzymać*
kneel, knelt, knelt	*klękać, klęczeć*
know, knew, known	*znać, wiedzieć*

L

lay, laid, laid	*położyć, kłaść (się)*
lead, led, led	*prowadzić, przewodzić*
lean, leant, leant	*oprzeć się, pochylać się*
leap, leapt, leapt	*skakać*
learn, learnt, learnt	*uczyć się, dowiedzieć*
leave, left, left	*opuszczać, zostawiać, wyjeżdżać*
lend, lent, lent	*pożyczać*
let, let, let	*pozwalać*
lie, lay, lain	*po/leżeć*
light, lit, lit	*zapalać, rozjaśnić*
lose, lost, lost	*stracić, zgubić*

M
make, made, made	*robić, dokonywać*
mean, meant, meant	*znaczyć, oznaczać*
meet, met, met	*spotykać, spotkać*
mistake, mistook, mistaken	*źle zrozumieć, mylić się*
mow, mowed, mown	*kosić, strzyc P*

P
pay, paid, paid	*płacić*
put, put, put	*kłaść, położyć*

R
read, read, read	*czytać*
rid, rid, rid	*uwolnić się, oczyścić*
ride, rode, ridden	*jechać, siedzieć okrakiem*
ring, rang, rung	*dzwonić, zadzwonić*
rise, rose, risen	*podnieść, podnosić się, wstawać*
run, ran, run	*biec*

S
saw, sawed, sawn	*piłować, przerzynać*
say, said, said	*mówić, powiedzieć*
see, saw, seen	*widzieć, zobaczyć, ujrzeć*
seek, sought, sought	*szukać*
sell, sold, sold	*sprzedawać*
send, sent, sent	*wysyłać, posyłać*
set, set, set	*ustawiać, umieścić, usadowić*
shake, shook, shaken	*potrząsnąć, strzepnąć*
shine, shone, shone	*zaświecić, oświetlać, lśnić*
shoot, shot, shot	*strzelać*
show, showed, shown	*pokazywać*
shrink, shrank, shrunk	*skurczyć się, z/maleć*
shut, shut, shut	*zamykać, zatrzaskiwać*
sing, sang, sung	*śpiewać*
sink, sank, sunk	*za/tonąć, pogrążyć się*
sit, sat, sat	*siedzieć*
sleep, slept, slept	*spać*
slide, slid, slid	*ślizgać się, poślizgnąć*
slit, slit, slit	*rozciąć, naciąć, rozpłatać*
smell, smelt, smelt	*czuć/wąchać*
sow, sowed, sown	*posiać, wysiać, zasiać*
speak, spoke, spoken	*rozmawiać, mówić*
spell, spelt, spelt	*wymawiać*
spend, spent, spent	*spędzać, (czas), wydawać (pieniądze)*
spill, spilt, spilt	*rozlać, rozsypać*

spin, spun, spun	*snuć, uprząść*
spit, spat, spat	*splunąć, pluć*
split, split, split	*rozszczepiać, przepołowić, rozdwoić*
spread, spread, spread	*rozciągać się, rozpościerać*
spring, sprang, sprung	*skoczyć, skakać*
stand, stood, stood	*stać*
steal, stole, stolen	*kraść, ukraść*
stick, stuck, stuck	*wetknąć, wbić, wsadzić, przyklejać*
sting, stung, stung	*u/kłuć, u/żądlić*
stink, stank, stunk	*śmierdzieć, cuchnąć*
strike, struck, struck	*uderzyć, wybijać, strajkować*
swear, swore, sworn	*przysięgać, kląć, przeklinać*
sweep, swept, swept	*zamiatać, rozciągać się, posuwać*
swell, swelled, swollen	*puchnąć, obrzmiewać, nadymać*
swim, swam, swum	*pływać*
swing, swung, swung	*huśtać się, kołysać, bujać*

T

take, took, taken	*brać, zabrać, zabierać*
teach, taught, taught	*nauczać*
tear, tore, torn	*porwać, rozerwać, rozszarpać*
tell, told, told	*mówić, opowiadać*
think, thought, thought	*po/myśleć*
throw, threw, thrown	*rzucać*
tread, trod, trodden	*stąpać, kroczyć, chodzić*

U

understand, understood, understood	*rozumieć*
upset, upset, upset	*wywrócić, przewrócić, zaniepokoić*

W

wake, woke, woke	*o/budzić (się)*
wear, wore, worn	*nosić ubranie, chodzić ubranym*
weep, wept, wept	*płakać, opłakiwać*
win, won, won	*wygrywać, zdobywać*
write, wrote, written	*pisać*

503 five hundred and three